개역개정판

진정한 기독교

진정한 기독교
True Christianity

개역개정 제1판 발행: 2019년 1월 25일
저자: 요한 아른트(Johann Arndt)
번역: 최대형
발행처: 은성출판사
등록:1974년 12월 9일 제9-66호
ⓒ 2019년 은성출판사
주소: 서울시 강동구 성내로3길 16(은성빌딩 3층)
전화: (031) 774-2102
팩스: (02) 6007-1154
e mail: esp4404@hotmail.com
homepage: www.eunsungpub.co.kr

출판 및 판매에 관한 모든 권한은 은성출판사가 소유하고 있습니다.
출판사의 사전 서면 허락없이 번역, 재제작, 인용, 촬영, 녹음 등을
할 수 없음을 알려드립니다.

Printed in Korea
ISBN: 979-11-963287-3-3 93230

TRUE CHRISTIANITY

Johann Arndt

개역개정판

진정한 기독교

요한 아른트 지음
최대형 번역

목차

목차 / 7

머리말 / 9

서론 / 19

저자 서문 / 41

제1권 성경에 관하여 / 49

  1. 성경에 관하여 / 51

  2. 아담의 타락 / 57

  3. 어떻게 사람이 그리스도 안에 있는 영원한 생명으로
새롭게 태어나는가? / 63

  4 참 회개, 바른 멍에, 그리스도의 십자가 / 69

  5. 참믿음 / 74

  6. 하나님의 말씀은 믿음을 통하여 사람 안에서 살고
그 능력을 증명해야 한다 / 79

  7. 하나님의 법은 사람의 마음에 기록되며,
변명할 수 없음을 확신하게 해준다 / 84

  8. 진심으로 회개하지 않으면
그리스도의 위로와 공로를 받지 못한다 / 88

  9. 비기독교적 행동이 그리스도와 참믿음을 부인한다 / 95

 10. 거짓 기독교인 / 98

 11. 거듭남과 그리스도의 멍에 / 100

 12. 참 기독교인은 자신과 세상에 대해 죽고
그리스도 안에 살아야 한다 / 109

 13. 그리스도의 사랑과 장래의 영원한 영광을 얻으려면
자기 자신과 세상에 대해 죽어야 한다 / 115

 14. 참 기독교인은 그리스도를 본받아 세상을 멸시하고
세상의 삶을 미워해야 한다 / 122

15. 날마다 옛사람은 죽고 새사람이 되어야 한다 / 130

16. 참 기독교인에게는 항상 영과 육의 싸움이 있다 / 135

17. 그리스도인의 유산과 재물은 손님처럼 사용해야 한다 / 140

18. 하나님은 현세의 것을 영원한 것 앞에 둘 때
    하나님은 진노하신다 / 146

19. 마음이 가난한 자가 하나님의 사랑을 많이 받은 자이다 / 152

20. 참 그리스도인의 근심은 날마다 삶을 개선하고
    하나님 나라와 영생을 향해 나아간다 / 159

21. 참되고 바른 예배에 관하여 / 167

22. 참 기독교인은 날마다 새로워지는 삶과
    사랑으로 알아볼 수 있다 / 178

23. 그리스도 안에서 성장하려면
    세속적인 교제를 버려야 한다 / 182

24. 하나님 사랑과 이웃 사랑에 관하여 / 187

25. 이웃 사랑에 관하여 / 196

26. 왜 이웃을 사랑해야 하는가? / 200

27. 왜 원수를 사랑해야 하는가? / 208

28. 피조물 사랑보다 창조주 사랑이 우선해야 하는 이유,
    그리고 하나님 안에서 이웃을 사랑하는 방법 / 213

29. 이웃을 용서하지 않으면 하나님이 은혜를 거두어 가신다 / 217

30. 사랑의 열매에 관하여 / 219

31. 자기애와 자기존중은 부패하며,
    최고의 아름다운 은사를 앗아간다 / 227

32. 하나님이 기뻐하시는 그리스도인의 표식은
    큰 은사가 아니라 사랑으로 역사하는 믿음이다 / 229

33. 하나님은 마음에 따른 행위를 판단하신다 / 229

34. 인간은 거룩함을 위해 아무것도 할 수 없으며,
    하나님께 자신을 드릴 때 하나님이 거룩하게 해주신다 / 230
35. 거룩하게 살지 않으면 지혜와 기술,
    성경에 대한 지식 등이 소용이 없다 / 231
36. 그리스도 안에 거하지 않는 자는 능력과
    내적 만나를 맛보지 못한다 / 232
37. 믿음으로 거룩하게 살고 끊임없이 회개하면서
    그리스도를 따르지 않으면 구속함을 받을 수 없다 / 242
38. 영원한 예정에 관하여 / 253
39. 순수한 교훈과 하나님 말씀은
    참 회개와 거룩한 삶에 있다 / 259
40. 그리스도인의 생활 규칙 / 267
41. 제1권의 요약 / 276
42. 제1권의 결론 / 292

제2권 그리스도인의 삶에 관하여 / 297

제3권 양심에 관하여 / 327

제4권 자연에 관하여 / 341

제5권 참 믿음과 거룩한 삶에 관하여 / 359

제6권 참된 경건을 사랑하는 모든 자에게 / 495

머리말

I

요한 아른트와 그의 주 저서인 『진정한 기독교』(*True Christianity*)의 매력은 이 책이 항변인 동시에 강령(綱領)이라는 사실에 기인한다. 아른트는 이 항변 때문에 두 개의 전선에서 싸우게 되었다. 하나는 30년 전쟁과 1648년에 체결된 베스트팔렌 조약으로 말미암은 군사적인 분열이 초래되기 오래전에 자의식이 강한 기독교 사회의 현저한 부패를 대적하는 것이었고, 또 하나는 정통주의[1] 논쟁이 극심하여 신앙의 체험과 그리스도를 본받음(*imitatio Christi*)의 생생한 표징들이 의심받거나 부차적인 것으로 전락한 데 대한 항거이다. 이런 까닭에 아른트는 두 종류의 위험한 분리를 공격한다. 첫째는 믿음과 생활의 분리이고, 둘째는 학문적 지식과 실천적인 지혜의 분리이다. 아른트가 생각하는 지혜는 결정적으로 기독교적인 지

---

[1] 아른트의 비평은 일반적인 명칭이 제시하는 것보다는 훨씬 더 실천적인 신학에 예민했던 루터교의 정통주의를 향한 것이 아니라 무미건조하고 이론뿐인 정통주의를 향한 것이다.

식이다.

아른트의 강령은 그의 항변이 "청도교"(Puritan; 영어권에서 사용되는 경멸적인 뜻이 함축된 단어), 또는 "광신자"(Schwärmer; 독어권에서 경멸적인 뜻이 함축된 단어)의 작품이라고 불리는 것으로부터 구해주었다. 아른트는 그의 강령을 통하여 믿음과 회심으로부터 중생과 성화에 이르는 길을 가리킴으로써 "독일 경건주의의 아버지"가 되었다. 도덕주의와 반계몽주의 요소들이 잠재적인 위협으로 남아 있었지만, 그것들은 성령의 삶 안에서 사회윤리적 관심을 잘라내고 근절한 비주류 경건주의 그룹에서만 구체화되었다.

II

알브레히트 리츨(Albrecht Ritschl)의 세 권으로 된 인상적인 저서『경건주의의 역사』(History of Pietism)[2]는 매우 강력하고 큰 영향을 미쳤으므로, 오늘날 일부 전문가 집단을 제외하고는 일반적으로 경건주의를 반지성주의, 초개인주의, 거룩한 집단 분리주의 등과 결부하며, 종교개혁의 영향을 받지 않고 중세 신비적 에로티시즘과 중세 수도원운동의 바리새적 무책임을 의지하여 생활한다고 간주된다.

위에 요약한 몇 개의 주의(主義)를 통하여 볼 때, 최근의 연구로 리츨

---

2) Bonn, 1880-1886; reprint Berlin, 1966.

의 생각을 여러 면에서 쉽게 교정할 수 있음이 분명하다.[3] 하지만 경건주의에 대한 최근의 평가는 여전히 완고할 정도로 학구적 현대화(aggiornamento)에 반대하며, 따라서 경건주의는 대서양 양편에서 계속 좋지 않은 평판을 받고 있다.

19세기 초 이래 계몽주의에 당황한 경건주의자들이 두려움에 놀라 화석처럼 굳어버린 정통주의를 지지한 것, 리츨이 경건주의의 특징으로 지적한 개인주의적 후퇴나 비밀조직처럼 된 분리주의로 바뀐 경건주의 안에 있는 추세들을 고려할 때 이것은 근거 없는 평가가 아니다. 그러나 처음 세 세대의 경건주의 지도자였던 스페너(Spener, 1705년 사망)에서 프란케(Francke, 1727년 사망), 그리고 진젠돌프(Zinzendorf, 1760년 사망)에 이르는 지도자들의 놀라운 비전은 아른트의 강령을 존속시키고 발전시켰으며, "사랑으로 역사하는 믿음"(갈 5:6)이라는 창조적인 상상력을 방해해온 전통적인 기독교의 썩은 부분을 과감히 제거함으로써 사회 개혁을 지향했다.

이 두 종류의 경건주의가 서로 씨름하고 그 시대 정신과 씨름할 때에 아른트에 대한 새로운 해석이 등장했다. 참 경건주의와 거짓 경건주의가 다

---

3) Manfred Waldemar Kohl, Studies in Pietism. *A Bibliographical Survey of Research since 1958/ 59*, unpublished Diss., Harvard, 1969; Martin Greschat, "Zur neueren Poetismus-forschung. Ein Literaturbericht," in: *Jahrbuck des Vereins fur Westfalische Kirchengeschichte* 65(1975), pp. 220-268; Johannes Wallmann, "Reformation, Orthodxie, Pietismus," in: *Jahrbuch der Gesellschaft für niedrsächsische Kirchengeschichte* 70(1972), pp. 179-200; 독일 경건주의에 논문 모음인 *Zur neueren Pietismusforshung*, ed. Martin Greshat, Wege der Forschung vol. 440, Dormstadt, 1977을 참조하라.

투는 위기의 때에(역사적인 동기와 목적의 관점에서 참과 거짓이 평가되었다) 결정적으로 중요한 질문은 "과연 아른트의 항변의 생명력과 강령의 생존력이 리츨의 견해를 무산시키고 문화적·지적 오명을 지울 수 있겠는가?"이다.

III

독일 학계에서는 경건주의 운동의 출발점이 필립 야콥 스페너(Philip Jakob Spener)의 『경건한 소원』(Pia Desideria, 1675)의 출판이라고 여긴다. 그러나 루터의 종교개혁 교리(reformatio doctrinae) 개혁을 뒷받침하고 완성할 의도로 작성된 생활 개혁(retormatio vitae)을 위한 스페너의 제안이 처음에는 아른트의 저서의 서문으로 출판되었다는 사실을 기억해야 한다. 스페너는 아른트가 루터와 거의 같은 입장을 취한다고 보았다. 두 사람 모두 요한 타울러(1361년 사망)가 제시한 영적인 길을 택했다. 종교개혁이라는 거대한 수레는 마틴 루터(1546년 사망)로 말미암아 움직이기 시작했으며, 그가 당연히 최고 수훈감의 자리를 차지하는 것이 마땅하다. 그러나 과연 "누구의 저서들을 통하여 하나님의 사역이 효과적으로 이루어질 것인지는 아직 확실하지 않다."[4] 스페너는 전부터 제2의 루터, 제3의 엘리야라

---

4) *Theologische Bedenken*, Halle, 1700, I I I. 714. 이 번역본의 독일어 원본은 Johannes Wallmann의 *Philip Jakob Spener und die Anfäge des Pietismus*, Tübingen, 1970, p. 110, n. 105가 구하기 쉽다. 이 훌륭한 스페너의 연구에서는 아른트는 스페너와 비교하여 그에 앞선 경건주의의 주창자로 이해되었다. Ibid., p. 14; cf, p. 239.

고 불리던 아른트의 호칭을 공인하고 대중화했을 뿐이다. 그는 다음과 같이 말했다.

"1415년 후스(Huss)의 시대에 생명나무가 뿌리를 내렸고, 1517년 루터의 시대에 그 나무는 꽃이 피기 시작했으며, 1618년에 수확자들이 열매를 거둬들이기 시작했다."[5]

아른트는 내면적으로 한때 지하에서 움직이다가 17세기 후반에 독일 경건주의로 표면화된 전통의 숨겨진 강력한 근원임이 확실하다. 독일 경건주의는 당시 유럽에 퍼져 있었던 여러 현상 중 하나에 불과하다. 얀센주의(Jansanism), 정밀주의(Precisionism), 청교도주의, 그리고 널리 보급되었던 천년왕국을 강조하는 영적 운동 등이 그것이다. 영국, 네덜란드, 독일, 프랑스, 스위스, 그리고 스칸디나비아에서 일어난 새로운 운동들은 낙망과 새로운 희망이 신비하게 얽혀 있고, 개인의 경건과 집단적인 부흥이라는 인상적인 형태를 유도해낸 종교개혁 시대 말기에 유럽 기독교가 지니고 있었던 탄력성을 증언해 준다.[6]

---

5) Hans-Joachim Schwager에 의해 인용된 *Johann Arndts Bemuhen um die rechte Gestaltung des Neuen Lebens der Glaubigen*, Munster I, W., 1961, p.95.

6) 좀 더 넓은 유럽의 관점에서 볼 때 윌리엄 퍼킨스(William Perkins, 1602년 영국의 캠브리지에서 사망)가 "경건주의의 아버지"라는 명칭을 받기에 합당하다. Cf. The basic work of August Long, *Puritanismus und Pietismus. Studien zu ihrer Entwicklung von M. Butzer bis zum Metbodismus*, Neukirchen, 1941, reprint Darmstadt, 1972, pp. 101-103. 랭(Lang)은 Heinrich Heppe의 논문인 *Geschichte des Pietismus und*

이때까지 막강한 학문적인 세력은 종교적 계보를 세우고, 작가들과 소책자들을 우선순위에 따라 체계화하는 데 학문적 에너지를 쏟았고, 종교사상사와 시대정신의 분석이라고 묘사할 수 있는바 사회와 역사의 중요한 관계를 등한히 해왔다. 따라서 후대의 역사가들은 유럽의 주요 세 종파가 요구한 정치적·교리적 일치 때문에 비슷한 정신을 가진 무리가 서로 은신처를 찾을 수밖에 없음을 이해하려 하지 않았다. 때로는 저자 미상의 많은 자료를 읽음으로써 전혀 다른 종류의 사람들이 하나로 연합했다. 영국 해협 양편과 라인강 양편에서는 갈급한 사람들이 같은 성경 본문을 탐독하여 비슷한 결론에 이르렀다. 이러한 여러 종류의 경건주의에는 흥미로운 차이점들이 있지만, 그것들 때문에 유럽의 경계 안과 경계 너머에 선교 사역이 시작되게 한 초교파적인 세계교회운동의 첫 단계가 시작되었음을 간과할 수 없다.

---

der Mystik in der reformierten Kirche, Leiden, 1979, p.140의 옮음을 확증하고 있다. 17세기 네덜란드의 경건주의에 관해서는 Wilhelm Goeter의 *Die Vorbereitung des Pietismus in der reformierten Kirche der Niederlande bis zur labadistischen Krisis 1670*, Leipzig, 1911을 참고하라. 이러한 너무 상세하고 개념적으로 세밀한 연구에 반해 Ernest Stoeffler의 장점은 범 유럽적인 관점이다: *The Rise of Evangelical Pietism*, Leiden, 1971(1965): *German Pietism during the Eighteenth Century*, Leiden, 1973. 새 세계로의 전환이 제목이 명시하는 것보다 훨씬 광범위한 화폭에 잘 그려져 있다. James R. Tanis, *Dutch Calvinistic Pietism in the Middle Colonies. A Study in the Life and Theology of Theodorus Jacobus Frelingbuysen's-Gravenhage*, 1967, with extensive sources and secondary literatira.

IV

이 놀라운 유럽의 기독교 화합 운동에서 아른트는 이중 사역을 하는 입장을 취한다. 아른트의 이중 사역의 첫째 면은 만약 그가 마틴 루터의 저서들을 주의 깊게 읽고 통찰력 있게 연구하지 않았다면 『진정한 기독교』(The Christianity)를 저술할 수 없었을 뿐만 아니라 루터교 정통주의의 도전을 견뎌내지 못했을 것이라는 사실에 있다. 루터교가 아우크스부르크 신앙 고백(Augsburg Confession, 1530)과 일치 신조(Formula of Concord, 1577)에 근거해서 종교개혁의 유산을 지키려고 노력하고 있을 때, 아른트는 루터의 신학적 결론의 배후에서 구원과 회개의 경험을 둘러싸고 있는 참 교리의 기능을 식별했다. 요컨대, 그는 살아 있는 믿음의 참 열매인 섬김의 자발성을 강조했다. 아른트는 믿음으로만 의롭다함을 받는다는 것이 선행을 배제하는 것이 아니라, 오히려 교회와 세상에서의 활동을 통하여 전인적인 그리스도인의 선행을 불러일으킨다는 루터의 사상을 바로 보고 이해하고 적용한 최초의 루터 신학자라 할 수 있다.

학자들이 종교개혁과 신비주의의 상호 배제를 선언하기 오래전에, 루터는 클레르보의 베르나르(1153년 사망)의 설교와 그의 영적 지도자인 요하네스 슈타우피츠(Johannes Staupitz, 1525년 사망)의 성경적인 신앙과 요하네스 타울러의 묵상을 자기의 사상에 도입하고 통합했다. 속박받지 않는 자유로운 믿음의 경험 안에 있는 고적감과 충만한 기쁨 사이의 내적 긴장과 역동적 대립이 그의 영성의 특징이다. "의인인 동시에 죄인"이라는 유명한 공식이 그의 칭의의 교리의 역설을 정확하게 묘사해준다.[7] 이러한 면에서 아른트를 제2의 루터라 할 수 있다.

상징적으로는 아른트는 루터가 슈타우피츠의 허락을 받아[8] 비텐베르크(Wittenberg) 수도원에서 어거스틴 출판사를 통해 1518년에 편집한 『독일 신학』(German Theology)의 1520년 판의 결정적인 도움을 받았다. 루터가 80여 년 전에 발견했던 것처럼, 1597년에 아른트는 어디에선가 먼지 투성이의 소중한 그 책을 발견했다. 아른트의 저술 경력과 사상의 방향은 1597년[9] 할버슈타트에서 출판한 『독일 신학』의 재판으로 말미암아 새로운 국면을 맞게 되었다. 루터[10]와 마찬가지로 아른트도 이 책의 저자를 타울러(Tauler)라고 간주했다.

---

7) Heiko A. Oberman의 "Simul gemitus et raptus: Luther und die Mystik," in *Kirche, Mystik, Heiligung und das Naturliche bei Luther,* Vortage des Dritten Internationalen Kongresses für Lutherforschung, ed. Ivar Asheim, Gottingen, 1967, pp. 20-59를 참고하라. 이 논문의 영어 원본 *The Reformation in Medieval Perspective,* ed. Steven E. Ozment, Chicago, 1971, pp. 219-251을 참고하라.

8) *D. Martin Luthers Werke.* Briefwechsel, vol. 1, Weimar, 1930, p.160, line 8-20, no.

9) Wilhelm Koepp은 이것을 아른트의 인생의 전환점으로 간주 한다: *Johann Arndt. Eine Untersuchung uber die Mystik im Luthertum,* Berlin, 1912, p.24.

10) 루터는 1516년에 미완성판(19장)을 출판했으며, 곧이어 1518년에 완성판을 내놓았다. 초판의 주장에 반하여 루터는 여기에서 가장 잘 알려진 사본의 충실한 번역판을 내놓았다. Steven E. Ozment의 *Mysticism and Dissent. Religious Ideology and Social Protest in the Sixteenth Century,* New Haven, 1973, pp.17-60;18, n.10을 참조하라.

폴리노의 안젤라(Angela di Foligno, 1309년 사망)와 발렌틴 바이겔(Valentin Weigel, 1568년 사망)[11], 사분데의 레이먼드(Raymund of Subunde, 1436년 사망) 등의 글을 인용한 것, 요하네스 슈타우피츠의 사상 연구 등을 통하여[12] 아른트는 『진정한 기독교』를 위한 신비적인 자료를 수집했다. 이렇게 하면서 그는 루터에게서 멀어지기보다 오히려 더 진정한 루터에 접근할 수 있는 길을 열었으며, 또한 후일 교리적인 입장에서 종교개혁의 신조와 화합할 수 없는 것이라고 할 수 있는 이전 시대의 영적 자료를 발견했다.

V

아른트의 이중 사역의 둘째 면은 자신이 루터의 유산을 물려받았다는 도전적인 주장과 관련이 있다. 알브레히트 리츨이 아른트를 중세 금욕주의와 신비주의적 전통의 계열에 속한 것으로 여기는 것도 아주 틀렸다고 할 수는 없다. 그것은 재고해볼 만한 가치가 있는 판단이다.

아른트는 종교개혁 신학의 충실한 제자였다. 또한 그는 중세 시대 교회가 교황 정치의 성장과 속죄의 상업화 이상의 것을 성취했다고 의식한 점에서 루터의 참 제자임이 입증된다. 아른트가 신비적인 자료와 수도원 경

---

11) Weigel은 결정적인 자기 방어를 위해서 『독일신학』의 부제로 "A Treatise on True Saving Faith…"(1572)을 택했다. *Ozement, Mysticism and Dissent*, p. 204.

12) Staupitz는 경건주의 전통에서는 저술가로서 높이 평가되어온다. *Johann von Staupitz. Samtliche Schriften*, vol. 2: *Lateinische Schriften II*, eds. Lothar Graf zu Dohna, Richard Wetzel, *Spatmittelalter und Reformation. Texte und Untersuchungen* 14, Berlin, 1979, pp.10f를 참조하라.

험에서 발견해낸 경건의 보물은 단순히 인정되고 존중되는 데 그친 것이 아니라, 모든 신자가 수도서원을 받아들이고, 학자들의 유식한 신학이 단순하고 무식한 사람들도 접근할한 수 있는 정감적 신학으로 보완된 시대인 종교개혁 시대로 옮겨져야 한다.

  모든 인간의 자원과 수단을 이용해서 하나님께로 올라가려 했던 중세 신비주의와 인간의 최고의 갈망을 포기하고 믿음으로 받아 들어야 하는 하나님의 내려오심의 우선성을 발견했던 루터의 신학 사이에 큰 차이가 있음을 부인할 수 없다. 그러나 요한 아른트와 그의 저서 『진정한 기독교』의 지속적인 의의는 그가 종교개혁의 기본 통찰들과 연결된 중세 시대 영성을 획득하여 언어와 문화와 교리의 차이를 초월해서 넓게 독자들을 확보할 수 있게 된 데 기인한다.

서론

  알베르트 슈바이처(Albert Schweitzer)는 1955년 요한 아른트 탄생 400주년을 기념하면서 "나는 어린 시절 어머니로부터 개신교(Protestantism) 내면의 선지자였던 요한 아른트에 대한 사랑을 배웠다"[1]라고 기록했다. 이렇게 말할 당시 슈바이처는 83세였으며, 그의 이 짧은 논평은 독일 경건주의의 영적 운동에 아른트의 영향력과 인기가 얼마나 큰지 분명하게 반영한다. 그러나 20세기에는 아른트의 저서들이 이전만큼 관심을 끌지 못해왔으며, 더욱 슈바이처가 어머니 품에서 아른트를 배우고 있을 때 알브레히트 리츨[2] 같은 학자들에 의해 시작되어 칼 바르트(Karl Barth)를 중심으로 한 개신교 변증학자들에 의해 오늘날까지 계속되어온 근대 개신교의 신비 서적에 대한 적대와 반목이 형성되었다. 그러나 최근 학자들의 "신

---

1) Wilhelm Koepp, *Johann Arndt und Sein "Wahres Christentum"* (Berlin, 1959), p.16.

2) 특히 알브레트 리츨은 *Geschichte des Pietismus* (3 Bed.: Bonn, 1880-1886)을 참조하라. 그의 서문의 번역을 보려면 그의 Three Essays, trans. Philp Hefner(Philadelphia, 1972)를 참조하라.

비주의"에 대한 적대감이 전혀 새로운 것은 아니다. 그것은 아른트의 시대까지 거슬러 올라가는 것이 타당하다.

아른트는 1555년 12월 17일 에더리츠 바이 쾨텐(Edderitz bei Köthen)에서 출생했을 것이라 짐작한다. 그는 목사의 아들로서 안할트-베른부르크(Anhalt-Bernburg)[3])에 있는 발렌스테트(Ballenstedt)라는 작은 마을에서 소년 시절을 보냈다. 그가 태어나던 해에 아우크스부르크 종교 화의(Peace of Augsburg)가 체결되었고, 그 때문에 신성로마제국 안에서 루터교에 법적 지위가 주어졌고, 그 후 50년 동안 대체로 안전을 보장받았다. 그러나 그러한 정치적으로 영토 안에서의 안전을 보장받았을 때 루터교는 이미 그 후 수 세기 동안 계속될 내적인 신학적 갈등을 겪고 있었다.

1546년 루터가 죽기 전에 루터교의 교리가 다음과 같은 세 개의 주요 문서로 편찬되었다: 1530년의 아우크스부르크 신앙고백(Augsburg Confession), 같은 해에 쓰인 아우크스부르크 신앙고백 변증(The Apology for the Augsburg Confession), 그리고 1538년에 출판된 슈말칼트 신조(Smalcald Articles).[4]) 이 세 문서 모두 논란의 대상이 되었다. 필립 멜란히톤(1497-

---

3) 아른트의 생애와 사상 및 그 배경과 영향에 대한 연구서는 다음과 같다: Wilhelm Koepp, *Johan Arndt: Eine Untersuchung uber die Mustik im Luthertum* (Berlin, 1912). 아른트의 저서에 영향을 미친 중세 시대의 전거에 대해서는 다음을 보라: Edmund Weber, *Johann Arndt's Vier Bücher vom Wahren Christentum, als Beitrag zur protestantischen Irenik des 17. Jahrbunderts: Eine quellenkritische Untersuchung* (Marburg/Lahn, 1969).

4) 논쟁의 개요를 알려면 다음을 보라: F. Bente, *Historical Introduction to the Book*

1560)이 다양한 해석을 허용할 수 있도록 원문을 교정하기 시작하면서 개신교 영주들은 아우크스부르크 신앙고백을 받아들였다. 멜란히톤의 평화에 관한 관심은 『아우크스부르크 신앙고백 변증』에도 적용되었고, 슈말칼트 신조를 제한적으로 지지하게 했다. 1547년 개신교의 군사적 패배 이후에 그의 인문주의와 초교파적 성향이 더욱 확고해졌다.

그 패배 이후에 멜란히톤은 루터교가 가톨릭교의 특정 의식을 아디아포라(adiaphora), 즉 믿음의 핵심이 아닌 것으로 인정할 수 있다는 교리를 발전시켰다. 이 점에서 그는 믿음에 관해서는 아디아포라가 있을 수 없다고 주장한 플라치우스 일리리쿠스(Mathias Flacius Illyricus, 1520-1575)의 반대에 부딪혔다. 1561년에 조지 메이저(George Major, 1502-1574)가 촉발한 두 번째 논쟁은 약 10년 동안 지속했다. 그는 구원에 선행이 필요하다고 가르쳤다. 몇 년 후에 신인협력설 논쟁이 발생했다. 이 논쟁에서 멜란히톤과 그의 추종자들은 인간은 자신의 회심에 협력해야 한다는 교리를 지지했다. 플라치우스 일리리쿠스와 순수 루터주의자들(Gnesio-Lutherans)은 메이저 논쟁과 신인협력설 논쟁에서 멜란히톤에 반대했다. 그러나 1560년 플라치우스의 순수 루터주의는 타락한 인간의 본질 자체가 악한 것이라고 주장하는 이단으로 이어졌다. 플라치우스의 견해는 소수의 견해였지만, 그 문제에 관한 토론은 1575년까지 계속되었다.

---

of Concord, in Concordia Triglotta (St. Louis, Ml., 1921 and *Die Bekenntnissebriften der evangelisch-lutherischen Kirche* (Berlin, 1930), I. pp. xi-xliv.

1549년 안드레아스 오시안더(Andreas Osiander, 1498-1552)가 주도한 논쟁은 1560년대 말까지 계속되었다. 그는 그리스도의 신성을 통하여 의가 인간에게 주입되었다는 교리를 주장함으로써 루터의 칭의의 교리를 제한했다. 당시 거의 모든 루터교도들이 그의 교리에 반대했다. 주목해야 할 또 다른 두 가지 논쟁이 있었다. 첫째 논쟁은 복음의 역할이 율법에 반대된다고 주장한 요한 아그리콜라(Johann Agricola, 1492-1566)의 도덕률 폐기론이었다. 둘째 논쟁은 더 큰 영향을 미치는 결과를 초래했고, 1560년대부터 1570년대까지 그리스도의 본성과 성만찬 관습에 관한 교리에서 루터파와 칼빈파의 합의를 이루려는 멜란히톤파의 시도로 이어졌다. 루터교 신학자인 야콥 안드레아(Jacob Andreae, 1528-1590)와 마틴 켐니츠(Martin Chemnitz, 1522-1586)의 중재로 위에 언급된 논쟁 때문에 야기된 문제들은 『일치 신조』(Formula of Concord, 1580)에서 해결되었다.

그들의 다양한 입장을 지지하려는 시도와 신학적 논쟁이 진행되는 동안 등장한 논쟁적인 교파 내의 문헌과 초교파적 문헌을 통해서 신학자들은 개신교 정통주의 혹은 스콜라주의[5]라고 알려진 정밀한 신학 방법론과 어

---

5) 개신교 내의 스콜라적 정설의 역사에 관해서는 다음을 보라. Isaac A. Dorner, *History of Protestant Theology*, trans. George Robson and Sophia Taylor, 2 vols. (Edinburgh, 1871); Robert P. Scharlemann, *Thomas Aquinas and John Gerbard* (New Haven, 1964), pp. 13-43; Robert D. Preuss, The Theology of Post-Reformation Lutheranism, A Study of Theological Prolegomena 2 vols. (St. Louis, Mo., 1970).

휘를 발전시켰다. 그 방법은 멜란히톤의 『신학 강요』(Loci Communes)[6]의 방법에 뿌리를 두었으며, 특히 16세기 스페인 예수회의 영향을 받았다.[7] 그것의 방법론과 믿음에 관한 교리문을 받아들일 것을 강조하는 것을 제외하고는 정통주의를 정의하는 것은 쉬운 일이 아니다.

아른트처럼 그것을 반대하는 사람들이 볼 때, 그것은 무미건조하고 논쟁적이고, 신앙생활이나 그리스도인의 덕의 실천과 헌신과 관련된 문제에 대한 관심이 부족하며 한 교파의 입장을 변호하는 것에 불과했다. 그러나 정통주의의 반대자들이 정통주의 방법론의 형태나 논리에 많은 빚을 진 것도 사실이다. 왜냐하면, 위대한 정통주의 신학자들은 개인적 경건에 대한 관심을 소홀히 하지 않았기 때문이다.[8]

일반적으로 정통주의는 세 개의 역사시대로 구분된다.[9] 첫째 시대는

---

[6] Robert P. Scharlemann, *Thomas Aquinas and John Gerbard* (New Haven, 1964), ch. 5, pp. 22-28.

[7] Ibid., pp. 13-22.

[8] 개인적 경건에 대한 정통주의의 관심에 대해서는 다음을 보라: Hermann A. Preuss and Edmend Smits, eds., *The Doctrine of Man in Classical Lutheran Theology* (Minneapolis, Minn., 1962), pp. xix-xxii. Cf. Henrich Schmid, *Die Geschichte des pietismus* (Merlin, 1863), p. 1; Martin Schmidt, *Wiedergeburt und Neuer Mensch* (Witten, 1969), pp. 5-6; Hans Leube, *Die Reformbestrebungen der deutschen lutherischen Kirche im Zeitalter der Orthodixie* (Leipzig, 1924); Heinrich Bornkamm, *Mystik, Spiritualismus und die Anfange des Pietismus im Luthertum* (Giessen, 1926).

[9] R. Preuss, *Post-Reformatio Lutheranism*, I, pp. 44-47을 보라.

켐니츠(Chemnitz)로부터 1618년까지 계속된 황금시대(Golden Age), 둘째는 30년 전쟁 시대를 포함한 고정통주의 시대(High Orthodoxy), 셋째 시대는 18세기 초까지 계속된 은시대(Silver Age)이다. 둘째 시대 주요 인물은 요한 게르하르트(Johann Gerhard, 1582-1637)이며, 셋째 시대의 가장 중요한 저술가는 요한 안드레아 퀸스테트(Johann Andreas Quenstedt, 1617-1688)와 홀라츠(David Hollatz, 1648-1713), 그리고 평화주의자였던 칼릭스투스(George Calixtus, 1586-1656)이다.

처음부터 루터교 정통주의는 주로 경건의 실천, 즉 개인적 새로워짐, 개인적인 거룩함의 성장, 신앙적 체험 등에 관심이 있었던 사람들의 반대에 부딪혔다.[10] 이처럼 특별한 방향을 지향한 반대파의 대변인이 아른트였는데, 그는 당시 신학자들에 의해 이단이라는 비난을 받았다. 요한 게르하르트를 비롯한 많은 사람들이 그를 변화해 주었지만, 그는 비정통주의라는 비난을 피할 수 없었다.[11]

아른트는 아셰르스레벤(Aschersleben), 할버슈타트(Halberstadt), 마그데부르크 등지에서 초등교육을 받았고, 22살 때 의학 공부를 하기 위해 헬름슈테트(Helmstedt)에 있는 대학에 진학했다. 그러나 그는 병이 들어 의사로서의 진로를 포기하고, 신학과 신비주의에 관한 서적들을 읽기 시작했다.

---

10) 다음을 보라: Max Goebel, *Geschichte des Christlichen Lebens* (3 Bde., Coblenz, 1852-1860); F. Ernst Stoeffler, *The Rise of Evangelical Pietism* (Leiden, 1965).

11) 논쟁의 세부 내용을 알려면 Koepp, *Arndt*, pp. 67-143을 보라.

그 결과 비텐베르크(Wittenberg), 스트라스부르크(Strassburg), 바젤(Basel) 등지에서 수학했고, 1583년에는 발렌스테트(Ballenstedt)에서 부제(副祭)로 일하게 되었다. 같은 해에 그는 안나 바그너(Anna Wagner)와 결혼했다. 그의 결혼생활은 행복했으나 38년을 같이 살면서도 아이를 갖지 못했다.

다음 해인 1584년 아른트는 퀘들린부르크(Quedlinburg) 근처에 있는 바데보른(Badeborn)이라는 작은 마을에서 목사로 일했는데, 얼마 후에 그는 퀘들린부르트의 성 니콜라스 교회에서 시무하게 되었다. 그는 사역 초기부터 많은 논쟁에 개입했다. 철저한 루터교인인 그는 칼빈주의 성향의 공작의 명령에도 불구하고 세례 전에 행하는 귀신을 쫓는 의식을 포기하지 않았다. 가중되는 어려움 때문에 그는 1599년 브라운스바이크(Baunschweig)로 사역지를 옮겼지만, 곧 공작에게 반대하는 도시의 정치세력에 휩쓸렸다. 1609년에 아이슬레벤(Eisleben)에서 짧지만 만족스럽게 목회생활을 했고, 1611년에 첼레(Celle)의 총감독으로 임명되었다. 그는 1621년에 세상을 떠났다.

아른트의 많은 저술을 보면 그의 관심은 압도적으로 그리스도인의 생활 실천에 있었다. 그의 관심은 늘 그리스도인이 이웃을 사랑하기 위해 행해야 하는 고결한 활동, 부르심을 받은 대로 하나님을 사랑하는 데서 행해야 할 묵상, 반성, 기도 등을 분명하게 설명하는 데 있었다. 결과적으로 아른트의 저술 대부분은 교리적인 논문이 아니라 영성에 관한 것이었다.[12] 1597년 그는 1518년에 루터가 출판한 『독일 신학』(Theologia Deutsch)을 편집하여 당시의 논쟁적인 서적 출판을 반대하는 긴 서론과 함께 출판했다. 그 책은 『그리스도를 본받아』(Imitatio Christi)와 축소된 서론과 함께 1605년, 1617년, 그리고 1621년에 재판되었다. 1605년 그는 요한 스타우피츠의 『하나님의 사랑에 관하여』(De Amore Dei)라는 책을 독일어 역본으로 편집했고, 같은 해에 『진정한 기독교』(True Christianity)의 제1권을 출판했다. 그 책은 1606년 수정판으로 재판되었는데, 이 수정판은 1610년에 출판된 또 다른 세 편과 함께 『진정한 기독교에 관한 네 권의 책』이라는 책으로 구성된다.

그 책은 즉시 유명해졌으며, 아른트가 죽기 전에 이미 20여 번에 걸쳐 재판을 냈으며, 18세기가 끝나기 전에 125번 이상 인쇄했다. 19세기 유럽과 미국에서 인쇄된 숫자도 엄청나다.[13] 저자의 사후에 출판된 『진정한 기독교』에 두 권이 추가되었다. 제5권은 아른트의 1620년도 소책자들 『참믿음과 거룩한 삶에 관해』, 『성도와 머리이신 예수 그리스도의 연합에 관해』, 그리고 『성 삼위에 관해』 등을 포함했으며, 제6권에는 그를 향한 비판에 대한 답변, 그의 편지들, 그리고 두 편의 『독일 신학』 서문 등을 추가했다. 대부분의 후대 인쇄물은 저자의 『성경 소식』(Informatorium Biblicum, 1623)과 두 편의 논문을 포함한다.

---

12) Koepp, Arndt, pp. 297ff.을 보라.

13) Ibid., pp. 302-306.

『진정한 기독교』 다음으로 유명한 책은 1612년에 쓴 그의 기도서 『그리스도인의 덕이 가득한 낙원』(Paradise Garden Full of Christian Virtues)이다. 『낙원』은 가톨릭교회(중세와 예수회)와 개신교의 초기 자료, 그리고 성경 자료를 재편집한 내용을 담고 있다. 이 책의 기도들은 다섯 개의 표제 아래 수록되어 있다: 덕과 십계명에 관하여, 기독교의 세 개의 주요 신조에 관하여, 위로의 기도, 어려울 때의 기도, 찬양의 기도 등이 그것이다.[14] 그리고 그의 복음서 설교집(1615/1616)과 교리문답 설교집(Catechetical sermons, 1616)도 후대에 상당한 영향을 끼쳤다. 물론 그것들의 인기는 『진정한 기독교』와 『낙원』에 의존한 것이었다.

『진정한 기독교』가 많은 독자의 관심을 끈 것은 그가 중세 시대의 자료와 신비주의 자료를 광범위하게 사용했다는 점이다. 그러나 아른트가 사용한 "신비주의"라는 단어를 어떻게 정의하느냐에 주의를 기울여야 한다. "영성"이라는 단어는 일반적으로 "수덕적 신비 생활에서 기도 및 기도와 관련된 모든 것, 즉 종교 체험과 신앙 행위에 집중하는 것"[15]으로 이해되어왔다. 아른트와 그 시대의 사람들은 위에서 정의한 영성의 맥락 안에서 "신비신학"을 이해했고, 수덕신학과 신비적 합일의 신학을 받아들

---

14) 기도에 관한 아른트의 저서에 대해서는 다음을 보라: Paul Althaus, d. A., *Forschungen zur Evangelischen Gebetsliteratur* (Gütersloh, 1927); Hermann Beck, *Die Erbauungsliteratur der Evangelischen Kerche Deutschlands* (Erlangen, 1883)..

15) Louis Bouyer, *The Spirituality of the New Testament and the Fathers*, trans. Mary P. Ryan (New York, 1963), pp. vi-ix.

였다.[16] 아른트의 집단은 정통주의 집단의 신학적 사변에 반대하여 그것을 실천신학과 동일시했다. 따라서 아른트는 그것을 수덕신학과 동일하게 여기는 경향을 나타냈다.

"일반적으로 영혼은 세 단계를 거쳐 완전함에 이른다. 첫째는 회개와 금욕을 통하여 죄에서 해방된다; 그다음에 기도와 그리스도를 본받음으로 내적 덕을 형성한다; 마지막으로, 하나님 사랑 안에서 전진하여 하나님과의 합일에 이른다. 우리가 완전함의 길에 진입하여 이 단계들을 통과하는 속도는 다소 빠를 수도 있고 느릴 수도 있다. 하나님은 이 길을 가도록 우리를 부르시고, 그 부르심에 응답하는 데 필요한 은혜를 주신다."[17]

아른트가 합일의 주부적(注付的) 본질을 주장하지 않았지만,[18] 아른트의 이러한 정의에는 엑스터시, 환상, 계시 등 부수적으로 나타나는 현상을[19] 통해 신비적 연합을 이루는 특수한 상태를 다룬다고 서술된 신비신학이 포함된다.

---

16) R. Garrigou-Lagrange, *Les trois âgesde la vie interieure, Prelude de celle de ciel* (Paris, 1939), I, pp. 16-19.

17) P. Pourrat, *Christian Spirituality*, trans. W. H. Mitchell and S.P. Jacques(London, 1922), I, p.v.

18) Ibid.

19) Cf. Cuthbert Butler, *Western Mysticism* (London, 1922).

루터교 전통에서 "신비적 합일"(mystical union)이라는 용어는 가톨릭교회와 근본적으로 달리 이해되었다. 루터는 신자와 그리스도의 항존하는 신비적 합일을 가르쳤다. 그러한 합일은 그리스도인의 완전을 향한 노력의 끝이 아니라 시작이며, 신자와 그리스도의 합체이다. 신비신학의 용어는 이 초기 합일에 적용되었다.[20] 루터의 추종자들은 신비적 합일을 으뜸으로 하는 구원의 은혜 적용의 다양한 측면을 구원의 서정(序程)으로 작성했다: 예정(election), 소명(vocation), 조명(illumination), 회심(conversion), 중생(regeneration), 칭의(justification), 신비적 합일(mystical union), 갱신 혹은 성화(renovation), 보전(preservation), 영화(glorification).

이러한 신비적 합일과 구원의 서정에서의 그 위치에 관한 정통 루터파의 교리 발달에서 아른트가 정확하게 어떠한 역할을 했는지 제대로 결정되지 않았지만, 그가 중요한 역할을 했다는 것, 그리고 17세기 내내 신학과 경건에 계속 직접적인 영향을 미쳤다는 것은 의심의 여지가 없다.[21]

---

20) Jacob Boehme, *The Way to Christ* (New York, 1978), pp. 10-11 서문을 보라.

21) Wilhilm Koepp, "Wurzel und Ursprung der orthodoxen Lehre von der unio mystica," *Zeitschrift fur Theologie und Kirche*, 29 N. F. II(1921), pp. 46-71, 139-171. 17세기에 순서가 약간 바뀌었다.
아른트와 홀라츠의 유사성은 제5권에서 다루고 있는 합일에 관한 내용에서 드러난다:

Arndt	**Hollatz**
I, II	electio
III	vocatio
IV	illuminatio
V	conversio

아른트는 『진정한 기독교』 제5권에 포함된 소논문에서 신비적 합일의 교리를 깊이 있게 다룬다. 그곳에서 그는 루터와 같은 입장을 취하여 하나님이 태초부터 합일을 예정하셨다는 것, 하나님의 말씀을 통하여 내적으로는 마음에, 외적으로는 성경에 각 신자에게 선포하셨다는 것, 그것은 전적으로 은혜의 선물이라는 것, 근본적으로 그것은 그리스도의 지체인 교회 안에서 그리스도와의 연합을 의미한다고 주장한다. 그도 루터처럼 그것을 정화와 회개와의 밀접한 관계에서 해석하며, 결혼과 성례의 이미지로 그것을 묘사하고, 그것을 하나님을 향한 지속적인 사랑의 뿌리이며 궁극적으로 영화로 완성되는 삶의 갱신으로 본다.

하지만 아른트와 루터 사이에 차이점도 있다. 아른트는 사랑이 그리스도를 닮아가는 믿음의 일치의 삶의 궁극적 표현으로 본다. 그 사랑은 하나님과 이웃을 향하며, 그것의 종착점은 완전한 인내와 찬양이다. 인간이 사랑하고 찬양할 유일한 대상은 인간이 평생 추구해야 할 최고의 선이신 하나님이시다. 이것은 루터에게서 발견할 수 없는 것인데, 아른트는 사랑

VI(Busse)	regenerstio
VI(Glaube)	justificatio
VII	unio
VII, IX	renovatio
X	conservatio
XIV	glorificatio

David Hollatz, *Examinem theologicum acroamaticum universam theologia theoretice-polemicam complectens* (Rostochii et Lipsiae, Apud Joh. Ruswormium, M. DCC XVIII)을 보라.

의 삶을 강조하므로 하나님의 형상 회복의 완성을 위해 훨씬 더 넓은 활동 범위를 허용한다.

아른트는 루터가 믿음을 강조하는 데 전적으로 동의한다. 그러나 그의 저술에서는 루터가 맹렬하게 공격한 사변적 신비가들의 말처럼 여겨지는 표현 안에 믿음 연합의 완전한 경험 가능성이 지속해서 등장한다. 아른트는 루터가 논한 것과 정확하게 같은 유형의 연합을 이야기하지 않는다. 그는 신자는 자신과 그리스도의 연합의 본질을 탐구해야 한다고 가르친다. 아른트는 신자가 피조물 사랑을 버리고, 자신을 신자와 연합하신 하나님을 온전한 의미에서 소유하는 법을 점진적으로 배워야 한다고 권면한다. 아른트는 이 합일 경험 성취의 정점이 영적 기쁨이라고 믿었다. 아른트가 중세시대 저술을 폭넓게 사용했다는 것을 고려하여 이러한 주장을 고찰해보면 그에 대한 반대가 심했던 이유를 이해할 수 있을 것이다.

아른트가 『진정한 기독교』에서 『독일 신학』을 사용한 것은 흥미롭지만 그 영향은 그리 크지 않다. 여덟 곳에서만 문자적·신학적 유사성이 주목된다.[22] 그 중 둘은 매우 의심스러우며,[23] 나머지 여섯 곳에서도 간단하게 인용했으며, 전반적으로 아른트의 신학에 별로 중요하지 않다.[24] 아른트

---

22) Weber, *Arndt*, pp. 53-63을 보라.

23) Ibid., pp. 53-56, 62-63은 True Christianity, I, pp. 2 and 31과 병행구임을 암시한다..

24) Ibid., pp. 56-63. *True Christianity*, I, pp. 11-12, 15, 16; II, pp. 6, 22, 23.

도 루터처럼 많은 경우에 점진적 성화의 마지막 단계에 일어나는 무아지경의 신비적 연합에 관해 원문에 기술된 부분을 의도적으로 무시했으며, 믿음 안에서 그리스도와 성도의 연합에 대한 자신의 이해에 따라 변경했다. 이처럼 중세시대 원본을 의도적으로 바꾼 것은 그의 『독일 신학』 서문에 분명히 나타난다.

> 신학과 기독교의 목적은 하나님과의 합일이다…하늘의 신랑이신 예수 그리스도와의 결혼…생명을 주는 믿음, 거듭남, 그리스도께서 우리 안에 내주(內住)하심, 우리 안에 그리스도의 고귀한 생명, 성령의 열매, 조명과 성화, 우리 안에 있는 하나님의 나라 등이다. 참 믿음이 있는 곳에는 거룩하고 의로우신 그리스도가 계시므로 이 모든 것은 결국 하나이다. 그리스도와 믿음은 서로 연합하는데, 이는 믿음으로 말미암아 그리스도의 모든 것이 우리의 것이 되게 하려 하심이다. 믿음으로 그리스도가 거하시는 곳에 거룩한 삶이 있으며, 이것이 우리 안에 있는 그리스도의 고귀한 생명이다.[25]

신자 안에 있는 "그리스도의 고귀한 생명"에 관한 지침서인 『그리스도를 본받아』(*Imitation of Christ*)는 특별한 가치가 있는 책이며, 회개에서 중생을 통하여 새로운 삶의 활동에 이르기까지 인간을 지도하는 안내서로서 쉽게 읽을 수 있는 책이다. 이것이 그 책에 대한 아른트의 이해였다. 그가 그 책에서 직접 인용한 부분은 경건의 연습, 기도, 양심의 가책, 인

---

[25] 제6권 제3부를 보라.

간의 비참함 등을 다루는 제1권 19-22장이었는데,[26] 아른트의 저서의 문맥에서 볼 때, 그것들은 루터교 사상과 완전히 일치한다.

그럼에도 아른트는 루터와는 달리 신자들이 집중하여 기도하고 헌신할 때 가능한 하나님을 향한 사랑의 경험을 묘사하기 위해 신비적이고 몰아적인 도취 상태에 관한 중세시대의 묘사를 사용했다. 예를 들면 『진정한 기독교』 제2권 13장에서 아른트는 자신의 주장을 뒷받침하기 위해 폴리뇨의 안젤라(Angela of Foligno)의 글들을 사용한다. 아른트의 글과 안젤라의 자료를 비교해 보면, 그러한 경험이 그에게 얼마나 중요했는지 지적하는 데 도움이 될 것이다.

그러나 아른트는 폴리뇨의 안젤라보다 요한 타울러에 더 큰 관심을 가졌다. 아른트는 함부르크(Hamburg)[27]에서 출판된 타울러의 저서 1621년판[28]의 서문을 썼는데, 그것은 바젤에서 1522년에 출판된 설교집의 재판으로서 타울러의 설교뿐만 아니라 다른 사람들의 설교도 수록하고 있다. 타울러는 『진정한 기독교』 제1권과 제2권에서 여러 번 인용되었으며, 제

---

26) Weber, Arndt, p. 45을 보라.

27) Johann Tauler in Theologia...Das ander/die Nachfolgung Christi...Mit einr Vorrede Johannis Arndtes (Gedruckt zu Hamburg/durch Hans Moser, In Verlegung Michal Herings. ANNO MDC xxi).

28) Johann Tauler, Johannis Tauleri des seligen lerers Predigt/fast fruchtbar zu eim recht Christlichen leben. Deren Predigen garnab hie in diesem Buch des halbtheyls meer sind denn in andern vorgetruckten bucheren die man sidhar mit der hilff gottes funden hat...(Gedruckt zu Basel Anno M. D. XXII).

3권에서는 더욱 의존하고 있다.[29]

제3권에서 하나님의 자녀들이 겉사람에서 속사람, 즉 마음의 근저에 이끌려 들어가서 그곳을 찾고 알고 정화하고 변화시키며, 하나님과 그의 나라를 깊이 생각하게 하는 것을 다룬다. 속사람과의 깊은 관계를 좀 더 충분하고 확실히 이해하기 위해서 우선 전반적으로, 또한 특별히 제1장에서(현재 독일 수사어가 허용하는 한은 그의 말은 그대로 인용해서) 영적 사람 요한 타울러의 신학을 언급하지 않을 수 없다. 이에 관해 좀 더 언급하자면, 성경은 인간의 마음을 찾고 원하고 있으며, 이처럼 타울러의 신학도 마음과 영혼의 중심인 속사람을 향하고 있다. 그러므로 그는 종종 내면의 근저와 관련하여 하나님과 그의 나라를 마음의 근저에서 찾고 발견하고 누려야 한다고 말한다.[30]

제3권은 루터교의 입장에서 이미 믿음으로 그리스도와 하나가 된 사람들을 위한 책이다. 아른트는 타울러의 신학에 문제가 있지만, 이런 사람들이 하나님에 대한 사랑과 성품의 변화를 계속 유지하는 데 특히 적합하다고 믿었다.

루터와는 달리 아른트는 자신의 자료를 근본적으로 재고해야 할 필요성을 느끼지 못했다. 타울러가 내맡김(*Gelassenheit*)을 강조한 것은 아른트의

---

29) 아른트가 인용한 타울러의 글의 목록을 알려면 Weber, Arndt, pp. 77-100을 보라.

30) *True Christianity*, III, 1:3.

구원의 차서(Order of Salvation)에 흡수되었고, 타울러의 무아경의 신비 체험에 관한 글은 신자의 하나님 사랑 안에서의 발전적인 진보라는 의미에서 재해석되었다.

내면의 보물과 최고의 선으로 들어가는 참 길은 참된 내적 믿음이다. 제1권과 제2권에서는 어떻게 그리스도만 붙들고, 그분 안에서만 기초를 세우는가 하는 것을 설명했다. 그러나 아직도 우리의 목적을 달성하기 위해 중요하게 고려해야 할 점이 있다. 전심으로 하나님만 의지하고, 하나님만 신뢰하며, 자신을 전적으로 하나님께 드리며, 하나님과 자신을 연합하고, 하나님과 하나가 되며, 하나님 안에만 거하며, 내적 안식을 지키며, 하나님만이 최고의 소원, 소망, 기쁨, 즐거움이 되게 하시며, 세상의 아무것도 바라지 아니하며, 영원하시고 완전하신 최고의 선이 되셔서 모든 것 위에 선하시고, 그가 없이는 현재와 영원까지 하늘과 땅에 선이 없는 믿음의 처음이요 마지막이신(히 12:2) 우리 주 예수 그리스도를 통하여 이 모든 것을 받으시는 하나님만을 바라는 것이 참되고 살아있는 믿음의 특성이다. 이 믿음은 우리가 내적 보물과 최고의 선에 이르게 한다. 이 믿음이 하나님 안에서의 안식인 마음의 바른 안식을 가져다준다. 이러한 내적 안식을 통해 하나님은 자신을 계시하신다. 주님은 "마리아가 좋은 편을 택하였다"(눅 10:41-42)라고 말씀하신다. "무엇이 좋은 편인가?" 그리스도 예수 안에 계신 하나님이다. 이 믿음으로 하나님은 인간의 마음을 소유하시며, 그리스도는 성령과 함

께 삼위의 하나님으로 우리 안에 내주하신다.[31]

어떤 경우에 아른트의 자료에 제시된 본질의 연합이 거부되었으나, 다른 경우에는 언어까지도 그대로 사용했다.[32] 따라서 아른트는 타울러의 것이라고 여겼던 에크하르트의 설교[33]의 영향을 받아서 다음과 같은 글을 썼다.

믿음은 우리가 내적 보배, 즉 고요한 안식 중에 하나님을 의지하며, 사람을 자신에게 향하게 하는 믿음으로 가까이 올 수 있게 하는 방편이다. 천체의 운행은 가장 고귀하고 선한 것이다. 이는 그 운행이 한 곳에서 시작해서 계속 그 근원으로 돌아가기 때문이다. 이처럼 인간의 운행도 그의 근원인 하나님께로 돌아갈 때 가장 고귀하고 선한 것이다. 인간이 힘을 다해 자신에게 돌아가고, 그의 이해와 뜻과 기억이 세상과 세속적인 것에서 떠나 영혼이 성령을 통하여 하나님께로 향하고, 고요한 안식을 통해 세상을 멀리하고 안식을 누리며 즐거워한다면, 하나님께서 그 안에서 역사를 시작하시는 일 외에 다른 일이 일어날 수 없을 것이다. 하나님은 이러한 마음의 안식을 기다리시며, 이러한 역사가 우리의 속에서 일어나는 것이 하나님의 가장 큰 기쁨일 것이다. 하나님은 우리를 원하시고 찾으시며, 오로지 자신의 신적 존재를 파괴하고 무가

---

31) *True Christianity*, III, 2:1.

32) Weber, *Arndt*, pp. 102ff.

33) Basel 1522 *Tauler*, 313을 보라.

되어 우리에게 신성의 심연과 자신의 존재와 본성의 충만을 계시하려 하신다. 하나님은 그가 그 자신의 소유인 것처럼 우리의 소유가 되기를 열망하신다. 인간이 하나님을 위해 할 수 있는 가장 좋은 일은 이 안식을 지키고 안식하는 것이다. 이 일을 위해 하나님께서는 인간에게 겸손하고 평온한 마음을 요구하신다. 그때 하나님은 아무도 접근할 수 없는 영혼 안에서 일을 시작하신다.

하나님의 영원한 지혜는 매우 정교하게 작용하므로 피조물에 속한 것을 받아들일 수 없다. 영혼이 하나님 안에서 안식하는 한 하나님이 영혼 안에 안식하신다. 영혼이 하나님 안에서 완전하게 안식하면, 하나님께서도 영혼 안에서 완전히 안식하신다. 만약 당신의 뜻과 기억과 갈망을 당신의 기쁨을 위해 사용한다면, 하나님께서 그것들을 사용하실 수 없을뿐더러 그것들 속에서 일하실 수도 없다. 둘이 하나가 되려면 하나는 쉬고 나머지 하나가 일해야 한다. 하나님은 무한하게 역사하시는 힘이시며 순수한 움직임이시다. 하나님은 쉬지 않으시며, 하나님의 역사가 이루어지고 당신이 그것을 방해하지 않는 한 당신 안에서 끊임없이 일하신다. 다음의 예를 보면 이해하기 쉬울 것이다: 눈이 하나의 이미지를 보고 받아들이려면, 그 이미지를 받을 수 있도록 비어 있어야 한다. 왜냐하면 눈이 하나의 이미지를 수용하고 있는 동안은 다른 이미지를 받아들일 수 없기 때문이다. 이처럼 세상과 세상의 것이 가득한 영혼은 그 모든 능력과 이해와 의지와 기억과 갈망으로도 하나님을 붙들 수 없다. 마찬가지로 하프 소리를 제대로 들으려면 귀에 다른 소리가 없어야 하며, 영혼이 하나님의 음성을 들으려면 세상에 대해 귀를 막아야 한다. 영혼이 땅에 속한 것에서 점점 더 멀어질 때 하늘에 속한 것에 가깝게 될 것이며, 육체에 속한 정욕을 물리칠수록 신성한 성품에 더욱

깊이 참여하게 될 것이다(벧후 1:4).[34]

타울러의 영향은 사랑 안에서 이러한 연합을 추구하는 영혼에 대해 논의하는 곳에서 강하게 나타난다.

우리는 외적 방법과 내적 방법으로 하나님을 찾을 수 있다. 외적 방법은 인간이 하나님을 찾는 능동적인 방법이며, 내적 방법은 하나님이 인간을 찾으시는 수동적인 방법이다. 외적으로 하나님을 찾는 것은 그리스도인의 행위 실천을 통해 일어나며, 내적인 것은 인간이 마음의 근저에 들어가며, 그곳에서 하나님의 나라가 우리 안에 있음을 깨달을 때 일어난다(눅 17:21). 하나님의 나라가 우리 안에 있으면, 하나님이 그의 모든 선하심으로 우리 안에 거하신다. 영혼이 자신에게 가까운 것보다 하나님이 영혼에 더 가까이 계신다. 그곳에서 영혼의 근저를 찾아야 한다. 하나님이 스스로 만족하시는 외적인 방식과 내적인 방식으로 인간을 다루시는 것을 허하며 자신을 완전히 하나님께 맡기며 무슨 일이든지 하나님의 뜻에 만족할 때 이 일이 수동적으로 발생한다. 그럼으로써 마음에서 모든 피조물과 이성과 감성에 의해 외부로부터 들어온 모든 것이 제거된다. 이처럼 영혼이 하나님이 아닌 모든 이성적이고 감각적이고 피조된 것을 비울 때 영혼의 근저에 이르며, 그곳에서 하나님을 발견할 것이다.[35]

---

34) *True Christianity*, III. 2:3.

35) Ibid., III, 4:1.

위 인용문의 출처인 타울러의 설교 *Que mulier dragmas*도 대체로 같은 동향의 개요를 서술한다. 아른트는 타울러를 따르지만 자기가 루터파라는 사실을 의식하고 있으며, 그래서 인간의 힘으로는 그러한 연합에 이를 수 없고, 이미 성취된 연합의 경험도 은혜의 선물[36]이라고 주장하면서 종말론적 맥락에 그의 말을 맞추려 한다. 비슷한 보호 방책을 후반에서 찾아볼 수 있는데, 그 부분은 에크하르트(Eckhart)의 *Beati pauperi*[37]의 영향을 받은 것으로 짐작된다. 거기에서도 아른트가 루터교의 전통에 빚지고 있음이 눈에 띄며, 그는 연합의 그리스도 중심적 본질을 주장한다:

> 세상에서 지혜롭고 유식하다는 사람들조차도 영혼의 고귀성에 관해 아무것도 모르고 있다. 많은 사람이 영혼과 그 능력에 관해 저술을 해왔지만, 바른 이해에 이르지 못했다. 그리스도는 영혼과 생각과 뜻과 기억의 참 능력이시며, 이해의 빛이시고, 뜻의 만족이시며, 기억의 기쁨이시다. 요한일서 3장 6-9절에서 지적하듯이 그리스도는 영혼의 참 치유이며 장식이며 보물이시므로, 영혼은 그리스도 사랑 때문에 죄를 범하지 못한다…이 그리스도 사랑에서 기쁨과 갈망이 솟아난다…그것은 영혼의 근저 안에서 하나님으로부터 솟아난다. 왜냐하면, 하나님은 자연이나 인간이나 피조물이 접근할 수 없는 인간의 내면을 자신을 위해 거룩하게 하시기 때문이다. 영원하신 하나님께서 누구와도 공유하

---

36) *True Christianity*, III, 4:2을 보라.

37) *True Christianity*, 6, 1:2.

지 않으시고 홀로 소유하기를 원하시는 곳은 고귀하고 순결한 영혼이다.[38]

아른트가 중세 시대 후기 신비가들을 의존한 것은 루터의 영향을 받은 것이지만, 신비적 연합에 관한 접근에서는 루터와 다른 방법을 취하였다. 아른트는 루터가 그 원리를 민주화한 방식으로 그 주제에 관한 중세 시대의 글을 보고 사용했지만, 거기에 아른트의 가르침 안에 내재해 있는 긴장―정통 루터주의를 유지하려는 갈망과 현세에서의 신비적 통찰의 가능성에 이끌림―이 나타난다. 초기 루터교의 역사편찬은 어느 정도 변화되어 아른트의 저술에 영향을 미쳤다. 그것은 로마 가톨릭교회의 논박에 직면한 루터교의 가르침을 유지하기 위해서 진리의 증거(Zeugen der Wahrheit)라는 전통을 세우는 데 관심을 둔 반면에, 아른트는 루터교 내의 특수 진영을 지지하기 위해서 중세 신비주의를 증거로 사용하는 전통을 열었다. 주목할 만한 것은·17세기 후반 필립 야곱 스페너(Phlip Jacob Spener)를 비롯한 경건주의자들이 아른트의 뒤를 이어 중세 시대 신비주의 문헌을 사용하고 그의 신학을(그들의 19세기 복음주의적 부흥 운동의 후계자들) 추종하였다는 점이다.

---

38) *True Christianity*, III, 6:3.

저자 서문

크리스천 독자들에게

  사랑하는 크리스천 독자들이여, 우리가 사는 이 시대에 거룩한 복음이 매우 수치스럽게 오용되고 있음은 입으로는 그리스도와 말씀을 찬양하지만 그리스도인의 세계가 아닌 이방에 거주하는 이교도들처럼 경건하지 못하게 생활하는 비기독교인의 불경건한 삶이 증언하고 있습니다.

  이러한 불경건한 행위가 동기가 되어 소위 진리와 살아 있는 믿음과 경건한 믿음의 행위와 의의 열매로 표현되는 진정한 기독교가 어디에 존재하는지를 순수한 독자들에게 전하려고 이 책을 쓰게 되었습니다. 우리가 그리스도를 믿어야 할 뿐만 아니라, 우리가 그리스도 안에 살고 그리스도가 우리 안에 계셔야 하므로, 우리 내면에 그리스도의 이름을 품어야 한다는 것을 보여주기 위한 것입니다. 또 참 회개가 마음의 가장 깊은 근원에서 어떻게 흘러나와야 하는지; 그리스도를 닮고 거룩한 복음에 따라 살기 위해서 마음과 정신과 정감이 어떻게 변화되어야 하는지; 그리고 하나님의 말씀으로 새로운 피조물이 되기 위해서 어떻게 변화를 받아야 하는지 알리려고 이 책을 저술했습니다.

  씨앗이 그 본질을 닮은 열매를 맺듯이, 하나님의 말씀이 날마다 우리 안에서 새로운 영적 열매를 맺어야 합니다. 우리가 믿음으로 새로운 피조물이 되려면, 새로운 탄생에 맞게 살아야 합니다. 한마디로 말해서 우리 안에서 아담이 죽고 그리스도가 사셔야 합니다. 하나님의 말씀을 아는 것으로 충분하지 않습니다. 생생하게 적극적으로 말씀을 실천해야 합니다.

신학은 산 경험이요 실천이지만, 많은 사람은 단순히 학문이나 수사학(修辭學)으로 생각합니다. 오늘날 모든 사람이 세상에서 저명하고 성공하기를 바라지만, 경건한 사람이 되는 법을 배우려 하지 않습니다. 모든 사람이 예술과 언어와 지혜를 터득한 학식 있는 사람에게서 배우려 하지만, 주님의 거룩하고 생생한 본이 우리 삶의 규칙이며 명령임에도 불구하고 유일한 교사이신 예수 그리스도에게서 온유와 참된 겸손을 배우려 하지 않습니다. 진실로 주님은 지고의 지혜요 지식이십니다. 따라서 우리는 "그리스도의 순수한 삶이 모든 것을 줄 수 있다"(Omnia nos Christi vita docere potest)라고 확실히 말할 수 있습니다.

모든 사람이 그리스도의 종이 되려 하지만, 누구도 주님을 따르는 자가 되려 하지 않습니다. 주님은 "사람이 나를 섬기려면 나를 따르라"(요 12:26)라고 말씀하십니다. 그러므로 그리스도의 참된 종과 사랑하는 자는 주님을 따르는 자가 되어야 합니다. 그리스도를 사랑하는 자는 육체적으로 고통을 받더라도 그분의 거룩한 삶의 모범, 겸손, 온유, 인내, 고난, 수치, 멸시 등을 사랑할 것입니다. 우리는 연약하므로 그리스도의 거룩하고 고귀한 삶을 완전하게 본받을 수 없지만, 그 삶을 사랑해야 하며, 본받기를 사모해야 합니다. 그렇게 함으로써 "그의 안에 산다고 하는 자는 그가 행하시는 대로 자기도 행할지니라"(요일 2:6)는 말씀대로 우리가 그리스도 안에 거하고, 그리스도께서 우리 안에 거하게 됩니다. 세상 사람들은 모든 것을 알고자 할 뿐 모든 지식 위에 뛰어난 그리스도의 사랑을(엡 3:18) 배우려 하지 않습니다.

주님의 거룩한 삶의 본을 따르지 않으면서 주님을 사랑할 수 없습니다. 세상에는 그리스도의 거룩한 본, 즉 그리스도의 겸손과 낮아지심을 부끄러워하는 사람, 우리 주 예수 그리스도를 부끄러워하는 사람이 많습니다. 주님은 그들에 관하여 "누구든지 이 음란하고 죄 많은 세대에서 나와 내 말을 부끄러워하면 인자도 아버지의 영광으로 거룩한 천사들과 함께 올 때에 그 사람을 부끄러워하리라"(막 8:38)라고 말씀하십니다. 오늘날 그리스도인들은 위풍당당하고 위대하고 부유하신 그리스도를 원하지만, 가난하고 겸손하고 멸시받으신 그리스도를 따르고 고백하고 영접하려 하지 않습니다. 그러므로 주님은 "그때에 내가 그들에게 밝히 말하되 내가 너희를 도무지 알지 못하니 불법을 행하는 자들아 내게서 떠나가라 하리라"(마 7:23)라고 말씀하실 것입니다.

불경건한 삶은 그리스도와 참 기독교에 반대될 뿐만 아니라 날마다 하나님의 진노와 형벌을 쌓아 올립니다. 그래서 하나님은 모든 피조물이 우리에게 보복하게 하셨으며, 하늘과 땅, 불과 물이 우리와 다투게 하셨습니다. 자연은 이 일로 괴로워하며 어찌할 바를 모릅니다. 이런 까닭에 어려움과 전쟁과 기근과 전염병의 시기가 닥칠 것입니다. 실제로 마지막 페스트는 어떤 피조물로도 단정할 수 없을 만큼 무서운 재앙일 것입니다. 이스라엘 백성이 해방되어 떠나기 전에 애굽에 무서운 재앙이 임했던 것처럼, 하나님 백성을 위한 마지막 구속 역사가 있기 전에 전례없이 무서운 재앙이 경건하지 않고 회개하지 않은 자들에게 임할 것입니다. 지금이 회개할 때요, 새로운 삶을 살 때요, 세상에서 돌이켜 그리스도에게 돌아갈 때요, 주님을 진실로 믿을 때요, 주님 안에서 그리스도인으로 살 때입니다. 그리하면 "지존자의 은밀한 곳에 거주하며 전능자의 그늘 아래에 사는 자여"(시 91:1)라고 말씀하신 것처럼 안전하게 거할 것입니다. 주님은 누가복음 21장 36절에서 "이러므로 너희는 장차 올 이 모든 일을 능히 피하고 인자 앞에 서도록 항상 기도하며 깨어 있으라"라고 권면하십니다.

사랑하는 신자들이여, 이 책은 그리스도에 대한 믿음을 통하여 어떻게 죄 사함을 받으며, 거룩한 삶을 살기 위해 어떻게 하나님의 은혜를 적절하게 사용하며, 그리스도인의 삶의 방식으로 어떻게 믿음을 장식하고 나타낼 것인지 등을 알려주는 지침서 역할을 할 것입니다. 참 기독교 신앙은 말이나 겉모습에 있는 것이 아니라, 의로운 열매를 내는 산 믿음과 온갖 종류의 기독교인의 덕 안에 있습니다. 믿음은 사람의 눈에 보이지 않으므로 모든 선한 것과 의로운 것과 거룩한 것 등의 열매로 나타내야 합니다.

믿음이 약속된 복을 기다리는 것이라면, 소망은 믿음에서 나오는 것입니다. 소망이란 믿음 안에서 오래 참고 인내하며 약속된 복을 기다리는 것이 아니겠습니까? 그러나 그 믿음이 받은 복을 이웃과 함께 나눈다면, 믿음에서 사랑이 나오고, 하나님께 받은 것을 이웃에게 나누어줍니다. 믿음이 십자가의 시험을 견디며 하나님의 뜻에 복종할 때 믿음에서 인내가 자라나옵니다. 믿음이 십자가를 지고 탄식하거나 받은 자비에 대해 하나님께 감사할 때 기도가 탄생합니다. 믿음으로 하나님의 능력을 인간의 고통과 비교하고 하나님께 복종할 때 겸손이 탄생합니다. 믿음이 하나님의 은혜를 잃지 않거나 사도 바울의 말처럼 "두렵고 떨림으로 구원을"(빌 2:12) 이룬다면, 거기서 하나님에 대한 경외심이 생겨납니다.

그러므로 하나님과 그리스도와 성령에게서 생겨난 참되고 살아있는 덕은 믿음의 자식이며, 믿음에서 생겨나서 자라며, 그 근원인 믿음과 분리될 수 없다는 것을 알 수 있습니다. 그러므로 그리스도 안에 있는 믿음이 없으면 어떤 행위도 하나님을 기쁘시게 할 수 없습니다. 믿음이 없이 참 소망, 바른 사랑, 끊임없는 인내, 성실한 기도, 겸손, 그리고 하나님에 대한 순진한 경외심이 있을 수 없습니다. 의와 의의 열매는 믿음을 통하여 그 근원이신 그리스도에게서 나와야 합니다. 그러므로 자신의 행위와 덕 또는 새 생명의 은사를 하나님 앞에서의 칭의와 연결하지 않도록 조심해야 합니다. 왜냐하면, 아무리 훌륭한 인간의 행위나 공적이나 은사나 덕이라도 하나님의 의에 미치지 못하기 때문입니다. 우리의 칭의는 믿음으로 받는 그리스도의 완전한 공적에 의존한다는 것을 이 책 제1권 5, 19, 34, 41장과 제2권 3장에서 설명하고 있습니다. 그러므로 믿음의 의와 그리스도인 삶의 의를 혼동하지 말고 구분해야 합니다. 왜냐하면, 이것이 기독교 신앙의 기초이기 때문입니다.

회개는 의롭고 성실해야 합니다. 그렇지 않은 사람의 믿음은 날마다 마음을 정화하고 변화시키며 고쳐주는 의로운 믿음이 아닙니다. "가난한 자에게 복음이 전파된다"(눅 7:22)는 말씀처럼, 마음을 상하게 하고 통회하게 하는 의로운 슬픔이 선행(先行)하지 않으면, 복음의 위로가 없음을 알아야 합니다. 자기의 죄를 알고 진심으로 뉘우치고 슬퍼함으로 죽지 않은 마음에 어떻게 믿음이 생명을 줄 수 있습니까? 그러므로 회개를 가볍고 쉬운 일로 생각하지 마십시오. 우리의 육체와 함께 그 정욕과 탐심을 십자가에 못 박고, 몸을 거룩한 산 제사로 드리며, 죄에 대하여 죽고, 세상에 대하여 십자가에 못 박힌 자가 되라는(골 3:5; 롬 6:6, 12:1; 벧전 2:24; 갈 5:24; 6:14) 엄한 말씀을 기억하십시오. 이것들은 육체를 충족시킨 데 따른 결과가 아닙니다. 어느 선지자도 회개를 기분 좋은 말로 표현하지 않았습니다. 그들은 통회하는 상한 마음을 요구하면서 "마음을 찢고 너희 하나님 여호와께로 돌아올지어다"(요엘 2:13), "굵은 베를 두르고 애곡하라"(렘 4:8)라고 말합니다. 오늘날 이러한 회개를 어디에서 찾을 수 있습니까? 예수께서는 그의 제자가 되고자 하는 자는 자기를 미워하고 부인하며 소유를 포기해야 한다고 말씀하셨습니다(눅 9:23; 마 16:24). 이 말씀은 절대 가볍지 않습니다. 일곱 편의 참회의 시편은 이것을 생생하게 묘사하는 본보기입니다(시 6, 32, 38, 51, 102, 130, 143). 성경에 영원한 구원을 잃지 않는 회개와 그 열매를 요구하시는 하나님의 질투에 관한 기록이 많습니다. 그러므로 복음의 위로가 그 참된 본질을 나타낼 수 있지만, 하나님의 영이 말씀을 통해서 우리 안에서 회개와 위로의 역사를 해야 합니다.

  이 책에서 나는 성실하고 진실하고 깊은 내면의 회개, 참 믿음의 실천과 표현, 크리스천이 행위에 담아야 할 사랑 등을 다루었습니다. 이는 기독교인의 사랑에서 비롯된 사랑은 믿음에 기인하기 때문입니다. 이 책에서 요한 타울러(Johann Tauler), 토마스 아 켐피스(Thomas à Kempis) 등 시대적으로 앞선 저자들의 글을 인용했는데, 그들의 글이 인간의 능력과 행위를 부각하는 것 같아서, 이 책에서는 그러한 오해를 피하려고 노력했습니다.

이 책의 주 목적과 목표를 놓치지 마십시오. 이 책의 목적은 숨겨지고 유전되는 원죄를 알고, 우리의 비참함과 무력함을 깨닫고, 우리 자신이나 자신의 능력을 신뢰하지 않으며, 우리에게 있는 것을 버리고, 모든 것을 그리스도의 것으로 돌림으로써 오직 주님만 우리 안에 거하시고, 우리 안에서 모든 것을 역사하시며, 우리 안에 사시며, 우리 안에서 모든 것을 행하시는 분이심을 알게 하는 데 있습니다. 주님은 우리의 구원과 회심의 처음이요 중간이요 마지막이십니다. 이 모든 것을 이 책 여러 곳에서 분명하고 자세히 설명하지만, 동시에 가톨릭교인들, 신인협력을 주장하는 자들(synergists), 대품자(Majorists, 상급 성직을 받은 사람)들의 교리는 논박하고 거부했습니다. 더 나아가서 이 책에서 이신칭의의 교리를 자세히 설명했으며, 특히 제2권에서 되도록 정확하고 분명하게 설명했습니다. 그러나 모든 오해를 제거하기 위해서 이 책을 세심하게 수정했습니다. 그러므로 지금의 교정본을 기준으로 프랑크푸르트 판과 몇 가지 브라운슈바이크(Broanschweig) 판을 이해하고 평가해 주기를 바랍니다. 그리고 이 수정판 끝에 설명과 수정이 필요한 것을 명시해 준다면, 나중에 재판할 때 적절하게 수정하겠습니다.

하나님의 성령이 우리 모두를 조명해 주셔서 우리 주 예수 그리스도의 (임박한) 날이 올 때까지 의의 열매와 하나님을 향한 찬양과 경배가 충만하도록 믿음과 삶에서 범죄하지 않고 순결하기를 기원합니다.

아멘.

제 1권

성경에 관하여

1

성경에 관하여

"오직 너희의 심령이 새롭게 되어 하나님을 따라 의와 진리의 거룩함으로 지으심을 받은 새 사람을 입으라"(엡 4:23-24).

인간 내면에 있는 하나님의 형상이란 인간의 혼, 이해, 영, 정신, 의지, 그리고 내적 · 외적, 육체적 · 영적 능력이 하나님과 성 삼위, 그리고 모든 신적 속성, 덕, 의지, 성품 등을 닮은 것을 말합니다. 이것은 삼위일체 하나님의 창조 결정에 명시되어 있습니다: "하나님이 이르시되 우리의 형상을 따라 우리의 모양대로 우리가 사람을 만들고 그들로 바다의 물고기와 하늘의 새와 가축과 온 땅과 땅에 기는 모든 것을 다스리게 하자"(창 1:26).

이 말씀에 비추어 볼 때 천사들에게서 거룩한 사랑, 능력, 순결 등을 발견할 수 있듯이, 인간의 전인적인 삶과 행위를 통해서 하나님의 거룩하심과 의와 선이 나타나고 빛을 발하도록 인간을 하나님의 형상으로 지으셨음이 분명합니다. 하나님은 인간 안에서 즐거워하시기 원하셨습니다. 마치 아버지가 자녀에게서 자신을 발견하고 기뻐하는 것처럼 하나님은 "인자들을 기뻐" 하셨습니다(잠 8:31). 주 하나님은 자신의 모든 솜씨를 기뻐하시지만, 인간 내면에 있는 하나님의 형상이 지고의 순결과 깨끗함으로 나타나므로 인간을 통해 역사하심을 특별히 기뻐하십니다. 하나님은 우리 영혼 안에 이해와 의지와 기억이라는 세 가지 능력을 창조하셨습니다. 삼위 하나님이 주시고 보호하시는 이 세 가지 능력은 그의 은혜와 사역과 은사로 거룩하고 빛나게 하시며 아름답게 치장하고 꾸며줍니다.

형상(image)이란 비슷한 모습과 형태를 지니고 있는 것이며, 닮음(likeness)을 찾아볼 수 없는 것은 형상이라 할 수 없습니다. 어떤 것에서 비슷한 모양과 형태를 받지 않은 것은 거울에 그 형상이 비추어지지 않을 것이며, 거울이 깨끗할수록 그 형상을 더욱 잘 비출 것입니다. 그래서 인간의 영혼이 맑고 깨끗할수록 하나님의 형상을 더 깨끗하게 반영할 것입니다.

이러한 목적으로 하나님은 육체적 능력과 영적인 능력이 흠 없고 순결하며 깨끗하게 인간을 지으셨으므로 그 안에서 거울에 비친 죽은 그림자가 아니라 보이지 않는 하나님과 가장 아름다운 내면의 감추어진 모습을 볼 수 있습니다. 이는 인간의 이해력 안에 있는 신적 지혜의 형상, 인간의 정신 안에 있는 하나님의 선하심과 인내와 온유와 오래 참음의 형상, 인간의 마음의 애정 안에 있는 하나님의 사랑과 자비의 형상, 인간의 의지 안에 있는 하나님의 의와 거룩함과 순결함과 깨끗함의 형상, 인간의 말과 행동 안에 있는 하나님의 은혜와 사랑과 진리와 친절함의 형상. 온 땅과 짐승을 다스리도록 주어진 인간의 지배력 안에 있는 능력의 형상, 그리고 인간의 불멸 안에 있는 영원의 형상입니다.

이 형상으로 인간은 창조주 하나님과 인간 자신을 알게 됩니다. 인간은 창조주 하나님이 모든 것이며, 지고하신 분으로서 모든 것의 존재가 그분에게서 나온다는 것, 그리고 하나님이 만물의 본질이시며, 인간이 하나님의 형상을 가지고 있다는 것을 알게 됩니다. 인간은 하나님의 선의 형상이므로, 하나님은 근본적으로 지고의 선이며 모든 것의 선이십니다. 하나님은 근본적으로 사랑이요 생명이요 거룩이십니다. 그러므로 영광과 찬송과 경배와 능력과 권세가 하나님께 있습니다. 이것들은 피조물의 것이 아니라 하나님만의 것입니다. 하나님은 근본적으로 이 모든 것을 소유하십니다. 그러므로 마태복음 19장 16절에서 "선생님이여 내가 무슨 선한 일을 하여야 영생을 얻으리이까"라는 질문을 받으셨을 때 주님은 "어찌하여 선한 일을 내게 묻느냐 선한 이는 오직 한 분이시니라"(마 19:17)라고 대답하셨습니다. 이는 하나님만이 근본적으로 선하시며 하나님 외에 참된 선이 없음을 말씀하신 것입니다.

사람도 자기의 형상으로 자신을 알아야 합니다. 즉 하나님과 인간이 구별되어야 합니다. 인간은 하나님이 되는 것이 아니라, 하나님이 원하시는 하나님의 형상과 모양과 닮음과 모습이 되어야 합니다. 그래서 하나님 외에 누구도 인간 안에 거하거나 빛나거나 행동하거나 원하거나 사랑하거나 생각하거나 말하거나 즐거워하지 못합니다. 만약 하나님이 어떤 사람 안에서 행하거나 일하시지 않는다면, 그 사람 안에는 하나님의 형상이 아니라 그가 행하고 나타나도록 허락한 것의 형상이 있습니다. 이러한 양도(resignation)에서 타울러가 정의한 "순수하고 단순한 신적 의지의 고난"이 나옵니다. 즉 사람이 자기 안에 하나님이 거하시고 모든 일을 행하시게 하며, 자기 의지로 하나님을 방해하거나 대적하려 하지 않습니다. 인간이 단순하고 순수하며 깨끗하고 거룩한 하나님 및 하나님의 거룩하신 뜻과 신적인 행위의 도구가 될 때 온전히 하나님께 내어 맡기는 바 된다고 합니다. 이때 인간은 자기의 뜻에 따라 행동하지 않으며, 하나님이 그의 뜻이 됩니다. 그는 자기를 사랑하지 않으며, 하나님이 그의 사랑이 됩니다. 그는 자기를 존중하지 않으며, 하나님이 그의 명예가 됩니다. 그는 부를 사랑하지 않으며, 하나님이 그의 부와 소유가 되므로 세상과 피조물을 사랑하지 않게 됩니다. 하나님 외에 아무것도 그 사람 안에서 행동하고 살고 머물지 못합니다. 이것이 인간의 지고한 무흠과 순결과 거룩입니다. 인간이 자기 뜻대로 하지 않고 하나님이 그의 내면에서 역사하게 하시며 모든 것을 하나님께 맡기는 것이 최고의 순결입니다. 자기를 명예롭게 하지 않거나 사랑하지 않는 순진한 아이같이 되는 것이 최고의 순진함입니다.

하나님은 내·외적으로 인간을 완전히 소유하십니다. 주 예수 그리스도가 완전한 본보기입니다. 그분은 이기심이나 자기 존중이나 자기 이익이나 소유욕, 자신의 기쁨이나 즐거움이 없이 완전히 순종하며 겸손하고 온유하게 하늘 아버지의 뜻에 복종하셨고, 그의 생각과 말과 행동 안에서 하나님이 모든 일을 행하시는 것을 허락하셨습니다. 한마디로 말해서 주님의 뜻이 하나님의 뜻이요 즐거움이었습니다. 그러므로 하나님이 하늘에서 "이는 내 사랑하는 아들이요 내 기뻐하는 자라"고 하셨습니다(마 3:17). 이것이 참된 하나님 형상인데, 순수한 사랑과 자비, 오래 참음, 온유, 친절, 거룩, 위로, 생명, 축복이신 하나님 외에는 다른 것은 여기에서 빛을 발하지 못합니다. 따라서 보이지 않는 하나님은 그리스도 안에서 보이고 나타나시며, 자신을 우리에게 알리기를 원하셨습니다. 그리스도는 하나님의 신성을 따른 하나님의 형상, 즉 하나님이시요 하나님의 본질적인 형상이시요 영광의 빛이십니다(히 1:3). 지금 우리는 그리스도의 신성에 대해서는 언급하지 않고, 인성에 대해 언급하려 합니다.

아담 안에 있는 하나님의 형상은 거룩하고 순전한 것이었으며, 아담은 진정한 겸손과 순종으로 이것을 인정하고 보호해야 했습니다. 그는 자신이 최고의 선이 아니라는 것, 그리고 자기 안에서 반영된 최고선의 형상이라는 것을 인정해야 했습니다. 그러나 그는 이 최고의 선, 곧 하나님이 되려 했기 때문에 가장 가증스럽고 무서운 죄에 빠졌습니다.

두 번째로, 인간은 하나님만이 그의 모든 것이 되시며, 홀로 그의 내면에 거하시고 역사하시도록 하려면 하나님의 형상으로 말미암아 하나님의 사랑스럽고 은혜로운 사랑, 기쁨, 평화, 안식, 생명, 힘, 권세를 소유하고 있음을 알아야 했습니다. 인간에게 자기 본위, 자기애, 자신 존중이 없고, 하나님만이 인간의 환호와 영광이며, 찬양받으시기에 합당하게 되어 있었습니다. 닮음은 본을 따르는 것이지 그 반대를 따르는 것이 아닙니다. 닮음은 그 유사성을 즐거워하는 것이며, 그 안에서 기쁨을 발견하는 것입니다. 하나님은 모든 선하심으로 인간 속에 완전히 들어오시기를 원하셨습니다. 왜냐하면, 하나님은 자신을 온전하게 나누어주시는 선하신 분이기 때문입니다.

마지막으로, 인간은 자신이 하나님의 형상으로 말미암아 하나님과 하나가 되었다는 것, 그리고 이 연합 안에서 최고의 안식, 평화, 기쁨, 생명, 축복이 있는 반면에 하나님을 대적하고 멀리하며 최고의 영원한 선으로부터 타락할 때 인간의 불행이 시작된다는 것을 알아야 했습니다.

2

아담의 타락

"한 사람이 순종하지 아니함으로 많은 사람이 죄인 된 것같이 한 사람이 순종하심으로 많은 사람이 의인이 되리라"(롬 5:19).

아담의 타락은 인간이 하나님을 배반하고 스스로 하나님이 되려고 하나님의 영광을 훔친 불순종입니다. 이로 인해 인간은 하나님의 거룩한 형상, 즉 완전한 본래의 의와 거룩함을 파괴했습니다. 그는 이해에서 눈먼 자가 되었고, 의지에서 하나님께 불순종하고 대적하는 자가 되었으며, 마음의 능력이 뒤틀리고 하나님의 원수가 되었습니다. 이러한 혐오스러움은 육신의 탄생을 통해서 모든 인간에게 전해지고 이어져 내려갔습니다. 그리스도를 통하여 구속받지 못하면, 인간은 영과 육이 죽음으로 진노와 저주의 자식이 됩니다. 그러므로 아담의 타락을 단순히 사과를 베물어 먹는 정도로 가볍고 하찮은 죄가 아니라 인간이 하나님이 되려 한 죄로 여겨야 합니다. 이것이 사탄의 타락이었습니다. 이것은 가장 가증하고 두려운 죄입니다.

타락은 인간의 마음에서 먼저 발생했고, 그 후 선악과를 따 먹음으로써 분명하게 드러났습니다. 압살롬의 타락과 죄(삼하 14:25)에서 그것이 다양하게 나타납니다. 압살롬은 (1) 왕의 아들이었으며, (2) 머리끝에서 발끝까지 흠잡을 데 없이 아름다웠으며, (3) 아버지 다윗이 통곡한 데서 드러나는바 사랑받는 아들이었습니다(삼하 18:33). 압살롬은 이 영광에 만족하지 않고 왕이 되고 왕의 영광을 취하려 했습니다. 이렇게 결심했을 때, 그는 이미 아버지의 원수가 되어 아버지의 목숨을 앗으려는 자가 되었습니다. 아담도 (1) 하나님의 아들이었으며, (2) 모든 피조물 중에 가장 아름다웠으며, 그의 몸과 영혼에서 어떤 흠도 찾아볼 수 없었고, (3) 하나님의 사랑을 받는 아들이었습니다. 아담은 이 영광에 만족하지 않고 스스로 하나님이 되려 했으며, 그래서 하나님의 원수가 되었습니다. 가능했다면 아담도 하나님을 죽이려 했을 것입니다.

이보다 더 크고 가증한 죄가 어디 있겠습니까? 이 가증한 죄에서 다음과 같은 결과가 발생했습니다. 먼저, 사탄과 인간은 비슷한 죄로 시작해서 결과적으로 하나님의 형상을 사탄의 형상으로 바꾸었으므로 인간은 마음 안에서 사탄처럼 되고, 사탄의 도구가 되고, 사탄의 모든 악을 행할 수 있게 되었습니다. 이로 인해 신성하며 영적이며 천국의 형상을 지녔던 인간은 세상적이며 육신적이며 동물적이고 야수 같은 존재가 되었습니다. 사탄은 인간의 내면에 자신의 악한 형상을 심기 위해서 먼저 교활하고 독이 있으며 음흉한 말과 배반하는 독사의 씨, 즉 자기존중, 자기애, 아집, 하나님의 되려는 욕망을 사람 안에 심었습니다.

결과적으로 성경은 자기애에 취한 모든 사람을 "독사의 자식들"(마 3:7)이요, 마귀의 속성을 가진 뱀의 족속이라고 부릅니다. 창세기 3장 15절에

"내가 너로 여자와 원수가 되게 하고 네 후손도 여자의 후손과 원수가 되게 하리니"라고 기록되어 있습니다.

독사의 씨가 자라서 벨리알의 자손, 마귀의 자손, 사탄의 형상(요 8:44)을 가진 자들 사이에 가증스러운 열매를 맺을 것입니다. 자연의 씨앗 안에는 성장한 나무의 특성과 크게 자라는 특징, 키, 넓이, 길이, 폭, 가지, 잎, 꽃, 열매 등 모든 것이 담겨 있습니다. 작은 씨앗 안에 큰 나무로 성장하여 맺힐 온갖 열매가 감추어져 있다는 데 놀라지 않을 수 없습니다. 이런 현상은 육신으로 출생하는 모든 자손에게 이어지는 아담의 불순종과 자기애, 즉 뱀의 씨에도 적용됩니다. 이 씨 안에 해로운 나무 및 악한 사탄의 형상을 맺는 은밀하고 셀 수 없을 정도로 많은 악한 열매가 들어있습니다.

어린아이를 보십시오. 태어나는 순간부터 악한 속성, 특히 자기 의지와 불순종이 일어나며, 자라면서 타고난 자기애, 교만, 자기 자랑, 독선, 거짓말 등 악한 성품이 나오기 시작합니다. 얼마 지나지 않아서 자랑, 교만, 거만, 하나님과 말씀을 멸시하고 저주하며, 거짓 맹세, 나쁜 욕망, 거짓, 속임수, 부모에 반항 등이 나옵니다. 더 자라면서 아담의 육적인 성품을 일깨우는 외적 환경에서는 분노, 미움, 시기, 질투, 복수심, 살인 등 온갖 증오와 적대감이 나타납니다. 이것들은 불결, 더러움, 음란한 환상과 불륜의 생각, 상스러운 말, 수치스러운 행동, 말, 일, 식탐, 사치한 옷, 경박함, 식도락 등으로 이어집니다. 여기에서 탐심, 폭리, 사기, 질투, 거짓 판단, 적대, 교활함, 간사함, 온갖 포악하고 험하고 비열한 언어, 즉 예레미야 17장 9절의 "만물보다 거짓되고 심히 부패한 것은 마음이라 누가 능히 이를 알리요"라는 말씀대로 들어본 적이 없고 셀 수 없을 정도로 많은 죄가 생겨납니다. 아직 더 있습니다. 그릇된 길로 인도하는 이단의 영이 있습니다. 이것에서 하나님을 거부하는 것, 우상숭배, 진리의 도피, 성령을 거스르는 죄, 믿음의 위조, 성경을 왜곡함, 그리고 가장 나쁜 속임이 일어납니다. 이것들은 모두 사람 안에 있는 뱀의 씨앗의 열매요 사탄의 형상입니다.

작고 연약하며 순진한 어린아이에게 온갖 종류의 악, 즉 악한 마음, 고약한 독충과 뱀이 숨어 있다고 생각할 수 있겠습니까? 인간이 스스로 젊은 시절부터의 삶과 행동, 악한 생각과 행동으로 이것을 증명합니다(창 6:5).

해로운 나무로 자라는 악한 뿌리가 있으며, 또 경멸스러운 형상을 만들어내는 사탄과 독사의 자식들의 악한 씨가 있습니다. 모든 것은 안에 있는 것이 자라서 밖으로 나오며, 표면에 나타나는 죄 때문에 더 악해집니다. 이런 까닭에 주 예수 그리스도는 엄격하게 젊은 시절의 죄를 금하셨는데, 이는 독사의 씨가 자녀들 안에 감추어져 있기 때문입니다. 뱀에게 독이 있듯이 그들 안에 많은 수치와 죄가 숨겨져 있습니다.

그러므로 사람은 아담의 타락에 대해 배워야 하며 원죄를 바르게 이해해야 합니다. 이는 누구도 타락의 깊이에 대해 말하고 증명할 수 없기 때문입니다. 아담의 타락으로 말미암아 조성된 자신을 알아야 합니다. 하나님의 형상인 인간이 거짓된 속성과 성품과 사탄의 악이 담겨 있는 사탄의 형상이 되었습니다. 하나님의 형상 안에는 온갖 참된 속성과 특성과 덕이 담겨 있습니다. 타락 이전에 인간은 하나님의 형상을 지니고 있었습니다.

즉 천상의 영적인 존재요 천사 같은 피조물이었습니다. 그러나 타락한 후 이제는 세상의 형상을 지니고 다닙니다. 즉 그는 내적으로 완전히 육적이고 병들었습니다.

당신은 성난 사자처럼 분노하며 성내고 있지 않습니까? 당신의 질투와 만족을 모르는 탐심은 개와 늑대의 것과 같지 않습니까? 당신의 불결과 무절제는 돼지의 것과 같지 않습니까? 자신에게서 악한 짐승이 가득한 세계를 발견할 것이며, 야고보서 3장 6절의 "혀는 곧 불이요 불의의 세계라"고 말씀하신 대로 혀의 작은 지체 안에 그 대부분이 들어있음을 발견할 것입니다. 이사야서(13:21)와 요한계시록(18:2)이 증언하는 대로 인간만큼 잔인한 맹수가 없으며, 인간만큼 질투 많은 개가 없으며, 인간만큼 욕심 많고 게걸스러운 늑대가 없으며, 인간만큼 불결한 돼지가 없으며, 인간만큼 간교한 여우 및 해로운 독충이 없습니다. 이처럼 벌레 같은 성품이나 동물적인 성품을 보신 예수님은 헤롯을 여우라고 불렀습니다(눅 13:32). 그러한 사람들은 개나 돼지 같은 존재이므로, 그 앞에 거룩한 것을 두거나 진주를 던져서는 안 됩니다(마 7:6).

그러한 악한 성품에서 돌이켜 그리스도 안에서 새로워지지 않은 채 그 상태에 있는 사람은 영원히 교만하고 오만하고 불손하고 사탄처럼 사나운 사자처럼, 게걸스러운 개처럼, 난폭한 늑대처럼, 맹독을 품은 뱀으로 죽을 것이며, 영원히 사탄의 형상을 지니고 영원한 어둠 안에서 그가 그리스도 안에 살지 않고 그리스도를 통해 새로움을 얻지 못했음을 증언할 것입니다. 요한계시록(21:8; 22:15)은 "개들과 점술가들과 음행하는 자들과 살인자들과 우상 숭배자들과 및 거짓말을 좋아하며 지어내는 자들은 다 밖에 버려질 것"이라고 말합니다.

3

어떻게 사람이 그리스도 안에 있는 영원한 생명으로 새롭게 태어나는가?

"할례나 무할례가 아무것도 아니로되 오직 새로 지으심을 받는 것만이 중요하니라"(갈 6:15).

새로운 탄생(거듭남)은 성령 하나님의 사역입니다. 진노와 저주의 자식이 은혜와 축복의 자녀가 되며, 믿음과 말씀과 성례를 통해서 마음과 생각과 정신과 이해와 의지와 정감이 새로워짐으로써 죄인이 의인이 되며, 예수그리스도 안에서, 그리고 예수 그리스도를 통하여 새로운 피조물로 변화되는 것은 성령 하나님의 역사입니다. 거듭남에는 두 가지 측면, 즉 칭의와 성화 또는 새로워짐이 있습니다(딛 3:5).

그리스도인에게 두 가지 탄생이 있습니다. 하나는 아담에게서 온 육체적이며 악하고 저주받은 탄생으로서 사탄의 씨, 사탄의 형상, 세상적이고 잔인한 인간의 성품이 유전됩니다. 또 다른 탄생은 그리스도에게서 비롯되는바 영적이며 거룩하고 축복받은 은혜로운 새 탄생인데, 그것으로 말미암아 하나님의 씨앗과 천상적인 경건한 사람이 영적으로 영속합니다.

결과적으로 그리스도인은 두 가지 출생 계보를 갖습니다. 육신적으로 아담의 계보, 영적으로는 은혜로 말미암는 그리스도의 계보를 갖습니다. 아담의 옛 탄생이 유전되듯이, 그리스도에게서 비롯되는 새로운 탄생이 있어야 합니다. 이것이 옛사람과 새 사람, 옛 탄생과 새 탄생, 옛 아담과 새 아담, 땅의 형상과 하늘의 형상, 옛 예루살렘과 새 예루살렘, 육과 영, 아담과 그리스도, 속사람과 겉 사람입니다.

우리가 어떻게 그리스도를 통해 거듭나는지 보십시오. 육체적인 탄생이 아담으로부터 계속된 것처럼, 영적 거듭남은 하나님의 말씀을 통해 그리스도에게서 유전됩니다. 하나님의 말씀이 거듭남의 씨입니다(벧전 1:23; 약 1:18). 이 말씀이 믿음을 깨우고, 믿음은 말씀을 붙잡고, 말씀 안에서 그리스도와 성령을 붙잡습니다. 성령의 능력과 역사를 통해 사람이 거듭납니다. 거듭남은 먼저 성령으로 말미암아 발생합니다(요 3:4). 이것이 주께서 말씀하신 "성령으로 난다"는 것입니다. 둘째로 믿음으로 납니다(요일 5:1). 셋째로 성례를 통해 납니다(요 3:5). 이에 대하여 더 생각해 보겠습니다.

인간은 아담을 통하여, 아담에게서 가장 큰 악인 죄, 저주, 진노, 죽음, 마귀, 지옥, 멸망을 물려받는데, 이것들은 옛사람의 열매입니다. 그리스도로부터는 믿음을 통하여 최고의 선인 의, 은혜, 복, 생명, 영원한 복을 유산으로 물려받습니다. 아담에게서는 육에 속한 영과 악한 영의 통치와 압제를 받았으나, 그리스도에게서는 은사와 위로의 주관자이신 성령을 선물로 받았습니다. 누가복음 9장 55절에서 주님이 "네가 어떤 영에 속하였는지 알지 못하느냐"(개역개정 성경에는 "예수께서 돌아보시며 꾸짖으시고"라고 되어 있지만, 모든 영어 성경에는 이렇게 번역되어 있다. 역자 주)라고 말씀하신 것처럼, 사람은 내면에 있는 영에 따른 생명의 속성과 특징을 갖습니다.

우리는 육체적 탄생을 통해서 아담에게서 교만하고 오만하고 거만한 영을 받았습니다. 거듭나기를 원한다면, 믿음으로 그리스도로부터 겸손하고 낮고 단순한 영을 받아야 합니다. 요한복음 3장 6절에서 주님은 이것을 "영으로 난 것"이라고 말씀하셨습니다. 인간은 아담에게서 하나님을 대적하는 불신앙과 감사할 줄 모르는 영을 물려받았지만, 믿음을 통하여 충실하고 하나님께 감사하는 감사의 영을 받아야 합니다. 아담을 통하여 불순종하고 오만하고 규모 없는 영을 받았으나, 그리스도를 통하여 순종하고 도덕적이고 친절한 영을 받아야 합니다. 육적인 출생으로 아담에게서 분노하고 대적하고 복수하고 살인하는 영을 받았으나, 그리스도에게서 믿음을 통한 사랑하고 자비하고 오래 참는 영을 받아야 합니다. 아담에게서 탐욕스럽고 무자비하고 자기중심적이며 도둑질하는 영을 받았으나, 그리스도에게서 믿음을 통해 자비하고 온유하고 기꺼이 돕는 영을 받아야 합니다. 아담에게서 부정하고 불결하며 무절제한 영을 받았으나, 그리스도에게서 깨끗하고 순결하고 온화한 영을 받아야 합니다. 아담에게서 거짓말하고 거짓되고 비방하는 영을 받았으나, 그리스도에게서 참되고 강직하며 한결같은 영을 받아야 합니다. 아담에게서 야수적이며 세상적이며 동물적인 영을 받았으나, 그리스도에게서 천상의 거룩한 영을 받아야 합니다.

이러한 이유로 그리스도가 인간이 되며, 성령에게 잡혀야 했으며, 성령으로 거룩해져야 했습니다. "그의 위에 여호와의 영 곧 지혜와 총명의 영이요 모략과 재능의 영이요 지식과 여호와를 경외하는 영이 강림하시리니"(사 11:2), 그럼으로써 주님 안에서 주님을 통하여 인간 본성이 새로워지며 주님 안에서, 주님으로부터, 주님을 통하여 다시 태어나고 새로운 피조물이 됩니다. 그래서 우리는 주님으로부터 어리석음의 영 대신에 지혜와 이해의 영을 받았으며, 눈먼 영 대신에 지식의 영을, 하나님을 대적하는 영 대신에 하나님을 경외하는 영을 받게 됩니다. 이것이 우리 안에 있는 새 생명이요 새 탄생입니다.

우리는 아담 안에서 영적으로 죽어 어둠과 죽음의 일 외에 아무것도 할 수 없었으나, 이제는 그리스도 안에서 다시 살아나서 빛의 일을 행해야 합니다(고전 15:22 참조). 육신으로는 아담으로부터 죄를 물려받았지만, 이제 그리스도로부터 믿음을 통하여 의를 물려받아야 합니다. 아담의 육신을 통해 교만, 탐욕, 정욕 등 모든 더러운 것을 물려받았지만, 성령으로 말미암아 우리의 본성이 거룩하고 순결하며 새로워져야 하며, 내면에 있는 교만, 탐심, 정욕, 질투 등이 죽고 그리스도에게서 새로운 마음과 생각과 정신을 받아야 합니다.

이러한 거듭남 때문에 그리스도는 우리의 영존하시는 아버지라고 불립니다(사 9:6). 우리는 그리스도 안에서 영원한 생명으로 다시 태어나며, 그리스도를 통해 거듭나며, 그리스도 안에서 새로운 피조물이 됩니다. 그러므로 하나님이 기뻐하시는 모든 일은 그이 새로운 탄생에서, 그리스도와 성령과 우리의 믿음에서 나와야 합니다.

그리하여 우리는 새 탄생 안에 살고, 새 탄생은 우리 안에 거합니다. 그래서 우리가 그리스도 안에, 그리스도가 우리 안에 사십니다(갈 2:20). 그래서 우리는 영 안에, 그리스도의 영은 우리 안에 삽니다. 사도 바울은 에베소서 4장 23절, 고린도후서 3장 17절, 골로새서 3장 10절, 디도서 3장

5절, 에스겔 11장 18절에서 이 새 탄생과 그 열매에 관해 묘사합니다. 새 탄생은 그리스도의 성육신에서 시작됩니다. 인간이 자기 영광, 교만, 불순종 등으로 말미암아 하나님에게서 돌아서고 타락했으므로, 하나님 아들의 가장 낮은 겸손과 순종과 낮아지심이 없이 이 타락을 뉘우치거나 개선할 수 없습니다. 그리스도께서 세상에서 사람들 가운데 겸손의 길을 걸으셨던 것처럼, 지금 우리 안에 거하시고, 우리 안에서 하나님의 형상을 새롭게 하셔야 합니다.

이제 사랑하고 겸손하고 온유하고 순종하시며 오래 참으시는 그리스도를 바라보고, 그분에게서 배우고, 그분 안에 사십시오(마 11:29). 먼저, 주님이 그렇게 사신 이유를 알아보십시오. 주님은 우리 삶의 본보기, 거울, 규범이 되기 위해 그렇게 사셨습니다. 그분은 삶의 규칙이십니다. 이 삶의 규칙은 성 베네딕트나 다른 사람들의 규칙이 아니라 사도들이 우리에게 보여주는 그리스도의 본입니다. 두 번째로 주님의 고난과 죽음과 부활을 바라보십시오. 주님은 왜 고난당하셨습니까? 주님은 왜 죽으시고 다시 살아나셨습니까? 그것은 우리가 주님과 함께 주님 안에서 죄에 대해 죽고, 또 주님과 함께 주님을 통하여 영적으로 부활하여 새 생명 가운데서 행하게 하기 위한 것입니다(롬 6:4).

이 새 탄생은 그리스도의 고난과 죽으심과 부활의 샘에서 흘러나옵니다 (벧전 1:3). 예수 그리스도의 부활로 말미암아 우리는 거듭나서 산 소망을 품게 되었습니다. 그 결과 거룩한 사도들은 항상 그리스도의 거룩한 고난을 회개와 새 생명의 초석으로 놓았습니다(롬 6:3; 벧전 1:18-19). 베드로는 우리가 거룩한 삶을 살아야 하는 이유를 우리를 비싼 값에 사셨기 때문이라고 했고(벧전 2:25), 누가복음 24장 46-47절에서 "또 이르시되 이같이 그리스도가 고난을 받고 제삼 일에 죽은 자 가운데서 살아날 것과 또 그의 이름으로 죄 사함을 받게 하는 회개가 예루살렘에서 시작하여 모든 족속에게 전파될 것이 기록되었으니"라고 말씀하셨습니다. 따라서 주님도 복음 전파와 회개가 그의 고난과 죽으심과 부활의 샘에서 흘러나오는 생명수라고 지적하셨음을 알 수 있습니다.

그러므로 그리스도의 고난은 우리의 죄 및 믿음과 참 회개를 통한 인간의 거듭남을 위해 지불되는 대가입니다. 이 두 가지 모두 인간의 새로워짐에 속합니다. 그것은 그리스도의 고난의 두려움이요 능력으로서 우리 안에서 성화와 거듭남을 이루며, 그럼으로써 그리스도로 말미암아 우리 안에서 새 생명이 살아납니다. 이의 한 방편으로 우리가 그리스도의 죽음의 권세로 말미암아 그리스도와 함께 죄에 대해 죽고, 부활의 능력으로 말미암아 죄로부터 다시 살아나기 위해 그리스도의 죽으심 안에서 세례를 받는 거룩한 세례가 명하여졌습니다.

4

참 회개, 바른 멍에,
그리스도의 십자가

"그리스도 예수의 사람들은 육체와 함께 그 정욕과 탐심을 십자가에 못 박았느니라"(갈 5:24).

회개 또는 참 회심은 성령 하나님의 역사인데, 이로 인해 인간은 율법을 통하여 자기의 죄, 그리고 그 죄에 대한 하나님의 분노를 깨닫습니다. 이때 사람의 마음에서 회개와 애통함이 일어납니다. 그러나 복음을 통하여 하나님의 은혜를 깨닫게 되며, 믿음을 통해 그리스도 안에서 죄 사함 받는다는 것을 알게 됩니다. 이 회개를 통해 육신과 육체의 정욕과 마음의 악한 성품을 십자가에 못 박아 죽이게 되며, 생명을 주는 영의 능력이 따라옵니다. 이로써 진정한 애통함으로 말미암아 우리 안에 있는 아담과 그의 악이 죽고, 믿음으로 말미암아 우리 안에 그리스도가 사십니다(갈 2:2). 이 두 가지는 연결되어 있습니다. 육체를 죽이면 새 생명과 영의 새로워짐이 따라옵니다. 옛사람이 죽을 때 새 생명이 태어나며, 새 생명이 태어날 때 옛사람이 죽습니다(고후 4:16; 고후 3:5; 롬 6:11).

참 회개로 육을 죽이는 일이 이루어져야 합니다. 그러므로 다음을 주목하십시오. 아담의 타락으로 말미암아 인간은 짐승 같고 세상적이며, 육적이며, 경건하지 못하고, 사랑 없는 자가 되었습니다. 즉 하나님 없고 사랑이 없어 하나님 사랑에서 이 세상 사랑으로 돌아서고, 자기 자신과 자기애가 중심이 됨으로써 이것은 하나님의 사랑에서 이 세상의 사랑으로 돌아섬으로써 하나님도 없고 사랑도 없으며, 자기중심이 되어 자기만 사랑하고, 모든 일에서 자기를 찾고, 자기에게 영광을 돌리며, 모든 사람에게 높임을 받기 위해 힘을 쏟습니다. 이것은 하나님처럼 되려 한 아담의 타락에서 온 것입니다. 이 가증한 것들이 모든 인간 안에 태어납니다.

인간의 비틀리고 악한 성품이 참 회개를 통하여, 즉 참되고 거룩한 슬픔과 죄 용서를 받는다는 믿음을 통하여, 그리고 자기애와 교만과 육체의 정욕을 죽임을 통해서 인간의 이러한 비틀리고 변화되고 개선되어야 합니다. 표면적인 죄를 끊고 버릴 때 발생할 뿐만 아니라 마음의 내적 근저가 변화되고 개선되고 자신과 세상과 세상의 정욕을 모두 버리고 거룩한 삶으로 돌아설 때, 그리고 믿음으로 그리스도의 공로에 참여할 때 회개가 일어납니다.

결과적으로 사람은 자기를 부인해야 합니다(눅 9:23). 즉 아집을 버리고, 하나님의 뜻에 복종하고, 자신을 사랑하지 않으며, 자신을 가장 무가치하고 비참한 인간으로 여기며, 가지고 있는 모든 것을 버려야 합니다(눅 14:26). 다시 말해서 세상과 세상의 명예와 영광을 거부하며, 자신의 지혜와 능력을 무가치하게 여기고, 자신이나 피조물을 의존하지 않고 오직 하나님만 의지하고, 교만과 시기와 정욕과 분노와 질투 등 육체적 정욕과 욕망의 삶을 증오하고, 자기 자신에게서 기쁨을 찾지 않으며, 자기의 행위를 무가치하게 여기며, 자기의 무가치함을 자랑하고, 자기에게 능력이 없다고 여기고, 자신을 신뢰하지 않으며, 세상, 즉 안목의 정욕과 육체의 정욕과 이생의 자랑에 대해 죽고, 세상에 대해 십자가에 못 박혀야 합니다(갈 6:4). 이것이 참 회개요 육신을 죽이는 것입니다. 이것이 없으면 그리스도의 제자가 될 수 없습니다. 이것은 어둠에서 빛으로, 사탄의 권세에서 하나님께로 돌아오게 하고 죄 사함과 나를 믿어 거룩하게 된 무리 가운데서 기업을 얻게 해주는 참회심입니다(행 26:18).

이 회개와 회심은 자기를 부인하는 것, 마태복음 11장 29절에 말씀하신 예수 그리스도의 참 십자가요 멍에입니다. 마음에서 우러나오는 깊은 내적 겸손을 통해 자기애와 자기존중을 없애야 하며, 온유함으로 분노와 복수심을 없애야 합니다. 이것은 그리스도 예수의 사람에게는 쉽고 가벼운 멍에이지만, 육신에 속한 사람에게는 힘든 십자가입니다. 왜냐하면, 예수 그리스도의 사람들은 육체와 함께 그 정욕과 탐심을 십자가에 못 박았기 때문입니다(갈 5:24).

세상의 반대와 골칫거리만 십자가로 여기는 것은 잘못된 생각입니다. 내적 회개와 육체를 죽이는 것이 날마다 그리스도를 따라 지고 가야 하는 참 십자가입니다. 참 십자가로 인내하면서 원수를 사랑하며, 비방하는 자를 온유하게 사랑하며, 온유하신 그리스도께서 우리보다 앞서가셨고 세상과 세상에 있는 모든 것을 부인하고 세상에 대해 죽으신 것처럼 겸손하게 교만과 거만을 정복해야 합니다.

이 그리스도의 멍에가 우리의 십자가입니다. 우리는 그것을 지고 가야 하는데, 그것은 곧 세상에 대해 죽는 것입니다. 이것은 영적으로 교만하고 바리새인처럼 사람들을 멸시하고 정욕과 미움과 시기가 가득한 상태로 수도원에서 살거나 특정의 규칙을 따르는 것을 의미하는 것이 아닙니다.

세상에 대해 죽는다는 것은 육체 및 육체의 정욕과 관련된 모든 것을 죽이는 것입니다. 지속적이고 내적이며 은밀한 슬픔과 후회를 통해서 내면적으로 세상을 등지고 하나님을 향하며, 날마다 마음 안에서 세상에 대해 죽고, 믿음 안에서 겸손하고 온유하게 그리스도 안에 삽니다.

그리스도는 우리에게 이러한 회개를 요구하십니다. 그다음에 죄 사함, 그의 의를 주심, 믿음의 능력 안에서 거룩한 순종이 따라옵니다. 이러한 내적 믿음이 없으면 인간에게 그리스도가 소용이 없습니다. 다시 말해서 우리는 그의 은혜와 공로의 열매에 참여할 수 없습니다. 그것은 애통하고 괴로워하고 회개하고 신실하고 겸손한 심령으로 받아야 합니다. 우리 안에 있는바 그리스도의 죽음의 열매는 우리가 회개를 통하여 죄에 대해 죽는 것이며, 그리스도 부활의 열매는 그리스도가 우리 안에, 우리가 그리스도 안에 사는 것입니다(갈 2:2).

이것이 그리스도 안에서 새로운 피조물이며, 하나님 앞에서 유일하게 인정받는 새 사람입니다(갈 6:15).

그러므로 바르게 회개하는 법을 배우십시오. 많은 사람이 이것을 잘못 알고 있는데, 그들은 참 회개란 외적 우상숭배, 하나님 부인, 살인, 간음, 부정, 도둑질 등 겉으로 드러난 큰 죄에서 떠나는 것이라고 알고 있습니다. 이것은 선지자들이 여러 곳에서 말하는 표면적 회개입니다(사 55:7; 겔 18:28; 33:14). 그러나 선지자들은 그보다 훨씬 더 깊은 심령 속을 꿰뚫어

보며, 더 고차원적이고 내면적인 회개를 가르칩니다. 그것은 교만과 탐심과 정욕에 대해 죽는 것이며, 자기를 부인하는 것이며, 육체를 십자가에 못 박고, 하나님 앞에 날마다 합당한 제물, 즉 상하고 통회하고 두려워 떠는 심령을 드리는 것이며, 몸 안에 애통하는 영혼을 지고 가고 것입니다. 이러한 마음의 내적 회개가 일곱 편의 참회의 시편에 묘사되어 있습니다.

마음이 내적으로 슬픔과 후회를 통해 깨지고 쓰러지고 무너질 때, 그리고 믿음과 죄사함으로 거룩해지고 위로받고 깨끗해지고 변화되고 개선되어서 삶이 표면적으로 개선되는 것이 참 회개입니다.

표면적으로만 회개하고 형벌이 두려워서 악에서 떠날 뿐 마음은 변화되지 않고 내면적으로 그리스도 안에서 새 삶을 살지 않는 사람은 여전히 지옥에 있습니다. 비록 그가 "주여, 주여"라고 부르짖어도 도움을 받지 못하며 "내가 너를 알지 못하노라"는 음성을 듣게 될 것입니다. "나더러 주여 주여 하는 자마다 다 천국에 들어갈 것이 아니요 다만 하늘에 계신 내 아버지의 뜻대로 행하는 자라야 들어가리라"(마 7:21). 학식이 있든지 없든지 높은 지위에 있는 모든 사람이 이들 중에 포함됩니다. 왜냐하면, 주님은 진심으로 회개하지 않고 그리스도 안에서 새로운 피조물이 되지 못한 사람을 자기 백성으로 영접하시지 않기 때문입니다.

5

참믿음

"예수께서 그리스도이심을 믿는 자마다 하나님으로부터 난 자니 또한 낳으신 이를 사랑하는 자마다 그에게서 난 자를 사랑하느니라"(요일 5:1).

믿음은 그리스도 안에 약속된 하나님의 은혜, 죄사함과 영생에 동의하고 신뢰하는 것입니다. 믿음은 하나님의 말씀과 성령에 의해 점화됩니다. 이 믿음으로 말미암아 우리는 자신의 공로가 없이 순전히 하나님의 공로로 말미암아 순수한 은혜로 죄사함을 받습니다(엡 2:8). 이러한 까닭에 우리의 믿음의 근거가 확실하며 불안정하지 않습니다. 이 죄사함이 하나님 앞에서 참되고 영속적이며 영원한 우리의 의(義)입니다. 그것은 천사의 의가 아니라 그리스도의 순종과 공로와 보혈의 의이며, 믿음을 통하여 우리의 것이 됩니다. 비록 믿음이 약하며 우리가 많은 죄에 둘러싸여 있어도, 이것들은 그리스도의 은혜로 가려집니다(시 32:1).

인간은 이렇게 깊이 신뢰하고 진심으로 동의함으로써 마음을 완전히 하나님께 드리며, 오직 하나님 안에서 안식하고, 하나님께 몰두하고, 하나님께만 매달리고, 하나님과 연합하며, 하나님과 그리스도와 관계된 일에 참여하는 자가 되고, 하나님과 하나 영이 되고, 그에게서 새 힘, 새 생명, 새 위로, 평화, 기쁨, 영혼의 안식, 의와 거룩함을 받으며, 믿음으로 말미암아 하나님에게서 새롭게 태어납니다. 새 믿음이 있는 곳에 의, 거룩, 구속, 공로, 은혜, 죄사함, 하나님의 자녀 됨, 영생의 유산과 함께 그리스도가 계십니다. 그러므로 히브리서 기자는 "믿음은 바라는 것들의 실상이요 보이지 않는 것들의 증거"라고 말합니다(히 11:1). 산 믿음의 위로는 마음속에서 강력해집니다. 그것은 마음에 확신을 주는데, 이는 인간 영혼 안에서 천상의 선, 즉 하나님 안에서 참되고 확실한 안식과 평화를 발견하므로 행복한 죽음을 맞이할 수 있기 때문입니다. 이것이 영, 속사람 안에 있는 힘이며, 믿음의 기쁨(엡 3:12; 빌 1:20; 요일 2:28, 3:21), 하나님 안에서의 기쁨(살전 2:2)이요 큰 확신(살전 1:5)입니다.

내가 임종할 때 그것이 내 영혼 안에서 나를 강건하게 하며 내면에서 성령이 나를 보장해주어야 합니다. 그것은 내적이고 영원한 산 위로입니다. 그것은 내 안에 있는 세상과 죽음을 정복하는 거룩하고 초자연적인 천상의 능력으로서 나를 붙들고 강하게 해줄 것이며, 죽음이나 생명에서나 견딜 수 있는 그리스도와의 연합이며 확증입니다(딤후 1:12; 롬 8:38). 그러므로 요한은 "무릇 하나님으로부터 난 자마다 세상을 이기느니라 세상을 이기는 승리는 이것이니 우리의 믿음이니라"(요일 5:4)고 말합니다.

하나님께로 난 것은 어둠의 역사가 아니라 참 생명의 역사입니다. 하나님은 죽은 열매, 생명이 없고 능력도 없는 일을 행하시는 분이 아니시며, 살아 있는 새 사람은 살아계신 하나님에게서 난 자입니다. 우리의 믿음은 세상을 이기는 승리입니다.

인간이 정복해야 하는 대상은 강력한 세력입니다. 믿음이 세상을 이겨야 한다면, 그것은 활동적이고 일하며 거룩하고 승리하는 산 능력임이 분명합니다. 그리스도는 믿음으로 말미암아 모든 일을 이루십니다.

이 하나님의 능력으로 말미암아 우리는 다시 하나님을 향하게 되었고, 하나님께로 옮겨졌고, 아담에게서 뽑혀 하나님 안에 심어졌고, 저주받은 포도나무가 그리스도 안에서 살아 있는 복된 나무가 되었습니다(요 15:4). 따라서 우리는 그리스도 안에서 그의 모든 선을 소유하며, 그 안에서 의롭다 함을 받습니다.

좋은 줄기에 접붙여진 가지는 자라서 꽃이 피고 열매를 맺지만 그렇지 못한 가지는 죽는 것같이, 그리스도를 떠난 인간은 저주받은 포도나무에 불과하며, 그 모든 행위는 죄입니다. "이는 그들의 포도나무는 소돔의 포도나무요 고모라의 밭의 소산이라 그들의 포도는 독이 든 포도이니 그 송이는 쓰며 그들의 포도주는 뱀의 독이요 독사의 맹독이라"(신 32:32-33). 그러나 그리스도 안에서 사람은 의로워지고 거룩해집니다. 그러므로 바울은 고린도후서 5장 21절에서 "하나님이 죄를 알지도 못하신 이를 우리를 대신하여 죄로 삼으신 것은 우리가 그 안에서 하나님의 의가 되게 하려 하심이라"라고 말합니다.

이를 통해 행위로는 의로워질 수 없음을 알 수 있습니다. 선한 행위를 하려면 먼저 믿음으로 말미암아 그리스도 안에 확고히 서고 그 안에서 의로워져야 합니다. 우리의 의는 우리의 공로에 앞서 오는 하나님의 은혜요 선물입니다. 죽은 사람이 먼저 살아나지 않고서 어떻게 걷고 서고 선한 일을 할 수 있겠습니까? 이처럼 우리는 죄 속에서 죽었고 하나님 앞에서 죽었으므로, 먼저 그리스도 안에서 살아나지 않고서는 하나님이 기뻐하시는 일을 할 수 없습니다.

의는 오직 믿음을 통하여 그리스도에게서 오는데, 이는 믿음은 대속하시고 거룩하게 하시는 분 앞에 벌거벗고 서서 의와 경건, 거룩함과 은혜와 성령을 받는 순진한 갓난아기 같은 사람 안에 있기 때문입니다.

이 벌거벗은 순진한 아이가 하나님의 자비를 입으려면, 두 손을 들어 하나님에게서 오는 모든 것, 즉 거룩함과 경건과 함께 은혜를 받아야 합니다. 그렇게 함으로써 경건하고 거룩하고 복 받은 사람이 됩니다.

의는 행위에서 오는 것이 아니라 믿음에서 오는 것입니다. 믿음이 그리스도를 영접하여, 그리스도 및 그분의 존재와 소유 모두를 자기 것으로 만듭니다. 우리는 죄와 죽음과 마귀와 지옥에서 돌아서야 합니다. 우리가 세상의 모든 죄를 지고 있어도, 그것이 우리를 해치지 못합니다. 왜냐하면, 믿음을 통하여 우리 안에 계시는 그리스도의 공로가 강하고 능력 있으며 살아 있기 때문입니다.

이제 믿음으로 말미암아 그리스도가 우리 안에 거하시므로, 그의 거하심은 죽은 역사(役事)가 아니라 살아 있는 역사입니다. 그 결과 믿음으로 말미암아 그리스도로부터 변화가 일어납니다. 은혜는 우리 안에서 두 가지를 이룹니다. 첫째, 믿음은 그리스도를 우리 안에 거하시게 하고, 우리를 그의 소유가 되게 합니다. 둘째, 우리를 그리스도 안에서 새롭게 함으로써 그 안에서 성장하고 꽃이 피고 살게 합니다. 가지가 자라서 열매를 맺지 않는다면, 줄기에 접붙이는 것이 무슨 소용이 있습니까? 과거 아담의 타락으로 말미암아, 마귀의 속임수와 배신으로 말미암아 뱀의 씨—악하고 유독한 열매가 맺히는 사악한 삶—가 사람 속에 뿌려졌듯이, 하나님의 말씀과 성령으로 말미암아 믿음, 즉 하나님의 씨앗이 우리 안에 뿌려졌습니다. 그 씨앗에는 모든 신령한 덕과 속성과 특성이 은밀히 들어있으며, 아름답고 새로운 하나님의 형상, 사랑, 인내, 온유, 평화, 순결, 의 등의 열매가 달린 새 나무로 자랍니다. 진정으로 거룩하게 하는 믿음은 전인(全人)을 새롭게 하고, 마음을 깨끗하게 하고 하나님과 연합하고 땅에 속한 것에서 벗어나게 하며, 의에 주리고 목마르게 하고, 사랑을 행하고, 고통받는 자들에게 평화와 기쁨과 인내와 위로를 주며, 세상을 이기고, 자녀들을 하나님과 모든 신령하고 영원한 것의 상속자가 되게 하며, 그리스도의 공동상속자가 되게 합니다. 믿음의 기쁨이 없으며 믿음이 약해 위로를 구하는 사람을 보면, 그를 배척하지 말고 그리스도 안에서 약속된 은혜로 그를 위로하십시오. 이것은 확실하고 분명하며 영원한 것입니다. 우리가 약해서 쓰러지고 비틀거릴 때, 참 회개를 통해 다시 일어난다면 하나님의 은혜는 사라지지 않습니다. 그리스도는 언제나 그리스도시요 우리를 거룩하게 하시는 분이십니다. 믿음이 약하든지 강하든지 그분을 붙들 수 있습니다. 약한 믿음도 강한 믿음처럼 그리스도에게 속합니다. 사람의 믿음이 약하든지 강하든지 그는 여전히 그리스도의 소유입니다. 약속된 은혜는 모든 그리스도인의 것이며 영원한 것입니다. 그러므로 약하든지 강하든지 믿음이 있어야 합니다. 때가 되면 하나님께서 잠깐이든지 오랫동안이든지 새롭고 기쁨이 충만한 위로를 우리 마음에 허락하실 것입니다(시 32:2-5; 77:8-11).

6

하나님의 말씀은 믿음을 통하여 사람 안에서 살고 그 능력을 증명해야 한다.

"하나님의 나라는 너희 안에 있느니라"(눅 17:21).

모든 것이 인간의 거듭남과 변화에 기초하므로, 하나님은 믿음 안에서 인간에게 영적으로 발생해야 하는 모든 일을 성경에 기록하시고 완전히 새로운 인간을 묘사하셨습니다. 하나님의 말씀은 우리 안에 있는 하나님의 씨앗이므로 영적 열매를 맺어야 하며, 성경이 가르치고 증언하는 방식으로 믿음을 통하여 열매 맺어야 합니다. 그렇지 않으면 그것은 죽은 씨앗이며 죽은 생명입니다. 성경이 가르치는 것을 나의 위안을 위해 영으로, 그리고 믿음으로 경험해야 합니다.

하나님이 성경을 계시하신 것은 종이 위에 죽은 문자를 남기려는 것이 아니라, 그것이 영과 믿음 안에서 우리 안에 살아있어 새로운 속사람이 탄생하게 하기 위한 것이었습니다. 만약 이러한 일이 발생하지 않는다면, 성경은 우리에게 전혀 소용없게 됩니다. 이러한 일은 성경이 가인과 아벨의 이야기에서 가르치는 바와 같이 영과 믿음 안에서 그리스도를 통해 사람들의 내면에서 발생해야 합니다. 그들의 생활 방식과 특징에서 우리 안에 있는 것, 즉 옛사람과 새 사람 및 그들의 행위를 발견할 수 있습니다. 이 둘은 우리 안에서 서로 대적합니다. 가인은 항상 아벨을 정복하여 몰아내려 합니다. 이것은 육과 영의 싸움이며, 뱀의 후손과 여인의 후손의 증오입니다. 우리 안에서 홍수가 일어나 육에 속한 이 속성을 물에 빠뜨려 죽여야 합니다. 신실한 노아가 우리 안에 머물러야 하고, 하나님이 우리와 언약을 맺고 우리가 하나님과 언약을 맺어야 합니다. 바벨탑이 우리 안에 세워지는 일이 없어야 합니다. 우리는 모든 것, 자기 육체와 생명까지도 포기하고 하나님의 뜻 안에서 행진해야 합니다. 그리하면 약속의 땅에서 복을 받고 하나님의 나라에 들어갈 수 있습니다.

이것이 주님이 "무릇 내게 오는 자가 자기 부모와 처자와 형제와 자매와 더욱이 자기 목숨까지 미워하지 아니하면 능히 내 제자가 되지 못하고"(눅 14:26)라고 말씀하신 것입니다. 우리는 아브라함과 함께 우리 안에 있는 다섯 왕, 즉 육체, 세상, 죽음, 마귀, 그리고 죄를 대적해야 합니다. 그리고 롯과 함께 소돔과 고모라를 떠나야 하는데, 이는 세상의 불경건한 삶을 부인하는 것을 의미합니다. 그리고 주님이 누가복음 17장 32절에서 말씀하신 대로 롯의 아내처럼 뒤를 돌아보는 일이 없어야 합니다.

한마디로 하나님은 영과 믿음 안에서 성경을 주셨으며, 성경에 있는 모든 일이 영적으로 우리 안에서 일어나야 합니다. 이것은 이방 민족을 대적한 이스라엘 백성의 싸움에도 적용됩니다. 그것은 육과 영의 싸움입니다. 장막, 언약궤, 속죄소를 동반하는 모세의 제사장직도 마찬가지입니다. 이것이 우리가 믿음으로 드리는 제사, 희생제물, 기도를 통해 영적으로 우리 안에 있어야 합니다. 주 그리스도께서 우리 안에서 이 모든 것이 되셔야 합니다. 주님은 새 사람과 영 안에 이 모든 것을 모으셨고, 믿음 안에서, 때로는 눈물로 그 모든 것을 완성하실 것입니다. 왜냐하면, 자연이 그런 것처럼 성경도 하나의 중심이나 중심점에서 흘러나오기 때문입니다.

신약성경의 서신들은 믿음으로 말미암아 모든 사람에게 일어나야 할 일에 대한 외적 증언입니다. 신약성경 전체가 전적으로 우리 안에서 능력으로 우리를 흔들어야 하는데, 이는 하나님의 나라가 우리 안에 있기 때문입니다. 그리스도가 마리아의 믿음으로 말미암아 성령에 의해 육체적으로 잉태되어 태어나신 것처럼, 우리 안에 영적으로 잉태되어 태어나야 합니다. 나는 그리스도에게서 새로운 피조물이 되었으므로 그 안에서 살고 행해야 합니다. 나는 그리스도 안에서 그분과 함께 고통받고 추방되어야 합니다. 치욕을 당할 때나 세상에서 배척당할 때 인내하며 온유하게 사랑으로 그분과 함께 걸어야 합니다. 그분과 함께 원수를 용서하고, 자비로우며, 원수를 사랑하며, 아버지의 뜻대로 행해야 합니다. 그분과 함께 사탄의 시험을 받고 이겨야 합니다. 내 안에 있는 진리를 위해서 비방을 받고 배척당하고 멸시받고 공격받아야 하며, 주님을 위해서 죽음도 감수하며, 주님이 내 안에 계시고 내가 주님 안에 있으며 믿음으로 말미암아 살았다는 것을 주님 택함 받은 모든 사람에게 증언해야 합니다.

하나님의 형상을 닮는다는 것은 하나님 안에서 하나님과 함께 태어나는 것, 그리스도를 옷 입는 것, 그와 함께 그 안에서 자라고 성숙하는 것, 그와 함께 고난을 받는 것, 그의 세례 안에서 세례받는 것, 그와 함께 멸시를 당하는 것, 그와 함께 십자가에 못 박혀 죽고 그와 함께 다시 사는 것,

그와 함께 다스리고 지배하는 것, 이 모든 일을 거룩한 십자가를 질 뿐만 아니라 날마다 죄를 회개하고 내적으로 뉘우치며 슬퍼하는 것 등을 의미합니다.

우리는 날마다 그리스도와 함께 죽고 육체를 십자가에 못 박아야 합니다. 그렇지 않으면 머리 되시는 그리스도와 연합될 수 없습니다. 이렇게 행하지 않으면 우리는 믿음과 마음과 영에서 떠나 외적으로만 그를 소유할 것입니다. 이것은 우리에게 도움이 되지 않을 것인데, 이는 그리스도는 우리 안에 살아계시고 우리를 위로하고 축복하기를 원하시기 때문입니다.

믿음은 하나님의 거룩한 말씀이 우리 안에 거하시게 하는 모든 일을 하며, 성경이 증언하는 모든 것의 살아 있는 증언입니다. 믿음은 증거요 실상입니다(히 11:1).

따라서 그리스도의 모든 말씀, 더 나아가서 성경 전체가 모든 사람과 각 사람에게 주어진 것임이 분명합니다. 모든 예언과 그리스도의 비유 및 기적은 나를 비롯하여 각 사람에게 주어지는 것입니다.

그러므로 성경은 이 일이 영적으로 우리 안에서 일어나야 한다고 말합니다. 그리스도는 다른 사람들을 도우셨듯이 나를 도우실 것인데, 이는 그가 내 안에 살아 계시기 때문입니다. 주님은 눈먼 자를 보게 하셨습니다. 나는 영적으로 눈먼 소경이므로 주님은 나도 볼 수 있게 하실 것입니다. 다른 모든 기적도 이렇게 적용될 수 있을 것입니다. 그러므로 자신이 눈먼 자, 절름발이, 병신, 귀머거리, 조롱거리임을 인정하십시오. 그리하면 그가 도우실 것입니다. 그는 죽은 자를 살리셨습니다. 나는 죄 가운데 죽었으므로, 그가 나를 다시 살리실 것이며, 나는 첫째 부활에 참여할 것입니다.

　한마디로 말해서, 믿음은 성경이 증언하는 모든 것을 인간 안에서 행합니다. 그것은 외적으로 하나님의 형상을 묘사하며, 그 형상이 믿음으로 말미암아 내 안에 존재하게 되어야 합니다. 그것은 문자로 하나님의 나라를 묘사하는데, 그것은 믿음으로 말미암아 내 안에 임해야 합니다. 성경은 아담, 그의 타락과 거듭남 등을 묘사하는데, 이것들 모두가 내 안에 있어야 합니다. 성경은 새 예루살렘을 묘사하는데, 그것이 내 안에 있고, 나는 그것이 되어야 합니다. 성경은 새 사람, 새로운 피조물에 관해 증언하는데, 그것이 내 안에 있어야 하고 나는 믿음으로 말미암아 그것이 되어야 합니다. 그렇지 않으면 성경이 전혀 소용이 없습니다. 이것이 믿음이요 우리 안에 있는 믿음의 행위이며, 우리의 마음 안에 있는 하나님의 사역이요 하나님의 나라입니다.

7

하나님의 법은 사람의 마음에 기록되며, 변명할 수 없음을 확신하게 해준다.

"율법 없는 이방인이 본성으로 율법의 일을 행할 때는 이 사람은 율법이 없어도 자기가 자기에게 율법이 되나니 이런 이들은 그 양심이 증거가 되어 그 생각들이 서로 혹은 고발하며 혹은 변명하여 그 마음에 새긴 율법의 행위를 나타내느니라"(롬 2:14-15).

주 하나님은 의롭고 거룩한 자신의 형상대로 인간을 지으시고, 그를 신적인 덕과 은사를 입히시고 아름답게 하여 완전하고 아름다운 작품, 고귀한 예술품으로 만드실 때, 영원히 제거할 수 없는 세 가지 속성을 인간의 양심 깊은 곳에 심어 놓으셨습니다. 첫째는 하나님의 실존에 대한 본성의 증언이며, 둘째는 최후 심판이 있다는 것이며(롬 2:15), 셋째는 명예와 수치를 구분하고 기쁨과 슬픔을 발견할 수 있는 본성의 법입니다.

이제까지 하나님의 실존을 부인할 정도로 거칠고 야만적인 민족이 없었는데, 이는 본성이 이것을 그들에게 외적·내적으로 증언했기 때문입니다. 그들은 양심을 통하여 하나님의 실존하실 뿐만 아니라 악한 자를 벌하시고 선한 자에게 상 주시는 의로우신 분임을 발견했는데, 이는 그들이 양심 속에서 두려움과 기쁨을 찾았기 때문입니다. 이로부터 그들은 플라톤이 주장한 대로 영혼이 불멸한다고 추론했습니다. 결국 그들은 본성의 법, 즉 유전되어온 본성적인 사랑을 통하여 하나님이 모든 선의 근본이심을 분명하게 알았습니다. 더 나아가서 깨끗한 마음과 덕으로 하나님을 섬겨야 한다고 이해했습니다. 그러므로 그들은 최고의 선을 덕에 두었고, 이에서 소크라테스를 비롯한 현명한 철학자들의 덕의 학파가 대두했습니다.

이를 통하여 하나님께서 어떻게 타락 후에도 본성적인 삶의 불티 또는 하나님에 대한 본성적인 증언의 궤적을 보전하셔서 많은 이방인이 지적한 대로 인간이 어디서 와서 어디로 가는지 알 수 있게 하셨는지 알 수 있습니다. 특히 사도 바울이 인용한 시인 아라토스(Aratus)는 "우리는 그의 소생이라"라고 말했습니다(행 17:28).

이방인들은 양심을 거슬러 하나님에 대한 본성의 증언을 무시하고 창조주를 멸시한 잘못 때문에 저주를 받았으며, 변명할 수 없었습니다. 사도 바울도 이것을 증언합니다(롬 1:21; 1:32; 2:15-16). 이방인들은 본성적으로 하나님이 계시다는 것을 알면서도 양심을 거슬러 하나님을 찾지 않았으므로 핑계할 수 없습니다. 또 하나님이 말씀을 계시하시고 그의 아들 예수 그리스도를 통하여 회개하도록 부르심을 받은 자, 즉 죄의 자리에서 일어나 불신앙의 길에서 돌이켜 그리스도의 공로에 참여하고 영원히 복을 받도록 부르심을 받은 자에게는 더 핑곗거리가 없습니다.

그리스도인이 되도록 부름을 받고도 돌이키지 않은 사람에게는 마지막 심판 때 그를 고소할 강력한 두 증인이 있습니다. 하나는 자신의 마음, 양심, 본성의 법이며, 또 하나는 그날에 그를 향할 하나님의 계시된 말씀입니다. 주님이 말씀하신 대로 두려운 심판과 저주가 그에게 임할 것입니다 (마 11:24; 12:42).

하나님이 영혼을 불멸하도록 지으셨고 내적으로 향한 하나님을 향하는 바 영혼 안에 있는 양심은 다시 하나님께 올 수 없으므로, 이로부터 영원한 형벌과 고통이 임할 것입니다. 이것이 영혼의 가장 크고 영원한 고통입니다.

내적 · 외적으로 지속하는 영혼의 고통은 점점 더 커질 것이며, 회개하지 않음으로써 하나님의 심판이 내릴 진노의 날에 받을 벌을 쌓아 올립니다(롬 2:5). 이방인들은 그들의 마음에 새겨진 하나님의 의인 양심과 내적 본성의 법칙을 무가치하게 여겨 버리고 하나님을 대적하듯이 대적했기 때문에, 주 하나님은 그 의로운 법에 따라 그들의 정신을 뒤틀린 대로 내버려 두셨습니다. 그들은 어리석고 맹목적인 생각으로 말미암아 하나님의 의로운 진노를 초래할 가장 가증하고 끔찍한 죄에 넘겨졌습니다. 또 그리스도인이 되기를 원했던 자들이 하나님의 내적 · 외적 하나님의 말씀과 증언을 무시하고, 회개를 원하지 않고 성령을 거슬러 하나님께 범죄했으므로, 하나님은 그들을 왜곡된 생각 속에 내버려 두어 이방인이나 터키인보다 못하게 하셨습니다. "이러므로 하나님이 미혹의 역사를 그들에게 보내사 거짓 것을 믿게 하심은 진리를 믿지 않고 불의를 좋아하는 모든 자로 하여금 심판을 받게 하려 하심이라"(살후 2:11-12).

결국 들어보지도 못했던 일, 즉 가장 흉악한 죄가 그리스도인들 사이에서 성행하게 되었습니다. 즉 비틀린 정신의 맹목성과 완악함에서 교만과 허식, 만족을 모르는 탐욕, 부끄러운 정욕, 동물적인 음란, 비인간적인 행위 등이 생겨났습니다. 그리스도인들은 생활 속에서 보면 비천하고 가난하고 온유하며 겸손하신 그리스도를 따르려 하기보다는 하나님께서 그를 세상의 빛으로 보내셨음에도 불구하고(요 8:12) 그에게 격분하고 그의 거룩한 삶을 조롱합니다. 따라서 하나님은 그들이 사탄을 따르며 어둠의 일을 보호하기 위해서 가증하고 거짓되고 무자비하게 사탄의 삶을 살도록 내버려 두셨는데, 이는 주님이 요한복음 12장 35절에서 말씀하신 대로 그들이 빛 가운데서 행하지 않기 때문입니다.

결론적으로 하나님은 눈이 멀고 마음이 뒤틀린 이방인들을 벌하시는데, 이는 그들이 본성적으로 내면에 있는 작은 빛과 양심, 그리고 본성의 법칙을 따르지 않기 때문이며, 또는 로마서 1장 28절에서 바울이 말하는 대로 그들이 하나님을 안다는 사실을 심각하게 생각하지 않고 그들 자신의 잘못으로 영원한 복을 잃었기 때문입니다. 그렇다면 마음에 새겨진 본성의 법뿐만 아니라 새 언약과 계시된 하나님의 말씀을 통하여 마음에 기록된 하나님의 말씀을 가지고 있으면서도 그 큰 은혜와 복의 가치를 인정하지 않는 자들은 영원한 복을 얼마나 더 많이 잃겠습니까! 이에 관해 예레미야 31장 33절을 보십시오.

히브리서 10장 26절에도 진리에 대한 지식을 받은 후 짐짓 죄를 범하는 자들에 대하여 기록되어 있습니다.

8

진심으로 회개하지 않으면 그리스도의 위로와 공로를 받지 못한다.

"할례 받지 못한 자는 먹지 못할 것이니라"(출 12;48).

주님은 "건강한 자에게는 의사가 쓸데없고 병든 자에게라야 쓸 데 있느니라…나는 의인을 부르러 온 것이 아니요 죄인을 부르러 왔노라"(마 9:12-13)라고 말씀하십니다. 여기서 주님은 죄인을 불러 회개하게 하신다고 말씀하십니다. 그러므로 참 회개와 회심, 그리고 참 믿음이 없이는 아무도 주님께 올 수 없습니다.

회개란 죄에 대한 참 후회와 슬픔을 통하여 죽는 것이며, 믿음을 통하여 죄 사함을 받는 것이며, 그리스도 안에서 의롭게 사는 것입니다. 참되고 영적인 후회가 회개에 선행되어야 합니다. 그러한 회개는 마음을 상하게 하고, 육체를 십자가에 못 박습니다. 히브리서에서는 이것을 죽은 행실의 회개, 즉 죽음을 가져오는 행실과의 결별이라고 말합니다(히 6:1).

이러한 행위를 버리지 않는 사람에게는 그리스도와 그의 모든 공로가 소용이 없습니다. 우리 주 그리스도는 의사가 되셨으며, 그의 보혈은 죄를 씻어 거룩하게 해주는 약이 되었습니다. 환자가 자신에게 해로운 것을 포기하지 않으면 귀한 약이 도움이 되지 못하고 약효가 없을 것입니다. 그리스도의 보혈과 죽음은 죄를 버리지 않는 자를 도울 수 없습니다. 이에 대해 바울은 갈라디아서 5장 21절에서 "이런 일을 하는 자들은 하나님의 나라를 유업으로 받지 못할 것이요"라고 말합니다.

더 나아가서 그리스도와 그의 보혈이 우리의 약이 되려면, 먼저 우리가 병들어야 합니다. 건강한 자에게는 의사가 쓸데없고 병든 자에게라야 쓸데 있습니다(마 9:12). 영적으로 병들지 않은 자, 진심으로 자기 죄에 대해 슬퍼하지 않는 자, 상하고 통회하는 마음이 없으며 하나님의 진노를 두려워하지 않는 자, 헛된 영광과 부와 쾌락을 추구하는 자는 병든 자가 아니며, 따라서 의사가 필요 없습니다. 즉 그리스도가 소용이 없습니다.

왜 그리스도가 죄인을 불러 회개하게 하려고 오셨다고 했습니까? 이는 회개하고 상하고 통회하며 신실한 심령만이 그리스도의 죽음과 보혈, 그리고 그의 고귀한 공로를 받기에 합당하기 때문입니다.

마음에서 이 거룩한 부르심을 발견하는 사람은 복 받은 사람입니다. 죄로 말미암아 느끼는 경건한 슬픔은 후회할 것이 없는 복 받은 자의 후회를 이룹니다(고후 7:10). 성령은 율법과 진지한 묵상, 그리스도의 고난을 통하여 이러한 영적인 슬픔을 불러일으킵니다. 그리스도의 고난은 회개의 설교요, 하나님 진노의 가장 두려운 거울은 은혜의 설교입니다. 사랑하는 주님이 쓰라린 죽음을 맛보셔야 했던 원인이 우리의 죄임을 생각해 보십시오. 그리고 아들을 내어주신 하나님의 사랑을 생각해 보십시오. 여기에서 하나님의 의와 자비를 볼 수 있습니다.

그리스도께서 죄의 대가로 생명을 바치셔야 했는데, 그리스도를 믿는 사람이 어찌 죄를 범하려는 욕망을 가질 수 있겠습니까? 그리스도께서 우리의 교만과 명예욕의 대가로 얼마나 큰 치욕을 당하시고 배척을 받으셨는지 생각해 보십시오. 당신은 아직도 교만해지려는 욕망을 품으며 이 세상의 명예에 만족하지 못합니까? 당신의 탐욕의 대가로 그리스도께서 얼마나 큰 가난을 감당하셔야 했습니까? 그런데 당신은 아직도 이 세상에 부에 만족하지 못합니까? 당신의 육체의 정욕의 대가로 그분이 얼마나 큰 공포와 죽음의 고통을 지불하셨습니까? 어떻게 썩어질 육체의 정욕에서 기쁨을 누릴 수 있겠습니까? 우리 주 그리스도께서 죽음에 이르는 큰 슬픔을 느끼셨던 일에서 우리가 어떻게 기쁨을 누릴 수 있겠습니까? 어떻게 우리 주 그리스도께서 죽음에 이를 정도로 최고의 슬픔을 느끼셨던 일에서 기쁨을 누릴 수 있겠습니까? 우리의 진노, 미움, 증오, 복수욕, 용서할 줄 모르는 정신, 그리고 고통의 대가로 우리 주님은 얼마나 깊은 온유와 인내를 지불하셨습니까? 그런데도 우리는 아직도 쉽게 격분하며 복수욕이 우리의 인생보다 더 달콤하게 느껴지지 않습니까? 주님이 마셨던 죽음의 쓴 잔이 우리에게는 달콤합니까? 그러므로 그리스도인이라면서도 죄를 떠나지 않는 사람들은 히브리서 6장 6절에 기록된 대로 그리스도를 다시 십자가에 못 박고 욕을 보이는 자들입니다. 그들은 그리스도의 고난에 동참할 수 없는데, 이는 그들이 그리스도의 보혈을 짓밟았기 때문입니다. 히브리서 10장 29절에 기록된 바와 같이 그들은 언약의 피를 부정한 것으로 여긴 자들입니다. 즉 그것을 죄의 정화로 생각하지 않고, 그들의 죄로 인해 지불한 값으로 여기지 않은 자들입니다. 그들은 은혜의 영을 멸시한 자, 즉 높고 귀한 은혜를 불신앙의 삶으로 대적하고 조롱하고 죄를 범한 자들입니다. 그리스도께서 그들을 위해 보혈을 흘리셨으므로, 보복이 그들을 향해 부르짖으며 그들은 두려움에 떨 수밖에 없는 하나님의 공의로운 심판을 경험해야 합니다(히 10:31). 우리의 하나님은 약한 분이 아니고 죽은 우상이 아니시며, 항상 조롱받고 그 은혜가 멸시를 당하는 것을 허용하시지만, 살아계신 하나님이십니다.

죄에서 떠나지 않으며, 죄로 인해 영원하신 하나님의 아들이 두려운 죽음을 당하셔야 했다는 말을 듣지 않는 사람에게 하나님의 진노와 심판이 있을 것을 마음으로 확신하게 합니다.

이것이 그리스도의 거룩한 죽음 직후에 회개가 전 세계에 전파된 이유입니다. 첫째, 이 죽음이 온 세상 죄를 위한 것이기 때문이었고, 둘째로 사도행전 17장 30절에 기록된 대로 어디에서나 모든 사람이 회개해야 하기 때문입니다. 하나님이 주신 귀한 은혜의 선물을 잃지 않으려면 신실하고 애통하며 회개하는 심령으로 이 약을 복용해야 합니다.

이러한 깊은 회개에 죄의 용서가 따라옵니다. 애통하지 않고 여전히 죄에서 쾌락을 느끼며 그것을 포기하려 하지 않는 사람이 어떻게 죄 사함을 받을 수 있겠습니까? 죄사함을 원하면서도 죄를 포기하지 않는 것은 어리석고 비틀린 일이 아니겠습니까? 그리스도의 고난에서 위로를 찾으면서도 그리스도께서 죽으시면서 대가를 치르셔야 했던 죄를 버리지 않는 것은 어리석은 일입니다.

평생 참 회개를 한 적이 없으면서 죄사함을 원하는 사람들이 많습니다. 그들은 탐욕, 교만, 분노, 미움, 질투, 거짓, 불의 등을 버리지 않고 계속 범하면서도 그리스도의 공로가 자기 것이 되기를 바랍니다. 그들은 그리스도께서 우리 죄를 대속하기 위해 죽으셨다는 것을 알고 믿기 때문에 자신이 선한 그리스도인이라고 생각하며, 그래서 그들의 모든 것이 거룩해진 줄 압니다. 미혹되어 거짓된 그리스도인이여! 하나님의 말씀은 당신이 그런 식으로 거룩하게 된다고 가르치지 않습니다. 사도나 선지자 중 누구도 그렇게 전한 적이 없는데, 그들은 그렇게 전하고 있습니다. 죄 용서받기를 원한다면 먼저 회개하고 죄를 떠나야 하며, 죄로 인해 애통해하고, 그리스도를 믿어야 합니다.

죄를 떠나려 하지 않은 자가 어떻게 애통하겠습니까? 애통하지 않는 자가 어떻게 죄를 떠날 수 있겠습니까? 그리스도와 선지자들과 사도들은 이렇게 가르쳤습니다: 당신은 죄와 세상에 대하여, 즉 교만, 탐욕, 쾌락, 분노, 증오에 대하여 죽어야 하며, 주님을 의지하고 은혜를 구해야 합니다. 그리하면 죄 사함을 받을 것이며, 의원이 오셔서 상한 마음을 싸매시고 아픈 곳을 치료하실 것입니다(시 147:3). 그렇지 않으면 비록 당신이 믿음에 관해 많은 말을 할지라도 그리스도가 소용이 없고 도움을 주지 못할 것입니다. 참믿음은 인간을 새롭게 하며, 그의 내면에서 죄를 죽이며, 그를 그리스도 안에서 살게 합니다. 다시 말해서 그는 그리스도 안에, 그분의 사랑과 겸손과 온유와 인내 안에서 살게 됩니다.

그리하여 우리의 내면에서 그리스도가 생명의 길이며, 우리는 그 안에서 새로운 피조물이 되었음을 주목하십시오. 그러나 우리가 죄 가운데 머문다면 죄에 대해 죽지 않을 것이며, 옛 아담처럼 하도록 방임할 것입니다. 그렇다면 어떻게 우리가 새로운 피조물이 될 수 있겠습니까? 육체와 함께 그 정욕과 탐심을 죽이지 않는 사람이 어떻게 그리스도에게 속할 수 있습니까(갈 5:24)?

우리가 매일 열 번 설교를 듣고, 매달 죄를 고백하고, 성찬을 받아도 죄 사함을 받지 못한다면 아무 소용이 없습니다. 이는 치료의 약을 받을 수 있게 해주는 회개하고 통회하는 마음이 없기 때문입니다. 하나님의 말씀과 성례가 치료의 약이지만, 끊임없이 애통하는 신실한 마음을 갖지 않은 회개하지 않은 사람에게는 도움이 될 수 없습니다. 값비싼 향유를 붓는 것이 바위에 무슨 소용이 있습니까? 좋은 밀알을 가시덤불 속에 뿌린다면, 가시덤불을 제거하지 않는 한(눅 8:7) 밀알이 열매를 맺지 못할 것입니다. 결론적으로 죄 가운데 거하는 자에게는 그리스도가 무익하며, 그리스도와 함께 죄에 대해 죽지 않는 자에게는 그리스도의 죽음이 무익합니다(롬 6:11). 그리스도와 함께 죄로부터 부활하지 않는 사람에게는 그리스도의 부활이 무익하고, 거룩하게 살고 행하지 않는 사람에게는 그리스도의 승천이 무익합니다.

탕자처럼(눅 15:18) 돌아와 울며 죄로 인해 애통하고, 죄를 미워하고 피하며 하나님의 은혜를 구하고 믿음으로 십자가에 달리신 그리스도와 피 묻은 상처를 바라보면서(민수기 21:8에서 이스라엘 민족이 뱀을 쳐다본 것처럼) "하나님이여 불쌍히 여기소서 죄인이로소이다"(눅 18:13)라고 말한다면, 세상에서 아무리 큰 죄를 범했어도 모든 것을 용서받을 것입니다.

그리스도의 보혈과 거룩한 죽음이 그 대가로 지불됩니다. 그리스도의 보혈로 말미암는 대속은 완전하며, 그리스도의 공로는 믿음으로 회개하는 심령의 것이 될 것입니다. 하나님은 죄를 회개할 기회를 주십니다(지혜서 12:19). 다시 말해서 그리스도 때문에 하나님이 순수한 은혜로 회개하는 사람을 완전하게 용서하십니다. 불쌍히 여기시며 은혜로 죄를 용서하시는 것이 하나님의 기쁨이요 즐거움입니다(렘 31:20). 이는 그리스도의 죽음이 능력 있는 열매이며, 그 결과로 그리스도의 보혈을 힘입은 불쌍한 죄인이 그 귀한 보혈을 잃지 않으므로 하늘과 하나님의 천군 천사들 앞에 기쁨이 되기 때문입니다(눅 15:7).

9

비기독교적 행동이
그리스도와 참믿음을 부인한다.

"경건의 모양은 있으나 경건의 능력은 부인하니 이같은 자들에게서 네가 돌아서라"(딤후 3:5).

히브리서 기자가 "타락한 자들은 하나님의 아들을 다시 십자가에 못 박아 드러내 놓고 욕되게 한다"(히 6:6)라고 말했듯이, 사람들이 스스로 그리스도인이라고 말하면서도 그리스도인답게 행동하지 않기 때문에, 그리스도가 부인되고 조롱받고 멸시받고 모욕을 당하고 매 맞고 십자가에 달려 죽임을 당합니다.

선지자 다니엘은 마지막 때에 그리스도가 "끊어져 없어질 것"이라는 환상을 보았습니다(단 9:26). 이 예언은 유대인들이 "그를 십자가에 못 박게 하소서 십자가에 못 박게 하소서"(눅 23:21)라고 외쳐 예루살렘에서 십자가에 달려 죽으실 때 실현되었을 때 성취되었습니다. 그리스도는 날마다 십자가에 달려 끊어져 없어지시며, 그 결과 우리는 그분의 거룩한 삶을 볼 수 없게 됩니다. 사람이 믿음과 교리에 대해 많은 말을 해도, 그리스도의 삶이 없는 곳에는 그리스도가 없습니다. 그리스도인의 삶이 없으면 믿음이 있을 수 없습니다. 사도 유다가 언급한 "열매 없는 가을 나무"(유 12)는 거짓 사도입니다. 지금 세상에는 이런 것들이 가득합니다. 그래서 누가복음 18장 8절에서 주님은 "인자가 올 때에 세상에서 믿음을 보겠느냐"라고 말씀하십니다.

입으로는 주님을 믿는다고 말하면서 행위로는 부인하는 믿음을 주님은 인정하지 않으셨습니다. 오늘날 사람들은 그리스도를 사랑한다고 말하지만, 행위로는 사랑하지 않습니다. 그리스도는 완전히 새로 태어난 사람, 열매 맺는 나무, 믿음으로 말미암아 그리스도가 내면에 살고 거하시는바 믿음으로 거듭난 사람을 인정하십니다. 이러한 믿음을 가진 사람은 극히 드뭅니다. 참믿음이 있는 곳에 그리스도와 그분의 거룩한 삶이 있습니다. 삶에서 믿음으로 그리스도를 따르지 않는 사람에게는 믿음도 없고 그리스도도 없으며, 내쫓기고 부인당하는 일만 있습니다.

누가복음 12장 9절에서 주님은 "사람 앞에서 나를 부인하는 자는 하나님의 사자들 앞에서 부인을 당하리라"라고 말씀하십니다. 이렇게 부인 당하는 것은 입으로 믿음과 그리스도를 부인할 때만 발생하는 것이 아니라, 사도 바울이 "율법의 행위로 그의 앞에서 의롭다 하심을 얻을 육체가 없다"라고 말한 대로 행위와 삶을 통해 공공연하게 그리스도와 성경을 대적할 때 더 많이 발생합니다. 마태복음 21장에 기록된 두 아들의 비유에서 지적하듯이, 말과 위선, 겉치레 등의 불경건하고 악한 삶으로 그리스도가 부인되고 있습니다.

거짓 그리스도인이란 "예, 예", "주여, 주여" 하면서도 속으로는 악하여 하늘 아버지께서 명하시는 대로 행하지 않는 자입니다. 사도 바울은 디모데후서 3장 5절에서 이들에 대해 "경건의 모양은 있으나 경건의 능력은 부인하니"라고 말합니다. 경건의 능력을 부인한다는 것은 곧 믿음과 그리스도를 부인하는 것이며, 바울이 에베소서 2장 2절에서 말한 대로 믿음이 없는 "불순종의 아들들"로서 그리스도인의 이름을 가진 이방인이 되는 것입니다. 그리스도께서는 그리스도인이라는 이름을 가졌으나 그리스도인답게 행하지 않는 자들을 부인하시면서 "내가 너희를 도무지 알지 못하니 불법을 행하는 자들아 내게서 떠나가라"(마 7:23)라고 말씀하실 것입니다.

10

거짓 기독교인

"나와 함께 아니하는 자는 나를 반대하는 자요"(마 12:30).

현세의 삶을 그리스도의 삶과 가르침에 비교해보면, 대체로 세상이 그리스도를 대적하고 있음을 발견합니다. 인간의 삶은 탐욕, 음식에 대한 관심, 부의 추구, 육체의 정욕, 안목의 정욕, 이생의 자랑, 즉 세상 살림에 대한 자랑, 세상의 명예, 훌륭한 외모, 명성, 불순종, 진노, 원한, 전쟁, 불화, 언쟁, 말과 행위로 복수하려는 욕구, 시기, 용서하지 않는 정신, 불의, 부정, 속임, 거짓, 중상 등입니다.

반면에 그리스도와 그의 삶은 하나님과 인간을 향한 순수하고 단순하고 깨끗한 사랑, 친절, 온유, 겸손, 인내, 죽기까지 순종함, 자비, 의, 진리, 순결, 거룩, 세상과 세상의 명예와 부와 쾌락을 거부함, 자기 부인, 계속되는 십자가, 고난, 환란, 하나님 나라를 향한 끊임 없는 갈망과 탄식, 하나님의 뜻을 행하려는 갈망입니다.

그리스도는 "나와 함께 아니하는 자는 나를 반대하는 자요"(마 12:3)라고 말씀하십니다. 이 세상의 생활은 그리스도의 뜻을 지지하지 않습니다.

그것은 어느 면에서도 그리스도의 뜻에 동의하지 않습니다. 이 세상에는 그리스도와 한마음, 한 생각, 한 뜻, 한 영을 가진 자가 거의 없습니다. 사도 바울은 우리가 그리스도의 마음을 품어야 한다고 증언합니다(고전 2:16; 빌 2:5). 그러므로 이 세상에 속한 사람들은 그리스도를 대적합니다. 그리스도를 대적하는 자는 적그리스도입니다. 교리적으로는 그렇지 않더라도 생활에서는 그렇습니다.

어디에서 참 그리스도교인을 발견할 수 있습니까? 누가복음 12장, 이사야 1장 8절, 미가서 7장 1절, 시편 74편 10절, 102편 7절에 기록된 대로 참 그리스도인은 적은 무리입니다.

하나님은 자기 자녀가 누구이며 어디에 있는지 아십니다. 그리스도는 그들과 함께 계십니다. 이 세상 끝까지 항상 그들 안에 계십니다. 그리스도는 그들을 고아처럼 버려두지 않으실 것입니다. "하나님의 견고한 터는 섰으니 인침이 있어 일렀으되 주께서 자기 백성을 아신다 하며 또 주의 이름을 부르는 자마다 불의에서 떠날지어다"(딤후 2:19). 이대로 행하기를 원하지 않는 자는 그리스도인이라는 이름을 버리고 자신이 원하는 대로 자신을 부르게 하십시오.

11

거듭남과 그리스도의 멍에

"이를 위하여 너희가 부르심을 받았으니 그리스도도 너희를 위하여 고난을 받으사 너희에게 본을 끼쳐 그 자취를 따라오게 하려 하셨느니라"(벧전 2:21).

하나님은 사랑하는 아들을 선지자로, 의사로, 교사로 우리에게 보내셨고, 하늘의 음성을 통하여 그 소명을 확인하셨고, 우리에게 그의 말씀을 들으라고 명하셨습니다. 하나님의 아들은 말뿐만 아니라 의로운 교사에게 알맞은 거룩한 삶의 아름다운 본과 행동을 통해서 가르치는 능력을 발휘하셨습니다. 누가는 사도행전에서 이에 대해 "데오빌로여 내가 먼저 쓴 글에는 무릇 예수께서 행하시며 가르치시기를 시작하심부터 그가 택하신 사도들에게 성령으로 명하시고 승천하신 날까지의 일을 기록하였노라"(행 1:1-2)라고 말합니다. 누가는 여기에서 "행하시며"라는 단어를 "가르치시고"라는 단어 앞에 놓았는데, 이는 행하심과 가르치심이 서로 관련되어 있음을 지적하기 위해서입니다. 그러므로 그리스도의 삶은 참된 가르침이며 참 생명책입니다.

하나님의 아들이 경건하고 흠 없고 완전하고 거룩한 삶의 분명하고 생생한 본을 보임으로써 우리가 어둠 속에서 빛 되신 그분을 따르게 하기 위해서 인간이 되셨고, 이 땅에서 인간들 가운데서 다니셨습니다. 그러므로 그분은 세상의 빛이라 불리며, 그분을 따르는 자는 어둠 속에 다니지 않습니다(요 8:12).

이로 보건대 믿음과 거룩한 생활로 그리스도를 따르지 않는 사람은 어둠 속에 머무는 자이며, 그런 사람은 결코 생명의 빛을 소유하지 못합니다. 어둠이란 무엇입니까? 그것은 회개하지 않는 생활, 바울이 말한바 빛의 갑옷을 입기 위해 벗어버려야 할 "어둠의 일"(롬 13:12)입니다. 한마디로 말해서 그것은 회개를 의미합니다.

앞에서 언급한 바와 같이 경건한 슬픔과 참믿음이 전인(全人)을 변화시키고 육체를 십자가에 못 박고 성령을 통하여 새로운 삶을 가져오는데, 이것은 말로만 증언되는 것이 아닙니다. 우리에게 새 사람으로 만드는 성령의 생생한 본을 보여 주시려고 하나님은 사랑하는 아들을 우리의 구주요 거룩한 생활을 동반하는 경건의 본보기요 아담의 죄악된 육체가 내면에 살면서 다스리지 못하고 오직 하나님만 다스리시는 참된 새사람으로 우리 앞에 두셨습니다. 이는 우리가 날마다 그의 형상을 따라 새로워지게 하기 위한 것이었습니다. 이에 관하여는 다음의 글을 주의 깊게 살펴보시기 바랍니다.

안타깝게도 우리는 자신의 죄악된 본성, 육체와 피, 몸과 혼이 어떻게 많은 부정과 악, 죄, 악덕 등으로 둘러싸여 있는지 알고 있으며 매일 경험합니다. 이것들은 육체를 입은 자연인 안에 자리 잡은 마귀의 역사이며 특성이며 성품입니다. 이 모든 것 위에 인간의 악한 의지가 있으며, 악한 의지에서 모든 죄가 발생합니다. 악한 의지가 없으면 죄가 발생하지 않을 것입니다. 악한 의지는 하나님을 외면합니다. 영원한 선이신 하나님을 외면하는 것은 모두 악입니다. 이렇게 하나님을 외면하는 것이 인간과 마귀의 타락이며, 이 때문에 죄가 세상에 들어왔습니다. 죄는 모든 사람에게 계속 유전되고 지속되고 있습니다.

이로 보건대 인간의 살과 피는 본질에서 마귀의 성품으로 망가졌고, 육체의 의지는 거짓, 교만, 악한 욕망 등 하나님을 거스르는 온갖 종류의 악덕으로 더럽혀졌습니다. 이러한 악한 성품 때문에 우리 주 그리스도는 바리새인들을 "마귀의 자식"(요 8:44)이라 하셨으며, 제자 중 하나를 마귀에게 넘기셨습니다(요 13:2). 그리스도는 그가 본성적이고 육욕적인 사람을 얽어매는 탐욕, 거짓, 교만 등 악한 정욕 자체인 듯이 그를 마귀에게 넘기셨습니다.

그러므로 회개하지 않고 교만과 탐욕과 정욕과 질투 안에 사는 사람은 마귀 안에서 살며 마귀의 생활 습관에 사로잡힌 자입니다. 그는 자신이 원하는 대로 외면을 아름답게 꾸밀 수 있지만, 주님이 유대인들에게 말씀하신 것처럼 그의 마음에 마귀가 남아 있습니다. 이것은 매우 끔찍하지만 진리입니다.

타락한 인간의 본성은 말할 수 없이 두려운 슬픔에 사로잡혀 있지만, 개선되고 새로워질 수 있을 것입니다. 그것이 가장 혐오스러운 악으로 타락했으므로, 지고의 선이신 하나님이 그것을 개선하고 새롭게 해주셔야 했고, 그렇기 때문에 하나님이 인간이 되셔야 했습니다.

하나님의 아들이 인간이 되신 것은 하나님 자신을 위한 것이 아니라 우리를 위한 것입니다. 이는 우리가 하나님을 통하여 다시 하나님과 연합하고 지고의 선에 참여하게 하며, 우리를 다시 깨끗하고 거룩하게 하시려는 것입니다. 그것은 하나님과 함께, 하나님을 통하여 거룩해져야 합니다. 하나님께서 그리스도 안에 계신 것처럼 믿음으로 말미암아 하나님이 우리와 연합해야 하며, 우리가 하나님 안에, 하나님이 우리 안에, 즉 우리가 그리스도 안에, 그리스도가 우리 안에 거해야 합니다. 예수 그리스도가 우리의 타락한 본성을 치료하는 약이 되셔야 합니다. 그리스도께서 우리 안에 거하실수록 인간의 본성은 더 선해집니다.

내면에 그리스도가 계시면서 모든 일을 하시는 사람, 그리스도의 뜻을 품은 사람(바울이 "우리가 그리스도의 마음을 가졌느니라"[고전 2:16]고 말한 것처럼), 그리스도의 말을 하는 사람이 더 고귀한 사람일 것입니다. 진실로 우리는 이렇게 자유로워져야 합니다. 그리스도의 생명이 우리 안에서 새 생명이 되시며, 그리스도는 영 안에서 새 사람 안에 사십니다. 따라서 그리스도의 온유하심이 새 사람의 온유가 되어야 하고, 그리스도의 겸손이 새 사람의 겸손이 되어야 하며, 그리스도의 인내가 새 사람의 인내가 되어야 합니다. 그리스도의 삶이 새 사람의 삶이어야 합니다. 바울이 "그런즉 이제는 내가 사는 것이 아니요 오직 내 안에 그리스도께서 사시는 것이라"(갈 2:20)고 말한 것처럼, 이것이 우리 안에 있는 그리스도의 고귀한 삶이며 새로운 피조물입니다. 제대로 회개하는 것은 그리스도를 제대로 따르는 것입니다. 이로써 옛사람과 그의 육욕적 생활이 죽고 새로운 영적 생활이 시작됩니다. 따라서 참 그리스도인은 칭호나 이름이 아니라 행위와 진실에 따릅니다. 그는 하나님과 그리스도에게서 태어나 그리스도 안에서 새로워지고 믿음으로 말미암아 살게 된 참 하나님의 자녀입니다.

비록 지금 우리는 약하여 온전함에 이르지 못하지만, 온전함을 얻기 위해 노력해야 합니다. 우리 안에 사탄이 사는 것이 아니라 그리스도가 사시고 다스리도록 마음으로 울며 소원해야 합니다. 이를 위해 노력하며, 날마다 애통함으로써 옛사람을 죽여야 합니다. 옛사람이 죽으면 우리 안에 그리스도가 사십니다. 하나님의 영으로 말미암아 악한 본성이 제거되면 우리 안에 은혜가 자리 잡습니다. 육신이 십자가에 못 박히면 영혼이 살아납니다. 내면에서 어둠의 역사가 소멸하면, 더 많은 조명을 받습니다. 겉사람이 죽으면 속사람이 새로워집니다(고후 4:16). 내면에 있는 가식과 육적인 삶—자기애, 자기 존중, 분노, 탐욕, 정욕 등—이 죽으면, 그 안에 그리스도가 사십니다. 세상에서 안목의 정욕, 육신의 정욕, 이생의 자랑에서 떠날수록 하나님과 그리스도와 성령께서 내면에 들어와 그를 소유하십니다. 본성과 육신과 어둠과 세상이 내면을 다스릴수록, 은혜, 영, 빛, 하나님, 그리스도 등이 멀어집니다.

이러한 일이 일어나는 것은 육신에 쓰라린 십자가가 될 것입니다. 왜냐하면, 그것에 의해 육이 소멸하고 정욕과 탐심이 십자가에 못 박히기 때문입니다. 이것이 회개의 능력이요 열매입니다. 혈과 육은 자체의 정욕과 의지에 따라 자유롭고 방탕한 삶을 원합니다. 그것은 육체에는 가장 달콤하고 유쾌한 삶입니다. 그리스도의 삶은 육체와 옛사람에는 쓰라린 십자가이지만, 영적인 새사람에게는 쉬운 멍에요 가벼운 짐이며 편안한 안식입니다. 이 훌륭한 평화는 그리스도에 대한 믿음과 사랑, 온유, 겸손, 인내(막 11:29) 안에 존재합니다. 이로써 우리는 영혼의 평안을 누릴 것입니다. 그리스도를 사랑하는 사람에게는 그리스도를 위한 죽음이 최고의 기쁨입니다. 이것이 우리가 져야 하는 그리스도의 쉬운 멍에이며, 그 안에 영혼의 참 평안이 존재합니다.

그리스도의 멍에, 즉 거룩하고 고귀한 삶을 짊어지려면 마귀의 멍에, 즉 육욕적이고 방탕한 생활을 벗어버려야 하며, 육신이 영혼을 다스리지 못하게 하며, 우리 안에 있는 모든 것, 의지, 이해, 이성, 욕망, 아담에 속한 육적인 정욕 등을 그리스도의 멍에와 그의 순종 아래 두어야 합니다.

육체는 존경받고 높이 평가되는 것을 좋아합니다. 그것은 부와 평안함과 쾌락을 갖기를 원하는데, 이것들은 그리스도의 멍에 아래, 즉 그리스도가 당하신 배척과 가난과 수치 아래 두어야 합니다. 쾌락을 무가치한 것으로, 세상의 모든 높고 영광스럽고 화려하고 강력하고 아름다운 것을 버려야 합니다. 이것이 그리스도의 참 겸손이며 고귀한 삶이며 쉬운 멍에, 즉 가벼운 짐입니다. 그분은 섬김을 받으러 온 것이 아니라 섬기러 오셨으며, 우리의 죄 값으로 자신의 생명을 주셨습니다(마 20:28). 그리스도의 삶은 거룩한 가난, 외적인 배척, 최고의 고통입니다.

육에 속한 사람은 명예를 추구하며 자신을 위해 무엇인가를 소유하려 하지만, 영에 속한 사람은 그리스도 안에서 겸손을 사랑하고 자신을 위해 아무것도 바라지 않습니다. 모두가 중요한 사람이 되려고 애쓰지만, 아무것도 아닌 것이 되는 법을 배우려 하지 않습니다. 이들에게는 아담의 삶이 먼저이고, 그리스도의 삶이 그다음입니다. 겸손하시고 온유하시며 사랑이신 그리스도를 모르는 육적인 사람은 그리스도의 삶을 어리석은 것으로 생각하고, 자유로이 무언가를 추구하는 육욕적인 삶이 지혜로운 것이라고 믿습니다. 그는 눈이 멀었기 때문에 자신이 가장 좋고 유쾌한 삶을 살고 있다고 믿습니다. 그는 자신이 마귀 안에 살고 있음을 깨닫지 못합니다. 이러한 사람들은 자신의 육체적인 지혜의 거짓 빛에 속고 있으며, 그것으로 사람들을 속입니다. 영원한 참 생명의 조명을 받는 사람들은 허세, 교만, 오만, 정욕, 분노, 보복 등 육에 속한 삶의 열매를 보면, 거짓된 삶을 두려워하며 "사랑하는 하나님, 우리가 그리스도와 그의 지식, 참 회개, 참 기독교 신앙, 하나님의 참 자녀들의 열매로부터 얼마나 멀리 떨어져 있습니까!"라고 탄식할 것입니다. 그러한 죄 가운데 사는 자는 아담 안에, 옛사람 안에, 마귀 안에 사는 자입니다.

공공연하게 죄 가운데 사는 것은 마귀 안에 사는 것입니다. 그런 사람의 내면에 그리스도의 삶이 없고, 회개도 없습니다. 그는 그리스도인이 아니며 하나님의 자녀도 아닙니다. 그는 그리스도를 바비르게 이해하지 못합니다. 그리스도를 구주, 거룩하게 하시는 분, 삶의 본으로 이해하는 사람은 그분이 순수한 사랑, 온유, 인내, 겸손이심을 알아야 하며, 이 그리스도의 사랑과 온유를 소유해야 합니다. 사람이 음식의 맛과 냄새를 알아야 하듯이, 그리스도의 사랑과 온유를 소유한 사람은 마음속에 그것을 품고 음미해야 합니다. 따라서 우리는 그리스도를 우리 영혼의 삶, 능력, 위로, 안식을 발견할 수 있는 가장 귀한 음식으로 여겨야 합니다.

우리는 주님이 얼마나 은혜로우신지를 맛보고(시 34:8) 진리를 알 때 가장 높고 영원한 선을 발견합니다. 그때 그리스도의 삶이 가장 선하고 고귀하고 훌륭한 삶이라는 것, 다른 어떤 삶도 그리스도의 삶만큼 선하고

귀하고 부드럽고 편안하고 평화롭고 즐겁고 은혜롭고 영생에 가깝지 않다는 것을 알게 됩니다.

이것이 가장 좋은 삶이며, 우리에게 가장 귀한 삶입니다. 내면에 그리스도의 삶이 존재하지 않는 사람은 평화나 영원한 안식을 바르게 인식할 수 없으며, 지고의 선, 영원한 진리, 바른 평안과 기쁨, 참빛, 참사랑 등 그리스도에 속한 모든 것을 바르게 알지 못합니다. 그러므로 요한은 "사랑하는 자마다 하나님으로부터 나서 하나님을 알고 사랑하지 아니하는 자는 하나님을 알지 못하나니 이는 하나님은 사랑이심이라"(요일 4:7-8)라고 말합니다.

이로 보건대 거듭남은 하나님에게서 오며, 그 열매와 새 삶은 말이나 겉모습으로 나타나는 것이 아니라 지고하신 덕이신 하나님 안에, 즉 사랑으로 나타납니다. 우리는 창조자의 속성, 성품, 형상을 지녀야 합니다. 만약 그가 하나님에게서 나왔다면, 그에게 사랑이 있어야 합니다. 왜냐하면 하나님은 사랑이시기 때문입니다.

하나님을 아는 참 지식도 마찬가지입니다. 지식은 말이나 학문에 있는 것이 아니라 생생하고 사랑스럽고 은혜롭고 강력한 위로 안에 있는데, 그 안에서 은혜로 말미암아 마음에 하나님의 달콤함, 기쁨, 사랑스러움, 은혜로움을 맛봅니다. 이것이 하나님에 대한 산 지식인데, 이것은 마음에서 살며, 마음에서 발견됩니다. 이것이 "내 마음과 육체가 살아 계시는 하나님께 부르짖나이다"(시 84:2)라는 말씀의 뜻이며, "주의 인자하심이 생명보다 나으므로"(시 63:3)라는 말씀의 의미입니다. 이 두 시편에는 신실한 마음속에 있는 하나님의 기쁨과 달콤함이 묘사되어 있습니다. 따라서 사람이 하나님 안에 살고 하나님이 그 안에 사시며, 그는 진리 안에서 하나님을 알고 하나님이 그를 아십니다.

12

참 기독교인은 자신과 세상에 대해 죽고 그리스도 안에 살아야 한다.

"그가 모든 사람을 대신하여 죽으심은 살아 있는 자들로 하여금 다시는 그들 자신을 위하여 살지 않고 오직 그들을 대신하여 죽었다가 다시 살아나신 이를 위하여 살게 하려 함이라"(고후 5:15).

이 구절은 그리스도께서 모든 사람을 대신하여 죽으셨다고 분명하게 말하는 탁월한 위로의 말씀입니다. 또한 이것은 거룩한 삶에 대한 훌륭한 지침인데, 이는 우리 자신을 위하여 살지 말고 우리를 대신하여 죽으신 분을 위하여 살라고 말하기 때문입니다. 그렇게 살기 위해서는 먼저 세상과 우리 자신에 대해 죽어야 합니다. 그리스도 안에 살고자 하는 사람은 세상의 정욕에 대해 죽어야 하고, 자신과 악한 세상을 위해 살고자 하는 사람은 그리스도를 떠나보내야 합니다.

세 종류의 죽음이 있습니다. 첫째는 영적 죽음입니다. 이것은 날마다 자신에 대해서, 즉 육적인 정욕, 탐심, 교만, 쾌락, 분노 등에 대해 죽는 것입니다. 둘째는 자연적인 죽음입니다. 셋째는 영원한 죽음입니다.

바울은 빌립보서 1장 21절에서 자연적인 죽음에 관하여 "내게 사는 것이 그리스도니 죽는 것도 유익함이라"라고 말합니다. 이것은 그리스도인이 자연적인 죽음을 경험할 때 그리스도가 생명이 되시며 죽음이 승리라는 것, 즉 그가 더 좋은 생명과 부, 육체적인 생명 대신에 영원한 생명을 받는데, 그것이 그의 승리라는 것을 가리킵니다.

이 구절이 죄에 대한 영적 죽음을 언급한다고 할 수 있습니다. 그리스도의 소유가 된 영혼, 즉 겸손과 온유함을 따르는 영혼이 복됩니다. 대부분 사람은 내면에 마귀의 삶을 가지고 있으며, 탐심과 교만과 쾌락과 분노와 사악한 마귀, 즉 마귀의 삶 전체가 그들의 삶이 됩니다.

그러므로 당신 안에 누가 살고 있는지 살펴보십시오. 마음으로 "내세에만 아니라 지금도 그리스도는 나의 생명이다"라고 말할 수 있는 사람은 복 있는 자입니다. 만약 교만, 탐심, 쾌락, 분노, 증오가 당신 안에서 죽는다면, 그리고 당신이 자신과 세상에 대해 죽는다면, 세상에서 사는 동안 그리스도가 당신의 생명이 될 것이며, 죽는 것이 유익할 것입니다. 이로 말미암아 그리스도가 당신 안에 거하신다면 큰 유익입니다! 세상에 대해 죽을수록 그리스도가 더 당신 안에 거하시게 되는데, 이것이 큰 유익이 아닙니까? 기회가 있을 때 그리스도가 당신 안에 거하실 수 있도록 사십시오. 그러면 당신은 영원히 그분과 함께 살 것입니다.

이 세상의 욕망이 있는 곳에 평화와 안식이 있을 수 없습니다. 그것에 대해 그리스도 앞에서 완전히 죽어야 그리스도 안에 살 수 있습니다. 이는 늙은 사라에게서 잘 나타나는데, 그녀는 노년에 여성적인 욕망이 죽었을 때 임신하여 "웃는 자"라는 뜻의 아들 이삭을 낳았습니다. 그녀는 육체를 죽인 후에 자유인의 아들을 낳았습니다(창 18:12). 이처럼 당신 안에서 세상의 욕망이 죽지 않으면, 당신은 영의 기쁨을 잉태할 수 없고 낳을 수 없습니다.

아브라함도 이것의 전형적인 예입니다. 그는 고향을 떠난 후에 비로소 그리스도의 약속과 할례를 받았습니다. 이처럼 마음으로 세상에 집착하는 사람은 마음속에서 그리스도를 발견하거나 맛볼 수 없습니다.

헤롯이 죽은 직후에 그리스도는 유다로 돌아오셨습니다(마 2:19-20). 여우 헤롯이 세상의 정욕과 함께 당신의 마음에 있는 한 그리스도는 오시지 않을 것입니다. 그가 당신의 마음속에서 죽으면 그리스도가 오실 것입니다. 아담이 당신의 내면을 다스리면 그리스도가 당신의 내면에 살 수 없습니다. 바울은 갈라디아서 2장 20절에서 "이제는 내가 사는 것이 아니요 오직 내 안에 그리스도께서 사시는 것이라"라고 말합니다.

만일 당신이 과거의 자신을 버린다면, 다시 말해서 당신의 내면에서 죄가 죽는다면(롬 6:1-18), 당신은 진정으로 죽은 것입니다. "만일 우리가 성령으로 살면 또한 성령으로 행할지니"(갈 5:25; 롬 8:13 참조), 만일 우리가 믿음으로 영 안에서 찬양한다면, 그 영의 열매를 보여야 합니다.

사무엘상 15장 8절을 보면 하나님이 아말렉 사람의 왕 아각를 죽이라고 명령하셨음에도 불구하고 사울은 그를 사로잡았습니다. 마찬가지로 많은 사람은 마땅히 죽여야 할 욕망을 은밀히 숨깁니다. 정욕을 숨기는 것으로는 충분하지 않으며 완전히 죽여야 합니다. 그렇지 않으면 사울처럼 천국, 즉 영생에서 쫓겨날 것입니다. 성경의 역사와 비유는 모두 우리가 거룩한 삶으로 본받아야 할 그리스도를 가리킵니다. 본성에 관한 가장 위대한 책 성경은 하나님과 그의 사랑을 증언합니다.

많은 사람은 겨울에는 잎이 없지만 봄이면 싹을 내는 겨울나무와 같습니다. 그들은 불행이라는 추운 겨울이 오면 악한 정욕을 버리지만, 날씨가 따뜻해지면 더 악한 방법으로 악한 정욕을 따릅니다. 그들은 위선자입니다. 그러나 그리스도인은 좋을 때나 나쁠 때나 항상 경건하며, 행복할 때나 불행할 때나, 흥하나 망하거나, 궁핍하거나 부유하거나 하나님을 사랑합니다.

열왕기상 20장 42절에 아합에 관한 기사가 있습니다. 하나님은 시리아 왕을 그의 수중에 두사 그를 감옥에 가두게 하셨습니다. 이것은 하나님은 모든 원수보다 강하시며 하나님을 대적하여 죄를 범하는 자들을 정복하신다는 것을 가리킵니다. 전쟁이 벌어지자 아합은 그를 형제라고 부르고 놓아 주었습니다. 그때 선지자가 아합에게 와서 "내가 멸하기로 작정한 사람을 네 손으로 놓았은즉 네 목숨은 그의 목숨을 대신하고"라고 말했습니다. 마찬가지로 많은 사람은 악한 정욕을 형제라고 부르며 살려줍니다. 마땅히 그것을 죽여야 하지만 그렇게 하지 않으므로, 그것들 대신에 자기 목숨을 내놓아야 합니다.

육을 죽이지 않으면 우리 안에 영적인 것, 참된 기도와 묵상이 있을 수 없습니다. 그러므로 출애굽기 19장 20절에서 하나님은 어떤 동물도 거룩한 시내 산 가까이에 오지 못할 것이며, 오면 죽임을 당할 것이라고 명하셨습니다. 이처럼 하나님의 거룩한 산에 가까이 가서 하나님의 말씀을 묵상하고 기도하기를 원한다면 동물적인 정욕을 죽여야 합니다. 그렇지 않으면 영원히 죽을 것입니다.

창세기 32장 28절에서 야곱은 천사와 싸우면서 하나님의 얼굴을 보았으므로 하나님 혹은 하나님의 사자와 싸웠다는 뜻에서 이스라엘이라는 이름을 얻었습니다. 그는 그 장소를 "브니엘," 즉 하나님의 얼굴이라 불렀습니다. 하나님의 사자인 이스라엘이 되려 한다면, 그리고 하나님의 현존인 브니엘에 가기를 원한다면, 먼저 성령으로 말미암아 자신의 악한 정욕을 정복하고 승리하는 자, 야곱이 되어야 합니다.

창세기 29장 17-25절에서 야곱은 아름다운 라헬을 아내로 원했지만 먼저 레아를 택해야 했습니다. 레아는 육체적으로 못생겼고, 라헬은 아름다웠습니다. 그러므로 우리가 아름다운 라헬을 원한다면, 그리고 우리 영혼이 야곱의 아내, 즉 그리스도의 아내가 되기를 원한다면 먼저 레아를 취해야 합니다. 즉 우리 자신을 기뻐하지 말고, 못난 자기를 미워하고 부인해야 합니다. 아름답고 예쁜 라헬을 원한 야곱과 같은 사람들이 많습니다! 자신은 하나님이 기뻐하시는 라헬 같은 기독교인으로 생활하고 있다고 생각하지만 실은 그것은 못난 레아라는 사실입니다. 하나님이 보시기에 그들의 삶은 성숙하지 못하고 보기 싫은 것에 불과합니다. 만약 당신 자신이 아버지의 집에서 가장 무가치했던 레아로 보인다면, 우선 겸손과 온유와 인내를 배우십시오. 그러면 당신은 아름다운 라헬이 될 것입니다.

야곱이 라헬을 매우 사랑했으므로 그녀를 아내로 얻기 위해 충성스럽게 7년 동안 봉사했습니다. 이처럼 주 그리스도께서도 당신을 위해 이 땅에서 33년 동안 당신의 영혼을 섬기시면서 어려운 일을 감당하셨는데, 이는 야곱이 말한 대로 "내가 이 이십 년을 외삼촌과 함께하였거니와…낮에는 더위와 밤에는 추위를 무릅쓰고 눈 붙일 겨를도 없이 지냈나이다"(창 31:38-40)라고 고백하는 것과 같습니다. 마태복음 20장 28절에서 "인자가 온 것은 섬김을 받으려 함이 아니라 도리어 섬기려 하고 자기 목숨을 많은 사람의 대속물로 주려 함이니라"라고 말씀하신 대로 주 그리스도께서도 당신을 섬기셨습니다. 그러므로 그리스도를 사랑하고, 그의 원수인 세상을 부인해야 하지 않겠습니까?

13

그리스도의 사랑과 장래의 영원한 영광을 얻으려면 자기 자신과 세상에 대해 죽어야 한다.

"우리 주 예수 그리스도의 은혜를 너희가 알거니와 부요하신 이로서 너희를 위하여 가난하게 되심은 그의 가난함으로 말미암아 너희를 부요하게 하려 하심이라"(고후 8:9).

우리는 그리스도를 위하여 우리 자신과 죄와 세상에 대해 죽어야 하며, 선을 행하고, 경건하고 거룩하게 살아야 합니다. 그러나 그리스도께서 우리를 위해 모든 것을 이루어 놓으셨으므로, 그러한 삶으로써 무엇을 얻으려 하지 말며, 그리스도께서 우리를 위해 죽으셨으므로 그분을 향한 순수한 사랑에서 행해야 합니다.

말로만 그리스도를 사랑하지 말고 행위와 진리로 사랑하십시오. 그분을 사랑한다면 그분의 말씀을 지키십시오(요 14:23; 요일 3:3). 마태복음 11장 30절에서 주님은 "내 멍에는 쉽고 내 짐은 가벼움이라"라고 말씀하십니다. 진실로 그리스도를 사랑하는 자에게는 선을 행하는 것이 기쁨이며 즐거움입니다. 사랑은 모든 것을 쉽게 만듭니다. 그리스도를 제대로 사랑하지 않는 사람은 매사에 망설이고 마지못해 행하므로 선을 행하는 것이 어렵습니다. 그리스도를 진심으로 사랑하는 자에게는 그리스도를 위해 죽는 것이 기쁨입니다(빌 1:29).

히브리서 11장 24~26절에 기록된 모세의 예에 주목하십시오: "믿음으로 모세는 장성하여 바로의 공주의 아들이라 칭함 받기를 거절하고 도리어 하나님의 백성과 함께 고난받기를 잠시 죄악의 낙을 누리는 것보다 더 좋아하고 그리스도를 위하여 받는 수모를 애굽의 모든 보화보다 더 큰 재물로 여겼으니 이는 상 주심을 바라봄이라."

다니엘의 예를 보십시오(단 1:8). 바벨론의 왕은 포로된 자들 중에서 다니엘과 그의 친구들을 뽑아서 그를 섬기게 하면서 왕의 음식을 먹고 왕의 포도주를 마시게 하는 등 왕을 섬기는 훈련을 받았습니다. 다니엘과 친구들은 왕의 음식으로 자기를 더럽히지 않겠다고 마음을 먹고 환관장에게 채소를 먹고 물을 마시게 해달라고 부탁했습니다. 이것은 지혜를 사랑하는 마음에서 나온 행동이었고, 결국 지혜가 위로부터 그들의 영혼에 임했습니다. 이처럼 영원한 지혜이신 그리스도가 우리 영혼에 임하시게 하려면 비싼 음식, 즉 육체의 쾌락을 말살해야 합니다. 절제하면서 채소를 먹고 물을 마셨기 때문에 아름다워진 젊은이들처럼 우리가 죄를 버리고 죄를 끊고 정욕을 버린다면 영혼이 하나님 앞에 아름다워지고 신성한 성품에 참여하는 자가 될 것입니다(벧후 1:4).

사도 바울은 "그리스도로 말미암아 세상이 나를 대하여 십자가에 못 박히고 내가 또한 세상을 대하여 그러하니라"(갈 6:14)라고, 즉 나는 세상에 대하여 죽고, 세상은 내 안에서 죽었다고 말합니다. 그리스도인은 세상에 있으나 세상에 속한 자가 아니며, 세상에 살고 있으나 세상을 사랑하지 않습니다. 세상의 위엄, 명예, 겉치레, 안목의 정욕, 육체의 정욕, 이생의 자랑이 그리스도인에게는 죽은 것들이며, 관심을 둘 필요가 없는 그림자일 뿐입니다. 따라서 그리스도인에게 있어서 세상은 십자가에 못 박혀 죽고, 그리스도인들은 세상에 대해 십자가에 못 박혀 죽습니다. 즉 그들은 세상의 명예, 부, 정욕, 기쁨 등을 바라지 않습니다.

세상의 명예와 부와 쾌락을 원하지 않도록 하나님께서 은혜를 주시는 마음이 거룩한 마음입니다. 그러므로 신자는 더는 세상의 명예와 부와 쾌락을 원하지 않도록 이 은혜를 달라고 매일 기도해야 합니다.

지혜로운 왕 솔로몬은 "내가 두 가지 일을 주께 구하였사오니 내가 죽기 전에 내게 거절하지 마시옵소서 곧 헛된 것과 거짓말을 내게서 멀리하옵시며 나를 가난하게도 마옵시고 부하게도 마옵시고 오직 필요한 양식으로 나를 먹이시옵소서"라고 말했습니다(잠 30:7-8). 그리스도인은 이렇게 기도해야 합니다: "내가 두 가지 일을 구하오니, 나 자신과 세상에 대해 죽게 하소서." 이 두 가지가 없는 사람은 참 기독교인이 될 수 없으며, 위선자로서 주님에게서 "내가 너희를 도무지 알지 못하니"(마 7:23, 25:12)라는 말을 들을 수밖에 없습니다.

하늘나라를 유업으로 받기 위해서 자기 자신과 세상에 대해 죽고 자신에게서 세상을 몰아내는 것은 육체에게 쓰라린 십자가입니다. 그러나 영과 그리스도 사랑은 모든 것을 정복합니다. 그래서 그것이 영혼에 쉬운 멍에요 가벼운 짐이 됩니다. 세상은 세상에 대해 죽은 사람을 미워하지만, 하나님은 그를 사랑하십니다. 왜냐하면, 세상을 미워하는 것이 그리스도와의 사귐이 되고, 세상과 사귀는 것이 하나님과의 원수가 되기 때문입니다. 세상의 친구가 되려는 자는 하나님의 원수가 될 것입니다(약 4:4; 요 15:18).

이 세상은 살아 있는 것을 포용하고 죽은 것과 죽어가는 것을 내던지는 바다와 같습니다. 그래서 세상에 대해 죽은 사람은 세상에서 버림받아 내던진 바 되고, 영광과 허영과 겉치레의 삶을 사는 사람은 세상의 자녀가 됩니다.

한마디로 마음에서 교만, 탐심, 정욕, 분노, 복수욕을 죽인 자는 세상에 대해 죽고 세상도 그에 대해 죽었으므로, 그는 그리스도 안에 살고 그리스도는 그 안에 살기 시작합니다. 그리스도는 그러한 사람을 인정하십니다. 그렇지 않은 자들에게 그리스도는 "나는 너를 알지 못하노니 이는 네가 나를 알지 못하는 까닭이라 네가 삶에서 나를 부끄러워했으니, 즉 나의 겸손, 온유, 인내를 부끄러워했으니 나도 너를 부끄러워하노라"(막 8:38 참조)라고 말씀하십니다. 이 세상에서 그리스도와 함께 살지 않는 자는 내세에 영원히 그와 함께 살지 못할 것입니다. 현세에서 그리스도가 내면에 거하지 않으면, 내세에서도 그 사람 안에 거하지 않으실 것입니다. 현세에서 그리스도의 삶을 소유하지 않은 자는 내세에서 복을 받지 못할 것입니다.

현세에서 당신이 그리스도와 마귀 중 누구를 닮았으며 누구의 삶과 일치하는지 살펴보십시오. 현세에서 당신이 누구를 닮았든지 그것은 죽은 후에도 영원히 지속할 것입니다.

자기 자신에 대해 죽은 사람은 세상에 대해서 쉽게 죽을 수 있습니다. 세상에 대해 죽는다는 것은 요한일서 2장 15절에 기록된 대로 세상 및 그 안에 있는 것을 사랑하지 않는 것입니다. 마음으로 세상에 대해 죽은 자에게 세상이란 무엇입니까? 세상을 사랑하는 자는 삼손이 들릴라에게 당한 것처럼(삿 16:6) 쉽게 세상에 정복될 것이며, 세상이 야기하는 모든 것을 감수해야 합니다.

이처럼 세상 사랑은 옛 피조물의 것이며 거듭난 사람의 것이 아닙니다. 세상은 명예, 부, 쾌락, 육체의 정욕, 안목의 정욕, 옛사람이 기뻐하는 이생의 자랑 외에 다른 것을 소유하지 않습니다. 그러나 거듭난 사람은 그리스도 안에서만 기쁨을 찾습니다. 그리스도가 그의 명예요 재산이며 기쁨입니다.

그리스도로 말미암아 새로워진 하나님의 형상은 우리가 추구해야 할 최고의 장식이요 명예입니다. 타울러는 "사랑의 하나님께서 당신에게 타락한 피조물보다 더 큰 기쁨을 주실 수 없겠습니까?"라고 말했습니다.

하나님의 말씀은 인간이 세상을 위해 창조된 것이 아니라 세상이 인간을 위해 창조되었다고 말합니다. 인간은 고귀한 삶을 위해 창조되었습니다. 그는 비싼 음식을 먹고 마시는 것, 부자가 되는 것, 토지와 목장, 위엄, 화려한 옷, 금과 은 등 잠시 있다가 없어지는 것을 위해서 창조된 것이 아니며, 동물적인 눈으로 볼 수 없는 것 이상을 알 수 없고 바랄 수 없으며, 정욕, 우상숭배, 쾌락을 누릴 수 있는 이 땅의 상속자나 소유자로 창조된 것도 아닙니다. 인간은 이런 것을 위해 창조되지 않았으므로 이 세상 안에 머물지 말고 세상에서 나가야 합니다. 비록 우리가 세상에서 부유하게 태어났어도 죽음은 우리를 그 부와 함께 멀리 쫓아낼 것이며, 아무것도 갖지 못하게 할 것입니다.

이것은 우리가 현세를 위해 창조되지 않았다는 것, 그리고 이 세상은 우리의 피조의 주된 목적이 아니며 우리가 이 세상에 머물지 않아야 한다는 것을 보여주는 분명하고 좋은 예입니다. 그렇다면 하나님이 우리를 창조하신 더 영광스러운 목적이 있을 것입니다. 이에 대하여 우리 존재의 근원인 하나님과 우리를 새롭게 하신 그리스도 안에서 입어야 하는 하나님의 형상이 증언합니다. 즉 우리가 궁극적으로 하나님의 나라와 영생을 위해 창조되었으며, 그 일을 위해 그리스도를 통해 구원받고 성령으로 거듭났음을 증언합니다.

인간의 영혼은 온 세상보다도 더 고귀하고 좋은 것임에도 불구하고 마음이 이 세상에 집착하며 무상한 것으로 그 귀한 영혼을 짓눌러야 하겠습니까? 인간은 그리스도 안에서 하나님의 형상을 입고 있으므로 피조물 중에 가장 고귀합니다. 그러므로 이미 말한 대로 인간이 세상을 위해 창조된 것이 아니라 세상이 인간을 위해 창조되었습니다. 이는 그가 그리스도 안에서 하나님의 형상을 갖고 있는데, 이 형상이 너무도 고귀하여 세상의 어떤 재물로도 영혼을 존재하게 하거나 하나님의 형상을 소생시킬 수 없기 때문입니다. 이런 까닭에 인간 안에서 부패하고 죽어가는 하나님의 형상을 성령을 통해 새롭게 하여 영원한 하나님의 집과 거처로 만들기 위해 그리스도께서 죽으셔야 했습니다.

그리스도께서 영혼을 위해 귀한 대가를 지불하셨는데, 한 줌의 금과 은, 이 세상의 부귀와 명예, 정욕 때문에 그 영혼을 포기해야 합니까? 그런 경우 이것은 진흙 속의 진주이며, 돼지 앞에 던진 진주입니다(마 7:6). 이것이 주님이 "사람이 만일 온 천하를 얻고도 제 목숨을 잃으면 무엇이 유익하리요"(마 16:26)라고 하신 말씀의 의미입니다. 영혼은 불멸하고 세상은 무상하므로, 세상은 그 모든 영광으로도 한 사람의 영혼을 구원할 수 없습니다.

14

참 기독교인은 그리스도를 본받아 세상을 멸시하고 세상의 삶을 미워해야 한다.

"무릇 내게 오는 자가 자기 부모와 처자와 형제와 자매와 더욱이 자기 목숨까지 미워하지 아니하면 능히 내 제자가 되지 못하고"(눅 14:26).

"자기의 생명을 사랑하는 자는 잃어버릴 것이요 이 세상에서 자기의 생명을 미워하는 자는 영생하도록 보전하리라"(요 12:25).

사람이 자기를 미워하려면 먼저 자기를 사랑하지 말아야 합니다. 둘째로 날마다 죄에 대해 죽어야 하며, 셋째로 날마다 자기 자신, 즉 육과 싸워야 합니다.

첫째, 세상에서 자기를 사랑하는 것보다 인간의 거룩함에 해로운 것이 없습니다. 자기를 사랑한다는 것은 본성적인 사랑이나 자기 보호를 말하는 것이 아니라, 육욕적이고 무절제한 사랑과 이기주의를 말합니다. 하나님 외에는 사랑할 것이 없습니다. 사람이 자기를 사랑하는 것은 자신을 하나님으로 만드는 것이며, 스스로 하나님이 되는 것입니다. 사람이 사랑하는 것, 마음에 두고 집착하는 것이 그를 사로잡아 노예로 삼고 고귀한 자유를 강탈합니다. 우리에게는 세상의 것을 사랑하는 만큼의 하인과 교도관이 있습니다. 우리의 사랑이 순수하고 깨끗하고 순진하며 하나님을 향해 있다면, 우리는 어떤 올가미에도 걸리지 않고 자유를 보존할 것입니다. 하나님의 사랑을 가리는 것을 추구하지 말아야 합니다. 하나님을 온전히 소유하려면, 자기를 완전히 포기해야 합니다.

자기를 사랑하고 거기서 쾌락을 누리는 만큼 많은 슬픔과 두려움과 불안이 따를 것입니다. 그러나 하나님을 사랑하여 거기서 즐거움을 누리고 자기를 온전히 하나님께 드리면, 하나님이 우리에게 관심을 두실 것이며, 두려움과 슬픔을 당하지 않게 하실 것입니다. 모든 일에 자기를 사랑하고 이익과 존경과 명예를 추구하는 사람에게 평화가 없습니다. 그는 언제나 자기를 대적하는 것을 발견할 것이며, 그래서 늘 불안할 것입니다. 그러므로 자신의 이익, 존경, 명예 등을 지향하는 것은 좋지 않습니다. 그러나 그것이 우리를 부끄럽게 하며 하나님의 사랑을 방해하는 악의 뿌리를 뽑는다면, 우리에게 유익할 것입니다.

이익, 존경, 명예 등은 모두 세상에서 사라지겠지만 하나님의 사랑은 영원합니다. 자아와 무상한 것에 대한 사랑에서 생기는 평안과 안식은 오래 가지 못할 것입니다. 아주 사소한 것이 이 평화를 깨뜨릴 수 있습니다. 그러나 마음이 하나님과 그의 사랑 안에서 안식하면, 거기에 영원한 평화가 있습니다. 하나님께로 나지 않은 것은 헛된 것이므로 사라져야 합니다. 그러므로 "모든 것을 버리라. 그러면 믿음으로 모든 것을 발견하게 될 것이다"라는 간단한 원칙에 주목하십시오. 자기 자신이나 세상을 사랑하는 자는 하나님을 발견하지 못합니다.

무절제한 자기애는 하나님께로 난 것이 아닌 세속적인 것입니다. 자기애는 하늘의 지혜를 저해합니다. 왜냐하면, 참된 하늘의 지혜는 자기를 높이지 않으며, 땅에서 영광을 받으려 하지 않기 때문입니다. 그러므로 그것은 보잘것없고 작고 거의 잊혀 있습니다. 그것에 관해 많이 전파되지만, 이 귀한 진주는 삶에서 멀리 떨어져 있기 때문에 많은 사람에게 감추어져 있습니다. 이것을 소유하려면 인간의 지혜와 자기의 쾌락과 무절제한 자기애를 버려야 합니다. 이렇게 할 때 교만하고 세상적인 인간의 지혜 대신에 하늘의 지혜를 얻을 수 있습니다. 세상의 눈으로 볼 때 보잘것없지만 그것은 하늘에 속한 것이며 영원한 것입니다.

자기를 미워하지 않는 사람은 하나님을 사랑할 수 없습니다. 다시 말해서 자신과 죄 속에서 즐거움을 찾지 말아야 하고, 자기의 뜻을 제쳐두고 억제해야 합니다. 하나님을 사랑할수록 자기의 악한 의지와 감정을 미워하며, 육신을 그 정욕과 욕망과 함께 십자가에 못 박습니다. 성령의 능력으로 자신과 자기애에서 떠날수록 믿음으로 하나님과 그의 사랑 안에 깊이 들어갑니다. 외적인 것에 대한 욕망을 버림으로써 내면의 평화가 오듯이, 내면적으로 모든 것에서 떠나고 마음이 피조물이 아닌 하나님께 매달리는 사람은 하나님께 갑니다.

자기를 부인하려는 자는 자신과 자기의 뜻을 따르지 않고 그리스도를 따라야 합니다. 주님은 "내가 곧 길이요 진리요 생명이니"(요 14:6)라고 말씀하십니다. 길이 없으면 여행할 수 없고, 진리가 없으면 알 수 없으며, 생명 없으면 살 수 없습니다. 주님은 우리가 걸어가야 할 길이요, 믿어야 하는 진리이며, 소망을 두고 살아야 하는 생명이십니다. 주님은 사라지지 않는 길이요, 속이지 않는 진리이며, 끝나지 않는 생명이십니다. 주님은 자신의 공로로 영생으로 인도하는 바른 길이요, 주님의 말씀은 지고한 진리이며, 죽음의 권세 안에 있는 영생입니다. 우리가 이 길에 머물려 한다면, 진리가 우리를 영생으로 인도해 주어야 합니다. 잘못된 길로 가지 않으려면, 주님을 따르십시오. 진리를 알고자 한다면, 주님을 믿으십시오. 영생을 소유하고자 한다면, 주님의 죽음에서 위로를 받으십시오.

이 확실하고 바른 길, 속이지 않는 진리, 가장 고귀하고 좋은 생명은 무엇입니까? 길은 거룩하고 귀한 그리스도의 공로이며, 진리는 그리스도의 영원한 말씀이며, 생명은 영원한 복입니다. 천국에 가기를 원한다면 그리스도를 믿으며 이 땅에 사는 동안 그분을 본받아 겸손해야 합니다. 이것이 길입니다. 이 세상에 속지 않으려면, 믿음으로 주님의 말씀을 붙들고 주님의 거룩한 생활을 따라야 합니다. 이것이 진리입니다. 그리스도와 함께 살려 한다면, 주님과 함께, 주님 안에서, 주님을 통하여 죄에 대해 죽고 새로운 피조물이 되어야 합니다. 이것이 생명입니다. 그래서 그리스도는 그의 공로와 본보기에서 길이요 진리요 생명이십니다.

사도 바울은 "사랑을 받는 자녀같이 너희는 하나님을 본받는 자가 되고"(엡 5:1)라고 말합니다. 우리의 삶이 그리스도의 삶을 닮기 위해 온 힘을 다해야 합니다. 그리스도의 이름만 가진 거짓 그리스도인이 다른 것을 제시하더라도, 우리에게는 그리스도의 본으로 충분합니다. 우리 주 예수님이 슬픔과 불행 속에서 사셨으므로, 기독교인은 쾌락과 기쁨 속에 사는 것을 부끄러워해야 합니다. 지도자가 자신의 쾌락을 망각하지 않는 한, 참 용사는 자신의 지도자가 죽기까지 싸우는 것을 볼 수 없습니다. 군주가 치욕을 당하는데 군사가 명예를 추구한다면, 이는 그가 군주의 휘하에 있지 않다는 표시가 아니겠습니까?

우리 모두가 그리스도인이 되기를 원하지만, 그리스도의 삶을 따르는 사람은 매우 드뭅니다. 부와 헛된 영광을 따르는 것이 좋은 그리스도인을 만든다면, 그리스도는 그것이 영원한 선에 유익하다고 생각하라고 명령하지 않으셨을 것입니다. 그의 삶과 가르침을 보십시오. 그러면 이 타락한 세상과 얼마나 다른지 알게 될 것입니다. 주님의 구유, 외양간, 강보 등은 이 세상에서 멸시하는 것을 반영합니다. 그리스도는 본을 보임으로써 우리를 그릇된 길로 인도하기 위해 오신 것이 아닙니다. 그분은 본과 가르침으로 우리를 바른 길로 인도하기 위해 오셨습니다. 그러므로 "나는 길이요 진리"라고 말씀하셨습니다.

그리스도가 모욕과 고난을 통해 영광에 이르기로 작정하셨으므로, 영광과 큰 허영을 통해서는 지옥으로 가는 길을 택하게 됩니다. 그러므로 영광과 허영은 지옥으로 인도할 것입니다. 그러므로 넓은 길을 버리고, 잘못될 수 없는 길을 걸으십시오. 속임이 없는 진리를 따르고, 생명이신 그리스도 안에서 사십시오. 이 길이 진리이며, 이 진리가 생명입니다. 가련한 벌레가 세상에서 위대해지려고 했고, 영광의 주님은 세상에서 작아지셨으니, 이 얼마나 터무니없는 일입니까! 신실한 영혼이여, 당신의 신랑, 하늘의 이삭이 당신 발 앞에 엎드리시는데 당신은 나귀를 타고 앉아있다면 참으로 부끄러운 일일 것입니다. 낙타를 타고 있던 리브가는 신랑 이삭이 오는 것을 보고서 얼굴을 가리고 재빨리 낙타에서 내려 그의 발 앞에 엎드렸습니다(창 24:64). 우리가 마음의 낙타에서 내려 겸손하게 신랑에게 걸어간다면, 그는 우리를 사랑할 것이며 기뻐하며 우리를 취하실 것입니다.

"너는 너의 고향과 친척과 아버지의 집을 떠나 내가 네게 보여 줄 땅으로 가라"(창 12:1). 자기애와 자기 본위의 음탕한 집을 떠나십시오. 자기애가 판단력을 흐리게 하고, 이성을 가리고, 이해력을 어둡게 하고, 의지를 잘못된 길로 인도하고, 양심을 더럽게 하고, 생명의 문을 닫습니다. 그것은 하나님과 이웃을 모르고, 덕을 버리고, 명예와 부와 쾌락을 추구하며, 세상을 천국보다 더 사랑합니다. "자기의 생명을 사랑하는 자는 잃어버릴 것이요"(요 12:25). 자기 생명을 잃어버리는 자, 곧 자기애를 부인하는 자는 영생에 이를 것입니다. 무절제한 자기애가 회개하지 않음과 영원한 타락의 뿌리입니다. 자기애와 자기존중이 가득한 사람은 겸손하지 않으며 죄에 관한 지식이 없습니다. 그러므로 이러한 자들은 눈물로 구해도 죄사함을 받을 수 없습니다. 그들은 자기에게만 관심을 두며, 하나님을 괴롭게 한 일보다 자기의 곤경 때문에 괴로워하고 슬퍼합니다. 하나님이 슬퍼하셨기 때문이 아니라 자신의 곤경 때문에 눈물을 흘립니다.

마태복음 13장 45~46절에 "또 천국은 마치 좋은 진주를 구하는 장사와 같으니 극히 값진 진주 하나를 발견하매 가서 자기의 소유를 다 팔아 그 진주를 사느니라"라고 기록되어 있습니다. 사람이 값진 진주, 곧 하나님과 영생을 원한다면, 마음에 있는 모든 것과 자기 자신을 버려야 합니다. 자기를 구하거나 사랑하거나 높이지 않고 우리를 찾기 위해 하늘에서 내려오신 주 그리스도를 보십시오. 왜 우리를 위해 자기를 버리고 자신을 주신 그분만을 구하지 않습니까?

의로운 신부는 신랑 외에 다른 사람을 기쁘게 하려 하지 않습니다. 그리스도의 신부인 당신은 왜 세상을 기쁘게 하려 합니까? 영혼은 세상에서 그리스도 외에는 아무것도 사랑하지 않는 그리스도의 깨끗한 신부입니다. 그러므로 세상의 모든 것을 무가치하게 여기며 마음으로 무시하는 사람은 신랑의 사랑을 받을 자격이 있을 것입니다. 그리스도만 사랑하고 그분만 생각하지 않는 사랑은 깨끗한 동정녀의 사랑이 아니라 음란한 사랑입니다. 그리스도의 사랑은 깨끗한 동정녀의 사랑입니다.

모세의 율법은 제사장이 처녀를 아내로 삼아야 한다고 말합니다(레 21:14). 그리스도는 그분만 사랑하는 동정의 영혼을 취하실 참 대제사장이십니다. 자기 자신도 사랑하지 말아야 합니다. 이는 주님이 "무릇 내게 오는 자가…자기 목숨까지 미워하지 아니하면…누구든지 자기 십자가를 지고 나를 따르지 않는 자도 능히 내 제자가 되지 못하리라"(눅 14:26-27)고 하셨기 때문입니다.

자기를 미워하는 것이 무엇을 의미하는지 생각해 봅시다. 우리는 늘 곁에 옛사람과 함께 다니고 있으며, 우리 자신이 옛사람입니다. 옛사람의 활동과 본성은 죄를 범하고, 자기를 사랑하고, 자기의 유익과 명예를 추구하고, 육체의 쾌락을 추구합니다. 혈과 육은 자체의 악한 성품을 버리지 않으며, 그 자체를 사랑하고 존중하고 존경하며 매사에 자신을 추구합니다. 그것은 쉽게 성내고 시기하고 분노하며 저주하며 복수하려 합니다. 우리는 이 모든 것을 행하고, 우리 자신이 이 모든 것입니다. 이것이 우리 마음에서 나오고, 이것이 우리의 삶, 즉 옛사람의 삶입니다. 그러므로 그리스도의 제자가 되기를 원한다면, 우리 자신, 곧 자신의 삶을 미워해야 합니다. 자기를 사랑하는 자는 자신의 악덕, 교만, 탐심, 분노, 미움, 질투, 거짓말, 사기, 불의, 악한 정욕 등을 사랑합니다. 이것들을 사랑하거나 옹호하거나 변명해서도 용서하지 말아야 합니다. 그리스도인이 되려한다면 이것들을 미워하고 배척하고, 그것들에 대해 죽어야 합니다.

15

날마다 옛사람은 죽고
새사람이 되어야 한다.

"아무든지 나를 따라오려거든 자기를 부인하고 날마다 제 십자가를 지고 나를 따를 것이니라"(눅 9:23).

사도 바울은 에베소서 4장 22~24절과 고린도전서 6장 19~20절에서 옛사람과 새사람에 관해 언급합니다. 옛사람은 교만, 탐심, 육체의 정욕, 불의, 분노, 증오, 미움, 질투 등입니다. 새사람이 생겨나고 날마다 새로워지려면, 진정한 기독교인 안에서 이것들이 죽어야 합니다.

옛사람이 죽으면 새사람이 살 것입니다. 교만이 죽으면 하나님의 영을 통하여 겸손이 깨어날 것입니다. 분노가 죽으면 그 자리에 온유가 심어질 것입니다. 탐심이 죽으면 하나님에 대한 신뢰가 내면에서 성장할 것입니다. 세상 사랑이 내면에서 죽으면 그 대신에 하나님의 사랑이 일어날 것입니다. 이것이 내적인 새 사람과 그 지체들입니다. 이것이 성령의 열매요, 살아서 역사하는 믿음입니다. 이것이 우리 안에 거하시는 그리스도이시며 그의 고귀한 생명이고, 이것이 새로운 순종이고, 그리스도의 새 계명이며, 새로운 내적 탄생의 열매이며, 우리가 하나님의 자녀가 되기를 원한다면 그 안에서 살아야 합니다.

결론적으로 우리는 자기를 부인해야 합니다. 즉 자기의 명예, 자기 의지, 자기애와 쾌락, 자기 유익, 자존감 등을 버려야 하며, 매사에 자신의 권리를 포기하고 자신을 무가치하게 여기며 자기의 목숨도 포기해야 합니다. 내면에 그리스도의 겸손을 품은 참 기독교인은 위로부터 오는 모든 것을 은혜로 소유하므로, 그것에 대해 전혀 권리가 없다는 것을 압니다. 그러므로 그는 자신의 유익과 존경과 영예를 위해서나 쾌락을 위해서 물건을 사용하는 것이 아니라 오로지 필요한 것을 위해서만 두려워하고 떨면서 사용합니다.

자기를 부인하는 참 기독교인과 무절제한 사랑에 사로잡힌 거짓 그리스도인을 비교해 보십시오. 거짓 그리스도인은 누구에게서 거절당하면 모욕감으로 괴로워할 것이며, 짜증이나 화를 낼 것이며, 저주와 중상모략할 것이며, 말과 행위와 맹세로써 자신을 옹호할 것입니다. 이것이 돼지 같은 옛사람입니다. 그는 쉽게 화를 내고, 적대시하며, 복수하려 합니다. 반면에 자기를 부인하는 사람은 온유하고 인내하며 보복하기를 포기합니다. 그는 모든 책임이 자신에게 있으므로 고난받는 것이 마땅하다고 생각합니다. 다시 말해서 자기를 부인합니다.

주 예수님은 인내하시며 온유하고 겸손하게 우리 앞에 걸어가셨습니다. 주님은 자기를 부인하셨습니다(마 8:20; 눅 22:27; 9:58; 시 22:7). 다윗은 시므이가 저주할 때 자기를 부인하고 "그에게 명령하신 것이니"(삼하 16:11)라고 말했습니다. 그는 "너는 하나님 앞에서 불쌍한 벌레라 이 모든 일을 당하기에 합당하다"라고 자신에게 말하고 싶었을 것입니다. 이처럼 성인들과 선지자들은 자기를 부인했고, 사람에게 일어날 수 있는 선한 것을 받을 자격이 없다고 생각하고서 모든 것을 참아냈습니다. 자신을 저주하는 사람을 멀리서 축복했고, 누가 자신을 핍박하면 그로 인해 하나님께 감사했으며(행 5:40-41 참조), 자신을 죽이는 사람을 위해 기도했습니다(행 7:59 참조). 이처럼 그들은 많은 환란을 통해 하나님의 나라에 들어갔습니다.

자기를 부인하려면 좋은 것이든지 나쁜 것이든지 자기에게 발생하는 일에 관심을 두지 말아야 하며, 자기에게 임하는 모든 고난을 받기에 합당하다고 생각해야 합니다.

자기 부인은 주님이 누가복음 9장 23절에서 "아무든지 나를 따라오려거든 자기를 부인하고 날마다 제 십자가를 지고 나를 따를 것이니라"라고 말씀하신 대로 우리가 짊어져야 하는 그리스도의 십자가입니다. 이것은 육체에는 쓰라린 십자가입니다. 왜냐하면, 육체는 그리스도의 겸손과 온유와 인내 안에 살며 그리스도의 삶을 자기의 것으로 취해야 함에도 자기가 원하는 대로 방탕하고 정욕을 따라 살려 하기 때문입니다. 이러한 그리스도의 삶이 육체에는 고달픈 십자가이며, 또 옛사람이 죽어야 하므로 그것은 죽음을 의미합니다.

참 기독교인 안에서는 아담에게서 잉태된 모든 것이 죽어야 합니다. 그리스도의 겸손을 자기의 것으로 취하려면 교만을 죽여야 합니다. 그리스도의 가난을 자기 것으로 삼으려면 탐심을 죽여야 합니다. 그리스도의 모욕을 짊어지려면, 명예를 추구하는 태도를 죽여야 합니다. 그리스도의 온유를 취하려면 복수심을 죽여야 합니다. 그리스도의 인내를 품으려면 분노를 죽여야 합니다.

　이것이 자기를 부인하고 자기 십자가를 지고 그리스도를 따르는 것입니다. 자기의 공로, 상급, 이익, 칭찬, 명예를 위해서가 아니라 그리스도의 사랑을 이렇게 행해야 합니다. 왜냐하면, 이것이 주님의 고귀한 삶이며, 주님이 그렇게 행하셨고 우리에게 주님을 따라오라고 명령하셨기 때문입니다. 이것이 우리의 가장 큰 영광인바 그리스도와 우리 안에 있는 하나님의 형상입니다. 우리는 이 형상을 소유해야 하며, 간절히 사모해야 합니다.

　왜 인간은 이 세상의 영광을 추구하며, 그 때문에 다른 사람들과 똑같이 됩니까? 이것은 우리가 태어나는 순간과 죽는 순간에 증명됩니다. 세상에서 가장 위대한 사람도 가난한 자와 같은 몸과 육신과 피를 가지고 있습니다. 모두가 똑같습니다. 모두가 떡같이 태어나고 죽습니다. 그렇지만 명예 추구가 우리를 괴롭힙니다. 모두가 자기애를 추구하는데, 우리는 자신을 미워해야 하므로 이것이 금지됩니다.

　자기를 사랑하는 사람, 즉 자기의 쾌락을 추구하는 사람은 교만하고 오만하며, 명예와 칭찬을 추구하며, 자기의 영혼을 하나님과 그리스도로부터 돌이켜 자기 자신과 세상을 향하게 합니다. 이제 그리스도가 오셔서 "거룩해지기를 원한다면 자기를 미워하고 부인하며, 자기를 사랑하지 말라. 그렇지 않으면 네 영혼을 잃을 것이다. 옛 아담은 이렇게 행하지 않고 항상 이 세상에서 중요한 것이 되려 한다"라고 말씀하실 것입니다.

　아담의 성품을 이해하고 그것에 저항하려는 사람은 매우 드뭅니다. 우리가 그것을 지니고 태어났고 그것과 함께 태어났으므로, 우리는 그것에 대해 죽어야 합니다. 우리 중에 이렇게 행하는 사람은 매우 드뭅니다. 아담에게서 물려받은 것은 그리스도 안에서 죽어야 합니다. 그리스도의 겸손 안에서 우리의 교만이 죽어야 합니다. 그리스도의 가난 안에서 우리의 탐욕이 죽어야 합니다. 죽음의 고통 안에서 우리의 정욕이 죽어야 합니다. 그리스도를 향한 모욕 안에서 우리의 명예가 죽어야 합니다. 그리스도의 인내 안에서 우리의 분노가 죽어야 합니다.

자기 자신에 대해 죽은 사람은 쉽게 세상에 대해 죽을 수 있고, 세상의 부와 영광을 무시할 수 있습니다. 그래서 세상의 명예와 부와 쾌락을 바라지 않고, 하나님 안에서 부와 영화와 기쁨을 누립니다. 하나님이 그의 영광이요 부와 즐거움이십니다. 그는 세상에서 이방인이요 나그네입니다. 그는 하나님의 손님이며, 하나님이 그의 마음에 즐거운 안식을 주시며, 영적인 기쁨이 넘치게 하시며, 그와 함께 기쁨의 안식을 누리실 것입니다.

16

참 기독교인에게는 항상
영과 육의 싸움이 있다.

"내 지체 속에서 한 다른 법이 내 마음의 법과 싸워 내 지체 속에 있는 죄의 법으로 나를 사로잡는 것을 보는도다"(롬 7:23).

참 기독교인 안에는 두 사람이 있습니다. 하나는 속사람이고, 또 하나는 겉사람입니다. 이 두 사람은 같이 살고 있지만 서로 대적합니다. 고린도후서 4장 16절에서 사도 바울이 말한 대로 겉사람이 살아서 지배할 때 속사람은 죽습니다. 속사람이 살아있을 때 겉사람이 죽습니다.

바울은 로마서 7장 23절에서 이 두 사람을 지체 속에 있는 죄의 법과 마음의 법으로 언급하고, 갈라디아서 5장 17절에서는 육과 영이라고 표현합니다.

영이 승리할 때 사람은 그리스도와 하나님 안에 살고, 영적인 사람이라고 불리며, 새로운 삶을 살게 됩니다. 육이 승리하면 그 사람은 마귀 안에 살며, 옛사람의 삶을 살며, 하나님의 나라에 속하지 않으며, 육적인 사람이라고 불립니다. 육신에 속한 생각은 죽음입니다(롬 8:6). 성경은 무엇의 지배를 받는가에 따라 육적인 사람, 또는 영적인 사람이라고 부릅니다.

이 싸움에서 악한 정욕을 정복하는 것은 속사람의 영의 능력입니다. 믿음과 마음이 약하면 이런 일이 일어날 수 없습니다. 왜냐하면, 고린도후서 4장 13절에 "우리가 같은 믿음의 마음을 가졌으니 우리도 믿었으므로 또한 말하노라"라고 기록된 것처럼 믿음과 마음은 같은 것이기 때문입니다.

"노하기를 더디 하는 자는 용사보다 낫고 자기의 마음을 다스리는 자는 성을 빼앗는 자보다 나으니라"(잠 16:32)라는 말씀같이 자기 자신과 악한 욕심을 정복한 사람이 원수를 정복하는 사람보다 더 강합니다. 큰 승리를 원한다면 자기를 정복하고, 자신의 분노와 교만과 탐심과 악한 욕심을 정복하십시오. 그리하면 사탄의 나라를 정복할 것입니다. 왜냐하면, 사탄은 이 모든 악덕으로 그의 왕국을 건설하기 때문입니다. 성을 정복하는 일을 도왔지만 자신을 정복하지 못한 용사가 많습니다.

악이나 육체에 집착하는 것은 자기 영혼을 파괴하는 것입니다. 그러나 영혼이 정복하여 몸을 보존하는 것이 몸이 정복하여 몸과 영혼이 함께 망하는 것보다 낫습니다. 그래서 주님은 "자기의 생명을 사랑하는 자는 잃어버릴 것이요 이 세상에서 자기의 생명을 미워하는 자는 영생하도록 보전하리라"(요 12:25)고 말씀하십니다.

이것은 어려운 싸움이지만, 영광스러운 승리와 아름다운 면류관을 가져다줍니다. "죽도록 충성하라 그리하면 내가 생명의 관을 네게 주리라"(계 2:10). 우리의 믿음은 세상을 정복하는 승리입니다. 세상은 우리 마음속에 있습니다. 자신을 정복하십시오. 그리하면 세상을 정복한 것입니다.

어떤 사람은 다음과 같이 말할 것입니다: "그러는 동안 죄가 다시 나의 뜻을 정복한다면 어찌해야 합니까? 그렇다면 나는 다시 저주 아래 있게 되고, 요한이 '죄를 짓는 자는 마귀에게 속하나니 마귀는 처음부터 범죄함이라 하나님의 아들이 나타나신 것은 마귀의 일을 멸하려 하심이라'(요일 3:8)라고 기록한 바와 같이 하나님의 자녀가 되지 못합니까?" 이에 대한 대답은 다음과 같습니다: 만약 당신이 내면에서 영과 육의 싸움을 발견한다면, 그리고 바울이 말한 대로 가끔 원하지 않는 것을 행한다면, 그것은 신실한 마음의 증언입니다. 왜냐하면 영과 믿음이 육을 대적하여 싸우기 때문입니다. 바울은 로마서 7장 23절에서 경건하고 신실한 자에게도 그러한 싸움이 있다고 가르칩니다. 그는 "오호라 나는 곤고한 사람이로다 이 사망의 몸에서 누가 나를 건져내랴"(롬 7:24)라고, 다시 말하면 "이처럼 심하게 나를 괴롭히는 죄와 죽음의 몸에서 누가 나를 건져내랴"라고 탄식했습니다. 주님은 "마음에는 원이로되 육신이 약하도다"(마 26:41; 막 14:38)라고 말씀하십니다.

이 싸움이 계속되는 한 죄가 사람 안에서 다스리지 못합니다. 사람이 대적하는 것이 그 사람을 다스릴 수 없습니다. 영이 대항하여 싸우기 때문에 죄가 사람 안에서 다스리지 않는다면, 그것이 사람을 저주하지 못합니다. 바울(롬 7:18)과 요한(요 1:8)은 모든 사람에게 죄가 있다고 했습니다. 내면에 거하는 죄가 정죄하는 것이 아니라 다스리는 죄가 정죄합니다. 사람이 죄를 대적하며, 자원해서 죄를 범하지 않는 한 그것이 죄로 여겨지지 않습니다. 바울은 로마서 8장 1~2절에서 "그러므로 이제 그리스도 예수 안에 있는 자에게는 결코 정죄함이 없나니 이는 그리스도 예수 안에 있는 생명의 성령의 법이 죄와 사망의 법에서 너를 해방하였음이라(즉 육체가 다스리는 것을 허락하지 않음이라)"라고 말합니다. 내면에 이러한 싸움이 없는 사람, 그러한 싸움을 느끼지 못하는 사람, 거듭나지 않은 사람은 죄의 다스림을 받는 사람이요, 죄에 정복된 사람이요, 죄와 사탄의 노예가 된 사람이므로 내면에서 죄가 다스리는 것을 허락하는 한 정죄 됩니다.

하나님은 약속된 땅에 살고 있지만 그 땅을 다스리지 못하게 하신 가나안 족속의 이미지(*typum*)을 통하여 이것을 묘사해 주셨습니다. 하나님은 가나안 족속이 이스라엘의 지배 아래 살게 하셨고(수 16:1), 이스라엘을 지배하지 못하게 하셨습니다. 그 땅에 체류한 가나안 족속이 아닌 이스라엘이 주인이었습니다. 마찬가지로 죄가 성도들 속에 남아 있지만, 다스리지는 못합니다. 이스라엘, 하나님의 용사(창 32:34)라고 불리는 새사람이 다스려야 하고, 옛사람은 죽어야 합니다.

이것은 옛사람을 대적하여 끊임없는 싸워야 한다는 것을 새 사람에게 보여주고, 그를 강하게 하며, 확인해 줍니다. 영의 힘과 승리가 참 이스라엘, 새사람입니다. 싸우는 자는 그리스도인입니다. 싸워서 가나안 땅을 탈취해야 합니다. 혹시 가나안 사람들이 잠시 힘을 얻고 육체가 지배하고 통치하더라도, 새 사람은 그들의 지배와 죄 아래 오래 머물지 말고 가나안 사람이 오래 지배하는 것을 허락하지 말아야 합니다. 새 사람은 그리스도 안에서 하나님의 은혜와 참 회개와 죄 사함을 통해 힘을 얻어 다시 일어나며, 그 민족의 지도자인 참 여호수아가 그를 강하게 하고 승리하게 해야 합니다. 그때 이전의 잘못이 덮어지고 잊히고 용서되며, 그는 다시 새로워지고 그리스도 안에서 다시 세워질 것입니다. 만일 우리가 여전히 육체의 약함을 느끼며, 간절히 원하는 것을 행할 수 없다면, 회개하는 사람에게 그리스도의 공로가 회개하는 사람에게 주어지듯이 우리의 것이 될 것이며, 그의 완전한 순종으로 우리의 죄가 덮입니다. 이때 그리스도의 공로가 우리에게 전가됩니다. 따라서 그리스도 공로가 회개하는 자에게 지불됩니다. 내면에서 죄가 자유롭게 다스하며 정욕이 자유롭게 육신을 섬기는 것을 허락하는 자는 경건하지 못하며 회개하지 않는 자입니다. 그리스도의 공로가 그에게 전가되지 않으며 소용이 없습니다. 그리스도의 보혈을 짓밟는 자에게 그것이 무슨 소용이 있겠습니까(히 10:29)?

17

그리스도인의 유산과 재물은
손님처럼 사용해야 한다.

"우리가 세상에 아무것도 가지고 온 것이 없으매 또한 아무것도 가지고 가지 못하리니 우리가 먹을 것과 입을 것이 있은즉 족한 줄로 알 것이니라"(딤전 6:7-8).

하나님께서 지으시고 인간에게 주신 이 세상 것들은 육신이 사용하기 위한 것입니다. 우리는 그것들을 사용해야 하며, 감사하면서 두렵고 떨림으로 하나님으로부터 모든 것을 받아야 합니다. 만약 금과 은, 먹을 것과 마실 것, 입을 것 등이 넘치도록 많다면, 그것은 사람이 그것을 어떻게 사용하는지, 그것으로 무엇을 하려는지, 하나님을 붙들고 보이지 않는 신령한 것만 바라보며 하나님 안에서 즐거워하는지, 아니면 하나님을 떠나 현세의 정욕과 세상에 매달는지, 하늘의 낙원보다 세상의 낙원을 더 사랑하는지 시험하시기 위해 주신 것입니다.

그러므로 현세의 것과 관련하여 하나님은 인간에게 자유의지를 주셨고, 부와 귀한 은사와 명예와 인기 등을 통하여 그가 하나님을 의지하는지, 그것들 때문에 하나님께 등을 돌리는지, 하나님 안에서 사는지 하나님 없이 사는지, 하나님과 함께하는지 아니면 하나님을 대적하는지를 시험하십니다. 인간은 자신의 선택에 따라서 심판받을 것이며, 모세가 신명기 30장 19절에서 지적하는 대로 변명할 수 없을 것입니다.

그러므로 이 세상의 모든 것은 쾌락과 즐거움을 위해서 우리 앞에 있는 것이 아닙니다. 그것들은 금지된 나무의 열매인 마음의 쾌락과 기쁨이 있는 이 세상을 받아들이려고 가치 있는 것을 버리는지 시험하기 위해 우리 앞에 있습니다. 지금 온 세상은 현세의 것에서 즐거움을 구하며, 값비싼 음식과 마실 것과 의복 및 대부분 사람을 하나님에게서 멀어지게 하는 세상의 즐거움으로 육신을 만족시키고 있습니다.

그리스도인은 자신이 세상에서 순례자이며 하나님의 손님임을 기억하며, 현세의 쾌락을 위해서가 아니라 필요에 따라 물건을 사용해야 합니다. 세상이 아닌 하나님만이 우리의 기쁨과 즐거움이 되어야 합니다. 그렇지 않으면, 우리는 죄를 짓고, 악한 정욕으로 말미암아 하와와 함께 날마다 금지된 나무의 열매를 먹을 것입니다. 그리스도인은 세상의 음식에 욕망을 두지 않으며, 내면의 눈은 영원한 음식을 향해 있습니다. 그리스도인은 세상의 옷을 뽐내지 않고, 하나님의 영광과 자신의 영화된 육신의 옷을 바라봅니다. 그리스도인에게는 이 세상의 모든 것이 십자가요 시험이며, 악으로 이끄는 매력적인 요소이고, 독이요 쓸개입니다. 사람의 내면에서 정욕을 불러일으키며, 하나님을 경외하지 않고 육체를 만족하게 하는 것은 비록 육체에는 약 같고 선한 것처럼 보여도 영혼에 독입니다. 그러나 아무도 금지된 나무와 그 열매를 알려 하지 않을 것입니다. 각 사람은 금지된 육체의 정욕, 즉 금지된 나무를 갈망하며 붙듭니다.

우리가 참 기독교인이며, 손님으로서 조심스럽게 모든 것을 사용하고, 먹고 마시는 것, 의복, 집 또는 현세의 것을 사용하는데 그 집의 가장이신 하나님을 노엽게 하지 않고 동료 손님을 소홀히 대접하지 않는다면, 우리는 거짓된 행위로부터 자신을 보호하며, 믿음으로 항상 영원한 것을 바라보며, 진정한 재물이 있는 보이지 않는 곳을 바라보는 것입니다. 육신이 오랫동안 이 세상의 정욕으로 행하다가 나중에 벌레에게 먹힌다면, 무엇이 육신에 도움이 되겠습니까? "내가 모태에서 알몸으로 나왔사온즉 또한 알몸이 그리로 돌아가올지라"(욥 1:21)고 말한 욥을 생각하여 보십시오. 우리는 궁핍하고 벌거벗고 약하고 헛된 육신만 가지고 세상에 태어나며, 이 세상을 떠날 때 아무것도 가져갈 수 없습니다. 육신과 생명을 두고 떠나야 합니다. 우리가 가지고 갈 것은 아무것도 없습니다.

우리가 세상에 태어나서 죽을 때까지 가지고 있는 것, 먹고 마시고 입는 것과 거처할 곳은 모두 "자비와 고통의 빵"(*pains misericordiae et doloris*), 육신을 위해 필요한 것입니다. 우리는 죽을 때 모든 것을 두고 떠나야 하며, 세상에 올 때보다도 더 가난하게 떠납니다. 사람은 세상에 태어날 때보다 죽을 때 더 가난합니다. 그는 몸과 생명을 가지고 세상에 태어나며, 지붕과 음식과 처소를 가집니다. 그러나 죽을 때는 이것들뿐만 아니라 몸과 생명도 두고 떠나야 합니다. 죽을 때 사람보다 불쌍한 것이 무엇이 있겠습니까? 그러나 만약 그가 하나님 안에서 부유하다면, 어찌 그가 불쌍한 피조물이겠습니까?

우리는 지금 나그네요 손님이며, 현세의 것은 썩어질 몸을 보존할 뿐인데, 어찌하여 그것들로 우리의 불쌍한 영혼을 짓누릅니까? 죽은 후에는 이것들이 아무 소용이 없습니다. 세상에 두고 떠나야 함에도 썩어질 육체를 위해 많은 재물을 모으는 것은 참으로 어리석은 일입니다(눅 12:20~21). 썩어질 몸이나 불쌍하고 무상한 생명보다 더 좋은 세상, 더 좋은 몸, 생명이 있음을 알지 못합니까? 당신은 거류민이요 동거하는 자로서 하나님과 함께 있다는 것을 알지 못합니까(레 25:23)?

주님은 우리가 손님이요 나그네라고 말씀하시므로, 우리의 고향은 이 세상이 아닌 다른 곳입니다. 이것은 시간과 영원, 보이는 세상과 보이지 않는 세상, 세상 거처와 하늘의 거처, 필멸의 삶과 불멸의 삶, 사라질 것과 사라지지 않을 것, 일시적인 것과 영원한 것 등을 생각해 보면 그것을 분명히 알 수 있습니다. 이 상반되는 것을 생각해 보면 우리 영혼이 조명을 받을 것이며, 그러한 시각이 없는 사람들이 알지 못하는 많은 것을 믿음으로 알게 될 것입니다. 그들은 자신을 세상의 오물로 채우고, 그 안에서 춤추며, 세상의 슬픔과 탐욕과 이익 추구에 몰두합니다. 그들은 현세의 일에는 현명하지만, 영혼에 관해서는 눈먼 자들입니다. 그들은 이 세상의 것보다 더 값지고 좋은 기쁨이나 더 좋은 인생길이 없다고 생각합니다. 그러나 참 기독교인에게 이 세상은 유배지요, 눈물의 베일이며, 어두운 무덤이며 깊은 감옥입니다.

그러므로 이 세상을 사랑하고 그 안에 낙원을 소유하는 자들은 짐승의 이해를 넘지 못합니다. 그들은 짐승 같이 깨닫지 못하며(시 49:20), 속사람의 눈이 멀었으며, 천상의 생각을 갖지 못하며, 하나님으로 즐거워할 줄 모르고, 세상의 오물만 기뻐합니다. 그들은 이런 것을 가질 때 행복합니다. 그들은 눈이 먼 불쌍한 사람들입니다. 그들은 어둠과 죽음의 그늘에 앉으며(눅 1:79), 영원한 어둠에 들어갑니다.

　우리가 이 세상에서 객이요 이방인임을 깨달으려면 그리스도의 본을 보고 그의 삶과 가르침을 따라야 합니다. 주님은 그리스도인들이 닮기를 원해야 하는 지도자이시며 모범이시며 형상이십니다. 그리스도의 삶과 가르침을 보십시오. 그리고 그분이 세상에서 가장 고귀한 분이셨음을 주목하십시오. 그러나 그분의 삶은 어떠했습니까? 순전한 가난, 세상의 명예와 자랑과 재물의 포기가 아닙니까? 세상은 삼위 하나님 대신에 이 세 가지를 소유합니다. 주님은 "인자는 머리 둘 곳이 없다"(마 8:20)라고 말씀하셨습니다.

　다윗은 왕이 되기 전에 가난했고 멸시와 박해를 받았습니다. 그는 왕이 된 후 왕의 명예와 가치를 영생의 기쁨만큼 귀하게 여기지 않았습니다. 그는 시편 84편 2절에서 "내 영혼이 여호와의 궁정을 사모하여 쇠약함이여 내 마음과 육체가 살아 계시는 하나님께 부르짖나이다"라고 외칩니다. 욥도 대속자를 의지하면서 비슷하게 행동했습니다(욥 19:25).

　베드로, 바울 등 모든 사도의 예를 보십시오. 그들은 재물과 부귀를 찾되 이 세상에서 찾지 않고 장차 올 세상에서 찾았습니다. 그들은 그리스도의 고귀한 삶을 취하여 그분의 사랑과 겸손과 온유와 인내로 변화되었습니다. 이 세상은 그들을 배척했습니다. 그들은 자신을 저주하는 사람을 축복했고, 모욕하는 사람에게 감사했고, 핍박을 받을 때 하나님을 섬겼으며, 매 맞을 때 인내하고 참으며 "우리가 하나님의 나라에 들어가려면 많은 환난을 겪어야 할 것이라"(행 14:22)고 말했으며, 누가 자기를 죽이려 할 때 "주여 이 죄를 그들에게 돌리지 마옵소서"(행 7:60)라고 기도했습니다. 이처럼 그들은 분노, 보복, 비통, 오만, 교만, 세상 사랑과 자기의 생명 사랑 등에 대해 죽은 자들이며, 그리스도의 사랑, 온유, 인내, 겸손 안에 살았습니다. 그들은 진정으로 그리스도 안에서 살아났으며, 그러한 삶을 살았습니다.

이 세상의 자녀들은 그리스도의 고귀한 삶에 대해 많이 알지 못합니다. 그들은 죄 속에서 죽고, 분노, 증오, 질투, 탐욕, 고리대금, 교만, 복수욕 등 안에서 죽습니다. 이러한 상태에 머물면서 회개하지 않는 한 결코 그리스도 안에서 살 수 없습니다. 그러나 진정한 기독교인들은 구속자의 발자취를 따라야 함을 알며(벧전 2:21), 그분의 삶이 본이요 그리스도가 그들의 교과서임을 압니다. 그들은 그리스도로부터 그의 삶과 가르침을 배웁니다. 그리스도의 삶이 모든 것을 가르칠 수 있기 때문입니다(고후 4:18; 히 13:14; *omnia nos Christi vita docere potest*).

우리는 이 세상에 거처가 없는 손님이요 이방인이므로 이 세상을 위해 피조된 것이 아닙니다. 그러므로 이 세상은 우리의 참 고향이 아니고 재산도 아닙니다. 우리는 육신과 생명이라는 두 세상을 잃어버림으로써 얻을 수 있는 더 좋고 고귀한 땅을 알고 있습니다. 그러므로 그리스도인은 자신이 그리스도 안에서 부유할 수 있으며 영생을 얻도록 지음 받았음을 아는 지식으로 즐거워합니다. 이 세상의 어리석은 자들은 불쌍하게 눈이 멀었으며, 현세의 것 때문에 자기 영혼을 짓누르며 결국 그것을 잃어버립니다.

18

하나님은 현세의 것을 영원한 것 앞에 둘 때 하나님은 진노하신다.

"여호와의 불을 그들 중에 붙여서 진영 끝을 사르게 하시매"(민 11:1).

이스라엘 자손은 모세에게 "우리가 애굽에 있을 때에는 값없이 생선과 오이와 참외와 부추와 파와 마늘들을 먹은 것이 생각나거늘…이 모든 백성에게 줄 고기를 내가 어디서 얻으리이까"(민 11:5, 13)라고 불평했습니다.

이 사건은 복음서에서와같이 세상적이고 육적인 것만을 추구하는 사람들, 거룩해지기보다는 부유해지기 위해 부와 명예와 쾌락을 추구하는 사람들, 하나님의 영광보다 사람의 영광을 더 사랑하는 자들(요 12:43), 영혼의 가난과 비천함보다 육체의 정욕을 추구하는 자들을 묘사합니다. 참 기독교인을 알아보는 시험은 육신보다 영혼을 위해 더 슬퍼하는 것, 현세의 영광보다 장래의 영예와 영광을 바라보는 것, 사라질 유형의 것보다 보이지 않는 영원한 것을 바라보는 것, 영혼이 살기 위해 육을 억제하고 십자가에 못 박는 것 등입니다.

한마디로 그리스도를 따르는 것이 기독교 신앙입니다. 어거스틴은 "존경하는 분을 따르는 것이 종교이다"(Summa religionist est, imitari eum, quem colis)라고 말했습니다. 플라톤은 본성에 비추어 사물을 이해하고서 "인간의 완성은 하나님을 닮는 데 있다"(Perfectio hominis consistit in imitatio Dei)라고 말했습니다. 그래서 우리 주 그리스도는 우리의 거울이시며 평생의 안내자이십니다. 그래서 우리의 마음과 생각과 정신이 어떻게 주님께 갈 수 있는지, 어떻게 주님을 통해 거룩해지는지, 어떻게 주님과 함께 영원히 살면서 기쁨으로 자신의 종말을 기다릴 것인지 등의 질문을 향할 수 있습니다.

우리는 모든 일, 직업, 행동, 소명 등을 믿음과 사랑으로, 그리고 영생에 소망을 두고 행해야 하며, 인간이 모든 일에 영생과 영원한 복을 잊지 않았음을 분명히 보여야 합니다.

하나님을 경외함으로 말미암아 인간의 내면에서 영원한 것을 향한 거룩한 열망이 자라나며, 현세의 것에 만족을 모르는 갈망이 억제됩니다. 따라서 사도 바울은 골로새서 3장 17절에서 "또 무엇을 하든지 말에나 일에나 다 주 예수의 이름으로 하고 그를 힘입어 하나님 아버지께 감사하라"고 가르칩니다.

하나님의 이름은 하나님의 영광, 찬송, 경의, 찬양이라고 불립니다. "하나님이여 주의 이름과 같이 찬송도 땅끝까지 미쳤으며"(시 48:10). 만일 우리의 모든 행동과 삶이 이것을 향한다면, 그것은 영생을 향한 것이요 하나님 안에서 행한 것이며(요 3:21), 죽은 후에 우리를 따라옵니다(계 14:13).

한마디로 우리가 하나님과 영생을 잃지 않으려면 매사에 지고(至高)의 선이며 영생이신 하나님을 추구해야 합니다. 바울은 탐심에 관해 경고하면서 "너 하나님의 사람아 이것들을 피하고"(딤전 6:11)라고 가르칩니다. 그는 그리스도인을 하나님의 사람이라고 말하는데, 이는 그가 하나님에게 나서, 하나님을 따라 하나님 안에 살며, 하나님의 자녀요 상속자이기 때문입니다. 세상을 사랑하고 세상에 속해 살고, 세상의 재물로 배를 채우는 자(시 17:14)는 세상 사람입니다. 그리스도인은 이것들을 피하고, 믿음과 사랑을 추구하며, 부르심을 받은 영생을 잡아야 합니다.

이렇게 행하지 않는 것은 하나님께서 영원한 지옥의 불로 벌하실 큰 죄가 됩니다. 역사가 그 예를 제공합니다. 이스라엘 자손이 배를 채우려 했을 때, 하나님의 진노가 그들에게 임하여 그 진영을 멸하셨습니다(민 11:1ff.). 그것은 기적의 불이요 복수의 불이었고, 하나님의 진노와 격노였습니다.

우리는 불이든 물이든지 전쟁이든지 굶주림이든지 전염병이든지 그러한 형벌을 볼 때, 그것이 인간이 영원한 것을 망각한 채 현세의 것을 추구하고, 영원한 것보다 현세의 것을 우위에 두며, 가장 크게 감사하지 않으며 하나님을 배반하는 일인 바 영혼보다 육신에 더 관심을 둔 데서 기인하는 하나님의 진노로 보아야 합니다. 이로 인하여 그는 현세에서, 그리고 영원히 형벌을 받습니다. 그러므로 우리의 영혼과 육체를 지으신 영원하시고 전능하신 하나님을 우리가 우상으로 삼은 약한 피조물보다 낮은 자리에 두는 것이 가장 큰 배은망덕이 아닌지 깊이 생각해 보아야 합니다. 창조주보다 피조물을 더 사랑하고, 영원한 것보다 무상한 것에 더 집착하는 것이 하나님에게 가장 큰 모욕이 아니겠습니까?

하나님은 우리에게 필요한 것을 충족시키기 위해 모든 피조물과 현세의 것들을 지으셨고, 우리가 사랑으로 그것에 집착하게 하려는 것이 아니라 현세의 피조물 안에서 하나님을 알고 추구하며, 우리의 사랑과 마음으로 창조주를 의지하게 하려 하셨습니다. 즉 피조물은 하나님의 발자취요, 우리를 하나님께로 인도하는 하나님의 표적입니다. 그러므로 그것에 집착하지 않아야 합니다.

하나님이 존재하시지 않는 세상을 사랑하는 데서 결과적으로 무엇이 나오겠습니까? 소돔과 고모라의 예가 보여주듯이(창 19:24) 불과 지옥일 것입니다. 하나님은 그들에게 불을 보내셨는데, 그 불은 영원한 불과 저주의 거울이었습니다.

하나님이 창조하신 모든 피조물은 선합니다. 그러나 만일 사람의 마음이 그것에 집착해서 우상으로 삼는다면, 그것은 하나님의 저주 아래 있게 되고, 금이나 은으로 만든 우상처럼 하나님 앞에 가증한 것이 됩니다. 금과 은은 선한 것이지만, 그것에 집착하는 데 포함된 가증함이 그것들을 저주가 되게 하며, 여기에서 영원한 불과 영원한 고통이 초래됩니다.

한마디로 그리스도인은 마음, 사랑, 즐거움, 부, 명예 등을 영원한 것에 두어야 합니다. 거기에 영생이 따라오는데, 이는 "네 보물 있는 그곳에는 네 마음도 있기"(마 6:21) 때문입니다. 이 세상의 사랑과 쾌락에서는 영원한 저주 외에 다른 것이 나올 수 없습니다. 세상도 가고 세상의 정욕도 다 지나가지만, 하나님의 뜻대로 사는 사람은 영원히 살 것입니다(요일 2:17). 그러므로 요한은 요한일서 2장 15절에서 "이 세상이나 세상에 있는 것들을 사랑하지 말라 누구든지 세상을 사랑하면 아버지의 사랑이 그 안에 있지 아니하니"라고 말합니다. 그는 하나님은 우리가 피조물을 사랑하지 않

기를 원하신다고 가르치십니다. 그 이유는 다음과 같습니다:

(1) 사랑은 인간의 마음 전체이며 가장 고상한 힘이기 때문입니다. 사랑은 가장 높고 고귀하신 하나님께만 드려야 합니다.

(2) 사랑으로 우리에게 보답하지 못하는 것을 사랑하는 것이 가장 어리석은 일이기 때문입니다. 일시적이고 약하고 죽은 것은 우리를 사랑할 수 없으므로, 그것을 사랑하는 것은 무익합니다. 더욱이 우리는 피조물보다 하나님을 마음을 다해 사랑해야 합니다. 왜냐하면, 하나님은 우리를 지극히 사랑하셔서 영생하도록 지으시고 대속하시고 거룩하게 하셨기 때문입니다.

(3) 사람이 자기와 닮은 것을 사랑하는 것은 자연스러운 일이기 때문입니다. 그래서 하나님은 우리가 하나님과 이웃을 사랑하게 하려고 그의 형상과 모양대로 우리를 창조하셨습니다.

(4) 우리의 영혼은 밀랍 같습니다. 그것은 사람이 그 위에 찍은 형상을 보유합니다. 그래서 사람은 거울로 보듯이 영혼 안에서 하나님의 형상을 보아야 합니다. 사람이 지향하는 것은 그의 내면에서 보일 것입니다. 거울을 하늘로 향하게 하십시오. 그러면 하늘이 보일 것입니다. 거울을 땅을 향하게 하면 땅이 보일 것입니다. 그러므로 영혼은 그것이 향하는 것의 형상을 보일 것입니다.

(5) 족장 야곱은 이방 땅 메소포타미아에 있을 때 부인들을 얻기 위해 14년, 그의 수고의 대가를 얻기 위해 6년, 모두 20년 동안 봉사했습니다. 그러나 그는 마음으로는 항상 고향에 돌아가려 계획했고, 결국 그렇게 했습니다. 따라서 비록 지금은 우리가 직업과 소명에서는 이 땅에 살아야

하지만, 마음은 항상 영원한 하늘의 본향을 향해야 합니다.

(6) 좋은 것이든지 나쁜 것이든지 사람이 가진 것은 모두 그가 사랑하는 것으로부터 받은 것이기 때문입니다. 만약 그가 하나님을 사랑한다면, 하나님으로부터 모든 덕과 선을 받으며, 세상을 사랑한다면 세상으로부터 모든 악덕과 악을 받습니다.

(7) 느부갓네살 왕은 세상을 무척 사랑했습니다. 그는 사람의 형상을 잃고 짐승으로 변했습니다(단 4:33). 그는 그것을 잃어버렸거나, 내면에 비인간적인 모양을 가지고 있었음에 틀림이 없습니다. 그러므로 마음으로 세상을 지나치게 사랑하는 사람은 하나님의 형상을 잃고, 내적으로 개, 사자, 곰, 가축 등이 됩니다.

(8) 한마디로 사람의 마음에 품고 있는 것이 밖으로 나타나며, 그것이 하나님이든지 세상이든지 그것에 매달릴 것입니다. 그가 세상에 집착한다면, 이러한 예가 보여주듯이 불이 임할 것입니다.

19

마음이 가난한 자가
하나님의 사랑을 많이 받은 자이다.

"무릇 마음이 가난하고 심령에 통회하며 내 말을 듣고 떠는 자 그 사람은 내가 돌보려니와"(사 66:2).

이 구절은 은혜와 자비의 하나님께서 자비로운 출현으로 우리의 상한 마음을 위로하시려고 선지자를 통해서 하신 말씀입니다. 하나님이 우리에게 자비를 베푸시려면, 우리는 마음이 불행해야 하며, 자신을 하나님이나 인간의 위로를 받을 자격이 없고 무가치한 자로 여기고 믿음으로 그리스도만 바라보아야 합니다.

자신을 중요하게 여기는 사람은 마음이 가난하지 않으며 하나님을 바라보지 않습니다. 그러므로 바울은 갈라디아서 6장 3절에서 "만일 누가 아무것도 되지 못하고 된 줄로 생각하면 스스로 속임이라"라고 말합니다. 이는 하나님만이 모든 것이 되시기 때문입니다. 하나님을 아는 법을 배우려면, 그분만이 모든 것이 되심을 알아야 할 뿐만 아니라 마음으로 그 사실을 믿고 실천해야 합니다.

하나님이 모든 것이 되심을 행동으로 보이려 한다면, 마음으로 무가치한 자, 매우 작고 하찮은 존재가 되어야 합니다. 미갈이 자신을 조롱할 때 속죄소 앞에서 춤을 추며 "내가 이보다 더 낮아져서 스스로 천하게 보일지라도"(삼하 6:22)라고 말한 다윗처럼 되어야 합니다.

스스로 무엇이 되고자 하는 자는 하나님께서 사용하시지 않는 재료이며, 하나님은 그를 웃음거리로 만드실 것입니다. 그러나 스스로 무가 되려 하며 무로 여기는 자는 하나님께서 사용하시는 재료가 될 것입니다. 하나님은 자신을 위해 영광스럽고 지혜로우신 백성을 만드실 것입니다. 하나님 앞에서 자신을 보잘것없는 피조물, 가장 비참한 자로 여기는 자는 하나님 보시기에 가장 위대하고 영광스러운 자입니다. 자신을 가장 큰 죄인으로 여기는 자가 하나님 앞에서 가장 위대한 성도입니다.

이것이 하나님이 높이시는 비천함이며, 하나님이 지켜보시는 고통이며, 하나님이 중요한 것으로 만드시는 무입니다. 하나님은 영광스럽고 기적적인 창조로서 무(無)에서 하늘과 땅을 지으신 것처럼, 마음으로 아무것도 아닌 자를 영광스러운 것으로 만드실 것입니다.

다윗의 예를 보십시오. 하나님은 그의 고통을 지켜보셨고, 그의 비천함을 높이셨으며, 그것을 통해 영광스러운 일을 이루셨습니다. 야곱도 "나는 주께서 주의 종에게 베푸신 모든 은총과 모든 진실하심을 조금도 감당할 수 없사오나"(창 32:10)라고 말했습니다.

예수 그리스도를 보십시오. 그의 비천함과 고통, 우리를 위한 저주와 뱀이 되신 그의 무가치, 사람 중에 지극히 작고 멸시받는 자(사 53:3)가 되심을 통해서 하나님은 큰 영광을 이루셨습니다.

예술가를 보십시오. 예술 작품을 만들려면 그것을 만들 완전히 새로운 재료가 있어야 합니다. 그는 다른 사람이 그것에 손대는 것을 허용하지 않을 것입니다. 하나님도 마찬가지입니다. 하나님이 사람을 무엇인가로 만드시려면, 사람은 무가 되어야 합니다. 자기 스스로 무엇이 되며 무엇이 된 줄로 믿는 자는 하나님이 즐겨 사용하시는 재료가 아닙니다. 이러한 자는 아무것도 아니며, 하나님께서 그를 무가치하게 여기십니다. 그러므로 마리아는 "그의 여종의 비천함을 돌보셨음이라 보라 이제 후로는 만세에 나를 복이 있다 일컬으리로다"(눅 1:48)라고 말했습니다.

자기를 무가치하게 여기고 영적으로나 육체적으로 하나님께 기쁨이 될 수 없다고 여기는 사람은 마음이 불쌍한 자입니다. 아무것도 아님에도 불구하고 무엇이 되는 줄로 믿는 자는 하나님의 은혜를 발견할 수 없을 뿐만 아니라 그것을 잃게 됩니다. 자기가 무엇이 된다고 생각하는 자에게는 하나님의 은혜가 머물지 않습니다. 무엇을 받을 자격이 있다고 믿는 사람은 은혜 안에서 하나님에게서 오는 것을 받지 못합니다. 당신이 인정받는 것은 당신의 가치 때문이 아니라 은혜 때문입니다. 죄, 비참함, 아무것도 아님, 연약함 외에 자신의 것은 아무것도 없습니다. 나머지는 모두 하나님의 것입니다.

사람은 그림자에 불과합니다. 나무의 그림자를 보십시오. 그것은 무엇입니까? 아무것도 아닙니다. 나무가 움직이면 그림자도 움직입니다. 그 움직임은 누구의 것입니까? 그림자의 것이 아니라 나무의 것입니다. 그러면 당신의 삶은 무엇입니까? 사도행전 17장 28절에 "우리가 그를 힘입어 살며 기동하며 존재하느니라"라고 기록된 것처럼 그것은 당신의 것이 아니라 하나님의 것입니다. 나무의 열매도 그림자에 나타납니다. 그러나 그것은 그림자의 것이 아니라 나무의 것입니다. 만약 당신이 좋은 열매를 가지고 다닌다면, 비록 그것이 당신 안에 나타날지라도 그것은 당신의 것이 아니며, 그림자와 같은 것입니다. 그것은 영원한 근원이신 하나님에게서 온 것입니다. 아이가 엄마의 가슴에 매달리듯이 사과가 나무에 달려 있어도, 그것은 어리석은 자들이 믿는 것처럼 나무에서 자라는 것이 아니라 나무 안에 있는 성장력, 즉 속씨(centro seminis)로부터 자라는 것입니다.

그러나 본래 인간은 죽은 나무요, 하나님은 시편 27장 1절에서 "여호와는 내 생명의 능력이시니"라고 말한 것처럼 성장의 능력이십니다. 주님은 누가복음 23장 31절에서 "푸른 나무에도 이같이 하거든 마른 나무에는 어떻게 되리요"라고 말씀하십니다. 그러므로 모든 사람은 죽은 나무이며, 하나님은 성장의 능력이십니다(호 14:9; 요 15:5).

하나님은 마음이 가난하고 불행하고 아무것도 아닌 사람을 지켜보십니다. 그러나 하나님은 사람을 보시는 것은 사람이 사람을 보는 것과 다릅니다. 사람이 사람을 보는 행위에는 능력이 없지만, 하나님의 행위는 능력이요 생명이며 위로입니다. 초라하고 신실한 영혼은 그러한 모양으로 보일 수 있으며, 자신을 가난하고 무가치하게 여길수록 더 큰 하나님의 위로를 발견할 것입니다. 자신이 매우 초라하기 때문에 하나님의 기쁨과 물질의 복을 받을 자격이 없다고(창 32:10) 생각한 야곱에게서 이러한 이미지가 발견됩니다. 마찬가지로, 불쌍한 영혼은 자신이 영원한 천국의 복과 위로를 받을 자격이 없다고 생각하며 "저는 당신이 그리스도 안에서 보여주신 그 큰 사랑과 자비를 감당하기에 너무 초라합니다. 이제 제게 당신의 아들과 함께 모든 것, 즉 은혜와 영광의 재물을 주셨으므로 제가 두 군

대가 됩니다"라고 말하게 됩니다.

사람이 많이 눈물 흘리고 울어도 하늘의 위로를 받기에 합당하지 못합니다. 이는 하늘의 위로는 순수하며 과분한 은혜이기 때문입니다. 사람은 이것을 받기보다는 형벌과 영원한 저주를 받기에 합당합니다.

믿음으로 이것을 바르게 이해하는 사람은 자신의 비참함을 아는 자이며, 그에게 하나님께서 나타나실 것입니다. 이러한 비참함 없이는 하나님께서 사람에게 나타나지 않으시며, 그러한 비참함을 알지 못하는 사람은 하나님의 은혜를 발견하지 못합니다. 그러므로 사도 바울은 고린도후서 12장 9절에서 "나의 여러 약한 것들에 대하여 자랑하리니 이는 그리스도의 능력이 내게 머물게 하려 함이라"라고 말합니다. 하나님은 선하고 자비하시므로 자기의 사역이 오염되는 것을 원하지 않으시며, 주님이 바울에게 "이는 내 능력이 약한 데서 온전하여짐이라"(고후 12:9)라고 말씀하신 것처럼 사람이 그 안에서 약할수록 하나님의 능력은 강합니다.

하나님은 마음이 가련한 그리스도인을 귀히 보시며, 그의 불행을 받아들이는 사람에게 풍성한 선을 나타내십니다. 하나님은 인간의 공적과 무관하게 은혜를 주시며, 인간의 가능성을 초월하는 하늘의 위로를 주십니다. 하나님의 위로는 인간의 위로와 비교할 수 없습니다. 하나님은 가련한 자를 위로하시고 돌보십니다.

사람은 가난하고 세상에 위로가 없기 때문이 아니라 죄인이기 때문에 불쌍하며 또 자신을 불쌍히 여겨야 합니다. 죄가 없으면 불행도 없었을 것입니다. 사람은 큰 불행과 겨룰 수 없으며, 이는 그보다 더 큰 불행을 당해야 마땅하기 때문입니다. 그러므로 큰 행복이 오지 않는다고 슬퍼해서는 안 됩니다. 왜냐하면 그와 그의 몸은 아주 작은 행복도 받을 자격도 없기 때문입니다. 비록 혈과 육은 그것에 관해 열심히 들으려 하지 않겠지만, 하나님의 은혜가 내면에 거하려면 각 사람은 스스로 자기의 죄를 벌해야 합니다.

사람은 자신의 무엇을 귀중히 여겨야 하며, 왜 입을 열어 그 귀중함을 말해야 합니까? 사람이 입으로 할 수 있는 가장 좋은 말은 두 마디, "내가 범죄 하였나이다"와 "나를 불쌍히 여기소서"입니다. 하나님은 이 두 마디, 즉 사람이 죄를 뉘우치고 그로 인해 슬퍼하며 은혜를 구하는 것 외에 다른 것을 요구하지 않으십니다. 이것을 소홀히 하는 자는 인생에서 가장 좋은 것을 소홀히 하는 것입니다. 벌거벗고 굶주리고 목마르고 핍박을 받고 감옥에 갇히고 가난하고 병든 육신 때문에 슬퍼하지 말고, 악하고 없어질 육신 안에 거해야 하는 영혼 때문에 안타까워하십시오. 바울은 "오호라 나는 곤고한 사람이로다 이 사망의 몸에서 누가 나를 건져내랴"(롬 7:24)라고 외쳤습니다. 내적 곤고함과 은혜를 구하는 뉘우침에 대한 그리스도인의 지식에 의지하십시오. 그러면 하나님께만 매달리는 믿음으로 말미암아 하나님께서 들어가실 수 있는 은혜의 문이 열릴 것입니다. 회개하십시오. "볼지어다 내가 문밖에 서서 두드리노니 누구든지 내 음성을 듣고 문을 열면 내가 그에게로 들어가 그와 더불어 먹고 그는 나와 더불어 먹으리라"(계 3:20). 이 음식이 죄 사함이고 위로이며 생명이고 거룩입니다. 자비하신 하나님은 이 은혜의 문 안에서 적당한 때에(시 85:11-12) 불쌍한 영혼을 만나 주십니다. 가련한 죄인 막달라 마리아. 인간의 영혼이 눈물을 흘리며 주님께 와서 그의 발에 기름을 붓고, 눈물로 씻고, 깊은 겸손과 낮아짐의 머리털로 닦았습니다(눅 7:37). 영적 제사장(계 1:6)은 믿음으로 거룩하게 장식하고, 상하고 애통하는 마음(시 51:19)을 제물로 가져왔으며, 깊은 회개를 가장 좋은 제물로 드렸습니다. 이것이 영적 이스라엘을 믿음과 그리스도 보혈의 능력으로 씻겨 정결하게 해주는 온전하고 거룩한 희생의 물이며 죄로 인한 눈물입니다.

사랑하는 그리스도인이여, 이렇게 주님을 바라보십시오. 그러면 당신의 곤고함에 대한 지식과 믿음을 통하여 하나님의 은혜를 발견할 것입니다. 마음이 비참해질수록 하나님께는 더 사랑스러운 자가 되고, 하나님은 더 자비롭게 당신을 지켜보실 것입니다.

20

참 그리스도인의 근심은 날마다 삶을 개선하고
하나님 나라와 영생을 향해 나아간다.

"하나님의 뜻대로 하는 근심은 후회할 것이 없는 구원에 이르게 하는 회개를 이루는 것이요 세상 근심은 사망을 이루는 것이니라"(고후 7:10).

참 기독교는 순수한 믿음과 거룩한 생활에 있습니다. 그러나 생활의 거룩함은 참 회개와 후회, 그리고 자기를 아는 지식이 나옵니다. 결과적으로 사람은 날마다 자신의 비행을 알고 날마다 개선하는 법을 배웁니다. 그는 믿음으로 그리스도의 의와 거룩함에 참여합니다(고전 1:30).

이런 일이 일어나려면, 끊임없이 어린아이처럼 하나님을 경외하면서 살아야 하며, 방종한 정신으로 육체에 만족을 주는 것을 행하지 않아야 합니다. 사도 바울은 "모든 것이 내게 가하나 다 유익한 것이 아니요 모든 것이 내게 가하나 내가 무엇에든지 얽매이지 아니하리라"(고전 6:12), 즉 모든 것이 덕을 세우는 것은 아니라고 말합니다(고전 10:23). 집에 있는 아이는 하고 싶은 것을 모두 하는 것이 아니라, 아버지를 두려워하면서 아버지가 기뻐하시는지 살펴봅니다. 마찬가지로 진정한 기독교인과 하나님의 자녀는 생각을 순결하게 지켜야 하며, 제대로 양육된 아이가 아버지 앞에서 하듯이 말하고 행동해야 합니다. 그는 경외심을 가지고 모든 일을 행해야 합니다.

많은 사람들은 하나님을 두려워하지 않고 현세의 기쁨에 몰두합니다. 마음에 세상의 기쁨을 갖는 것보다 끊임없는 하나님을 두려워하는 마음을 갖는 것이 낫습니다. 하나님을 두려워함이 위대한 묵상과 지혜의 근원임에도 사람들은 이 세상의 천박한 기쁨으로 인해 신령한 지혜와 묵상과 하나님 두려워함을 잃어버렸습니다.

우리는 날마다 뉘우치고 육신을 죽임으로써 새로워집니다(고후 4:16). 겉사람이 죽으면 속사람은 날마다 새로워지며, 그와 함께 신령한 기쁨을 가져옵니다. 반면에 세상의 기쁨은 마음에 슬픔과 악한 뱀을 가져옵니다. 자기 영혼에 허물이 있다는 것과 자신이 천상의 은사를 잃었음을 알고서 육체의 쾌락과 이 세상의 기쁨을 대적하기 위해 애쓰는 사람은 이 세상의 기쁨 때문에 두려워할 것입니다.

이것에 대해 제대로 생각하려면, 마음으로 두 가지를 깊이 생각해야 합니다. 그리하면 이 세상의 기쁨에 만족하지 않고 현세의 불행 때문에 슬퍼하지 않을 것입니다. 첫째는 저주받은 자의 영원한 고통입니다. 마음으로 이 영원한 고통을 생각한다면, 그것이 영원하기 때문에 그 안에서 행복하지 못할 것입니다. 그 고통은 영원하기 때문입니다. 둘째는 영생의 영원한 기쁨입니다. 만일 사려 깊은 사람이 마음으로 이 개념을 바르게 파악한다면, 이 세상의 불행 때문에 괴로워하지 않을 것입니다. 왜냐하면, 이 기쁨이 영원하기 때문입니다. 그러나 우리 마음의 천박함은 이것에 대해 제대로 생각하지 못하게 합니다. 그러므로 구원에 이르게 하는 슬픔이나 후회, 또는 거룩하게 하는 하늘의 기쁨에 이르는 사람이 드뭅니다.

그리스도인은 현세의 것을 기뻐하지 않고 하나님과 영생을 기뻐합니다. 그는 현세의 것에 지나친 관심을 두지 말아야 합니다. 영원히 버림받은 영혼은 평생 슬퍼할 것입니다. 그리스도인은 현세의 재물을 잃지 않을 것입니다. 그는 영생의 때에 그것을 수천 배로 돌려받겠지만(마 19:20), 버림받은 영혼은 현세와 내세에서 그것을 발견하지 못할 것입니다.

경건하게 바르게 애통할 수 있는 자, 영적인 하늘의 방법으로 바르게 기뻐할 수 있는 자에게 복이 있습니다. 우리는 종종 울어야 할 때 천박하고 교만하게 웃습니다. 선한 양심으로 경험하는바 하나님에 대한 경외 안에만 참 자유와 기쁨이 있습니다. 믿음이나 거룩한 삶이 없으면 선한 양심이 있을 수 없습니다. 성령을 통한 믿음과 경건한 슬픔이 날마다 사람의 잘못을 개선합니다. 날마다 잘못을 고치지 않는 사람은 현세에서 가장 좋은 것을 잃고, 거듭남에 저항하고, 하나님의 나라가 자신에게 임하는 것을 방해하며, 마음의 소경 됨에서 구원받지 못합니다.

잘못을 고치고 하늘의 은사를 받는 것을 훼방하는 일을 피하고 멀리하는 사람은 지혜롭고 현명한 자입니다. 몸과 재물에 좋지 않을 것만 아니라 영혼을 짓누르는 해로운 것을 피하는 법을 배우는 사람에게 복이 있습니다.

용감하게 분투하는 법을 배우십시오. 좋은 습관으로 오래되고 악한 습관을 정복할 수 있습니다(롬 12:21). 사람이 시선과 생각을 다른 사람에게 두지 않고 자신과 자신의 잘못에 둘 때 발전할 수 있습니다(잠 18:21). 다른 사람을 판단하기 전에 자신을 돌아보고, 다른 사람이나 가장 친한 친구를 벌하기 전에 먼저 자신을 책망하십시오.

만일 우리가 경건한 슬픔과 지속적인 후회 속에 산다면, 그것 때문에 사람들에게서 지지를 받지 못하고 멸시받을 것입니다. 그것 때문에 안타까워하지 말고, 그리스도인이라 불리면서도 그리스도인의 삶을 살지 못하는 것, 그리스도인의 이름을 갖고 있으면서도 그리스도인다운 일을 많이 하지 못함을 안타까워하십시오. 세상이 우리를 괴롭히는 것은 정상적이며 좋은 일입니다. 왜냐하면, 그러한 경우에 하나님이 기쁨을 주실 것이기 때문입니다(사 57:15).

하나님의 기쁨과 세상의 기쁨은 완전히 상반되며, 사람의 마음에 동시에 생겨날 수 없습니다. 이 둘이 각기 다른 근원을 가지므로 불가능합니다. 형통할 때 세상의 기쁨이 생겨나며, 천국의 기쁨은 슬픔 중에 생겨납니다.

사도 바울이 고린도후서 6장 9-10절에서 말하듯이 사람이 슬픔 중에 즐거워하는 것은 자연스러운 일이 아닙니다. 그러나 하나님의 은혜가 본성을 개선했기 때문에 사도들은 예수님의 이름을 위해 고난받을 수 있음을 기뻐할 수 있었습니다(행 5:41).

그리스도인은 환난 중에 기뻐하는 새로운 피조물입니다(롬 5:3). 옛사람은 슬픔으로 괴로워하지만, 새 사람은 그 안에서 기뻐합니다. 하늘의 기쁨이 땅의 기쁨보다 더 고귀합니다. 그리스도가 받은 모욕과 배척은 그리스도인에게 기쁨이 됩니다. 우리가 이 세상의 기쁨을 집착하여 이러한 하늘의 기쁨을 거의 찾지 않는 것은 우리의 책임입니다.

겸손한 사람은 큰 고난과 괴로움을 받는 것이 당연하며 하나님의 위로를 받을 자격이 없다고 여깁니다. 겸손하고 마음으로 통회하면서 자신을 자격이 없는 자로 여길수록 하나님의 위로를 받을 자격이 있습니다. 사람이 자기의 죄를 뉘우칠수록 이 세상에서 위로를 받지 못할 것입니다. 그에게는 온 세상이 더 쓰라리고 거칠어집니다.

사람이 자신을 살펴보면, 기뻐하기보다 슬퍼할 이유를 발견할 것입니다. 다른 사람의 삶을 제대로 살펴보면, 그들을 시기하기보다 그들을 위해 울어야 할 이유를 발견할 것입니다. 왜 주님은 자신을 핍박하고 죽인 예루살렘을 위해 우셨습니까? 우리의 죄와 맹목이 주님이 우신 이유였습니다(눅 19:42). 따라서 우리의 죄, 그리고 사람들이 회개하지 않는 것이 우리가 울어야 할 가장 큰 이유가 되어야 합니다.

자신이 죽어 심판대 앞에 설 것과 자신의 삶에 대해 깊이 생각하는 사람은 더 애통할 것이며, 더욱 진지하게 잘못을 고치고 정진할 것입니다. 지옥의 고통을 생각해보십시오. 그러면 이 세상의 모든 정욕을 버릴 것이며, 그것을 큰 비통함으로 바꿀 것이며, 영원한 고통과 비교할 때 이 세상에서 가장 큰 고난이 달콤한 것이 될 것입니다. 만일 우리가 육체의 응석을 받아준다면, 그러한 열정적인 묵상의 불이 점화되지 못할 것입니다.

한마디로 그리스도인은 이것을 배워야 합니다: 몸이 건강하고 즐거움 안에 사는 것은 영혼의 죽음이요, 그 육신을 정과 욕과 함께 죽이면 영혼이 삽니다. 현세에서 전자는 두 번째 죽음입니다. 영이 살려면 몸이 영적으로 죽어서 산 제물로 드려져야 합니다(롬 12:1).

처음부터 모든 성도들이 이렇게 살았습니다. 그들은 눈물 젖은 빵을 감사하며 먹고, 눈물 적은 잔을 기뻐하며 마셨습니다(시 80:6; 42:4; 102:5). 이 눈물의 빵이 믿음을 달콤하게 하며, 이 눈물의 잔은 묵상하는 마음의 참 회개로 말미암아 어떤 좋은 포도주보다 소중히 여겨집니다. 이것이 후회할 것이 없는 거룩함에 이르게 하는 후회입니다.

반면에 사도 바울이 고린도후서 7장 10절에 기록한바 이 세상 근심은 현세의 영예와 재물의 상실에서 비롯되는 것으로서 죽음을 가져옵니다. 세상의 영예와 재물을 잃을 때 많은 사람이 슬픔에 잠기게 합니다. 이러한 예를 이교도들에게서 많이 볼 수 있습니다. 그러나 그리스도인들은 그들처럼 어리석지 않아야 합니다. 생명은 세상의 어떤 것보다 귀한 것인데, 어떻게 무상한 재물의 상실이 사람에게 죽음을 가져다줄 수 있겠습니까!

현세의 재물 상실을 슬퍼하지 말고 영원한 것의 상실을 슬퍼하십시오. 우리는 현세에서 잠시 재물을 소유하다가 죽을 때 빼앗길 것입니다. 죽을 때 우리는 모두 가난한 자가 되며, 영광은 우리를 따라오지 않습니다(시 49:18). 가혹한 죽음이 우리를 동반할 것입니다. 왕의 몸도 가난한 거지의 몸처럼 죽고 썩을 것입니다. 전도서 9장 4절에서 솔로몬은 "산 개가 죽은 사자보다 낫다"고 말했습니다. 그러나 하나님은 그의 백성에게서 이 죽음의 모욕을 제거하실 것이며, 모든 민족의 얼굴을 가린 가리개를 제하실 것이며, 죽음을 영원히 삼키실 것이며, 우리의 눈물을 씻어주실 것입니다(사 25:7-8; 계 7:17).

그러므로 현세의 것 때문에 근심하지 마십시오. 당신의 영혼이 온 세상보다 귀합니다. 이는 그리스도께서 당신의 영혼을 위해 죽으셨기 때문입니다. 잃어버려도 죽도록 괴롭히지 못하는 현세의 것을 지나치게 사랑하지 마십시오. 사람이 많이 사랑하는 것을 잃을 때 그만큼 괴롭습니다. 결국, 우리는 죽을 때 이 모든 것을 잃습니다. 솔로몬은 "우매한 자들의 수고는 자신을 피곤하게 할 뿐이라"고 말했습니다(전 10:15).

이 세상의 자녀들은 재물을 포기할 때 많이 괴로워합니다. 크게 두려워하면서 그것을 소유하며, 매우 괴로워하면서 그것을 떠나보냅니다. 이것이 세상의 근심, 죽음을 가져다주는 근심입니다.

요한계시록 14장 11절에 "짐승과 그의 우상에게 경배하고 그의 이름표를 받는 자는 누구든지 밤낮 쉼을 얻지 못하리라"고 기록되어 있습니다. 세상 재물의 크고 아름다운 짐승에게 기도하거나 그것들의 야만적인 탐심에 기도한 자들에게는 안식이 없고 많은 재앙이 있을 뿐입니다. 그들은 비싼 의복, 귀한 보석과 물건, 비싼 포도주를 지고 산을 넘는 낙타나 짐승과 같습니다. 그것은 기다리는 사람이나 길 가는 사람의 관심을 끕니다. 왜냐하면, 그것이 보물을 짊어지고 있기 때문입니다. 그러나 산을 넘은 후에 아름다운 모포와 값비싼 것들은 사람들이 가져가고 남는 것은 채찍과 매 자국뿐이며, 그것들은 지쳐서 마구간에 혼자 남습니다. 면류관과 좋은 의복을 가진 이 세상 사람도 이와 같습니다. 그가 세상을 떠나야 하는 저녁에 그에게 남는 것은 재산을 오용함으로써 범한 죄로 인한 매와 채찍 자국뿐입니다. 이 세상의 영화로운 사람으로 남는다고 해도 마찬가지입니다.

그러므로 세상이 당신을 버리기 전에 먼저 세상을 포기하는 법을 배우십시오. 그렇지 않으면 무섭게 괴로움을 당할 것입니다. 이생에서 육신을 떠나기 전에 영혼으로 세상을 포기하는 사람은 행복하게 죽는 자이며, 현세의 무상한 것이 그를 괴롭히지 못할 것입니다. 이스라엘 자손이 애굽을 떠나고자 할 때, 바로는 그 사람들의 노동을 무겁게 함으로 수고롭게 했습니다(출 5:9). 지옥의 마귀도 우리의 종말이 가까울수록 현세의 것으로 마음을 무겁게 하여 영원히 우리를 멸망시키려 합니다.

우리는 땅의 것을 하늘나라에 가져갈 수 없으며, 육신도 두고 떠나야 합니다. 세상의 것과 싸우는 영혼을 영생으로 인도하는 길은 좁은 길입니다(마 7:14). 죽을 때 알곡과 쭉정이를 가리는 일이 일어납니다. 신실한 영혼의 알곡은 죽음으로 세상의 쭉정이를 떨어버립니다. 현세의 재물과 명예는 바람에 날아가는 쭉정이와 같습니다(시 1:4). 사도 바울의 말을 생각하십시오. "하나님의 뜻대로 하는 근심은 후회할 것이 없는 구원에 이르게 하는 회개를 이루는 것이요 세상 근심은 사망을 이루는 것이니라"(고후 7:10).

21

참되고 바른 예배에 관하여

"아론의 아들 나답과 아비후가 각기 향로를 가져다가 여호와께서 명령하시지 아니하신 다른 불을 담아 여호와 앞에 분향하였더니 불이 여호와 앞에서 나와 그들을 삼키매 그들이 여호와 앞에서 죽은지라"(레 10:1-2).

여호와께서 명령하시지 않은 다른 불은 거짓 예배를 상징합니다. 왜냐하면, 그것은 하나님께서 제물을 태우는 데 사용하라고 명령하신바 제단 앞에서 계속 타오르는 불이 아니었기 때문입니다. 아론의 아들들이 하나님의 명령을 거역하였기 때문에 하나님은 복수의 불로 그들을 벌하셨고, 그 불이 그들을 삼켰습니다.

이 사건에서 우리는 다른 불 때문에 나타내신 하나님의 준엄하심을 봅니다. 이 불은 거짓 예배, 하나님께서 명하신 것이 아니므로 하나님을 섬기지 못할 뿐만 아니라 하나님의 분노와 복수와 소멸하는 불을 일으키는 바 우리 자신의 묵상과 스스로 정한 거룩함에서 비롯된 예배를 의미합니다(신 6:15).

이 불이 우리를 삼키지 않게 하려면 바른 예배가 무엇인지 알아야 합니다. 구약시대에 거짓 예배를 벌하는 제단의 불은 신약 시대에 하나님이 영원한 불로 거짓 예배를 벌하실 것과 때가 차면 하나님의 진노로 말미암아 백성들과 땅이 황폐해지고 죽는 일이 일어날 것을 상징합니다.

참 예배가 무엇인지 알려면, 신약성경과 구약성경을 대조하여 공통점과 차이점을 발견해야 합니다. 구약시대의 외적 예배는 율법의 문자에 따라 제정된 예배 의식을 통해 메시아의 이미지와 증언을 제공합니다. 유대인들은 이 놀라운 이미지와 상징을 통해 메시아를 보고 믿었으며, 약속을 따라 그를 통해 거룩해졌습니다. 신약시대의 예배는 외적이고 상징적인 의식, 예배 규범이나 명령이 아니며 영과 진리, 즉 믿음으로 드리는 내적인 예배입니다. 이는 믿음으로 말미암아 성전, 제단, 제물, 속죄소, 제사장직 등 도덕적이고 의식적 율법 전체가 완성되었기 때문입니다. 이제 우리는 그리스도인의 자유 안에 있으므로 율법의 저주(갈 3:13)와 모든 유대교 의식(갈 5:1)에서 해방되었습니다. 따라서 우리는 성령의 내주하심으로 인해 자유로운 마음과 영으로 하나님을 예배할 수 있으며(렘 31:33; 롬 8:15), 양심과 믿음이 인간의 명령 아래 있지 않습니다.

참되고 영적이며 내면적인 예배에 속하는 것이 세 가지입니다. 첫째는 하나님에 대한 참지식이며, 둘째는 죄와 회개에 대한 참지식이고, 셋째는 은혜와 죄 사함에 대한 지식입니다. 하나님이 한 분인 동시에 세 분이신 것처럼, 이 세 가지도 하나입니다. 따라서 참 예배는 하나이면서 셋, 또는 하나 안에 있는 세 부분입니다. 왜냐하면, 하나님을 아는 하나의 지식 안에 회개와 죄 사함이 있기 때문입니다.

하나님을 아는 지식은 그리스도를 이해하고 하나님과 하나님의 능력,

사랑, 자비, 의, 진리, 지혜, 그리고 그리스도 안에서 그리스도를 통하여 나타난 하나님에 관한 모든 것을 믿는 믿음 안에 있습니다. 하나님은 어떤 분입니까? 그분은 순수한 능력이며, 순수한 사랑과 자비이고, 순수한 의, 진리, 지혜입니다.

하나님은 자신만을 위해 존재하시는 것이 아니라, 그리스도 안에서 그의 은혜로운 뜻을 통해 우리를 위해서 존재하십니다. 그분은 나의 전능하신 하나님이시요, 나의 자비로우신 하나님이시요, 나를 향한 은혜 안에서 나의 영원한 의(義)가 되시며, 내 죄를 사하심으로써 나의 영원한 진리와 지혜가 되십니다. 이처럼 나의 주 그리스도는 나에게 영원한 능력이요 전능하신 머리가 되시며, 내 삶의 주인이십니다. 그분은 나의 영원한 구세주이시며, 영원한 사랑이시고, 나의 영원하신 의와 진리와 지혜가 되십니다. 그분은 하나님에게서 오는 지혜가 되시며, 의와 거룩함과 구원이 되셨습니다(고전 1:30). 이것은 성령에도 적용되므로, 성령도 나의 영원하신 사랑과 의와 진리와 지혜가 되십니다.

이것이 하나님에 관한 지식입니다. 이것은 믿음 안에 있으며, 공허한 지식이 아니라 즐겁고 행복하고 생생한 신뢰 안에 있습니다. 나는 그것에 의해 강력하고 위로가 되는 방식으로 내 안에서 하나님의 능력, 그분이 나를 어떻게 붙들고 참아주시는지, 내가 어떻게 그분 안에서 살고 움직이고 존재하는지(행 17:28) 등을 발견합니다. 나는 내 안에서 그분의 사랑과 자비를 느끼고 발견합니다. 아버지 하나님과 그리스도와 성령께서 우리 안에 일으키는 이것은 단순한 사랑입니다. 하나님이 우리를 죄와 죽음과 지옥과 마귀에게서 구원하심으로 보여주신 것은 의가 아닙니까? 이것은 단순한 진리요 지혜가 아닙니까?

믿음은 공허한 말과 소리에 있는 것이 아니라 살아 있어 위로를 주는 신뢰에 있습니다. 우리는 이 하나님에 관한 지식, 또는 이 믿음 안에서 날마다 하나님의 자녀로서 자라며, 그 안에서 점점 더 온전해져야 합니다(살전 4:1). 그러므로 사도 바울은 모든 지식을 초월하는(엡 3:19) 그리스도의 사랑을 알고자 하는 소원을 표현했습니다. 이 구절을 달리 표현하자면 "이 그리스도의 사랑 안에서 우리는 전 세계에 퍼져 있는 그리스도의 사랑에 관한 공허한 지식을 보는 것이 아니라 말씀과 믿음으로 우리의 마음에서 그 달콤함과 능력과 생명을 느끼고 맛보고 발견하는 법을 평생 배워야 한다"는 뜻입니다. 그리스도의 사랑을 맛보지 않은 사람이 진정으로 그것을 알 수 있습니까? 그것을 경험하지 않은 사람이 그것이 무엇인지 알 수 있습니까? 히브리서 6장 4~5절은 "한 번 빛을 받고 하늘의 은사를 맛보고 성령에 참여한 바 되고 하나님의 선한 말씀과 내세의 능력을 맛보고도"라고 말합니다. 이 모든 일은 믿음 안에서 말씀을 통하여 일어납니다. 이것이 성령을 통하여 마음에 나타난 그리스도 사랑으로서 하나님의 말씀 능력과 열매입니다(롬 5:5). 이것이 경험에서 생겨나며 살아 있는 믿음 안에 있는 하나님에 관한 참지식입니다. 그러므로 히브리서 기자는 "믿음은 바라는 것들의 실상이요 보이지 않는 것들의 증거"(히 11:1)라고 말합니다. 이것이 내면적이며 영적인 예배이며 살아 있는 믿음으로서 하나님에 관한 지식이며, 믿음은 영적이고 살아 있는 하늘의 은사이며 하나님의 빛과 권능입니다.

시편 기자가 "여호와의 선하심을 맛보아 알지어다"(시 34:8)라고 말한 것처럼, 만일 하나님이 하나님에 관한 참지식에 의해 우리의 영혼이 하나님을 맛보고 만지게 해 주신다면, 참 회개, 즉 마음이 변화되고 새로워지며 삶의 개선될 것입니다. 만일 사람이 마음으로 하나님의 능력을 알고 느낀다면 겸손해질 것이며, 그리하여 하나님의 전능하신 손 앞에서 자신을 낮추게 됩니다. 만일 그가 하나님의 자비를 알고 느낀다면, 이웃을 사랑하게 됩니다. 하나님의 자비를 이해하지 못하는 사람은 자비로울 수 없습니다. 자비하신 하나님께서 주신 것을 어떻게 이웃에게 주지 않을 수 있습니까? 하나님의 자비의 결과는 이웃에 대한 큰 인내입니다. 그러므로 참 기독교인은 하루에 일곱 번 죽임을 당했다가 다시 살아나도 하나님의 크신 자비 때문에 원수를 용서할 것입니다. 또한 하나님의 의에서 죄에 대한 지식이 흘러나오며(단 97; 시 143:2), 진리의 지식에서 이웃에 대한 신실함이 흘러나와 모든 거짓과 속임과 거짓말을 몰아냅니다. 그러므로 그리스도인은 "만일 이웃을 부당하게 대한다면 하나님 자신이신 하나님이 영원하신 진리를 잃은 것이다"라고 생각하게 됩니다. 하나님이 우리를 참되고 신실하게 다루시므로, 우리도 이웃을 참되고 신실하게 대해야 합니다. 영원한 하나님의 지혜에 대한 지식에서 하나님에 대한 경외심이 흘러나옵니다. 하나님이 각 사람의 마음을 아시며 숨겨진 것을 보시므로 그분의 눈과 거룩한 위엄 앞에 서기를 두려워하십시오(시 99:9; 사 29:15-16; 렘 23:24, 32:19).

이것이 하나님에 대한 참지식으로서 그 안에 회개가 존재하며, 회개는 마음의 변화와 삶의 개선을 위한 마음의 새로워짐 안에 있습니다. 이것이 참된 내적 예배의 또 다른 측면이며, 제물 앞에 가져와야 하는 불입니다.

이것이 없으면 하나님의 진노와 보복의 불이 우리를 삼킬 것입니다.

제사장들은 회막에 들어갈 때 포도주나 독주를 마시지 못합니다(레 10:9). 이것은 사람이 영원하신 하나님의 회막, 즉 영생에 들어가기를 원한다면, 이 세상의 육체의 정욕과 쾌락, 그리고 육이 영혼을 정복하는 데 사용하는 모든 것을 버려야 하며, 그리하면 육신이 강해져서 영을 정복하지 못한다는 것을 상징합니다. 이 세상 사랑과 쾌락과 자랑은 영과 혼을 정복하는 매우 달콤한 포도주입니다. 노아와 롯은 이 포도주에 취하여 벌거벗은 채 누웠습니다. 큰 명예, 쾌락, 부귀는 영과 혼을 정복하는 독한 포도주입니다. 이것 때문에 사람들은 하나님의 처소에 들어가지 못하고, 하나님을 아는 지식과 거룩함에 이르지 못하며, 거룩한 것과 부정한 것, 순결한 것과 불결한 것을 구별하지 못합니다. 즉 신령한 하늘의 것을 이해하지 못하며, 그로 말미암아 바른 지식을 얻지 못합니다. 다시 말해서 사람의 이해와 생각이 영원한 빛의 조명을 받는 것이 아니라 이 세상의 포도주에 취하여 어둠으로 들어갑니다. 회개, 즉 깊은 후회와 죄로 인한 슬픔과 그리스도 안에 있는 참믿음의 결과로서 예수 그리스도의 공로에 의한 죄 사함이 따릅니다. 회개하지 않는 사람은 그리스도의 공로를 누릴 수 없습니다. 회개가 없으면 죄 사함이 없습니다. 주님과 함께 십자가에 달린 강도를 보십시오. 죄 사함을 받고 그리스도와 함께 낙원에 있기를 원했을 때, 그는 십자가 위에서 죄를 고백했습니다. 이 일은 애통하는 신실한 마음으로 행하여졌는데, 이것은 그가 함께 십자가에 달린 사람에게 한 말에 분명히 나타납니다. "하나는 그 사람을 꾸짖어 이르되 네가 동일한 정죄를 받고서도 하나님을 두려워하지 아니하느냐 우리는 우리가 행한 일에 상당한 보응을 받는 것이니 이에 당연하거니와 이 사람이 행한 것은 옳지 않은 것이 없느니라 하고 이르되 예수여 당신의 나라에 임하실 때에 나를 기억하소서 하니"(눅 23:40-42). 우리는 그에게서 뉘우치는 마음과 믿음을 봅니다.

애통하는 마음과 참믿음으로 받는 이 은혜로운 죄 사함은 하나님이 마련하십니다. 우리는 그것을 행할 수 없고, 불러일으킬 수도 없습니다. 그리스도는 그의 죽음과 보혈로 이를 이루셨고, 이에 의해 모든 것이 완전하게 용서받았습니다. 그가 지불하신 대가가 죄악보다 컸습니다. 그러므로 다윗은 시편 51장 7절에서 "우슬초로 나를 정결하게 하소서 내가 정하리이다 나의 죄를 씻어 주소서 내가 눈보다 희리이다"라고 말합니다. 이처럼 그리스도께서 지불하신 대가가 우리의 모든 죄보다 큽니다.

그 결과 만일 우리가 행한 모든 죄에서 돌이켜 떠나면 죄를 범한 것이 하나도 기억되지 않을 것입니다(겔 18:22). 이사야 43장 25절에 기록된 대로 죄값이 완전히 지불되고 죄가 깨끗이 제거됩니다. 그것은 기억되지 않습니다. 그러나 이사야 1장 16-18절에서 "너희는 스스로 씻으며 스스로 깨끗하게 하여 내 목전에서 너희 악한 행실을 버리며 행악을 그치고 선행을 배우며 정의를 구하며 학대받는 자를 도와주며 고아를 위하여 신원하며 과부를 위하여 변호하라 하셨느니라 여호와께서 말씀하시되 오라 우리가 서로 변론하자 너희의 죄가 주홍 같을지라도 눈과 같이 희어질 것이요 진홍같이 붉을지라도 양털같이 희게 되리라"고 말한 대로 먼저 회심이 있어야 합니다.

여기서 그가 말하려는 바가 무엇입니까? 용서받기를 원하면 용서받을 수 있습니다. 그러나 그는 "오라 우리가 서로 변론하자"라고 말합니다. 이제까지 나는 죄 사함을 받는 회개에 대해 말했습니다. 당신의 회개는 어디에 있습니까? 참되고 살아 있는 믿음은 어디에 있습니까? 마음의 새로워짐은 어디에 있으며, 삶의 변화는 어디에 있습니까? 그것은 죄 사함이 있는 곳에 있습니다. 당신의 죄가 주홍 같을지라도, 즉 짙게 물들고 너무 커서 하늘과 땅도 깨끗이 할 수 없을지라도 눈처럼 희게 될 것입니다. 회개는 참된 죄 고백입니다. 당신의 마음에 그것이 있으면, 즉 참 뉘우침과 믿음이 있으면, 그리스도의 보혈과 죽음이 당신의 모든 죄를 사해주실 것입니다. 참된 용서는 이 땅에서 부은 바 되었고, 하늘에서 하나님께 부르짖는 그리스도의 보혈에 있습니다.

이것이 복수를 피할 수 있는 도피성으로의 진정한 도피입니다. 모세는 이스라엘 자손을 위하여 세 개의 도피성을 정했는데, 그것은 베셀과 라못과 골란입니다(신 4:41-43). "이는 과거에 원한이 없이 부지중에 살인한 자가 그곳으로 도피하게 하기 위함이며 그 중 한 성읍으로 도피한 자가 그의 생명을 보전하게 하기 위함이라"(신 4:42).

하나님! 우리는 자주 부지중에 혀로, 생각으로, 미움과 질투로, 분노와 복수욕과 무자비함으로 이웃을 죽였습니다. 우리가 거룩한 애통과 믿음을 통해서 하나님의 자비와 은혜의 도피성으로, 주님의 거룩한 십자가와 고귀한 공로에 피하게 해주십시오. 거기에서 우리는 유혈 복수를 당하지 않고, 우리가 판단했던 대로 판단받지 않는 참 도피성을 발견할 것입니다. 도피성은 그리스도를 상징합니다. "베셀"은 견고한 망대라는 의미로서 그리스도는 진정한 베셀, 곧 견고한 망대이십니다. "여호와의 이름은 견고한 망대라 의인은 그리로 달려가서 안전함을 얻느니라"(잠 18:10). 이 것이 예수님의 이름입니다. "라못"은 "높이 들림"이라는 뜻입니다. 그리스도는 참 라못, 높이 들림이 되시며(사 52:13; 57:15), 가장 높으신 자가 되십니다. "하늘에 있는 자들과 땅에 있는 자들과 땅 아래에 있는 자들로 모든 무릎을 예수의 이름에 꿇게 하시고"(빌 2:10). "골란"은 무리, 혹은 군중이라는 뜻인데, 그리스도는 참 골란이 되셔서 크신 은혜와 죄 사함으로 모든 것 위에 뛰어나시며(시 103:7). 그의 이름을 부르는 모든 사람에게(롬 10:12) 자비하시고 부유하십니다.

참되고 내적이며 영적이며 바른 예배의 셋째 측면은 죄 사함입니다. 회개가 하나님을 아는 참지식에서 흘러나오듯이, 죄 사함은 회개에서 흘러나옵니다. 이것은 셋이지만 진리 안에서 하나입니다. 왜냐하면 이것이 하나님을 아는 하나의 참지식이기 때문입니다.

이 셋째 측면은 제사장들이 제단의 음식을 먹어야 한다는 것, 즉 믿음을 통하여 그리스도의 죽음과 보혈을 자기 것으로 삼는다는 사실에서 예시됩니다. 그들은 거룩한 성읍에서 먹어야 했는데, 거룩한 성읍은 회개를 의미합니다. 그리스도의 보혈의 능력에 대한 믿음은 우리를 하나님 앞에서 깨끗하게 합니다. 마치 죄가 없었던 것처럼 되게 하는데, 이것이 거룩한 성입니다(겔 18:22; 33:16).

모세의 법은 영 안에 주어져서 내적이고 거룩하고 새로운 삶으로 변합니다. 모세의 제사는 참 회개로 변화되는데, 이것 덕분에 우리는 몸과 영혼을 하나님께 드리고, 감사 제물을 드리며, 영광의 드리고, 그분에 대한 지식과 회심과 칭의와 죄 사함을 드러내므로 하나님은 만유가 되시며, 우리는 감사하는 마음으로 영원히 하나님을 찬양하고 영광을 드릴 수 있습니다. 참 예배는 "사람아 주께서 선한 것이 무엇임을 네게 보이셨나니 여호와께서 네게 구하시는 것은 오직 정의를 행하며 인자를 사랑하며 겸손하게 네 하나님과 함께 행하는 것이 아니냐"(미 6:8)라고 한 것입니다. 언제 우리는 죄 사함을 받을 수 있는 회개를 하려 합니까? 회개를 통하지 않고는 누구도 죄 사함에 이를 수 없습니다. 은혜를 갈망하며 죄를 뉘우치지 않으면 죄 사함을 받을 수 없습니다. 죄를 버리려 하지 않으며 삶을 변화시키기를 원하지 않는 자에게 어떻게 죄에 대한 후회가 있을 수 있습니까? 하나님은 그리스도 때문에 우리를 회심시키십니다.

참 예배는 마음에 있고, 하나님을 아는 지식에 있고, 육신이 죽고 사람이 하나님의 형상으로 거듭나는 회개에 있습니다. 사람은 이것에 의해 다시 하나님의 형상으로 거듭납니다. 이것 때문에 사람은 하나님의 거룩한 성전이 되는데, 그 안에서 성령, 믿음, 사랑, 인내, 기도, 감사, 찬양, 하나님의 영광 등으로 말미암아 내적 예배가 확립됩니다.

하나님께서 우리의 예배를 필요로 하시거나 사용하기 때문에 예배(거룩한 제사)라고 불리는 것이 아닙니다. 하나님은 너무 자비로우시고 선하시므로 모든 좋은 것과 함께 자신을 우리와 나누시고, 우리가 믿음과 참 회개 안에서 그에 대한 지식에 의해 그분을 우리 안에 모실 때, 그분이 우리 안에 거하시고 행하시므로 거룩한 제사라고 불립니다.

하나님께서 자신을 우리 가운데 거하시게 하지 않는 한 어떠한 행위도 하나님을 기쁘시게 할 수 없습니다. 그러므로 하나님은 우리에게 회개하고 기도하고 믿고 금식하라고 명하셨습니다. 이는 하나님이 아닌 우리가 이를 통해 유익을 얻게 하려는 것입니다. 아무도 하나님께 드리거나 하나님에게서 취할 수 없으며, 하나님을 경건하게 하거나 해롭게 할 수 없습니다. 우리가 경건하면 그 유익은 우리의 것이며, 우리가 악하면 그 해악이 우리의 것이 됩니다. 우리가 죄를 범함으로써 하나님을 해롭게 할 수 있습니까?

하나님은 자신을 위해서가 아니라 우리를 위해서 하나님을 섬기라고 부르셨습니다. 하나님은 사랑이시므로, 사람이 하나님의 사랑을 누리고 그 사랑에 참여할 수 있다는 것을 느끼는 만큼 하나님을 섬깁니다. 이는 아기가 어머니의 젖을 빨아 먹음으로써 엄마를 기쁘게 하는 것과 같습니다. 이 모든 일은 사랑에서 생겨납니다. 하나님은 자기를 사랑하는 자들에게 더 큰 은혜를 주십니다.

22

참 기독교인은 날마다 새로워지는 삶과 사랑으로 알아볼 수 있다.

"의인은 종려나무 같이 번성하며 레바논의 백향목 같이 성장하리로다 이는 여호와의 집에 심겼음이여 우리 하나님의 뜰 안에서 번성하리로다 그는 늙어도 여전히 결실하며 진액이 풍족하고 빛이 청청하니 여호와의 정직하심과 나의 바위 되심과 그에게는 불의가 없음이 선포되리로다(시 92:12-15).

참 기독교인은 그리스도인이라는 이름에 의해서가 아니라 생활로 알 수 있습니다. 참 기독교인 되기를 원하는 사람은 자신에게서, 그리고 그의 사랑과 겸손과 친절함에서 그리스도를 나타내려고 노력해야 하는데, 이는 내면에 그리스도가 거하지 않는 사람은 그리스도인이 될 수 없기 때문입니다. 열매가 나무의 내적 능력에서 성장의 힘을 얻는 것처럼, 영혼이 내면적으로 마음에 그러한 삶을 주어야 합니다. 그리스도의 영이 그리스도인의 삶을 다스려야 합니다. 사도 바울이 "무릇 하나님의 영으로 인도함을 받는 사람은 곧 하나님의 아들이라"(롬 8:14)고 말한 것처럼 그리스도인은 그리스도를 닮아야 합니다. "만일 너희 속에 하나님의 영이 거하시면 너희가 육신에 있지 아니하고 영에 있나니 누구든지 그리스도의 영이 없으면 그리스도의 사람이 아니라"(롬 8:9).

내면에서 동기를 부여하고 움직이는 영이 표면적으로 그 사람 안에 삽니다. 그러므로 참 기독교인의 생활에 성령이 필요합니다. 모든 생명은 선한 영이나 나쁜 영에서 옵니다. 그러므로 주님은 성령을 달라고 기도하라고 명하셨고, 우리에게 성령을 약속하셨으며(눅 11:13), 그는 그리스도가 우리 내면에서 새롭고 영적인 천상의 삶(딛 3:5)을 살게 하는 중생의 영입니다. 의인이 주님이 심으신 레바논의 백향목이나 종려나무처럼 꽃을 피우려면, 살아서 자라는 하나님의 영에서 그리스도인의 덕의 꽃이 피어나야 합니다.

그러므로 우리는 먼저 하나님의 형상을 따라 마음의 영이 내적으로부터 새로워져야 하며, 바울이 하나님의 형상을 따라야 한다고 말한 대로(엡 4:23) 그의 내적 소원과 열정이 그리스도를 닮아야 합니다. 그리하여 마음에서부터 외면 생활이 발달하고, 사람들 앞에서 내적으로나 외적으로 한결같아야 합니다. 하나님은 숨겨진 것을 보시며 사람의 마음과 양심을 감찰하십니다(시 7:9).

우리는 내적으로 천사만큼 순수하지 못한 것 때문에 울어야 합니다. 하나님은 우리의 정화를 위해 이 신실한 울음을 받아주십니다. 이는 성령께서 우리의 연약함을 도우시고, 말로 다 할 수 없을 만큼 깊이 탄식하시며(롬 8:26) 하나님 앞에 나아가기 때문입니다. 믿음으로 말미암아 그리스도의 보혈이 우리를 이처럼 깨끗하게 하여 우리 안에 티나 주름 잡힌 것이 없게 하셨습니다(엡 5:27). 또한 우리의 의와 깨끗함과 거룩함은 천사의 깨끗함이 아니라 그리스도의 깨끗함입니다(고전 1:30).

진실로 우리의 깨끗함은 천사들의 깨끗함과 거룩함보다 훨씬 우월합니다. 그것은 바로 그리스도이시며(렘 23:6), 은혜로 받은 이 의와 깨끗함과 거룩함이 우리의 몸과 영과 혼을 새롭게 하고 거룩한 삶을 가져옵니다.

그러므로 우리는 어린 종려나무처럼 늘 푸르고 끊임없이 자라야 합니다. 우리는 그리스도 안에서 자라야 합니다. 내면에 그리스도가 거하고 계시며, 믿음과 덕과 그리스도인의 삶을 취하고 날마다 새로워지는 사람은 그리스도 안에서 자랍니다. 이것이 종려나무처럼 자란다는 말의 의미입니다.

그리스도인은 날마다 새로워지고 종려나무처럼 자라야 하며, 마치 이제 막 그리스도인이 된 듯이 그 이름에 합당하게 행동해야 합니다. 날마다 거짓 그리스도인이 되지 않도록 힘써야 합니다. 각 사람이 자신의 직업에 따라 가장 좋은 방식으로 자신의 소명을 이루기 위해 노력해야 하듯이, 우리는 거룩한 부르심으로 부름을 받았습니다. 이러한 거룩한 의도가 없으면 발전과 성장과 그리스도 안에서의 성숙함이 없습니다. 생명을 주는 그리스도의 영이 없습니다. 선을 행하려는 의도는 성령에게서 오며, 모든 사람을 끌어당기고 인도하며 이끄시는 하나님의 선행 은총입니다. 진실로 우리에게 장소와 공간이 주어졌고, 우리는 길거리에서 외치는 하나님의 지혜의 음성을 듣습니다(잠 1:20). 인간은 자기를 지으신 창조주의 기억을 보는데, 하나님은 그것을 사용하여 그를 부르시며 인도하려 하십니다.

하나님이 부르시고 이끄신다는 것을 느낄 때 즉시 선을 행해야 합니다. 왜냐하면, 그때가 우리가 방해받지 않을 절호의 때이기 때문입니다. 다른 때에는 생각하고 듣고 말하고 선을 행하는 데 방해를 받을 수 있습니다. 그러므로 하나님의 영원한 지혜는 앞을 내다보시고 우리가 기회를 잃지 않도록 사방에서 우리를 부르십니다.

항상 서서 햇빛과 하늘의 좋은 영향력을 기다리며, 항상 그것을 받을 준비가 되어 있는 나무를 보십시오. 이처럼 우리가 세상의 방해를 받지 않는다면, 하나님의 은혜와 하늘의 좋은 영향력이 우리를 비출 것입니다.

짧은 일생을 돌이켜 보십시오. 그리스도인으로서 덕의 실천을 피한 적이 얼마나 많습니까? 일생의 반은 잠을 잤으며, 나머지 반은 먹고 마시는 일에 보냈습니다. 만일 이 상태로 지금 죽는다면, 바르게 살거나 선을 행하지 못한 채 죽게 됩니다.

우리는 자신이 원하는 죽음에 알맞게 살아야 합니다. 악한 사람으로 죽기를 원하지 않는다면, 악하게 살지 말아야 합니다. 그리스도인으로 죽고자 한다면 그리스도인으로 살아야 합니다. 그리스도인으로 산다는 것은 오늘 죽을 사람처럼 사는 것입니다. 하인은 주인이 부를 때 즉시 달려갈 수 있도록 항상 준비하고 있어야 합니다. 하나님은 죽음을 통해 우리를 부르십니다.

"주인이 와서 깨어 있는 것을 보면 그 종들은 복이 있으리로다 내가 진실로 너희에게 이르노니 주인이 띠를 띠고 그 종들을 자리에 앉히고 나아와 수종들리라"(눅 12:37, 44). 깨어있는 자는 누구입니까? 세상에 이끌려 그릇된 길로 가지 않고 세상을 따라 살지 않는 사람이 깨어있는 사람입니다. 악한 싹은 나무에 해를 끼치고 자라지 못하게 합니다.

23

그리스도 안에서 성장하려면 세속적인 교제를 버려야 한다.

"만군의 여호와여 주의 장막이 어찌 그리 사랑스러운지요 내 영혼이 여호와의 궁정을 사모하여 쇠약함이여 내 마음과 육체가 살아 계시는 하나님께 부르짖나이다(시 84:1-2).

우리는 자신을 세속적인 공동체 밖으로 끌어내야 합니다. 왜냐하면, 인간적인 사랑을 위해서는 자기 집보다 더 좋은 곳이 없는 것처럼 영혼에게 자기 집보다 좋은 곳이 없기 때문입니다. 다시 말해서 영혼은 자신이 흘러나온 곳이요 온전해지기 위해 돌아가야 할 하나님 안에 안식하는 것이 가장 좋습니다.

피조물은 자신의 고향에서 가장 편히 쉴 수 있습니다. 물고기에게는 물이, 새에게는 하늘이, 나무에는 땅이 안식을 취하기에 가장 좋은 곳입니다. 시편 84장 3절에 "참새도 제 집을 얻고 제비도 새끼 둘 보금자리를 얻었나이다"라고 말한 것처럼, 영혼은 하나님 안에서 쉴 곳을 얻습니다. 젊은 남자와 여자가 함께 걷는 것이 좋지 못한 것처럼(창 34:1), 우리의 생각과 말이 사람들과 동행하게 하는 것은 좋지 않습니다. 그것을 마음의 집

안에 머물게 하십시오. 그러면 그것이 사람들 가운데서 분노를 일으키지 않을 것입니다.

하나님의 뜰에서 주님의 나무들이 레바논의 백향목처럼 푸르게 성장합니다(시 92:12-13). 우리 하나님의 뜰은 무엇입니까? 그것은 내적이고 영적인 마음의 축일이며, 내면의 영적 안식일이며, 광야 또는 영의 고독 속에서 자라는 레바논입니다. 그것을 찾으십시오. 그러면 찾을 것이며, 하나님의 경이로우심과 기뻐하심을 볼 것입니다.

많은 사람은 마음을 편하게 하기보다 들뜨게 하는 재치 있고 생기있는 것을 읽거나 공부하기를 원합니다. 그러나 마음을 쉬게 하고 개선해주지 못하는 것을 듣거나 말하거나 읽거나 생각하지 말아야 합니다. 하나님의 나무는 그리스도 안에서 끊임없이 자라고 성장해야 합니다. 사도 바울은 십자가에 달리신 그리스도 외에는 아무것도 생각하지 않기로 하였습니다 (고전 2:2).

그러므로 하나님의 성도들은 언제나 광야에서 내적으로 경건하게 묵상하면서 살며 하늘에 속한 마음으로 하나님 안에서 안식을 누리려고 노력했습니다. 이것이 영혼의 지고한 안식입니다. 어느 성도는 "나는 사람들과 함께 있을 때면 사람들에게 가는 것이 아니라 집으로 돌아간다"라고 말했습니다. 인간은 하나님의 모양으로 조성되었습니다. 그러므로 하나님은 인간을 "우리의 형상에 따라 우리의 모양대로 만들었다"(창 1:26)라고 말씀하셨습니다. 사람은 하나님을 닮지 않을수록 온전하지 않습니다. 그러나 사람이 하나님을 향할수록 그만큼 하나님을 닮습니다. 하나님을 향하려면, 세상에서 돌아서야 합니다. 씨앗은 자기를 닮은 열매를 맺습니다

다. 따라서 우리의 내면에 있는 하나님의 씨, 즉 성령과 하나님의 말씀이 의의 나무가 되어 하나님을 찬양하고 영광을 돌릴 것입니다(사 61:3).

종종 자신이 한 말이나 들은 말이 마음의 가시가 되고 영혼에 상처를 줍니다. 집에 있을 때, 그리고 생각과 말과 묵상을 마음의 집에 간직할 때 가장 편안합니다. 어떤 사람이 다음과 같은 삼단논법으로 철학자 디오게네스(Diogenes)를 성가시게 했다는 이야기가 있습니다: "나는 당신과 다릅니다. 나는 사람입니다. 그러므로 당신은 사람이 아닙니다." 이에 대해 디오게네스는 "그 진술은 잘못된 것입니다. 나로 시작해야 진술이 옳습니다"라고 답변했습니다.

말을 잘하려면 먼저 침묵하는 법을 배워야 합니다. 말을 많이 하는 것이 말을 잘하는 것은 아닙니다. 잘 다스리려면 먼저 종이 되는 법을 배워야 합니다. 왜냐하면, 하나님께 순종하고 종이 되지 않는 사람은 잘 다스릴 수 없기 때문입니다. 마음에 안식과 평화를 원한다면, 말을 삼가고 선한 양심을 지키려고 힘써야 합니다. 악한 양심이 최악의 불안입니다. 그러나 악한 양심도 회심과 회개를 통해 그리스도 안에서 안식을 발견할 수 있습니다. 노아의 방주 안의 비둘기는 밖에서 원하는 안식을 찾지 못하고 방주로 돌아왔습니다(창 8:9). 방주는 그리스도이며 기독교 신앙입니다. 방주에 문과 창이 하나뿐인데, 그것이 우리가 그리스도에게 들어가기 위해 필요한 회개입니다. 비둘기가 방주로 돌아온 것처럼, 우리도 이 세상의 많은 물을 떠나 그리스도에게 돌아와야 합니다. 그렇지 않으면 결코 안식을 발견하지 못할 것입니다.

만일 당신이 사람들 가운데 거하고 세상에서 일해야 한다면, 지나치게 자신하지 말고 두려워하면서 겸손히 행하며, 어린나무처럼 겸손과 하나님 경외라는 버팀목을 의지하십시오. 그러면 태풍이 불어도 부러지지 않을 것입니다. 세상에서 지나친 자신감을 가지고 일하는 미혹된 사람들이 무척 많습니다. 세상은 바다만큼도 신뢰할 수 없는 것입니다. 이 세상의 외적 쾌락과 위로는 좋지 않은 날씨 때문에 곧 요동칠 것이며, 세상의 기쁨은 곧 악한 양심을 조성할 것입니다.

덧없이 사라질 기쁨을 추구하지 않고 이 세상에 관심을 두지 않는 사람은 선한 양심을 유지합니다. 신령한 것만 바라보고 하나님께만 희망을 두는 사람은 매우 평화롭고 평안합니다. 이 세상의 위로에 매달리지 않는 사람은 하나님에게서 크고 달콤한 위로를 받습니다. 종종 우리는 사람들 가운데서 잃은 회심과 덕의 증진과 거룩한 묵상을 자기의 내면에서 발견합니다. 우리는 밖에서 잃어버린 것을 마음에서 발견할 것입니다. 나무는 원래 심어진 땅에서 가장 잘 자랍니다. 마찬가지로 속사람은 마음의 내적인 땅, 즉 그리스도 안에서 가장 잘 성장합니다.

사람의 양심에는 기쁨과 슬픔이 있습니다. 그것을 신령하고 내적인 것을 위해 사용한다면, 양심은 내적인 기쁨을 줄 것입니다. 외적인 세상의 것을 위해 사용한다면, 내적 슬픔과 비통함을 줄 것입니다.

영혼은 죄에 대해 자주 묵상할수록 내적으로 자주 웁니다. 그때 영혼은 믿음으로 밤새도록 씻어내고 정화하는 눈물의 샘과 근원을 발견하고 거룩하게 되어 은밀한 지성소에 들어갈 자격을 갖추게 되는데, 그곳에서 하나님은 영혼과 은밀하게 말씀하실 수 있습니다.

하나님은 숨어 계시는 분이므로(사 45:15), 하나님이 담화를 나누는 영혼은 은밀하고 깊은 데 살아야 합니다(시 85:9; 34:5-7; 5:4). 영혼은 은밀하고 깊은 데서 살수록 세상으로부터 끊어집니다. 족장 야곱은 자녀들과 친구들을 떠나 하나님과 대화했고, 천사들이 그와 대화했습니다(창 32:24ff.). 하나님과 천사들은 무엇보다도 거룩한 영혼을 사랑하므로 그를 홀로 버려두지 않을 것입니다.

24

하나님 사랑과
이웃 사랑에 관하여

"이 교훈의 목적은 청결한 마음과 선한 양심과 거짓이 없는 믿음에서 나오는 사랑이거늘"(딤전 1:5).

이 구절에서 사도 바울은 가장 높고 고귀한 덕인 사랑에 관해 가르치면서 그것에 관한 많은 것을 이야기합니다. 첫째, 사랑은 모든 계명의 총체요 율법의 완성입니다(롬 13:10). 그 안에 모든 계명이 담겨 있으며, 그것이 없으면 모든 은사와 덕이 불순하고 무익합니다.

둘째, 그는 참사랑이 청결한 마음에서 나와야 한다고 말합니다. 이것은 하나님을 향한 사랑은 세속적인 사랑이 없는 깨끗한 마음에서 생겨나야 한다는 의미입니다(요일 2:15-17). 이러한 마음을 가진 사람은 인간적인 사랑에서 정화되며, 그리하여 현세의 것에 몸을 맡기지 않으며, 마음의 평화를 그것에 두지 않고 하나님께만 둡니다(시 73:25-26). 이 사랑은 청결한 마음에서 나옵니다. 다시 말해서 기쁨과 즐거움으로 시작되는 것은 순수한 사랑입니다(시 18:2-3).

셋째, 바울은 사랑이 선한 양심에서 나와야 한다고 가르칩니다. 악한 양심에서 나는 거짓 사랑은 이익을 목적으로 이웃을 사랑합니다. 참사랑은 의도적으로 말이나 행동으로 이웃을 공격하지 않으며, 공개적으로든지 은밀하게든지 대적하지 않습니다. 마음에 미움, 질투, 분노, 노여움을 품지 않으며, 그렇기 때문에 하나님 앞에서 기도할 때 양심이 반박하지 않을 것입니다.

넷째, 믿음이나 기독교를 대적하는 데 사용하지 않으며, 공개적으로든지 은밀하게든 하나님을 부인하지 않으며, 시련을 당할 때나 형통할 때, 행복할 때나 불행할 때나 변함없이 지속하는 깨끗한 믿음에서 나와야 합니다. 이것이 디모데전서 1장 5절에서 의미하는 바입니다. 이제 이 구절의 각 부분을 살펴보겠습니다.

1. 첫째, 사도 바울은 사랑이 율법의 총체라고 말합니다. 즉 참믿음에서 나오는 사랑은 가장 고귀하고 선하고 좋은 일이며, 사람이 할 수 있으며 하나님을 가장 기쁘게 해 드릴 수 있는 믿음의 열매입니다. 하나님은 자신을 섬기기 위해서 우리에게 크고 높고 무거운 일을 요구하지 않으십니다. 오히려 많은 계명을 수반하는 구약의 어려운 예배를 믿음과 사랑으로 바꾸셨으며, "성령으로 말미암아 하나님의 사랑이 우리 마음에 부은 바 됨이니"(롬 5:5)라는 말씀처럼 우리를 돕기 위해서 성령을 보내셨습니다. 여기에서 우리는 덕의 참 근원에 대해 듣습니다.

그러므로 경건하고 신실한 사람에게는 사랑이 어려운 일이 아니라 쉬운 일입니다. 요한일서 5장 3절에서 요한은 "그의 계명들은 무거운 것이 아니로다"라고 말합니다. 요한은 깨우친 그리스도인에게는 그것이 어려운 일이 아님을 이해했습니다. 왜냐하면 성령께서 하고자 하는 선한 마음을 조성하시기 때문입니다. 하나님이 우리에게 요구하시는 것은 위대한 기술이나 총명함이 아니라 사랑입니다. 만일 그 사랑이 거짓이 없고 깊고 뜨거운 것이라면, 그것은 하나님을 기쁘시게 합니다. 그 안에서 하나님은 이 세상의 지혜와 예술에서보다 더 큰 기쁨과 만족과 행복을 발견하십니다. 그리고 모든 지혜, 예술, 행위, 은사가 있어도 사랑이 없으면 모든 것이 불순하고 쓸모가 없습니다. 그것은 생명이 없는 죽은 몸과 같습니다(고전 13:1).

이방인과 그리스도인 모두에게 지성이 있으며, 신자에게나 불신자에게나 위대한 행위가 있습니다. 참 기독교인과 거짓 기독교인을 구분하는 합당한 시험은 사랑뿐입니다. 왜냐하면 아무리 귀하고 훌륭하게 보여도 사랑이 없으면 선하지 않기 때문입니다. 그 이유는 하나님이 거기에 계시지 않기 때문입니다. "하나님은 사랑이시라 사랑 안에 거하는 자는 하나님 안에 거하고 하나님도 그의 안에 거하시느니라"(요일 4:16).

하나님에게나 사랑을 실천하는 사람에게나 사랑은 귀한 것입니다. 사랑에 근거를 두지 않는 모든 예술과 지성과 지혜는 몸을 죽이고, 슬픔과 피곤함과 고됨을 초래하는데, 그것이 몸의 고통이요 괴로움입니다. 오직 사랑만이 모든 것을 더 선하게 하고 새로운 삶을 가져다주며 몸과 영혼을 지켜줍니다. 사랑은 누구에게도 해를 끼치지 않으며, 풍성한 열매를 맺습니다. 사랑하는 사람은 그 대가로 사랑을 받습니다. 덕이 그것의 대가입니다. 죄와 악행에는 악한 대가가 따릅니다.

몸과 영혼의 모든 능력은 지치고 사라지지만, 참 사랑은 지치지 않으며,

지식과 방언의 은사와 믿음처럼 그치는 일이 없습니다(고전 13:8; 롬 12).

하나님을 기쁘시게 하는 행위는 하나님에게서 나와야 합니다. 하나님이 우리 안에서 일으키시지 않은 것은 하나님을 기쁘게 할 수 없습니다. 하나님이 사랑이시므로, 모든 것이 하나님이 기뻐하시는 믿음에서 나와야 합니다. 기도 역시 깊은 사랑에서 나와야 합니다. 분노와 증오가 가득한 마음에서 무슨 기도가 나올지 생각해 보십시오. 그런 사람이 종일 시편으로 기도해도 하나님 앞에서 가증할 뿐입니다. 참 묵상은 말에서 생겨나는 것이 아니라 믿음과 사랑의 영에서 나옵니다(요 4:23-24). 긍휼한 마음으로 "아버지 저들을 사하여 주옵소서"(눅 23:34)라고 말씀하신 예수 그리스도를 생각하십시오. 하나님을 사랑하지 않는 사람은 기도하지 않습니다. 하나님을 깊이 사랑하는 사람에게는 기도가 기쁨입니다. 하나님을 사랑하는 사람은 마음으로 하나님을 섬깁니다. 하나님을 사랑하지 않는 사람은 비록 하나님이 그를 위해 산을 움직이셔도 하나님을 섬기지 않을 것입니다.

그러므로 우리 안에서 하나님의 사랑이 깨어나는 것보다 더 유익하고 좋은 일이 없습니다.

영혼이 몸을 통해서 모든 일을 하듯이, 그리스도인은 외적 행위와 행동을 통해서 사랑을 실천해야 합니다. 영혼은 몸을 통해서 보고 듣고 맛보고 말합니다. 이처럼 우리 안에서 외적 행동과 일을 통해 사랑이 모든 일을 해야 합니다. 예수께서 모든 일을 사랑으로 하신 것처럼, 먹든지 마시든지, 듣든지 말하든지, 벌하든지 칭찬하든지 사랑 안에서 완전하게 행하십시오. 자비로운 사랑으로 이웃을 바라보십시오, 그들의 말을 들을 때 사랑으로 들으십시오. 이웃에게 말할 때 자비하게 하십시오.

항상 믿음으로 내면에 사랑의 뿌리를 보존하십시오. 그러면 당신에게서 선한 것 외에 다른 것이 나오지 않을 것이며, 당신은 사랑 안에 담기는 하나님의 계명을 성취하기 시작할 것입니다(고전 16:4). 이것 때문에 어느 거룩한 교사는 "오! 성령 안에 있는 하나님의 사랑, 영혼의 달콤함, 그리고 인간의 경건한 삶이여! 그대를 소유하지 못한 사람은 살았으나 죽은 자요, 그대를 소유한 사람은 하나님 앞에서 죽지 않을 것입니다. 그대가 없는 곳에서 인간의 삶은 계속되는 죽음이며, 그대가 있는 곳에서는 인간의 삶은 영생을 맛봅니다"라고 말하였습니다. 그러므로 사랑이 어떻게 모든 계명의 강령인지 명심하십시오.

2. 우리는 깨끗한 마음으로 하나님을 사랑해야 합니다. 마음에 세상 사랑이 없어야 합니다. 하나님이 인간의 지고의 선이 되시며(시 16:5; 17:4, 18), 인간은 하나님 안에서 마음의 기쁨과 즐거움을 누려야 합니다.

그러므로 영혼이 가장 사랑하는 분은 하나님이셔야 합니다. 이는 하나님이 가장 높고 위대한 선이시며, 모든 선이요 덕이시기 때문입니다. 하나님은 순수한 은혜, 사랑, 친절, 인내, 신실함, 진리, 위로, 평화, 기쁨, 생명, 축복이십니다. 하나님은 그리스도 안에서 이 모든 것을 우리에게 주셨습니다. 그러므로 그리스도를 소유한 사람은 이 모든 것을 소유하며, 하나님을 사랑하는 사람은 하나님의 진리와 자비와 선과 덕을 사랑합니다.

하나님을 진정으로 사랑하는 사람은 하나님이 사랑하시는 것을 사랑하며, 하나님을 슬프게 하는 것으로 인해 슬퍼합니다. 그러므로 하나님이 의이시므로 사람은 의를 사랑해야 하며, 하나님이 진리이시기 때문이며 진리를 사랑해야 하며, 하나님이 자비이시기 때문에 자비를 사랑해야 합니다. 그리스도의 마음이 온유하고 겸손하므로 우리는 온유와 겸손을 사랑해야 합니다. 다시 말해서 모든 악덕은 하나님을 대적하는 것이요 하나님의 원수요 마귀의 사역이므로, 참으로 하나님을 사랑하는 사람은 모든 악덕을 미워해야 합니다. 마귀가 거짓말쟁이이므로 하나님을 참으로 사랑하는 자는 거짓말 및 모든 악덕을 미워해야 합니다. 요한복음 8장 44절에 기록된 바와 같이 거짓말과 불의 등의 죄를 사랑하는 사람은 마귀의 자식입니다. 그러나 그리스도를 구세주요 거룩하게 하시는 분으로 사랑하는 사람은 그리스도의 거룩한 삶의 본, 즉 그분의 겸손, 온유, 인내를 사랑하며, 하나님의 자녀입니다.

하나님께서 그리스도의 사랑으로 말미암아 우리의 내면에 사랑을 점화해 주시려면, 하나님께 깨끗한 마음을 요청해야 합니다. 만일 우리가 날마다 매 순간 마음으로 그것을 원하며 하나님께 요청한다면, 하나님은 기꺼이 우리 마음에 사랑의 불을 지펴주실 것입니다. 만일 사랑이 약하고 냉랭하다면, 잠시 내면에서 사랑의 불이 꺼져서 당신이 비틀거린다면, 다시 일어나 그 불을 붙여야 합니다. 그것이 영생입니다. 하나님 사랑은 꺼지지 않을 것이며, 다시 우리의 내면을 밝혀줄 것입니다. 우리 마음에서 거룩한 사랑의 불이 꺼지는 것을 허락하시지 말라고 날마다 하나님께 기도해야 합니다.

이것이 세상과 피조물에 대한 사랑이 제거된 깨끗한 마음의 사랑입니다.

3. 선한 양심을 사랑하는 것이 이웃 사랑입니다. 하나님 사랑과 이웃 사랑은 하나이며, 나누어져서는 안 됩니다. 거룩한 사랑은 이웃 사랑에서 가장 분명하게 입증됩니다. "누구든지 하나님을 사랑하노라 하고 그 형제를 미워하면 이는 거짓말하는 자니 보는바 그 형제를 사랑하지 아니하는 자는 보지 못하는바 하나님을 사랑할 수 없느니라 우리가 이 계명을 주께 받았나니 하나님을 사랑하는 자는 또한 그 형제를 사랑할지니라"(요일 4:20-21). 미워하는 마음에 하나님 사랑이 거할 수 없습니다. 눈에 보이는 형제, 자비가 필요한 형제에게 자비를 베풀지 않는 사람이 어떻게 자비가 필요하지 않은 하나님을 사랑하겠습니까?

(1) 믿음은 하나님과 연합하고, 사랑은 이웃과 연합합니다. "사랑 안에 거하는 자는 하나님 안에 거하고 하나님도 그의 안에 거하시느니라"(요일 4:16). 몸과 혼이 한 사람을 이룹니다. 믿음은 하나님 사랑과 이웃 사랑이 참 신자를 이룬다는 것을 증명합니다. 이렇게 행하는 사람은 하나님과 한마음 한뜻이지만, 그렇지 않은 사람은 하나님을 대적하는 자이며 하나님의 원수입니다. 왜냐하면 그는 이웃의 원수이기 때문입니다.

(2) 이웃의 범죄를 염려하는 것이 사랑의 속성입니다(갈 6:1). 따라서 이웃이 범한 죄는 우리 및 우리도 인간임을 보고 알게 해주는 거울입니다. 그러므로 우리는 인내하며 겸손하고 온유하게 이웃의 약점과 짐을 나누고 도와주어야 합니다.

(3) 자발적으로 악에 빠지지 않으며 재빨리 일어서는 사람은 자신을 벌

하며 잘못을 인정합니다. 우리는 이러한 사람을 동정하고 긍휼히 대할 수 있습니다. 그렇지 행하지 않는 사람은 그리스도의 온유한 영을 소유하지 않는 사람입니다. 누가 이웃의 범죄를 동정심이 없이 성급하게 판단한다면, 그것은 그에게 그리스도와 성령의 자비로운 사랑이 부족하고 하나님이 그 안에 계시지 않다는 증거입니다. 그리스도의 영으로 성화된 참 기독교인은 그리스도께서 본으로 보여주신 자비와 자비로운 사랑으로 사람을 대함으로써 행동으로 보여줍니다. 자신에게서 이웃 사랑을 발견하지 못하는 사람은 하나님의 사랑, 즉 하나님에게서 멀어진 사람입니다. 그러므로 사랑의 하나님이 다시 임하게 하려면 두려워하며 마음으로 회개하며 이웃의 용서를 구해야 합니다. 사람이 믿음과 사랑으로 행하는 모든 것이 다시 선하고 거룩하고 경건한 것이 될 것입니다. 그러면 그 사람은 내주하시는 하나님의 사랑 때문에 기쁨으로 하나님의 사랑과 자비를 실천할 것이며, 하나님께서 말씀하신 대로 선을 행하는 것이 그의 기쁨이 될 것입니다(렘 32:41).

(4) 사랑이 없으면 사람 안에 있는 모든 것은 악하며, 모든 것이 근본에서 악합니다. 사탄은 선을 행할 수 없습니다. 왜냐하면 사탄에게는 하나님을 향한 사랑이 없고, 사람에 대한 사랑도 없기 때문입니다. 그러므로 사탄이 행하는 것은 근본에서 악합니다. 사탄은 오로지 하나님과 인간에 대한 증오심을 완벽하게 하려고 행위로써 하나님을 욕되게 하고 사람을 타락시키려 합니다. 그러므로 그는 자신의 시기와 분노를 실행하는 통로가 될 미워하는 마음을 찾습니다. 이런 점에서 우리는 하나님의 자녀와 사탄의 자식을 구분할 수 있습니다(요 3:10).

4 . 사랑은 성실한 믿음에서 나와야 합니다. 그것은 행복하든지 불행하든지 하나님을 사랑해야 합니다. 하나님을 참으로 사랑하는 사람은 하나님을 기쁘시게 하는 모든 것 때문에 기뻐합니다. 하나님을 사랑하는 사람은 하나님께서 주신 십자가를 사랑해야 합니다. 이것은 하나님의 뜻이기 때문에 십자가를 지신 우리 주 그리스도의 본을 통해 나타납니다. "나는 받을 세례가 있으니 그것이 이루어지기까지 나의 답답함이 어떠하겠느냐"(눅 12:50). 그러므로 거룩한 순교자들은 기뻐하며 십자가를 졌습니다.

하나님을 향한 깊은 사랑을 가진 사람은 자기 십자가를 지는 것을 어렵게 여기지 않습니다. 왜냐하면 그들의 십자가가 그리스도의 멍에이기 때문입니다(마 11:29). 자석은 무거운 쇠를 끌어당깁니다. 이처럼 하늘의 자석인 하나님 사랑이 십자가라는 우리의 짐을 끌어당김으로써 가볍고 쉽게 합니다. 그렇다면 사람의 마음이 괴로워할 이유가 무엇입니까? 설탕은 쓴 음식을 달게 합니다. 그렇다면 신령한 사랑의 달콤함은 쓴 십자가를 얼마나 달게 만들겠습니까? 이것 때문에 거룩한 순교자들의 인내와 기쁨이 생겨났습니다. 이는 하나님께서 그들을 하나님의 사랑에 취하게 하셨기 때문입니다.

25

이웃 사랑에 관하여

"누구든지 진 자는 이긴 자의 종이 됨이라"(벧후 2:19).

악한 가식과 증오를 섬기기만큼 어렵고 힘든 것이 없습니다. 이것들은 모든 육체적 · 영적 능력을 속박하고 누르며, 인간의 생각을 자유롭게 두지 않습니다. 사랑을 실천하는 사람은 마음이 자유로우며, 진노와 질투, 탐심, 고리대금, 배금(拜金), 교만, 거짓말과 중상 등의 종이 아니며, 몸이 이러한 것들에 빚진 자가 아닙니다. 사랑은 그를 이 모든 것에서 자유롭게 하며, 해로운 악덕에 정복되는 것을 허락하지 않습니다. 그는 자유의 영으로 말미암아 그리스도 안에서 자유롭습니다. 왜냐하면 영이 있는 곳에 자유가 있기 때문입니다(고후 3:17). 그리스도의 사랑 안에서 행하는 사람은 죄의 종이 아니며, 그의 몸도 죄에 빚진 자가 아닙니다. 왜냐하면 하나님의 사랑이 성령을 통하여 그를 자유롭게 하였기 때문입니다.

우리는 하나님의 사랑이 모든 사람에게 어떻게 미치는지 알 수 있습니다. 이것은 그분의 말씀뿐만 아니라 자연 안에서 증명됩니다. 모든 사람에게 하늘이 주어졌습니다. 그것은 모든 사람을 덮습니다. 그것은 나의 것이요 이웃의 것입니다. 해는 나의 것이요 내 형제의 것입니다. 위대한 사람과 비천한 사람이 모두 같은 해 아래, 같은 대기 속에, 같은 땅 위에서 같은 물을 먹으며 삽니다.

우리는 하나님이 우리를 대하시듯이 이웃을 대해야 합니다. 하나님은 자연을 본으로 주셨는데, 이처럼 우리도 모든 사람과 한마음이 되어야 하며, 모든 사람을 똑같이 사랑해야 합니다. 하나님이 우리에게 관심을 두시는 것처럼 우리도 이웃에게 관심을 가져야 합니다. 우리가 이웃에게 행하는 대로 하나님께서 우리를 대하실 것입니다. 하나님은 자신이 우리에게 얼마나 관심을 보이시는지 확신시키기 위해 우리 마음속에서 증언하십니다. 그러므로 우리도 이웃에게 관심을 보여야 합니다.

시험대는 우리의 마음과 양심에 있습니다. 우리는 그 안에 들어가서 좋은 이웃이든지 악한 이웃이든지 그들과 얼마나 조화를 이루는지 자신에게 물어야 합니다. 거기에서 발견하는 우리의 모습을 하나님과의 관계에서도 발견할 것입니다. 하나님은 우리가 이웃에게 행하는 것과 같은 방법으로 우리에게 행하실 것입니다. "깨끗한 자에게는 주의 깨끗하심을 보이시며 사악한 자에게는 주의 거스르심을 보이시리니"(시 18:26). 우리가 형제에게 비뚤어진 마음을 가지고 있다면, 하나님도 우리를 그렇게 대하실 것입니다.

그러므로 우리의 형제는 하나님의 사랑으로 제정된 시험대입니다. 하나님은 이웃을 통해 우리의 사랑이 의로운 것인지 시험하려 하십니다. 하나님에게는 우리의 섬김이 필요하지 않지만, 이웃에게는 필요합니다.

하나님은 우리가 이웃을 향하게 하셨고, 매사에 이웃을 향하도록 우리의 양심에 계명을 두셨습니다. 하나님이 우리에게 관심을 두시듯이, 우리도 항상 이웃에게 관심을 두어야 합니다. 이웃을 용서하지 않으면 하나님과 함께 은혜 안에 머물 수 없습니다. 이것은 하나님을 위해 필요한 것이 아닙니다. 예수 그리스도의 죽음을 통하여 온 세상의 죄가 단번에 제거되고 완전한 용서가 이루어졌습니다. 우리는 왕에게서 빚을 탕감받은 종과 같습니다. 그러나 그 종이 형제를 무자비하게 대했기 때문에 왕은 빚을 탕감했던 것을 철회했고, 그는 악한 종이 되어 저주를 받았습니다. 이 이야기의 결론은 다음과 같습니다. "너희가 각각 마음으로부터 형제를 용서하지 아니하면 나의 하늘 아버지께서도 너희에게 이와 같이 하시리라"(마 18:35); "너희가 헤아리는 그 헤아림으로 너희도 헤아림을 도로 받을 것이니라"(눅 6:38).

사람은 자신을 위해서만 아니라 이웃을 위해서 이 땅에 삽니다. 이웃을 사랑하라는 계명이 매우 강력하므로 이 계명을 범할 때 하나님이 떠나가시며, 그는 즉시 가장 엄한 의의 심판과 저주를 받게 됩니다.

우리가 이것에 대해 생각한다면 이웃에게 화내지 않을 것이며, 해가 지도록 화를 품지 않을 것입니다(엡 4:26). 그리스도는 십자가에서 죽으심으로 단번에 완전하게 세상의 죄값을 지불하시고 구속하셨고 영원한 왕께서 우리의 큰 죄를 용서하시고 은혜로 죄 사함을 허락하셨지만, 우리가 형제를 사랑하지 않고 미워하고 용서하지 않으면, 그리스도의 큰 공로를 잃을 것이며, 그리스도를 통하여 영원한 복을 받기 전과 같은 상태가 될 것입니다.

이처럼 하나님은 우리를 이웃 사랑에 매이게 하셨습니다. 하나님은 이웃을 사랑하지 않는 우리의 사랑을 원하지 않으십니다. 우리는 이웃을 사랑하는 만큼 하나님을 사랑합니다. 하나님은 모든 사람을 동등하게 지으셨으므로, 우리는 다른 사람 위에 군림하거나 다른 사람을 무시하지 말아야 하고, 한 분 아버지의 자녀들로서 화평하게 연합하여 살고 평안한 양심을 소유해야 합니다.

우리가 형제를 미워한다면, 이는 그것을 금하신 하나님을 미워하는 것이므로 하나님이 우리를 미워하실 것입니다. 이것이 우리의 심판과 저주입니다. 우리는 죄 사함과 그리스도의 귀한 공로와 구속을 한꺼번에 잃을 것입니다.

사랑으로 쏟은 그리스도의 보혈은 증오가 가득한 마음에서 열매를 맺지 못합니다. 마태복음 18장 35절의 비유에서 하나님은 만 달란트의 빚 때문에 노하신 것이 아니라 그가 무자비한 것에 노하셨습니다. 주님은 빚을 탕감해주실 수 있지만 무자비함은 용서하시지 않습니다. 그러므로 다음과 같은 권고를 깊이 생각해야 합니다: "나의 하늘 아버지께서도 너희에게 이와 같이 하시리라"(마 18:35).

26

왜 이웃을 사랑해야 하는가?

"피차 사랑의 빚 외에는 아무에게든지 아무 빚도 지지 말라 남을 사랑하는 자는 율법을 다 이루었느니라"(롬 13:8).

선지가 미가는 "내가 무엇을 가지고 여호와 앞에 나아가며 높으신 하나님께 경배할까 내가 번제물로 일 년 된 송아지를 가지고 그 앞에 나아갈까 여호와께서 천천의 숫양이나 만만의 강물 같은 기름을 기뻐하실까 내 허물을 위하여 내 맏아들을, 내 영혼의 죄로 말미암아 내 몸의 열매를 드릴까 사람아 주께서 선한 것이 무엇임을 네게 보이셨나니 여호와께서 네게 구하시는 것은 오직 정의를 행하며 인자를 사랑하며 겸손하게 네 하나님과 함께 행하는 것이 아니냐"(미 6:6~8)라고 말합니다.

선지자는 이렇게 질문하고 대답하면서 참되고 바른 예배가 표면적 의식이나 희생제물에 있는 것이 아님을 가르칩니다. 사람이 하나님께 무엇을 드릴 수 있겠습니까? 하나님에게는 이것이 필요하지 않습니다. 사람을 제물로 드려도 하나님을 달랠 수 없습니다. 하나님은 이것을 명하신 적이 없습니다. 그것은 하나님께 가증한 것이며, 세상의 모든 죄를 담당하도록 정하신 그리스도를 통해서 이루어진 희생제사에 대한 모독입니다. 하나님이 기뻐하시는 바르고 참된 예배는 순수한 내적 믿음 안에 있습니다. 그것은 선지자가 하나님의 말씀을 지키는 것이요 믿음과 사랑과 자비를 실천하는 것이라고 묘사한 것입니다. 다윗이 시편 51장 17절에서 "하나님께서 구하시는 제사는 상한 심령이라 하나님이여 상하고 통회하는 마음을 주께서 멸시하지 아니하시리이다"라고 지적한 것처럼 참된 겸손에 있는 것이지 제물에 있는 것이 아닙니다.

참된 예배는 믿음과 사랑과 겸손한 마음에서 나와야 합니다. 사도 바울은 로마서 13장 8~10절에서 이에 관해 권면합니다. 이 구절은 사랑에 관한 찬양과 이웃에 대한 지속적인 의무에 관한 말씀입니다. 이로써 우리는 하나님을 제대로 섬길 수 있습니다. 그 이유는 우리는 하나님께서 우리 마음에서 일으키시는 것 외에 다른 것으로는 하나님을 섬길 수 없으므로, 하나님이 우리 마음에서 일으키시는 것이 아닌 것으로 섬겨서는 안 되기 때문입니다. 사랑과 기쁨으로 이웃에게 베푼 봉사가 아닌 다른 것으로는 하나님을 섬겨서는 안 됩니다.

바울은 그러한 사랑을 실천하라고 권면하고, 그리스도인의 덕을 사랑하는 사람이 흡족해하는 선하고 귀중한 논거를 사용하여 다음과 같이 말합니다: "모든 덕이 사랑에 요약되어 있으며, 사랑은 율법의 완성이다." 바울은 우리가 사랑으로 율법을 완성함으로써 복과 영생을 얻을 수 있게 하려고 이 논거를 사용한 것이 아닙니다. 그것은 우리의 사랑이 완성될 때 이루어질 것이기 때문입니다. 그는 사랑의 덕의 가치와 위대함을 묘사함으로써 우리가 이 덕을 얻기 위해 노력하도록 하려 했습니다.

우리의 의와 복은 믿음으로 우리에게 주어진 예수 그리스도와 그의 공로에 기반을 둡니다. 그분의 의에서 이웃 사랑을 비롯한 모든 덕이 흘러 나오는데, 이것들은 하나님께 영광과 찬양을 드리게 하는 의의 열매입니다(빌 1:11). 이것이 가장 크고 영광스러운 덕이므로, 우리가 사랑 안에서 세워야 할 다른 기초들에 대해 다루겠습니다.

(1) 가장 중요한 기초는 요한일서 4장 16절에서 발견할 수 있습니다: "하나님은 사랑이시라 사랑 안에 거하는 자는 하나님 안에 거하고 하나님도 그의 안에 거하시느니라." 하나님 안에 거하기를 간절히 원하지 않는 사람이 있을까요? 하나님께서 자기의 내면에 거하시기를 간절히 원하지 않는 사람이 있을까요? 다시 말해서 사탄이 자기의 내면에 거하고, 자신이 사탄 안에 거하기를 원하는 사람은 없을 것입니다. 그러나 사랑이 없고 증오가 있으면 이런 일이 일어납니다. 마귀는 사람의 원수요, 하나님은 사람을 사랑하십니다. 요한은 7절에서 "사랑하는 자마다 하나님으로부터 나서 하나님을 알고"라고 더 자세히 말합니다. 하나님께로 나서 하나님의 자녀가 되고 하나님을 안다는 말이 위로가 되지 않습니까?

마음에 사랑이 없으며, 사랑의 능력과 생명, 복, 선, 친절, 오래 참음, 인내 등을 경험하지 못한 사람은 사랑이신 하나님을 알 수 없습니다. 하나님과 그리스도에 대한 지식은 그리스도를 영접하고 경험하는 데서 나와야 합니다. 사랑에 대해서 아무것도 모르는 사람이 어찌 그리스도를 알 수 있겠습니까? 그리스도는 순수한 사랑이요 온유함이십니다. 이 덕을 가지고 실천하는 사람은 참으로 그리스도를 아는 자입니다. 베드로후서 1장 8절은 이것에 대해 언급합니다.

(2) 주님은 "너희가 열매를 많이 맺으면 내 아버지께서 영광을 받으실

것이요 너희는 내 제자가 되리라 아버지께서 나를 사랑하신 것 같이 나도 너희를 사랑하였으니 나의 사랑 안에 거하라"(요 15:8-9)고 말씀하십니다. 그리스도의 제자가 된다는 것은 무엇을 말합니까? 명목상의 그리스도인, 입으로만 그리스도를 고백하는 것이 아니라 진정으로 그리스도에게 속하고, 그분의 사랑을 받고, 그분의 지체가 되고, 그분의 모든 복을 누리는 것입니다. 그리스도의 사랑을 품지 않은 사람은 그리스도께 속한 것 아니며, 그분과 무관합니다. 그러한 사람은 믿음이 없으므로, 그리스도는 그를 자기 것으로 인정하지 않으실 것입니다. 사람이 맛으로 과일을 알고 냄새로 꽃을 아는 것처럼, 사랑으로 그리스도인을 압니다.

(3) 사도 바울은 고린도전서 13장 2절에서 사랑이 없으면 모든 은사가 아무것도 아니라고 말합니다. 방언을 하고 기적을 행하고 많은 비밀을 알아도 사랑으로 역사하는 믿음이 없으면 그리스도인이 되지 못합니다. 하나님이 우리에게 요구하시는 것은 기적을 행하는 것처럼 큰일이 아니라 사랑과 겸손입니다. 사랑이나 겸손이 아닌 기적과 같은 큰일을 행하는 것을 우리에게 요구하지 않습니다. 마지막 날에 하나님은 당신이 예술이나 언어를 얼마나 많이 배웠는가, 얼마나 큰 지식을 가지고 있는가를 물으시는 것이 아니라, 믿음으로 사랑을 어떻게 실천했는지를 물으실 것입니다. "내가 주릴 때에 너희가 먹을 것을 주었고 목마를 때에 마시게 하였고 나그네 되었을 때에 영접하였고"(마 25:35). 바울은 갈라디아서 5장 6절에서 "그리스도 예수 안에서는 할례나 무할례나 효력이 없으되 사랑으로써 역사하는 믿음뿐이니라"고 했습니다. 사람들 앞에서의 탁월함이나 은사나 외모가 아니라 사랑을 통해 역사하는 믿음만이 효력이 있습니다.

(4) 사도 요한도 요한일서 4장 20~21절에서 같은 말을 합니다: "누구든지 하나님을 사랑하노라 하고 그 형제를 미워하면 이는 거짓말하는 자니 보는바 그 형제를 사랑하지 아니하는 자는 보지 못하는바 하나님을 사랑할 수 없느니라 우리가 이 계명을 주께 받았나니 하나님을 사랑하는 자는 또한 그 형제를 사랑할지니라." 이웃 사랑이 없이 하나님 사랑이 있을 수 없습니다. 이웃을 사랑하지 않는 사람은 하나님의 원수입니다. 왜냐하면, 하나님이 인간을 사랑하시므로 인간의 원수는 곧 하나님의 원수이기 때문입니다.

(5) 사랑은 자연의 법입니다. 이것에서 인류를 위한 모든 선한 것이 나오며, 이것이 없으면 인류는 멸망할 수밖에 없습니다. 사람에게 선한 모든 것은 사랑에서 나오며, 그 근원은 사랑입니다. 그러므로 바울은 사랑을 "온전하게 매는 띠"라고 말합니다(골 3:14). 그는 로마서 12장 9절에서 사랑이 맺는 열매를 묘사합니다. 또한, 주님은 "그러므로 무엇이든지 남에게 대접을 받고자 하는 대로 너희도 남을 대접하라 이것이 율법이요 선지자니라"(마 7:12)고 말씀하십니다. 이방인들도 자연으로부터 자신이 원하지 않는 일은 남에게 행하지 말아야 한다는 것을 배웠습니다. 많은 덕을 행한 로마 황제 세베루스(Severus)는 계속 이 말을 했고, 그것을 법으로 제정했습니다.

(6) 사랑은 영생의 아름다운 이미지요 그것을 미리 맛보는 것입니다. 택함을 받은 자들이 서로 사랑하고 기뻐하고, 영원한 자비와 친절 안에 함께 거하며, 측량할 수 없는 기쁨을 함께 누리는 것은 매우 복된 상황일 것입니다. 이 모든 일이 사랑 안에서 일어날 것입니다. 그러므로 영생의 이

미지를 관상하고 미리 맛보는 사람은 그 안에서 큰 기쁨과 만족을 발견할 것이며, 마음에 놀라운 안식과 평화를 누릴 것입니다.

(7) 순수하고 따뜻하고 깊은 사랑일수록 경건한 성품과 본성에 더 가까워집니다. 왜냐하면, 가장 순수하고 달콤하고 뜨겁고 고귀하고 깊은 사랑은 하나님과 그리스도와 성령 안에 있기 때문입니다. 사람이 자기의 이익이나 즐거움을 위해서 사랑하는 것이 아니라 오직 하나님의 사랑을 위하여 사랑할 때 그 사랑은 순수합니다. 왜냐하면, 하나님은 이기적인 목적이 없이 지극히 순수하고 깨끗하게 사랑하시기 때문입니다. 그러므로 자신의 목적을 위해 이웃을 사랑하는 사람에게는 순수하고 경건한 사랑이 없습니다. 이것이 이방인의 사랑과 그리스도인의 사랑의 차이점입니다. 그리스도인은 그리스도와 하나님 안에서 순수하게 이웃을 사랑하며, 하나님과 그리스도 안에서 모든 사람을 사랑합니다. 이방인들은 이에 대해서 전혀 알지 못하고, 자기의 명예와 목적 달성을 위해 덕을 더럽힙니다. 이웃을 위선이나 거짓 없이 사랑하려면, 마음에서 우러나 사랑하려면, 입으로만 사랑하여 사람들을 그릇된 길로 인도하지 않으려면, 이웃을 깊이 사랑해야 합니다. 깊은 자비와 긍휼을 베풀려면 사랑이 뜨거워야 합니다. 사람은 이웃에게 필요한 것을 자기 것처럼 떠맡아야 하고, 자기의 생명을 이웃과 나누며, 이웃을 위해 목숨을 버려야 합니다(요일 3:16). 이것은 형제를 위해 자신이 불사르게 내어 주기를 원했던 바울과 모세의 경우에서 볼 수 있습니다(출 32:32; 롬 9:3).

(8) 그다음에는 원수를 사랑해야 합니다(마 5:44). 여기에 본성을 정복하고, 혈과 육과 세상과 세상의 모든 악을 선과 덕으로 다스리는(롬 12:21) 그

리스도인의 영광과 탁월함과 우월함이 존재합니다. 이것이 그리스도인의 고결함입니다(출 23:5; 고전 9:9; 롬 12:20). 사람이나 원수를 해치지 않는 것만으로는 충분하지 않으며, 그에게 선을 행하여야 합니다. 그렇지 않으면 하나님의 자녀가 아닙니다. 그렇지 하지 않는 사람은 이웃을 사랑하는 자가 아닙니다.

(9) 그리스도인의 사랑을 실천하려 노력하지 않는 사람은 그리스도의 영적 몸인 교회와의 관계를 끊으며 그리스도의 복을 잃습니다(엡 4:5). 믿음도 하나요, 세례도 하나요, 하나님도 한 분이시며, 주님도 한 분이십니다. 머리에서 분리된 지체는 머리의 생명과 능력을 소유하지 못하고 죽듯이, 사랑으로 살지 않는 사람은 머리이신 그리스도에게서 자신을 분리하며, 몸의 움직임과 완전함에 참여할 수 없습니다. 그러므로 요한은 "형제를…사랑하지 아니하는 자는 사망에 머물러 있느니라"(요일 3:14)라고 말합니다.

(10) 기도를 통해서 하나님께 선한 은사와 성공을 구해야 합니다. 기도 없이 도움이나 위로나 구원이 없으며, 복이나 행운이 주어질 수 없습니다. 그런데 믿음과 사랑으로 드리지 않는 기도는 하나님이 들어주시지 않습니다. 그래서 주님은 "너희 중의 두 사람이 땅에서 합심하여 무엇이든지 구하면 하늘에 계신 내 아버지께서 그들을 위하여 이루게 하시리라"(마 18:19)라고 말씀하셨습니다.

이처럼 우리는 사랑 안에서 살아야 합니다. 이는 거기에 평화와 연합이 있기 때문입니다. 평화가 있는 곳에 평강의 하나님이 계시며(롬 15:33), 평강의 하나님이 계시는 곳에서 주님은 약속하신 복과 생명을 영원에 이르기까지 주십니다(시 133:3).

27

왜 원수를 사랑해야 하는가?

"나는 너희에게 이르노니 너희 원수를 사랑하며 너희를 박해하는 자를 위하여 기도하라 이같이 한즉 하늘에 계신 너희 아버지의 아들이 되리니"(마 5:44-45).

1. 원수를 사랑해야 하는 첫째 이유는 그것이 하나님의 계명이기 때문입니다. 주님은 "하늘에 계신 너희 아버지의 아들이 되리라"는 것 외에 다른 이유를 주지 않으셨습니다. 우리가 원수 되었을 때 그분은 우리를 사랑하셨습니다(롬 5:10). 주님은 "너희가 원수를 사랑하지 않으면 너희 아버지의 자녀가 될 수 없다"라고 말씀하려 하십니다. 사람이 하나님의 자녀가 아니면 누구의 자녀입니까? 우리가 얼마나 더 배워야 합니까? 하나님의 참 자녀에게 원수를 사랑하는 큰 사랑이 있어야 한다면, 우리는 하나님 자녀의 열매에서 얼마나 멀리 있습니까?

2. 요한은 "형제를…사랑하지 아니하는 자는 사망에 머물러 있느니라"(요일 3:14)라고 말합니다. 그 이유는 무엇입니까? 그에게 그리스도 안에 있는 참 생명이 없기 때문입니다. 사도 요한이 "우리는 형제를 사랑함으

로 사망에서 옮겨 생명으로 들어간 줄을 알거니와"라고 말한 것처럼, 하늘의 영적 생명은 하나님을 향한 믿음과 이웃 사랑 안에 있습니다. 이것이 그리스도 안에서 주어진 새 생명의 열매와 증거입니다. 그러므로 이웃에 대한 증오는 영원한 죽음을 의미합니다. 증오심을 품고 죽는 사람은 영원한 죽음을 맞습니다. 주 그리스도도 이것에 대해 경고하셨습니다.

3. 사도 바울이 "내가 내게 있는 모든 것으로 구제하고 또 내 몸을 불사르게 내줄지라도 사랑이 없으면 내게 아무 유익이 없느니라"(고전 13:3)라고 말한 것처럼, 이웃을 미워하는 사람은 그의 모든 선한 행위와 예배와 기도를 잃습니다.

4. 자신에게 해를 가한 사람을 용서하는 것은 높고 고귀하고 경건한 마음의 표식입니다. 하나님이 얼마나 인내하시며, 얼마나 빨리 용서하시는지(시 103:8) 주목하여 보십시오. 주 예수를 보십시오. 그분은 인내하는 어린양이셨으며, 입을 열지 않으셨습니다(사 53:7). 성령 하나님을 보십시오. 왜 그는 자신을 비둘기의 모습으로 나타내셨습니까(마 3:16)? 이는 그의 온유하심과 온화하심 때문입니다. 모세가 얼마나 인내하면서 백성의 죄와 모욕을 감당했는지 보십시오(민 12:3). 다윗을 보십시오. 그는 자신을 저주하고 모욕하는 시므이의 행동을 참고 인내했습니다(삼하 16:10).

위대한 영웅일수록 분노를 빨리 억누르며
고귀한 마음일수록 쉽게 용서한다.

> 원수를 정복하는 일이 위대한 일이나
> 자신을 정복하는 일은 더 위대한 일이다.
> 약한 자를 살려주고 교만한 자를 대적하는 것이
> 위대한 자들에게는 가장 큰 승리이다.
>
> *(Aeneid* VI, 853)

참사랑은 다른 사람보다 자기에게 더 잘 분노합니다. 참 평화는 큰 행운에 있는 것이 아니라 반대를 겸손히 참고 견디는 데 있습니다. 용감한 정신은 악덕을 행하지 못합니다. 세네카는 "당신에게 용감한 정신이 있다면 당신에게 가해지는 모욕을 받아들일 수 있습니다"라고 말했습니다. 어떤 사람이 방 안에 햇빛이 들어오지 못하게 차단하고서 방 안에 어둠만 있다고 말해도 그렇게 되지 않습니다. "빨리 용서하는 것이 가장 큰 복수이다"라는 말을 생각해 보십시오. 훌륭한 사람들은 이렇게 아름답고 지혜로운 생활의 규범을 실천했습니다. 예를 들면 그리스의 웅변가 페리클레스(Pericles)는 그를 온종일 비방한 사람이 저녁에 집에 따라오는 것을 허락하고서 "덕을 비방하지 않고 따르는 것이 위대한 예술이다"라고 말했습니다. 아테네의 군주 포시온(Phocion)은 좋은 일을 많이 했지만, 질투를 받아 사형 선고를 받았습니다. 그는 아들에게 남길 말이 있느냐는 질문을 받고서 "아버지의 영토에서 일어난 이 행위에 대해 보복하지 말라는 말밖에는 없다"고 대답했습니다. 권력을 얻기 위해 황제를 죽이기로 맹세한 두 동생 때문에 티투스(Titus) 황제가 위기에 처했던 일이 있었습니다. 그는 어느 날 저녁에 그들을 손님으로 초대하였고, 아침에 그들을 극장에 데리고 가서 옆에 앉히고 연극을 봄으로써 큰 은혜로 그들의 악을 정복했습니다. 로마의 장군 카토(Cato)가 자살했을 때 율리우스 시저(Julius Caesar)는 "카토가 내게 입힌 모든 상처와 손해를 다 용서하고 싶었는데, 나는 큰 싸움에서 졌다"라고 말했습니다.

5. 하나님의 아들의 인내와 겸손으로 말미암아 원수를 온유하게 대하지 못하는 사람은 성인이나 이방인이 보인 본에 감동받지 못합니다. 하나님의 마음의 면류관인 사람의 자식들이 죄 없이 의로운 하나님의 아들을 악하게 대접하고 중상하고 때리고 가시관을 씌우고 채찍질하고 십자가에 못 박은 것은 가장 큰 불의요 악이었습니다. 그러나 하나님은 은혜로 모든 것을 용서하셨으며, 주님은 "아버지 저들을 사하여 주옵소서"(눅 23:34)라고 기도하셨습니다.

6. 이 목적을 위해서 우리의 구속자요 거룩하게 하시는 분이 우리의 삶에 능력 있는 약이 되기 위해 우리 앞에 본을 보이셨습니다. 이 약은 우리 안에 있는 모든 교만한 것을 낮추고, 깨진 것에 생명을 주며, 부정한 것을 잘라내고, 부패한 것을 선하게 합니다. 아무리 큰 교만이라도 하나님의 아들의 낮아지심과 겸손으로 치유할 수 있습니다. 사람의 내면에 있는 탐심이 아무리 커도 그리스도의 가난으로 고칠 수 있습니다. 사람의 분노가 아무리 커도 그리스도의 온유하심으로 고칠 수 있습니다. 사람의 내면에 품은 복수심이 아무리 커도 하나님의 아들의 인내로 말미암아 치유할 수 있습니다. 아무리 사랑이 없는 사람이라도 그리스도의 크신 사랑으로 말

미암아 자극을 받으며, 그분이 주시는 복으로 말미암아 사랑의 불이 붙을 것입니다. 그리스도는 아무리 완악한 마음이라도 눈물로 부드럽게 할 수 있습니다.

7. 아버지 하나님과 그의 사랑하는 아들 예수 그리스도, 그리고 성령 하나님을 닮으며 주로 사랑과 용서 안에 존재하는 성 삼위일체의 형상을 이루려 하지 않는 사람이 있습니까? 자비하고 용서하고 관대하고 용서하는 것이 하나님의 으뜸가는 성품입니다. 이것은 가장 아름다운 덕으로서 인간이 지고하신 하나님을 닮을 수 있으며, 세상에서 가장 덕스럽고 고귀한 백성이 되게 합니다.

8. 마지막으로, 최고 단계의 덕은 자신을 정복하고, 용서하고, 잊어버리고, 분노를 은혜로 바꾸는 것입니다. 최고의 승리는 자신을 정복하는 것인데, 이것이 가장 큰 덕입니다. 이것은 잠언 16장 32절의 말씀과 같습니다: "노하기를 더디하는 자는 용사보다 낫고 자기의 마음을 다스리는 자는 성을 빼앗는 자보다 나으니라." 이보다 더 높은 덕은 없습니다. 이 경지에서 이것은 하나님 안에서 안식하며, 하나님 안에서 본연의 목적을 발견하고, 하나님 안에서 완성됩니다.

28

피조물 사랑보다 창조주 사랑이 우선해야 하는 이유, 그리고 하나님 안에서 이웃을 사랑하는 방법

"이 세상이나 세상에 있는 것들을 사랑하지 말라"(요일 2:15).

하나님은 인간의 마음을 사랑 없이 살 수 없도록 창조하셨습니다. 사람은 하나님이든지 세상이든지 자기 자신이든지 무엇인가를 사랑해야 합니다. 사람은 무엇인가를 사랑해야 하므로, 최선의 것, 즉 하나님을 사랑해야 하며, 하나님께서 마음속에 심으시고 성령을 통하여 불을 붙이신 이 사랑의 정감(情感)을 하나님께 돌려드리고, 하나님께서 그의 내면에서 그 불을 더 많이 붙여 주시기를 구해야 합니다. 하나님은 먼저 우리를 사랑하셨으며, 그의 사랑으로 우리의 사랑의 불을 붙이셨습니다. 하나님의 사랑을 받기를 원한다면, 우리도 하나님을 사랑해야 합니다: "나를 사랑하는 자는 내 아버지께 사랑을 받을 것이요 나도 그를 사랑하여 그에게 나를 나타내리라"(요 14:21).

하나님의 사랑이 우리 안에 있으면, 우리는 누구에 대해서도 악을 꾀할 수 없습니다. 하나님의 사랑은 누구에게도 악의를 품지 않으며, 다른 사람이 악하게 되기를 바랄 수 없습니다. 하나님 사랑의 능력과 속성으로 인하여 누구에게도 악을 꾀하려 하지 않는 사람은 사람에게 속지 않으며 말이나 행동 때문에 잘못된 길로 가지 않을 것입니다. 하나님의 사랑이 우리 안에서 역사한다는 사실을 주목하십시오.

많은 사람이 세상 사랑에 사로잡혀 있어서 하나님의 사랑이 그의 마음에 들어가지 못합니다. 결과적으로 그들은 거짓 사랑, 판단, 속임수로 이웃에게 증언합니다. 세상과 세상에 있는 것을 사랑해서는 안 됩니다. 그렇지 않으면 그것이 하나님의 사랑을 방해하거나 뿌리 뽑을 것입니다. 이 세상의 헛되고 무상함은 하나님의 위대하심과 우월하심에 비교될 수 없습니다. 하나님이 모든 피조물보다 무한히 뛰어나신 것처럼, 그의 거룩한 사랑은 피조물에 대한 어떤 사랑보다 비교할 수 없을 만큼 고상하고 귀합니다. 그러므로 피조물은 매우 보잘것없고 하찮은 피조물 사랑 때문에 하나님의 사랑이 파괴되어서는 안 됩니다.

사도 바울은 "누가 포도를 심고 그 열매를 먹지 않겠느냐"(고전 9:7)라고 말합니다. 우리 마음에 사랑을 심으시고, 그 사랑을 통하여 우리를 살게 하신 분이 가장 우리의 사랑을 원하실 것입니다. 우리는 그리스도 안에서 하나님의 사랑으로 말미암아 살고 있습니다. 무슨 일이 닥치든지 이 사랑 안에서 평생 자신을 지켜야 합니다. 선원이 폭풍우 속에서 배를 견고히 붙들어 줄 닻을 던지듯이, 폭풍이 이는 바다와 같은 이 세상이 악, 교만, 진노, 조급함, 탐심, 육체의 정욕 등의 높은 파도로 마음을 뒤흔들 때 닻이 되시는 하나님과 그리스도의 사랑을 견고히 붙들어야 하며 그리스도의 사랑에서 끊어져서는 안 됩니다(롬 8:39). 또한, 영적으로 죄, 죽음, 마귀와 지옥, 고통과 불행이 파도처럼 우리를 덮칠 때, 우리는 하나님과 그리스도의 사랑을 굳게 잡아야 합니다. 이것이 롯이 소돔의 불의 심판을 피하여 갈 곳으로 지적된 산입니다. 롯의 영혼은 그 산에서 구원을 얻었습니다(창 19:17).

소돔의 불보다 더 두려운 세속적인 정욕에 빠지지 않으려면 이 소돔 같은 세상에서 피하고 하나님의 사랑을 굳게 잡아야 합니다. 하나님의 사랑은 요셉을 보디발의 아내로부터 보호하신 것처럼 사람을 세상으로부터 보호하십니다(창 39:9).

하나님의 사랑을 맛보지 못한 사람은 이 세상을 사랑합니다. 하나님 사랑을 소유하지 못한 사람은 이웃을 미워하고 질투하고 속이고 판단합니다. 슬픔과 고통의 근원이 무엇입니까? 하나님을 깊이 사랑하지 않는 것입니다. 하나님의 사랑은 매우 귀하고 달콤해서 고통 중에 있는 사람을 위로하며, 죽을 때도 기쁨과 위로가 됩니다.

사랑하는 대상만 위대하다고 생각하고, 사랑하는 자를 얻기 위하여 모든 것을 포기하는 것이 사랑의 속성입니다. 그런데 왜 사람들은 하나님을 사랑한다고 말하면서도 하나님만 소유하기 위해 이 세상의 모든 것, 명예, 쾌락, 부귀를 잊지 못합니까? 과거의 성도들은 그렇게 살았습니다. 그들은 자신과 세상을 잊어버릴 만큼 하나님의 사랑과 그 달콤함을 추구했습니다. 이러한 이유로 그들은 세상에서 어리석은 자로 여김을 받았지만, 지혜 있는 자들이었습니다. 누가 가장 지혜로운 자입니까? 최고의 선을 우선으로 추구하는 자입니다. 그러므로 이 거룩한 사람들을 미련한 자라고 부르는 사람이 세상에서 가장 어리석은 자들입니다(고전 3:4; 4:10).

하나님을 진정으로 사랑하는 사람은 마치 하늘 아래 하나님 외에 아무것도 없는 것처럼 하나님만 찾고 사랑합니다. 그래서 그는 이 세상에서 그가 사랑할 수 있는 모든 것 안에서 하나님을 발견합니다. 하나님은 모든 것입니다. 하나님은 참 명예와 기쁨이시며, 평화와 즐거움이시며, 부와 영광이십니다. 우리는 세상에서보다 하나님에게서 이 모든 것을 더 잘 발견할 것입니다. 당신이 아름다운 것을 사랑한다면, 왜 모든 아름다움의 근원이신 하나님을 사랑하지 않습니까? 만일 당신이 선한 것을 사랑한다면, 왜 영원한 선이신 하나님을 사랑하지 않습니까? 최고의 선이 되시는 하나님 외에는 선한 것이 없습니다(마 19:17). 모든 피조물은 하나님의 최고의 선하심으로부터 작은 불꽃을 받았기 때문에 선합니다. 그러나 아직도 그들은 많은 불완전함에 싸여 있습니다.

왜 당신은 본질에서 선하시고, 만물 안에 있는 모든 선의 근원이신 분, 모든 선의 근원이요 샘이신 하나님을 더욱 사랑하지 않습니까? 가벼운 것일수록 빨리 높이 들어 올릴 수 있습니다. 이처럼 사람의 마음은 세상의 것에 눌리면 눌릴수록 자신을 들어 올리지 못하며, 하나님 사랑 안에서 즐거워할 수 없습니다. 세상 사랑이 적어지는 만큼 경건한 사랑과 이웃 사랑이 커집니다. 경건한 사랑과 이웃 사랑은 분리될 수 없습니다.

하나님을 사랑하는 자는 이웃을 사랑하고, 하나님을 떠나는 사람은 이웃을 멀리합니다.

29

이웃을 용서하지 않으면
하나님이 은혜를 거두어 가신다.

"이스라엘 자손에게 이르라 남자나 여자나 사람들이 범하는 죄를 범하여 여호와께 패역하여 그 몸에 죄를 얻거든"(민 5:6).

이웃을 노하게 하는 사람은 하나님을 노하게 합니다. 하나님과 화해하기를 원하는 사람은 이웃과 화해해야 합니다. 왜냐하면, 하나님 사랑과 이웃 사랑은 나뉠 수 없기 때문입니다. 이웃 사랑은 하나님 사랑을 검증하는 시험대입니다. 이 두 가지는 우리 평생의 목표입니다. 그러므로 하나님은 그의 사랑을 그리스도 안에서 볼 수 있게 하셨습니다. 그리스도 안에서 하나님과 인간이 연합한 것처럼, 하나님 사랑과 이웃 사랑이 합하여 하나가 됩니다.

이것은 마치 원(circle)의 모든 선이 그 중심에 모이는 것과 같습니다. 이웃 사랑의 예를 욥에게서 찾아볼 수 있습니다. 하나님은 태초에 이웃 사랑을 위해 인간을 창조하셨습니다. 사랑하는 것이 미워하는 것보다 쉽습니다. 사랑과 화해는 평화를 가져옵니다. 모든 덕은 그 자체가 이미 지불된 대가입니다. 죄지은 자가 죄를 인정할 때 화해가 이루어집니다. 죄지은 자는 회개해야 하며, 그렇지 않으면 아무것도 일어나지 않습니다. 성경의 많은 구절이 이것을 확인해줍니다.

30

사랑의 열매에 관하여

"사랑은 오래 참고 사랑은 온유하며 투기하는 자가 되지 아니하며 사랑은 자랑하지 아니하며 교만하지 아니하며 무례히 행치 아니하며 자기의 유익을 구치 아니하며 성내지 아니하며 악한 것을 생각지 아니하며 불의를 기뻐하지 아니하며 진리와 함께 기뻐하고 모든 것을 참으며 모든 것을 믿으며 모든 것을 바라며 모든 것을 견디느니라"(고전 13:4-7).

낙원 가운데 있는 생명의 나무가 열매를 맺었습니다. 여호와께서 창세기 3장 22~23절에서 말씀하신 것처럼 사람이 이 열매를 먹으면 영원히 살 것입니다. 이처럼 하나님은 낙원 중앙에 교회, 즉 예수 그리스도를 세우셔서 모든 신실한 자들이 그로부터 생명과 능력을 받게 하셨습니다. 기독교는 믿음과 사랑으로 되어 있습니다. 하나님은 그리스도 안에서 믿음을 위해 사는 그리스도인의 전인적인 삶을 기뻐하십니다. 이웃을 섬겨야 한다면, 그 섬김이 사랑에서 나와야 합니다. 왜냐하면 사랑이 없는 모든 덕은 죽은 것이요 아무것도 아니기 때문입니다(약 2:17). 믿음은 사람을 의롭게 하지만, 비록 기적을 행한다 해도 사랑이 따르지 않는 믿음은 위선이며 합당한 것이 아닙니다. 영혼이 없는 몸이 죽은 것처럼, 모든 지체가 덕으로 이루어진 영적인 속사람이라도 사랑이 없으면 죽은 것이며, 그 모든 덕의 지체도 사랑이 없으면 죽은 것입니다. 그러므로 사도 바울은 사랑으로 역사하시는 믿음을 요구하였습니다(갈 5:6). 바울은 이 나무가 맺는 귀한 열매를 고린도전서 13장 4절 이하에서 열네 가지 방식으로 지적합니다.

1. 사랑은 오래 참습니다. 오래 참는 것이 사랑의 첫째 열매입니다. 이것은 우리 주 예수그리스도에게서 가장 잘 알 수 있습니다. 우리는 그리스도 안에서 생명나무에 달린 열매를 구하듯이 이 열매를 구해야 할 뿐만 아니라 그의 귀한 열매를 먹어야 합니다. 즉 실천해야 합니다. 주 그리스도께서 이 세상의 악을 짊어지시고 죄인을 회개하게 하시려고 얼마나 오래 참으셨는지를 보십시오(롬 2:4). 우리도 그렇게 행해야 합니다. 그러면 온유하신 그리스도가 우리 안에, 우리는 그 안에 거할 것입니다. 우리는 지체로서 머리와 연합할 것입니다.

2. 사랑은 온유합니다. 우리를 구속하시는 대속자의 온유하심을 보십시오. 어디에서 이렇게 은혜로운 말을 들을 수 있습니까(시 45:2)? 모든 사람이 그 입으로 나오는 은혜로운 말에 놀랐습니다(눅 4:22). 이제 그리스도께서 우리의 입을 통해 말씀하시므로, 우리도 그렇게 행해야 하며, 그와 연합함으로써 우리의 말이 오로지 깊은 사랑에서 흘러나오게 해야 합니다.

3. 사랑은 시기하지 않습니다. 즉 복수하려 하지 않고 주님이 하신 것처

럼(시 103:9-10; 겔 18:21-22; 렘 331:3; 사 43:25) 용서하고 기억하지 않습니다. 우리도 이렇게 해야 합니다. 용서하고 기억하지 마십시오. 그러면 하나님도 우리의 죄를 용서하실 것입니다. 그러면 우리는 그리스도의 마음을 품을 것이며, 그와 연합할 것입니다.

4. 사랑은 교만하지 아니하며 무례히 행하지 않습니다. 참사랑은 이웃을 책망하거나 비방하거나 모욕하려 하지 않습니다. 사랑에는 그러한 은밀한 의도가 없습니다. 오히려 공적이며 개방적이고 바른 마음을 가지고 있습니다. 주 예수 그리스도를 보십시오. 그분은 친구와 적에게 마음을 보이셨으며, 마음 깊은 곳으로부터 모든 사람의 선을 원했으며, 모든 사람의 구원을 추구했습니다. 그리스도의 선하심과 신실하심이 우리 안에 있으므로 우리도 이처럼 행해야 합니다. 그리스도께서 마음에 의도하셨던 대로, 우리도 서로에게 행해야 합니다. 그렇지 않으면 머리이신 그리스도의 지체로서 그리스도와 연합하지 못합니다.

5. 사랑은 자랑하지 않습니다. 사랑은 칭찬, 허영, 과장을 위해 애쓰지 않습니다. 누가복음 11장 27~28절에서 예수께서 말씀하고 계실 때에 무리 가운데서 한 여자가 목소리를 높여 "당신을 밴 태와 당신을 먹인 젖은 참으로 복이 있습니다!"라고 말했습니다. 그러나 예수께서는 "오히려 하나님의 말씀을 듣고 지키는 사람이 복이 있다"라고 대답하셨습니다. 우리도 주님이 겸손하게 칭찬을 하나님께 돌리신 것처럼 해야 합니다. 그렇게 할 때 겸손하신 그리스도가 우리 안에, 그리고 우리가 그리스도 안에 거

할 것입니다. 칭찬을 쫓아내고 다른 사람에게 돌리는 것이 바른 사랑입니다.

6. 사랑은 고집이 세고 지각 없는 사람처럼 성내지 않으며, 그 눈에서 온유함이 빛나게 합니다. 은혜로운 본이 되시는 주님을 보십시오. 선지자는 "그는 쇠하지 아니하며 낙담하지 아니하고"(사 42:4)라고 말합니다. 그는 모든 사람을 자비로운 눈으로 보았습니다. 우리도 이렇게 해야 합니다. 그러면 내면에 그리스도의 모습을 지닐 것이며, 그와 연합할 것입니다.

7. 사랑은 자기의 유익을 구하지 않습니다. 많은 사람을 기쁘게 하기 위해 자기 이익이 없이 다른 사람을 섬기는 것이 참사랑의 기쁨입니다. 하나님이 이렇게 행하십니다. 그는 모든 것을 우리에게 주시며, 그것을 이용하지 않으십니다. 우리가 하나님을 섬기면, 하나님이 유익을 얻는 것이 아니라 우리가 유익을 얻습니다. 그러므로 하나님은 우리가 그의 사랑을 누리고 복을 받게 하기 위해 우리에게 경건하며 하나님을 경외하라고 명하셨습니다. 주 예수를 보십시오. 주님은 자신의 유익을 구하지 않으시고 우리의 구원에 기여하는 것만 구하셨습니다(마 20:28). 주님은 이로부터 이익을 얻으신 것이 없습니다. 나무는 차별하지 않고 모든 사람에게 열매를 나누어 주는데, 그 행위로 얻는 것이 없이 하나님께서 주신 선한 방식으로 줍니다. 더 좋은 상황에 놓여도 시기하지 않고 줄 것입니다. 이처럼 그리스도는 자신을 우리의 소유물로 주셨습니다. 하나님은 그리스도 안

에서 자신을 우리에게 소유물로 주셔서 모든 것, 심지어 하나님도 그리스도 안에서 우리의 것이 되게 하셨습니다. 하나님은 가장 높고 가장 귀한 선이시며, 자신을 우리와 함께 나누셨습니다. 우리도 이렇게 행해야 합니다. 그러면 하나님 찬양을 위한 의의 나무가 될 것이며(사 61:3), 그리스도께서 우리 안에서 자라서 번성하실 것입니다. 그는 살아있는 띠가 되실 것이며, 우거진 종려나무가 될 것입니다(시 92:13).

8. 사랑은 앙심을 품지 않습니다. 즉 분노가 우세하여 그 입으로 이웃을 저주하고 온갖 독한 말과 참람한 말을 내뱉는 일이 없습니다. 주 예수님은 신랄한 말씀을 하신 적이 없고, 복과 생명의 말씀만 하셨습니다(시 11:3; 42:2). 그분은 저주받았을 때(눅 10:3; 11:42) 신랄한 말을 하지 않으셨고, 깊은 변화와 개선을 가져올 수 있는 회개의 설교를 하셨습니다. "쓴 뿌리가 나서 괴롭게 하여 많은 사람이 이로 말미암아 더럽게 되지 않게 하며"(히 12:15).

9. 사랑은 해치지 않으며 악한 것을 생각하지 않습니다. 사랑하는 하나님, 그리고 예레미야 29장 11~14절에 기록된바 아버지의 마음을 생각해 보십시오. "너희를 향한 나의 생각을 내가 아나니 평안이요 재앙이 아니니라 너희에게 미래와 희망을 주는 것이니라 너희가 내게 부르짖으며 내게 와서 기도하면 내가 너희들의 기도를 들을 것이요 너희가 온 마음으로 나를 구하면 나를 찾을 것이요 나를 만나리라 이것은 여호와의 말씀이니라 나는 너희들을 만날 것이며 너희를 포로된 중에서 다시 돌아오게 하되

내가 쫓아 보내었던 나라들과 모든 곳에서 모아 사로잡혀 떠났던 그곳으로 돌아오게 하리라 이것은 여호와의 말씀이니라."

10. 사랑은 불의를 기뻐하지 않습니다. 그리고 다윗이 압살롬에게 쫓겨 도망갈 때 시므이의 행동처럼(삼하 16:6) 경건한 자에게 불의와 부당한 일이 닥칠 때 증오심을 품고 웃지 않습니다. 주 예수를 보십시오. 주님은 베드로를 매우 불쌍히 여기셨습니다. 주님이 얼마나 안타깝게 그를 바라보셨는지 주목하십시오(눅 22:61). 주님은 이러한 태도로 그를 다시 일으키셨습니다(시 146:8). 주 그리스도는 인간의 타락과 예루살렘의 멸망 때문에 우셨습니다(눅 19:41). 이처럼 사람이 타락하는 것을 볼 때 그를 불쌍히 여기고, 자비를 베풀고 그의 짐을 같이 지십시오. 그러면 그리스도의 법을 이룰 것입니다(갈 6:10), 이는 그가 우리의 짐을 짊어지시기 때문입니다. 이처럼 하면 우리는 참 지체가 되고, 그분의 생명이 우리 안에 있을 것이며, 머리의 생명이 지체들을 살릴 것입니다.

11. 사랑은 진리와 공의를 보고 기뻐합니다. 주님은 칠십 인이 돌아왔을 때 영 안에서 기뻐하시고 아버지를 찬양했습니다(눅 10:17-21). 주님은 우리가 회개하면 천사들이 즐거워한다고 말씀하셨습니다(눅 15:10). 우리도 이렇게 행하면 천사처럼 경건한 마음을 갖게 될 것입니다.

12. 사랑은 평화의 띠가 끊어지지 않도록 모든 것을 견디어냅니다. 따라서 그것은 이웃의 실수도 인내하며 참습니다. 사도 바울은 "약한 자들

에게 내가 약한 자와 같이 된 것은 약한 자들을 얻고자 함이요 내가 여러 사람에게 여러 모습이 된 것은 아무쪼록 몇 사람이라도 구원하고자 함이니"(고전 9:22)라고 말합니다. 사랑은 모든 것을 믿습니다. 즉 이웃에게 악한 일을 꾀하지 않습니다. 사랑은 모든 것을 바랍니다. 즉 이웃에게 모든 좋은 것이 이루어지기를 합니다. 사랑은 이웃이 잘 섬김을 받아서 경건해지도록 하기 위해 모든 것을 견딥니다. 주 예수를 보십시오. 주님은 우리의 죄를 대신하여 고난받으시고 모든 것을 참고 견디셨습니다. 우리가 그리스도 안에서 그리스도로 말미암아 영광과 기쁨을 누리도록 하기 위해서 그리스도께서 모욕과 고통과 가난을 견디셨습니다.

13. 사랑은 지치지 않고 없어지지 않습니다. 사랑하는 하나님을 보십시오. 하나님의 자비는 그를 경외하는 자들에 의해 영원히 계속됩니다(눅 1:50; 시 103:17, 사 30:18; 롬 8:39; 시 8:6-7; 사 54:8). 예레미야 15장 6절에서 하나님은 "나는 이제 너를 불쌍히 여기기에도 지쳤다"라고 말씀하시지만, 이 말씀은 공공연하게 하나님의 자비에 저항하고 하나님의 은혜를 멸시하고 방탕하게 행하는 사람들과 관련된 것입니다. 이사야서 54장 10절에서 말씀하시는 바와 같이 하나님을 경외하는 사람들에게는 하나님의 사랑이 영원히 남습니다. 이처럼 우리의 사랑은 원수에게도 피곤하지 말아야 하며 자비롭게 오래 견디는 사랑 안에서 "아버지여, 저들을 용서하소서"라고 말해야 합니다. 그리하면 그리스도가 우리 안에 살며 기도하십니다(눅 23:24).

14. 하나님이 사랑이시므로(요일 4:16), 사랑은 가장 위대한 덕입니다. 사랑은 율법 및 그 안에 포함된 모든 계명의 완성입니다(롬 13:10). 믿음과 소망과 방언의 은사는 그쳐도 사랑은 영원하며, 믿음의 마지막에 거룩함이 성취됩니다. 사랑이 없으면 이웃에게 임하는 모든 덕과 복, 선과 은사들은 불결하고 거짓된 것입니다. 사랑은 우리가 그리스도 안에서 믿음을 통하여 복을 유업으로 받았다는 영원한 증언을 제시합니다. 그러므로 그리스도인은 은사나 재능을 구하기보다는 사랑을 간절하게 구해야 합니다. "능히 모든 성도와 함께 지식에 넘치는 그리스도의 사랑을 알고 그 너비와 길이와 높이와 깊이가 어떠함을 깨달아 하나님의 모든 충만하신 것으로 너희에게 충만하게 하시기를 구하노라"(엡 3:18-19).

31

자기애와 자기존중은 부패하며,
최고의 아름다운 은사를 앗아간다.

"내가 사람의 방언과 천사의 말을 할지라도 사랑이 없으면 소리 나는 구리와 울리는 꽹과리가 되고"(고전 13: 1).

하나님이 사랑이시므로, 사랑이 가장 큰 덕입니다. 사랑에는 거짓 사랑과 참사랑이 있습니다. 참사랑이 없는 은사는 무가치하며 해롭습니다. 참사랑은 자기의 명예를 구하지 않고 단순히 주고받습니다. 이러한 순수한 사랑이 없는 은사는 무가치합니다. 자기애와 자기존중은 마귀에게서 온 것입니다. 이것이 루시퍼와 아담의 타락이며 모든 인간의 악한 삶입니다. 이 악한 삶이 그리스도를 통하여 변화되어야 합니다. 이는 성육신의 목적이 우리의 거듭남이기 때문입니다. 우리의 거듭남에서 모든 행위와 은사가 나와야 합니다. 이렇게 될 때 그것들은 믿음과 사랑 안에서 하나님을 기쁘시게 할 수 있습니다.

32

하나님이 기뻐하시는 그리스도인의 표식은
큰 은사가 아니라 사랑으로 역사하는 믿음이다.

"하나님의 나라는 말에 있지 아니하고 오직 능력에 있음이라"(고전 4:20).

하나님이 우리에게 요구하시는 것은 큰 예술이 아니라 믿음과 사랑, 그리고 육을 죽이는 것입니다. 하나님 앞에서 인정되는 것은 큰 은사가 아니라 새로운 피조물입니다. 하나님은 교회의 덕을 세우기 위해서 은사를 주셨습니다. 그리스도는 믿음과 사랑이 없는 사람을 자기 백성으로 인정하지 않습니다. 사랑은 참된 새 생명입니다. 하나님, 그리스도, 성령, 교회, 영생은 모두 순전한 사랑입니다. 그러므로 사랑이 없는 사람은 교회의 죽은 지체입니다.

33

하나님은 마음에 따른
행위를 판단하신다.

"사람의 행위가 자기 보기에는 모두 정직하여도 여호와는 마음을 감찰하시느니라"(잠 21:2).

하나님은 사람을 보시지 않고 마음에 따라 행한 행위를 판단하십니다. 자기존중은 선한 은사를 부패하게 합니다. 하나님을 기쁘시게 하는 것은 믿음과 사랑에서 나와야 합니다. 악한 마음으로부터 합당하지 않은 제사, 합당하지 않은 회개, 금식, 구제, 기쁨, 순교가 나올 뿐입니다. 이 모든 것의 예를 성경에서 찾아볼 수 있습니다. 결국, 모든 것은 마음에 달려 있습니다.

34

인간은 거룩함을 위해 아무것도 할 수 없으며, 하나님께 자신을 드릴 때 하나님이 거룩하게 해주신다.

"너희는 하나님으로부터 나서 그리스도 예수 안에 있고 예수는 하나님으로부터 나와서 우리에게 지혜와 의로움과 거룩함과 구원함이 되셨으니"(고전 1:30).

타락한 인간은 자조(自助)할 수 없으므로, 그리스도께서 거룩함에 속한 모든 것을 우리를 위해 대신 이루셨습니다. 우리는 자신을 창조할 수 없을 뿐만 아니라 자신을 대속하거나 성화할 수 없습니다. 그러므로 그리스도께서 오셔야 했으며, 주님만이 우리의 의원이십니다. 사람이 회개하는 순간 그리스도가 내면에서 일하십니다. 그러나 그것조차 인간 본성으로 할 수 없고, 은혜가 그를 훈련해야 합니다. 우리가 은혜를 따르면, 믿음과 사랑이 임합니다. 믿음이 없으면 그리스도의 공로가 우리를 돕지 않습니다. 그러므로 그리스도는 먼저 회개를 가르치신 다음에 죄 사함을 약속하셨습니다. 믿음은 어떠한 죄도 용납할 수 없습니다. 이것은 삭개오의 경우에 잘 나타나 있습니다. 그리스도께서 우리 안에 선한 의지를 창조하십니다.

35

거룩하게 살지 않으면 지혜와 기술,
성경에 대한 지식 등이 소용이 없다.

"나더러 주여 주여 하는 자마다 다 천국에 들어갈 것이 아니요 다만 하늘에 계신 내 아버지의 뜻대로 행하는 자라야 들어가리라"(마 7:21).

그리스도인의 삶은 사랑에 뿌리를 둡니다. 참사랑은 하나님과 이웃 외에 다른 것을 사랑하지 않습니다. 이러한 사랑이 없는 사람은 위선자이며, 그에게는 하나님의 말씀이 소용이 없습니다. 자기 존중은 하나님 앞에서 모든 것을 가증스러운 것으로 만듭니다. 심판날에 거짓 선지자들이 이것을 발견할 것입니다. 사랑이 없이 자기의 영광을 위해 행하는 구제와 위선적으로 금식하고 몸을 벌하는 것은 무익합니다. 이러한 예는 이방인과 천주교인들에게서 많이 찾아볼 수 있습니다. 하나님과 이웃에 대해 사랑이 없는 지식, 지혜, 행위는 무가치합니다.

36

그리스도 안에 거하지 않는 자는
능력과 내적 만나를 맛보지 못한다.

"이기는 그에게는 내가 감추었던 만나를 주고 또 흰 돌을 줄 터인데 그 돌 위에 새 이름을 기록한 것이 있나니 받는 자 밖에는 그 이름을 알 사람이 없느니라"(계 2:17).

이 말씀은 자신의 육체와 세상과 세상의 영광과 마귀를 정복하는 사람들만 하나님의 말씀 안에서 하늘의 위로와 기쁨을 맛본다고 가르칩니다. 날마다 애통함과 회개를 통하여 육체와 함께 모든 정욕과 욕심을 죽이는 사람, 다시 말해 자신의 일생이 쓰라린 십자가가 되기 위해 세상과 자신에 대하여 날마다 죽는 사람은 내적으로 하나님이 주시는 하늘의 만나로 배부를 것이며, 낙원의 기쁨을 주는 포도주를 마실 것입니다. 그러나 세상에서 위로를 찾는 사람들은 감추어진 만나를 맛볼 수 없습니다. 그 이유는 모든 것은 자기와 닮은 것과 연합하게 되어 있기 때문입니다. 반대되는 것들은 서로에게 끌리지 않습니다. 하나님의 말씀은 영적이므로, 세속적인 마음과 연합하지 않습니다. 먹지 않은 음식이 몸에 힘을 주지 못하는 것처럼, 거룩한 말씀이나 하늘 양식의 능력을 맛보지 못한 영혼은 완전하고 온전하게 생명으로 변화되지 못합니다.

열병을 앓는 사람에게는 모든 음식이 씁니다. 세상의 소유, 탐심, 교만, 쾌락 등을 추구하는 사람, 세상의 열병을 앓는 사람은 하나님 말씀을 쓰게 느낍니다. 열병을 앓고 있는 사람처럼 그것에 혐오감을 느낍니다. 그러나 하나님의 영을 지닌 사람은 그 안에서 감추어진 하늘 양식을 발견합니다. 이 세상의 영을 지닌 사람은 그것으로부터 받은 것이 없기 때문에 아무 맛도 느낄 수 없습니다.

결과적으로 하나님의 영을 소유하지 않은 사람들은 날마다 거룩한 복음을 들어도 기쁨, 만족, 영적 소망을 얻지 못합니다. 그들은 하늘의 마음이 아닌 세상의 마음을 가진 자들입니다. 하나님의 말씀을 바르게 이해하고, 거기서 능력을 받고, 하늘의 떡을 먹으려는 사람은 자신의 삶이 그리스도의 삶과 하나님의 말씀을 닮도록 끊임없이 노력해야 합니다. 하나님은 겸손한 자에게 은혜를 주시고(벧전 5:5), 온유한 자에게 사랑을 주시고, 인내하는 자에게 위로를 주시며, 그의 멍에를 쉽게 하시고 짐을 가볍게 해주십니다(마 11:30). 하늘 양식의 달콤한 맛은 그리스도의 멍에 아래서 맛보게 됩니다. 그러므로 성경은 "주리는 자를 좋은 것으로 배불리셨으며 부자는 빈 손으로 보내셨도다"(눅 1:53)라고 말합니다.

주님은 "내가 너희에게 이른 말은 영이요 생명이라"(요 6:63)고 말씀하십니다. 만일 그 말씀이 영이요 생명이라면, 그것은 영적이 아닌 육적이고 교만한 마음과 정신으로는 경험할 수 없습니다. 우리는 고요히 침묵하면서 겸손하고 거룩하게, 그리고 갈망하면서 영 안에서 그것을 우리 것으로 만들며, 삶에서 그것을 실천해야 합니다. 그렇지 않으면 하나님의 말씀으로부터 껍질과 문자 외에 아무것도 얻지 못합니다. 수금 소리를 들어도 이해하지 못하는 사람은 그 안에 있는 기쁨을 누릴 수 없듯이, 거룩한 말씀의 능력을 발견하지 못한 사람은 삶에서 말씀을 실천하지 못합니다.

그러므로 요한은 계시록에서 "또 흰 돌을 줄 터인데 그 돌 위에 새 이름을 기록한 것이 있나니 받는 자 밖에는 그 이름을 알 사람이 없느니라"(계 2:17)라고 말합니다.

이것이 감추어진 영, 하나님의 말씀을 증언하는 영의 증언입니다. 게다가 하나님 말씀의 영은 우리의 영에 증언하며(롬 8:16), 둘은 하나로 연합되어 한 영이 됩니다(고전 6:17). 이것은 받은 자 외에는 알지 못하는 새 이름입니다. 꿀을 맛본 사람만이 그 단맛을 알듯이, 마음으로 새 이름을 발견하는 사람만이 마음에 있는 하나님의 증언의 새 이름을 이해합니다. 하나님의 위로를 경험하는 사람만이 그것을 이해합니다. 이것은 받은 사람 외에 아무도 이해하지 못하는 새 증언이요 새 이름인데, 그것은 위로부터 오는 새로운 탄생에서 나오기 때문에 새것입니다.

마음속에서 하나님을 맛보는 것이 허락된 사람은 복됩니다. 전에도 하나님은 선지자들에게 임한 영원한 말씀의 음성으로 하늘의 달콤한 양식을 먹이셨습니다. 그들은 그것을 경험했기 때문에 외칠 수 있었고, 성경은 이러한 방법으로 만들어졌습니다.

지금도 하나님은 쉬지 않고 모든 사람에게 말씀하시고, 그들의 영혼을 말씀으로 먹이십니다. 그러나 대부분 사람은 매우 완고하여 말씀을 듣지 않으며, 말씀에 대해 귀머거리가 되어 하나님 말씀보다 세상의 말을 들으려 합니다. 그들은 하나님의 영보다 자신의 정욕을 따르려 하므로 감추어진 만나를 먹지 못합니다. 그들은 생명나무보다는 감추어진 죽음의 나무와 육체의 정욕을 먹으려 합니다.

그러므로 눈멀고 어리석은 사람들은 이 세상보다 하나님 안에 더 큰 즐거움과 달콤함이 있음을 이해하지 못할 것입니다. 하나님의 선하심을 맛본 사람에게는 세상과 거기에 있는 모든 정욕이 쓰디쓸 뿐입니다. 우리의 첫 조상은 세상에 속아서 선악과를 먹었고, 그로 인해 쓴 죽음을 맛보았습니다. 우리는 여전히 눈이 멀고 어리석어서 우리를 죽게 만드는 육체의 정욕을 먹습니다(롬 8:13).

"나는 하늘에서 내려온 살아 있는 떡이니 사람이 이 떡을 먹으면 영생하리라"(요 6:51). 그리스도를 먹는다는 것은 그를 믿고 그 안에서 즐거움, 기쁨, 사랑, 위로 그리고 마음의 행복을 누리는 것입니다(집회서 24:19). 세상은 작고 보잘것없는 무상한 것을 주는데, 당신은 큰 욕심을 가지고 그것을 섬깁니다. 하나님은 크고 높고 영원한 것을 주시지만, 이것을 앞에 두고 사람들은 게으르며 유한한 인간의 마음만 품습니다. 맘몬(Mammon)과 세상에 순종하듯이 순종하고 애통하면서 하나님을 섬기는 사람을 어디에서 찾을 수 있습니까? 사람은 보잘것없는 돈을 위해서 먼 길을 가지만, 영생을 위해서는 한 걸음도 떼지 않을 것입니다.

선지자들은 영원한 선을 위해서 한 걸음도 떼지 않으면서 해외에서 물건을 사고파는 무역의 대도시 시돈과 두로를 책망했습니다(사 23:1; 렘 47:4; 겔 27:12-13).

어디서든 사람들은 하나님보다 세상을 더 찾고 더 사랑합니다. 학식이 있는 사람은 세상의 명예를 얻기 위해 밤낮으로 공부하면서도 영원한 영광과 명예를 위해서는 한 번도 시간을 내어 "주기도문"으로 기도하지 않습니다. 많은 사람이 전쟁터에서 승리하여 기사도와 작위를 얻으려고 애쓰지만, 영원한 하늘의 작위를 획득하기 위해 육체의 악덕을 대적하려 하지 않습니다. 많은 사람들은 영토와 백성을 정복하지만 자기를 정복하는 방법을 알지 못합니다. 얼마나 많은 사람이 현세의 것을 추구하며, 그것으로 인해 자신과 영혼과 복을 잃고 있습니까? 이렇게 행하는 사람은 거룩한 말씀의 감춰진 만나의 맛보지 못한 사람입니다. 그는 세상을 정복하는 것이 아니라 세상에 정복됩니다. 만나를 맛보려 하는 사람은 하나님의 사랑을 위하여 세상을 무시하고 정복해야 합니다. 이렇게 할 수 있는 사람은 성령의 위로를 발견할 것인데, 그것은 성령을 받은 사람만 이해할 수 있습니다.

우리가 생명나무의 열매를 먹으려면, 생명나무가 먼저 우리 안에 심겨야 합니다. 하늘의 위로를 발견하려면, 먼저 마음을 세상에서 하나님에게로 돌이켜야 합니다. 우리는 세상의 위로를 큰 기쁨으로 여기며, 하나님의 위로가 온 세상보다 더 큰 기쁨을 줄 수 있다고 생각하지 않습니다. 하나님이 하시는 일은 피조물이 하는 것보다 더 고귀합니다. 성령의 영감을 통하여 위로부터 오는 가르침은 사람이 위대한 작품을 통해 깨닫고 이해하는 지식보다 더 고귀합니다. 예술가가 순금으로 만든 작품보다 자연이 맺은 사과와 백합이 훨씬 더 좋고 귀합니다. 마찬가지로 하나님의 위로의 작은 불티가 세상의 기쁨이 가득한 넓고 큰 바다보다 좋고 귀합니다.

하나님의 위로를 받으려면, 이 세상의 위로와 기쁨을 무시해야 합니다. 제대로 들으려면 귀를 기울여야 합니다. 제대로 이해하려면 마음을 집중

해야 합니다. 나를 보려면, 시선을 나에게 두어야 합니다. 생각을 다해 하나님께 마음을 둔다면, 하나님을 보고 듣고 이해하고 맛보고 발견할 것입니다.

사람들은 다른 사람을 칭찬하면서 "하나님의 도우심으로 그가 부유하고 권세 있고 지혜롭고 유식하게 되었다"라고 말하지만, 그 사람의 온유, 겸손, 인내, 묵상하는 마음에 대해서는 언급하지 않습니다. 이처럼 사람은 다른 사람을 육신의 눈으로만 보며, 가장 귀하고 좋은 부분인 내적인 것을 보지 않습니다. 어떤 이는 "이 사람은 여러 나라와 도시를 여행하며 관광하였다"라고 말합니다. 만일 그가 하나님을 보았다면, 그는 가장 좋은 것을 보았을 것입니다. 또 어떤 이는 "이 사람은 황제와 왕과 군주와 영주의 말을 듣고 그들을 섬겨왔다"라고 말합니다. 만일 참으로 마음에서 하나님의 말씀을 듣고 올바르게 섬겼다면, 그는 더 잘 섬기고 가치 있는 말을 들었을 것입니다. 많은 사람은 이 세상에 대한 순수한 사랑으로 "우리는 배움의 시대에 살고 있습니다. 지금은 위대한 지성과 문화의 시대입니다"라고 말합니다. 그들은 그리스도를 사랑하는 참 예술이 모든 지식보다 낫다는 것(엡 3:19), 믿음이 거의 없어지고 있다는 것(눅 18:8), 소수의 무리만이 하나님에게서 배운다는 것(사 28:26), 그리고 소수의 사람이 그리스도에게서 참되고 겸손하고 온유한 삶(마 11:29)을 배운다는 것을 알지 못합니다. 대부분의 지식인이 그리스도에게서 오는 삶을 알지 못하며, 그리스도 안에 의로운 삶이 있음을 모릅니다(엡 4:19–21). 진정한 학식과 지성은 말에 있지 않고 의롭고 영원한 지혜에 있음에도 불구하고, 그들은 모든 것이 화술에 좌우된다고 믿습니다. 이에 관하여 상세히 알려면 『고대 철학의 논문』(Tractat de antique Rhilosplis)을 보십시오. 지금을 불신앙의 시대라고 말한다면, 고대는 하나님의 말씀과 진리에 더 가까웠다고 할 수 있습니다.

사람들은 "이 사람에게는 훌륭한 식탁과 부엌이 있다"라고 말합니다. 하나님의 말씀을 맛본 사람은 숨겨진 만나, 즉 영원하고 지속적이며 살아있는 생명의 떡(요 6:35)을 맛본 사람입니다(시 23:5).

하나님과 그의 말씀을 맛보고도 악을 맛보려는 자가 누구이며, 하나님과 말씀을 맛보지 않고서 무슨 기쁨을 누릴 수 있겠습니까? 하나님은 피조된 즐거움 위에 계시는 즐거움이시며, 피조된 빛 위에 계시는 영원한 빛이십니다. 하나님은 감추어진 기쁨의 빛으로 우리 마음을 꿰뚫고 우리의 영과 모든 능력을 정결하게 하시고, 밝게 하시며, 기쁨을 주시고, 영화롭게 하시며, 살게 하십니다. 하나님께서 그의 현존으로 우리를 만족하게 해주실 때는 언제입니까?

이 일이 일어나지 않는 한 우리에게 완전한 기쁨이 없을 것입니다. 그러므로 우리는 영생의 참 기쁨이 올 때까지는(사 55:1-2) 주님의 식탁에서 떨어지는 위로의 작은 부스러기로 즐거움으로 삼아야 합니다.

요한계시록 3장 20절에서 주님은 "볼지어다 내가 문 밖에 서서 두드리노니 누구든지 내 음성을 듣고 문을 열면 내가 그에게로 들어가 그와 더불어 먹고 그는 나와 더불어 먹으리라"고 말씀하십니다. 귀를 기울이십시오. 우리를 찾아온 귀한 손님을 문밖에 세워 놓겠습니까? 친구를 오랫동안 문밖에서 기다리게 하는 것은 부끄러운 일입니다. 우리의 손님으로 오시는 하나님을 문밖에 세워두는 것은 더 부끄러운 일입니다. 우리가 하나님을 대접할 필요가 없습니다. 하나님이 우리를 먹이실 것입니다. 우리는 그분과 함께 하늘의 떡과 감추었던 만나를 먹으면 됩니다. 주님이 가난한 친구의 처소를 방문하실 때 그의 부엌 시설을 가져오시지 않겠습니까?

주님은 "나의 음성을 듣고 문을 열라"고 말씀하십니다. 이 세상의 소음이 있는 집에서는 감미로운 음악을 들을 수 없습니다. 마찬가지로 세속적인 마음으로 하나님의 음성을 들을 수 없습니다. 왜냐하면, 그 마음은 하나님에게 문을 열지 않았고, 하나님을 들이지도 않기 때문입니다. 그러한 세속적인 마음은 하늘의 만나를 맛볼 수 없습니다. 마음속에서 이 세상의 시끄러움이 잦아질 때 하나님이 찾아오셔서 문을 두드리시고 말씀하실 것입니다. 그때 우리는 사무엘처럼 "말씀하옵소서 주의 종이 듣겠나이다"라고 말할 수 있습니다(삼상 3:10).

히브리서 6장 4절은 내적이고 영적인 하늘의 양식에 관해 언급하며, 한 번 빛을 받아서 하늘의 은사를 맛보고, 성령을 나누어 받은 사람은 하늘의 은사와 하나님의 선한 말씀과 내세의 능력을 맛보았다고 말합니다. 여기서 성령이 사람의 내면 어디에 계시는지, 그리고 성령은 방해받지 않으면, 우리를 살리시는 하나님의 입에서 나오는 선한 생명의 말씀인 감추어졌던 만나로 날마다 우리 영혼을 먹이신다는 것을 알게 됩니다.

다윗 왕은 성령으로 말미암아 이것을 마음과 영혼으로 경험했습니다(시 16:11; 시 34:9; 시 23:5; 시 63:4; 시 36:8; 시 70:4-5). 이 구절들에서 내적으로 하나님의 선한 말씀으로 양육되는 사람들, 즉 영과 혼이 가난하고 곤고하며 하나님의 위로만 붙드는 사람들, 시편 84장 1절에서 "만군의 여호와여 주의 장막이 어찌 그리 사랑스러운지요 내 영혼이 여호와의 궁정을 사모하여 쇠약함이여"라고 한 것 같은 하늘의 은사를 맛보기에 합당한 사람에 대해 묘사합니다. 이를 통하여 다윗은 지극히 작은 영생의 즐거움이 이 세상의 가장 큰 기쁨보다 낫고, 그곳의 하루가 이곳의 천 년보다 낫다고 가르칩니다. 이것을 경험한 사람은 이 세상에 있는 모든 것이 쓰다는 것을 발견하게 될 것입니다. 세상이 그에게는 지루하고 피곤한 것이 될 것입니다. 이는 그가 더 좋고 더 사랑스러운 것을 발견했기 때문입니다.

집회서 24장 20~21절에서 영원한 지혜는 이에 관하여 "나의 추억은 꿀보다 더 달고, 나를 소유하는 것은 꿀송이보다 더 달다 나를 먹는 사람은 더 먹고 싶어지고, 나를 마시는 사람은 더 마시고 싶어진다"라고 말합니다.

이것이 하나님과 그의 사랑 외에 다른 것으로 충족시킬 수 없는 거룩한 목마름이요 굶주림입니다. 아가서 5장 1절에서 솔로몬이 "나의 친구들아 먹으라 나의 사랑하는 사람들아 많이 마시라"고 말한 것처럼 하나님의 성도들은 하나님으로 취한 자가 됩니다.

하나님은 사랑하는 자가 멀리 가도록 내버려 두십니다. 이는 그녀를 자기에게 가까이 오게 하여 세상 것을 잊게 하려 하심입니다. 우리가 이 세상에서 감추어진 만나 부스러기와 하늘의 포도주 한 방울을 맛볼 수 있다면, 장차 샘을 소유하게 새로운 삶에서는 얼마나 많은 일이 일어나겠습니까?

주님은 십자가 위에서 "내가 목마르다"라고 말씀하셨습니다(요 19:28). 주님은 우리 안에 거룩하고 신령한 하늘의 목마름을 일깨우기 위해 목마르셨습니다. 주님이 우리의 영적 주림과 목마름을 없애고 충족시켜 주신 것처럼, 우리도 주님의 주림과 목마름을 충족시켜야 합니다. 요한복음 4장 34절에서 "나의 양식은 나를 보내신 이의 뜻을 행하며 그의 일을 온전히 이루는 이것이니라"고 말씀하신 것처럼, 우리가 주님을 위해서 목마르고 주린 것보다 더 우리를 위해 목마르고 주리셨습니다. 하나님의 뜻은 우리에게 복을 주시는 것입니다.

만일 주님이 우리를 위해 목마른 만큼 우리도 주님을 위해 목마르다면, 주님은 그의 영으로 온유하고 부드럽게 마실 것을 주실 것이며, 생수의 강이 우리의 몸으로 흘러들어오게 하실 것입니다. 즉 모든 것이 우리에게 신령하고 은혜롭고 사랑스럽고 위로가 될 것입니다. 주님은 우리가 그의 선하심의 강에서 마시게 해 주실 것이며, 그래서 마치 하늘의 기쁨의 큰 강줄기가 우리의 영혼 속으로 흘러들어온 것처럼 우리 몸과 영혼과 모든 능력이 하나님 안에서 기뻐하게 될 것입니다. 하나님과 하늘과 땅을 소유하므로 기뻐하고 자유롭게 되는 인간의 영혼보다 더 위대한 것은 없습니다. 그리고 하나님 앞에서 모든 피조물 아래로 자신을 낮출 때 인간의 영혼보다 무가치하고 작은 것이 없습니다.

37

**믿음으로 거룩하게 살고 끊임없이 회개하면서
그리스도를 따르지 않으면 구속함을 받을 수 없다.**

"우리가 그에게서 듣고 너희에게 전하는 소식은 이것이니 곧 하나님은 빛이시라 그에게는 어둠이 조금도 없으시다는 것이니라 만일 우리가 하나님과 사귐이 있다 하고 어둠에 행하면 거짓말을 하고 진리를 행하지 아니함이거니와 그가 빛 가운데 계신 것 같이…우리를 모든 죄에서 깨끗하게 하실 것이요"(요일 1:5-7).

빛과 어둠을 바르게 이해하려면 빛에 대한 정의와 묘사에 주목해야 합니다.

요한은 "하나님은 빛이시라"라고 말합니다(요일 1:5). 하나님은 어떤 분입니까? 하나님은 영이시고 영원하고 무한하신 분이시며, 전능하시고 자비하시고 은혜로우시고 의로우시고 거룩하고 진실하시고, 지혜로우시고, 말할 수 없이 사랑스럽고 신실하신 분입니다. 삼위일체이신 성부, 성자, 성령 하나님은 지고의 선이시며, 모든 것의 본질적인 선이시며, 참되고 영원한 빛이십니다. 그러므로 하나님과 그의 사랑, 자비, 의, 진리 등을 버리는 사람은 하나님의 빛을 외면하고 어둠에 빠집니다. 하나님이 빛이라면 마귀는 어둠이며, 하나님이 사랑이라면 마귀는 분노요 경멸이요 증오요 미움과 질투이며 죄와 악덕입니다. 죄를 향하는 사람은 어둠과 마귀를 향하는데, 어둠에서 빛으로, 죄에서 의로, 악에서 덕으로, 마귀에게서 하나님께로 돌아서지 않으면 구원받을 수 없습니다(행 26:18).

이것이 회개이며, 믿음만이 그것을 가져올 수 있습니다. 그리스도를 믿는 사람은 회개하고 죄를 버립니다. 즉 마귀에서 그리스도께로 돌아섭니다. 아담이 죄 때문에 하나님에게서 마귀에게 돌아선 것처럼, 사람은 참회개하고 죄를 멈춤으로써 마귀를 떠나 사랑하는 하나님께로 돌아섭니다.

그러므로 사람이 죄를 버리고 하나님께로 돌이키지 않는 한 빛을 받을 수 없습니다. 빛과 어둠이 어떻게 사귈 수 있습니까(고후 6:14)? 회개하기를 거절하는 것은 어둠이요, 그리스도에 관한 참지식의 빛은 그것과 사귀지 않습니다. 영원한 진리의 영과 빛을 받을 수 있는 사람은 회개하지 않고 어둠 속에 살지 못합니다. 그러므로 바울은 고린도후서 3장 16절에서 유대인들에게 "주께로 돌아가면 그 수건이 벗겨지리라"고 말합니다. 즉 어둠과 맹목과 무지라는 수건이 벗겨지고, 그리스도 안에서 빛을 받습니다.

인간 마음의 가장 큰 맹목과 어둠은 불신과 그 열매들, 교만, 탐심, 육체의 정욕, 분노 등입니다. 이런 것에 잡힌 사람은 참빛이신 그리스도를 알 수 없으며, 바르게 믿고 신뢰할 수 없고, 그를 통해 복을 받을 수도 없습니다. 지독한 교만이 가득한 사람이 어떻게 그리스도의 겸손한 마음을 알 수 있겠습니까? 분노와 질투가 가득한 사람이 어찌 그리스도의 자비로운 마음을 알 수 있겠습니까? 모순과 복수심이 가득한 사람이 어찌 그리스도의 인내를 알 수 있겠습니까? 그리스도의 겸손과 온유와 인내를 제대로 이해하지 못하는 사람은 그리스도나 믿음도 제대로 알지 못합니다. 그리스도를 제대로 알려면, 믿음으로 그리스도의 마음을 가져야 하며, 마음으로 그분의 겸손과 온유와 인내를 맛보아야 합니다. 그리하면 그리스도가 누구이신지 알게 될 것입니다. 좋은 열매와 나무를 알려면 그것을 맛보고 만져 보아야 합니다. 생명의 나무이신 그리스도를 알려면 믿음으로 그의 겸손과 온유와 인내를 맛보고 만져 보십시오, 그의 열매를 먹으십시오. 그러면 영혼의 안식을 발견할 것이며, 거룩한 위로와 은혜를 받을 것입니다. 그렇게 하지 않으면 영혼은 안식을 얻지 못할 것입니다. 하나님은 겸손한 자에게 은혜를 주시므로 그리스도의 온유와 겸손을 겸비하지 않는 믿음 없는 마음에 하나님의 위로와 은혜가 빛을 발하지 못합니다(벧전 5:5).

그리스도와 사귐도 원하지 않는 사람에게 그리스도가 무슨 유익이 있습니까? 죄의 어둠에 거하는 사람은 그리스도이신 빛과 사귀지 않습니다. 그러므로 그에게는 그리스도가 소용이 없습니다. 요한은 요한일서 1장 6~절과 2장 8절에서 이것을 언급합니다.

사람이 죄 가운데 머물러 있는 한 참빛이신 그리스도의 빛을 받을 수도 없고, 하나님을 아는 참지식에 이를 수도 없습니다. 이는 사람이 그리스도와 하나님을 바르게 깨달으려면 먼저 하나님이 순수한 은혜요 사랑이심을 알아야 하기 때문입니다. 사랑을 품고 실천하는 사람만이 사랑을 알 수 있습니다. 그러므로 각각의 사물에 대한 지식은 경험에서 나오며, 행위와 발견에서 나오며, 진리의 행위에서 나옵니다.

　사랑에 대해 많은 말을 하지만 실천하지 않는 사람은 사랑을 알지 못합니다. 그리스도는 순수한 사랑, 겸손, 온유, 인내, 그리고 순전한 덕이십니다. 이것을 실천하지 않는 사람은 그리스도를 알지 못합니다. 비록 그리스도의 이름을 가지고 있고 그분에 대해 많은 말을 할지라도 그리스도를 알지 못합니다. 하나님의 말씀은 순전한 영이므로, 영 안에 거하고 행하지 않는 사람은 하나님의 말씀에 대해 많은 말을 해도 그것을 알지 못합니다. 사랑을 실천하지 않으면서 사랑이 무엇인지 알 수 있습니까? 지식과 이해는 경험에서 나옵니다. 평생 빛을 보지 못한 채 어두운 망대 안에 앉아있는 사람이 어떻게 빛을 알 수 있겠습니까? 주님이 마태복음 5장 16절에서 말씀하신 대로 믿음과 그리스도인의 생활은 사람 안에 있는 빛입니다: "이같이 너희 빛이 사람 앞에 비치게 하여 그들로 너희 착한 행실을 보고 하늘에 계신 너희 아버지께 영광을 돌리게 하라."

　그리스도의 거룩한 삶을 깊이 생각해 보면, 그것이 순수한 사랑임을 알 수 있습니다. 주님이 명하신 대로 참 믿음 안에서 그의 사랑과 겸손과 온유와 인내를 배우십시오. 그럴 때 사도 바울이 "잠자는 자여 깨어서 죽은 자들 가운데서 일어나라 그리스도께서 너에게 비추이시리라"(엡 5:14)고 말한 것처럼, 이 빛을 받고 영화롭게 될 것입니다.

　그러므로 이 세상과 안목의 정욕과 육신의 정욕과 사생활의 악 한 잠에서 깨어나지 않는 사람은 그리스도의 빛을 받지 못할 것입니다.

　그리스도의 고귀한 삶을 자기의 것으로 삼고 믿음으로 그리스도를 따르는 사람은 비추임을 받을 것입니다. 삶에서 그리스도를 따르지 않는 사람은 빛보다 어둠을 더 사랑하는 자이므로 비추임을 받지 못합니다. 이는 그리스도께서 요한복음 8장 12절에 말씀하신 바와 같습니다: "나는 세상의 빛이니 (믿음, 사랑, 소망, 인내, 온유, 겸손, 하나님을 경외함, 기도로) 나를 따르는 자는 어둠에 다니지 아니하고 생명의 빛을 얻으리라." 그리스도의 참 제자들만이 생명의 빛, 즉 참 조명과 예수 그리스도를 아는 지식의 빛을 가지고 있습니다. 그리스도인의 믿음과 생활 때문에 사도 바울은 에베소서 5장 8절에서 "너희가 전에는 어둠이더니 이제는 주 안에서 빛이라"라고 말하면서 성도들을 빛이라고 부릅니다. 바울은 믿음 및 그리스도인의 덕을 이렇게 이해했습니다(살전 5:5-8).

성령은 거짓을 물리치며 "모든 세대를 통하여 거룩한 사람들의 마음속에 들어가서 그들을 하느님의 벗이 되게 하고 예언자가 되게 합니다"(지혜서 1:5; 7:27). 성령은 경건하지 않은 자를 물리치시는데, 어떻게 그들이 비추임을 받을 수 있겠습니까? 요한복음 14장 17절에서 주님은 "세상은 능히 그를 받지 못하나니"라고 말씀하십니다. 세상이란 육욕적이고 회개하지 않는 사람들을 의미합니다.

사람이 모든 덕의 완전한 본보기를 소유하게 하려고 하나님의 아들이 사람이 되셨고, 거룩하고 고결한 삶으로 세상의 빛이 되셔서 모든 사람이 그를 따르고 믿고 비추임을 받게 하셨습니다. 덕을 사랑하지 않는 이방인들은 그리스도인들을 조롱했습니다. 왜냐하면 그들이 그리스도가 순수한 덕임을 알면서도 생활에서 그를 따르지 않았기 때문입니다. 플리톤, 아리스토텔레스, 키케로, 세네카 등 지혜로운 이방인 철학자들은 "만일 사람이 덕을 볼 수 있다면, 그것은 샛별처럼 눈부시게 빛나는 것일 것이다"라고 말했습니다. 믿음으로 그리스도를 본 사람은 이 아름다운 샛별, 생명의 말씀을 보고 만진 사람입니다(요일 2:1). 이방인들이 덕을 사랑했고 보기를 원했다면, 그리스도인들은 얼마나 더 그것을 사랑해야 합니까? 그리스도는 홀로 덕이요 사랑이요 온유함이요, 하나님이십니다.

바울은 "지식에 넘치는 그리스도의 사랑"(엡 3:18)이라고 말합니다. 그리스도를 사랑하는 사람은 그분의 겸손과 온유를 사랑하며, 그리스도를 향한 사랑에서 우러나 이것을 간절히 취하는 자입니다. 그때 그는 주의 영광을 보며 그와 같은 형상으로 변화됩니다(고후 3:18). 베드로는 "겸손한 자들에게는 은혜를 주시느니라"(벧전 5:5)라고 말합니다. 그러므로 성 베르나르(St. Bernard)는 "은혜의 강이 우리의 위아래로 흐르고 있다"라고 말했습니다. 그리스도의 거룩한 삶을 본받아 해하지 않고 루시퍼의 길을 걷는 사람에게 어찌 하나님을 아는 지식과 은혜의 빛이 주어집니까? 믿음 및 믿음에 동반되는 두려움이 우리를 "우리 주 예수 그리스도를 알기에 게으르지 않고 열매 없는 자가 되지 않게"(벧후 1:8) 합니다. 그리스도는 겸손한 사람 안에 거하시며, 그리스도에게 힘과 능력의 지식 및 하나님을 경외하는 지식이 머물렀듯이 겸손한 자에게도 머뭅니다. 내면에 그리스도의 생명과 빛을 소유한 사람 안에 그리스도가 거하십니다. 이는 그 모든 것이 그리스도이기 때문입니다. 그러므로 성령의 은사는 이사야 11장 2절의 말씀처럼 성령의 은사는 그리스도에게 임했던 것처럼 그러한 사람들에게 임합니다.

그러므로 베드로는 "죄 사함을 받으라 그리하면 성령의 선물을 받으리니"(행 2:38)라고 말했습니다. 즉 마음을 비치시는 하나님의 영은 회개하는 자와 신실한 자에게만 임한다는 말입니다.

마음의 맹목과 영원한 어둠, 즉 마귀로부터 구속함을 받은 자는 참되게 회심하고 믿음을 따라 그리스도와 동행해야 합니다. 그리스도께 가까워질수록 영원한 빛에 가까워집니다. 불신앙에 가까울수록 마귀와 어둠에 가까워집니다. 믿음과 그리스도와 모든 덕이 서로 연결되며, 불신과 마귀와 모든 죄가 서로 연결됩니다.

사도들은 믿음으로 그리스도를 따르고, 세상과 자신 및 자신이 가진 모든 것을 부인했으며, 모두가 연합하여 살았습니다. 그 결과로 그들은 위로부터 비추임을 받고 성령을 받았습니다(행 2:1). 부자 청년은(눅 18:23) 이렇게 행하려 하지 않고 이 세상의 어둠 가운데 머물렀고 영생의 빛을 받지 못했습니다. "세상을 사랑하면 아버지의 사랑이 그 안에 있지 아니하니"(요일 2:15).

그러므로 요한은 "그의 형제를 미워하는 자는 어둠에 있고 또 어둠에 행하며 갈 곳을 알지 못하나니 이는 그 어둠이 그의 눈을 멀게 하였음이라"(요일 2:11)라고 말했습니다. 요한 타울러는 모든 설교에서 의로운 믿음의 실천이 없고, 자아의 죽음과 부인과 부정이 없고, 회심이 없으며, 영혼의 내적 안식이 없는 사람은 내면에서 신령한 빛을 발견할 수 없다고 말했습니다.

한마디로 내면에서 어둠의 역사가 소멸되어야 빛의 조명을 받을 것입니다. 다시 말해서 인간의 내면을 악한 본성과 육체, 그리고 안목의 정욕과 육체의 정욕과 이생의 자랑 등 세상이 지배하는 분량에 비례하여 내면에 어둠이 있을 것이며, 은혜, 빛, 영, 하나님, 그리스도가 거할 수 없게 될 것입니다. 그러므로 참 회개가 없이 빛의 조명을 받을 수 없습니다. 한 가지 죄를 청산하지 않는 것은 많은 죄가 일어나는 원인이 됩니다. 하나의 죄에서 또 다른 죄가 자라 나와 잡초처럼 퍼집니다. 해가 져서 밤이 깊을수록 어둠이 깊어지듯이, 그리스도의 고귀한 삶이 우리에게서 멀어질수록 우리 안에서 죄와 어둠이 자라서 결국 우리 안에 영원한 어둠이 가득 찰 것입니다. 반면에 한 가지 덕으로 시작하는 사람은 하나님의 은혜로 말미암아 내면에서 그것이 자라서 또 다른 덕의 열매를 맺는 것을 발견합니다. 이는 베드로후서 1장 5~8절에서 지적하는 것처럼 모든 덕이 서로 연결되어 아름다운 금사슬을 이루기 때문입니다. "그러므로 너희가 더욱 힘써 너희 믿음에 덕을, 덕에 지식을, 지식에 절제를, 절제에 인내를, 인내에 경건을, 경건에 형제 우애를, 형제 우애에 사랑을 더하라 이런 것이 너희에게 있어 흡족한즉 너희로 우리 주 예수 그리스도를 알기에 게으르지 않고 열매 없는 자가 되지 않게 하려니와." 다시 말해서 이러한 덕을 행하지 않는 사람은 그리스도를 알지 못합니다. 믿음으로 말미암아 이러한 덕 안에서 자라는 사람은 그리스도 안에서 자라이며, 탐욕스럽고 교만하고 참을성이 없고 분노하는 사람은 그리스도 안에서 장성한 사람이 아니라 사탄 안에서 장성한 사람입니다.

우리는 자라서 장성한 사람이 되어야 합니다. 아이가 자라서 체구가 커지듯이, 그리스도인은 믿음과 고결한 삶 안에서 성장하여 그리스도 안에서 장성한 사람이 되어야 합니다. 이런 것들을 갖추지 못한 사람은 앞 못 보는 장님이며 과거에 지은 죄가 깨끗해졌다는 것을 잊어버린 사람입니다(벧후 1:9). 그리스도는 그의 보혈과 죽음으로 우리의 모든 죄를 제거하셨습니다.

그러므로 우리는 죄 속에 머물지 않아야 합니다. 그리스도의 죽음이 우리 안에서 열매를 맺음으로써 우리가 죄에 대해서 죽고 그리스도 안에서 살아야 합니다. 그렇지 않으면 우리의 이전의 죄를 위해 지불한 대가와 정결하게 하심이 무익하게 됩니다. 우리가 죄에 대하여 죽고 회개하고 그리스도를 믿으면, 이전의 죄들은 사라지고 다시는 기억되지 않을 것입니다. 그러나 우리가 죄에 대해 죽기를 원하지 않는다면 이전에 지은 모든 죄를 간직하게 되며, 영원한 저주 속에서 후회할 것이며, 영원토록 그 값을 갚을 수 없을 것입니다. 이처럼 사람은 분노만으로도 저주를 받을 수 있지만, 만일 그것을 버리면 예수 그리스도 때문에 모든 죄를 용서받을 수 있습니다. 베드로는 이렇게 행하지 않는 사람을 맹인이라고 부릅니다 **(벧후 1:9)**.

이것이 우리가 회개하고 죄를 버려야 하는 주된 이유입니다. 비록 그리스도께서 우리의 죄를 위해 죽으시고 그 값을 완전히 지불하셨지만, 우리가 회개하지 않으면 그의 공로에 참여할 수 없고, 그것은 우리에게 소용이 없게 됩니다. 비록 그리스도의 공로로 말미암아 모든 죄가 사해졌지만, 회개하지 않은 사람에게는 죄 사함이 약속되지 않았으며, 죄를 떠나는 자들에게만 약속되었습니다. 버리려 하지 않는 죄는 사함을 받지 못하며, 참되게 뉘우치고 애통하는 죄만 사함을 받습니다.

마태복음 11장 5절은 가난한 자에게 복음이 전파된다고 말하는데, 이는 죄 사함에 관한 말씀입니다. 예를 들어 여러 해 동안 삭개오같이 탐욕과 고리대금을 해왔고, 막달라 마리아처럼 음란하고, 에서처럼 분노와 복수의 세월을 보낸 사람이 있다고 합시다. 그가 이러한 죄를 버리지 않으면 그리스도의 죽음과 보혈이 자신에게 유익을 주지 못한다는 말을 들었습니다. 그래서 그는 하나님께 "하나님, 잘못했습니다"라고 말하며 죄를 버리고 하나님께 기도하며 은혜를 구하고 그리스도를 믿었습니다. 그리하여 순수히 은혜로 그의 모든 죄가 제거되고 용서되었습니다. 이것은 그의 공로가 아니라 그리스도의 죽음과 보혈 때문입니다.

탐욕, 분노, 고리대금, 음란, 교만 등을 버리려 하지 않으면서 죄 사함을 받으려는 사람은 죄 사함을 받을 수 없을 것이며, 마음을 깨끗하게 하고 선하게 해주는 참 믿음이 없으므로 장차 지옥에서 자신의 죄에 대해 대가를 치러야 할 것입니다. "이런 일을 하는 자들은 하나님의 나라를 유업으로 받지 못할 것이요"(갈 5:21). 죄를 버리지 않으면 영원히 저주받고 버림받을 것입니다.

참 회심이 있는 곳에 죄 사함과 하나님의 은혜가 있습니다. 후회와 애통함이 있는 곳에 하나님의 은혜가 있고, 하나님의 은혜가 있는 곳에 그리스도가 있습니다. 이는 그리스도 밖에는 은혜가 없기 때문입니다. 그리스도가 계신 곳에는 그의 귀중한 공로가 있고, 그의 공로가 있는 곳에 속죄가 있으며, 속죄가 있는 곳에 의롭다 하심이 있습니다. 의롭다 하심이 있는 곳에 평안과 기쁨의 양심이 있고, 기쁨의 양심이 있는 곳에 성령이 있으며, 성령이 거하시는 곳에 기쁨이 있습니다. 이는 성령은 기쁨의 영이기 때문입니다. 기쁨이 있는 곳에 영생이 있는데, 이는 영생은 영원한 기쁨이기 때문입니다.

그리스도 안에서 날마다 회개하며 사는 사람들 안에 영생의 빛이 있습니다. 이것이 시작이며, 그리스도의 죽음은 기초입니다. 반면에 회개가 없는 곳에는 죄 사함이 없고, 참 치유와 뉘우침과 슬픔이 없는 곳에 은혜가 없습니다. 은혜가 없는 곳에 그리스도가 없고, 그리스도가 없는 곳에 그의 보배로운 공로가 없으며, 그의 공로가 없는 곳에 속죄가 없습니다. 그리고 속죄가 없는 곳에 의롭다 하심이 없고, 의롭다 하심이 없는 곳에는 평안과 기쁨의 양심이 없으며, 기쁨의 양심이 없는 곳에는 위로가 없습니다. 위로가 없는 곳에는 성령이 없고, 성령이 없는 곳에는 마음과 양심의 기쁨이 없습니다. 기쁨이 없는 곳에는 영생이 없고, 죽음, 지옥, 저주, 영원한 어둠만 있습니다.

삶에서 참 회개를 통하여 그리스도를 따르지 않는 사람은 마음의 소경됨, 즉 영원한 어둠에서 구속함을 받을 수 없습니다.

38

영원한 예정에 관하여

"아직 잠시 동안 빛이 너희 중에 있으니 빛이 있을 동안에 다녀 어둠에 붙잡히지 않게 하라 어둠에 다니는 자는 그 가는 곳을 알지 못하느니라"(요 12:35).

경건하지 못하게 사는 사람은 그리스도와 믿음을 부인하고 제거하는데, 그분에 관한 교리는 어떻게 되겠습니까? 그분의 교리, 말씀, 성례는 거룩한 삶 속에서 행해지도록 우리에게 주어졌으며, 말씀과 성례를 통해서 새롭게 탄생한 거룩한 영적 사람이 고귀한 씨에서 자라나서 선한 열매를 맺게 되어 있습니다. 그리스도로 인하여 태어나는 것과 같이 영과 말씀과 성례에서 새롭게 태어나는 사람이 그리스도인입니다. 이 사람은 그리스도를 믿으며 그리스도 안에 거합니다. 아이가 아버지에 의해 양육되듯이, 그리스도인은 믿음을 통해 하나님과 그리스도에 의해 양육됩니다.

우리가 그리스도의 가르침과 삶을 실천하려 하지 않고, 오히려 그것을 대적하여 살면서 어떻게 하나님으로부터 난 자가 될 수 있으며, 그의 가르침이 우리에게 무슨 유익이 되겠습니까? 우리가 어둠 속에서 행하고 있는데, 그의 빛이 무슨 유익이 되겠습니까? 빛이 사라지면 어둠과 함께 거짓 가르침과 잘못과 속임이 찾아옵니다. 그러므로 주님은 "아직 잠시 동안 빛이 너희 중에 있으니 빛이 있을 동안에 다녀 어둠에 붙잡히지 않게 하라"(요 12:35)고 경고하셨습니다. 즉 잘못과 속임과 마음의 완악함과 어둠과 맹목을 피하라고 하셨습니다. 바로(Pharoah)와 유대인과 줄리안(B.C 360-363; 배교자 줄리안, 또는 율리아누스라고도 부름, 역자 주)에게 임한 마음의 완악함입니다. 줄리안은 십자가에 못 박히신 그리스도께서 여전히 살아계심을 양심으로 확신하고서 "갈릴리인이여, 그대는 결국 정복했노라"(Vicisti tandem Galilea)라고 말했습니다. 그가 "나를 불쌍히 여기소서"(Miserere)라고 말했으면 좋았겠지만, 그의 마음이 완악하여 그렇게 말할 수 없었습니다. 그는 그리스도의 은혜를 멸시하고 거부했습니다. 그러므로 은혜가 그에게 임하지 않았습니다.

마음의 완악함은 빛 가운데 행하기를 원하지 않는 자들에게 임할 어둠입니다. 이 어둠은 바로가 "여호와가 누구이기에 내가 그의 목소리를 듣고 이스라엘을 보내겠느냐 나는 여호와를 알지 못하니"(출 5:2)라고 말한 것처럼 진리에 대항하여 죄짓는 자이 받아야 할 형벌입니다. 그가 여호와의 능력을 느껴야 했기에 하나님은 그에게 힘과 능력을 보여주셨고, 그를 본보기로 세워 온 세상의 구경거리로 삼으셔서 하나님이 이런 사람을 대적하여 어떻게 행하실 수 있는지 경험하게 하셨습니다.

유대인들이 하나님의 말씀을 들으려 하지 않으므로, 하나님은 오래전에 모세가 예언했던 대로 그들의 눈을 멀게 하고 마음을 완악하게 하셨습니다: "너희가 만일 나의 음성을 듣지 아니하면 눈 머는 것과 마음의 완악함으로 너희를 치리라"(신 28:28; 32:21 참조). "여호와께서 이르시되 가서 이 백성에게 이르기를 너희가 듣기는 들어도 깨닫지 못할 것이요 보기는 보아도 알지 못하리라"(사 6:9). 그 후에 그들은 일을 해야 되었습니다. 이로부터 우리는 바울이 데살로니가후서 2장 10~12절에서 진술한 것처럼 마음의 완악함이 불신앙과 하나님과 진리를 거부한 데 대한 합당한 형벌임을 알 수 있습니다. 여기에서 우리는 눈멀고 마음이 완악해지는 원인을 찾을 수 있습니다.

하나님이 약속하신 은혜를 빼앗기는 사람은 매몰차게 내리침을 당하여 다시 일어서지 못합니다. 바로와 줄리안이 그런 사람들입니다. 하나님의 빛을 빼앗긴 사람은 어둠 속에 남아있어야 합니다. 그러나 하나님은 빛 가운데 행하기를 원하지 않는 사람을 제외하고는 아무에게서도 그 빛을 거두어가지 않으시며, 억지로 은혜를 멀리하려는 자 외에는 누구에게서도 은혜를 거두어 가시지 않습니다.

그러므로 바울은 "그런즉 하나님께서 하고자 하시는 자를 긍휼히 여기시고 하고자 하시는 자를 완악하게 하시느니라"(롬 9:18)라고 말합니다. 하나님은 긍휼히 여김을 받으려 하는 사람을 긍휼히 여기려 하시며, 베푸신 은혜를 대적하고 멀리하는 사람들의 마음을 완악하게 하십니다. 바울은 유대인들에 관해 다음과 같이 말했습니다: "너희가 그것(말씀)을 버리고 영생을 얻기에 합당하지 않은 자로 자처하기로 우리가 이방인에게로 향하노라"(행 13:46). 이방인들은 행복했고, 말씀을 찬양했고, 신실했습니다. 결과적으로 그들 중 많은 사람이 믿음의 방편인 은혜의 말씀을 저버리지 않았으므로 영생에 이르렀습니다. 유대인들은 말씀을 저버렸으므로 신실하지 못했습니다. 왜냐하면, 하나님은 말씀을 저버리는 자를 영생에 이르지 못하게 하셨기 때문입니다.

예정의 규례와 생명으로의 임명은 그리스도 안에서 발생하며 다음과 같은 일이 동반됩니다: 하나님은 복음을 통해서만 은혜를 주시며, 누구든지 그것을 택하는 자는 영생으로 정해지지만 그것을 버리는 자들은 스스로 영생에 합당하지 않은 자로 여깁니다. 즉 사도 바울이 말한바 그들은 영생에 합당하지 않은 자로 자처하고, 모든 사람에게 주시는 하나님의 은혜를 차단하고, 마음이 완악해져서 하나님의 말씀을 버림으로써 생명책에서 자기 이름을 지웠습니다. 그러므로 그들은 신실할 수 없게 되었습니다.

그러나 이제 그들은 하나님의 말씀을 저버리고, 유대인들과 터키인들처럼 그리스도의 가르침을 받지 않을 뿐만 아니라 그리스도의 발자취를 따라 행하지 않고 그의 거룩한 삶을 취하지 않으며, 빛 가운데 행하기보다 어둠 속에서 행하려 합니다. 그러므로 하나님이 말씀의 빛과 순수한 가르침의 빛을 거두어가십니다. 이는 주님이 "나는 세상의 빛이니 나를 따르는 자는 어둠에 다니지 아니하고 생명의 빛을 얻으리라"(요 8:12)고 말씀하시기 때문입니다.

따라서 그리스도를 따르지 않는 사람은 어둠 속에 다닙니다. 즉 잘된 조언을 받고, 속고, 완악해지고, 눈먼 자가 됩니다. 이 세상에서 교만한 사람, 거만한 사람, 명예로운 사람, 지혜로운 사람, 유식한 사람, 권세 있는 자들이 어떻게 그릇된 충고를 받고 속고 눈이 머는지 살펴보십시오. 무엇이 원인입니까? 그들은 그리스도 안에 살지 않고 삶에서 그리스도를 따르지 않기 때문에 생명의 빛을 소유하지 못합니다.

사도 바울이 "사탄의 활동과 표적과 거짓 기적"(살후 2:9)이라고 말한 속임과 오류의 원인은 무엇입니까? 이것들은 온 세상이 삶 속에서 그리스도를 따르지 않기 때문에 이것들이 한층 더 왕성하게 일어납니다. 그리스도가 어떻게 벨리알과 마음을 합할 수 있으며 믿는 사람이 안 믿는 사람과 무엇을 같이 할 수 있겠습니까(고후 6:14-15)? 순전한 가르침과 하나님을 아는 지식의 빛은 마귀, 어둠, 교만, 탐욕, 쾌락 안에 거하는 자들과 함께 있을 수 없습니다. 부정하고 불경한 삶이 영위되는 곳에 어찌 순수하고 신령한 가르침이 함께 있을 수 있겠습니까? 순수한 가르침과 부정한 삶은 서로 조화를 이루지 않으며 사귀지 않습니다.

만일 우리가 그리스도의 가르침대로 행하기를 원한다면, 비기독교적인 삶을 따르지 말고 다른 길을 따라야 합니다. 우리는 죄에서 깨어나 그리스도에게서 참 믿음의 빛을 받아야 합니다(엡 5:14). 그러므로 그리스도의 사랑과 겸손과 온유와 인내의 발자취를 따르며 하나님을 경외하지 않는 사람은 분명히 미혹될 것입니다. 왜냐하면 그는 진리로 인도하는 길을 걷지 않기 때문입니다.

만일 우리가 그리스도 안에 살면서 사랑과 겸손으로 행하며, 이를 위하여 모든 힘과 신학을 기울이려면, 육을 죽이고 그리스도 안에서 살아야 하며, 우리 안에서 아담이 죽고 그리스도가 살아야 하며, 우리 자신을 정복하고 육과 마귀와 세상을 정복할 수 있어야 합니다. 만약 이렇게 된다면 교리 문제로 많은 논란이 생기지 않을 것이며, 이단자들은 스스로 망할 것입니다.

왜 사백 명의 거짓 선지자들은 아합을 그릇된 길로 인도해서 전쟁하라고 권고했습니까?(왕상 22:6). 그가 경건하게 살지 않고 독재했기 때문이었습니다. 그러한 생활에 거짓 빛이 따르기 때문에 그는 자신을 몰락하게 하는 거짓말을 믿어야 했습니다. 참 선지자 미가야가 그에게 전쟁에서 패할 것이라고 진실을 말했지만, 그는 믿지 않았습니다. 거짓 선지자들은 평화를 예언했고, 그는 그 거짓말을 믿었습니다. 결과적으로 그는 화살에 맞아 죽었고, 개들이 그 피를 핥았습니다.

사도 바울이 말한 것처럼 어떤 이는 "이 세상의 신이 믿지 아니하는 자들의 마음을 혼미하게 하여 그리스도의 영광의 복음의 광채가 비치지 못하게 함이니"(고후 4:4)라고 말할 수 있을 것입니다. 이것이 하나님께서 이사야 29장 13~14절, 고린도전서 1장 19절에서 입으로는 그리스도와 그의 가르침에 관해 말하면서 행동으로는 부인하는 위선자들에 대해 경고하신 것입니다. 하나님께서 아합에게 하셨던 것처럼 그들에게도 거짓 선지자들을 보내시지 않겠습니까? 하나님은 명백하게 "이 백성이 입으로는 나를 가까이하며 입술로는 나를 공경하나 그들의 마음은 내게서 멀리 떠났나니 그들이 나를 경외함은 사람의 계명으로 가르침을 받았을 뿐이라 그러므로 내가 이 백성 중에 기이한 일 곧 기이하고 가장 기이한 일을 다시 행하리니 그들 중에서 지혜자의 지혜가 없어지고 명철자의 총명이 가려지리라"고 말씀하셨습니다(사 29:13-14).

바울은 유대인들에게 "그러나 언제든지 주께로 돌아가면 그 수건이 벗겨지리라"(고후 3:16)고 말했습니다.

39

순수한 교훈과 하나님 말씀은
참 회개와 거룩한 삶에 있다.

"너는 그리스도 예수 안에 있는 믿음과 사랑으로써 내게 들은 바 바른 말을 본받아 지키고 우리 안에 거하시는 성령으로 말미암아 네게 부탁한 아름다운 것을 지키라"(딤후 1:13-14).

그리스도인의 믿음의 진리와 교훈은 이단과 사교에 대한 해답을 제시하고, 구약시대에 거룩한 선지자들이 음란한 거짓 선지자들을 대적하여 단호하게 외친 것을 본받아 자신을 변호해야 합니다. 이 진리와 교훈은 예루살렘에서 바리새인들과 서기관들을 대적하여 진지하게 논쟁하신 하나님 아들의 예를 따라야 합니다. 그리고 이단자인 에비온과 케린투스에 대항하여 복음서를 기록하고, 니콜파(Nicolites)의 거짓 교회에 대항하여 계시록을 기록한(고후 9:8) 복음서 기자 요한의 예를 따라야 합니다. 우리는 사도 바울이 이신칭의의 교리(롬 3:21 이하, 4:1 이하), 선행의 교리(고후 9:8 이하), 죽은 자들의 부활에 관한 교리(고전 15:10이하), 그리스도인의 자유에 관한 교리(갈 5:1) 등 여러 교리를 어떻게 변호했는지를 볼 수 있습니다. 초대교회에서 발생한 이교도의 우상숭배를 비롯한 여러 이단에 대적했던 초대교회 교부들과 감독들은 이러한 본보기들을 계승하고 지속하였습니다. 이들은 논리 정연한 변론을 저술하였습니다. 위대한 기독교인 황제들이 이단자인 아리우스, 마르케도니우스, 네스토리우스, 유티게스 등을 대적해서 변론하기 위해 공의회를 소집했습니다. 우리의 시대에 마틴 루터와 그의 저술을 통해서 가톨릭교회 및 여러 분파들의 거짓 행위가 온 세계에 알려졌습니다.

그러나 사도 바울이 지적한 바와 같이(딛 1:9) 건전한 교리를 대적하는 사람들과 논쟁하여 이기며 순수한 교리와 참 종교를 전파하고 보존하고 유지하기 위해서는 분파들과 이단자들을 대적하는 글을 저술하는 것만으로는 부족합니다. 우리 시대에 이러한 활동이 악용되어 많은 치열한 논쟁, 논쟁적인 설교, 저서, 소책자 외에 그리스도인의 삶, 참 회개, 경건, 그리스도인의 사랑 등은 거의 망각되었습니다. 기독교 신앙은 논쟁과 논증적 책이 있는 것처럼 여겨지며, 복음과 그리스도의 가르침이 거룩한 삶 속에서 실천되는 것을 볼 수 없게 되었습니다.

(1) 거룩한 선지자들과 사도들과 하나님의 아들의 예를 보십시오. 그들은 거짓 선지자들과 우상숭배자를 대적하여 싸웠으며, 그뿐만 아니라 종교와 예배가 회개하지 않음과 불경건한 삶 때문에 파괴되고, 교회가 황폐해지며, 땅과 백성의 기근과 전쟁과 흑사병으로 형벌을 받는 일이 일어나지 않게 하기 위해서 그들은 확고하게 회개하고 그리스도인의 삶을 영위했습니다. 이사야 선지자는 만일 주님의 포도원의 포도나무가 들포도를 맺으면 여호와 하나님이 포도원을 황폐하게 하실 것이라고 말합니다(사 5:6). 이것은 불경건이 하나님께서 우리에게서 말씀을 거두어 가시는

원인이라는 진지한 경고입니다. 요한복음 12장 35절에서 그리스도는 "빛이 있을 동안에 다녀 어둠에 붙잡히지 않게 하라"라고 말씀하십니다. 빛 가운데 다니는 것은 그리스도를 따르는 것입니다. 어둠에 붙잡히는 것은 복음의 순수한 교리를 잊는 것입니다. 그러므로 참 회개와 거룩한 생활이 없는 사람은 분명히 진리의 빛의 조명을 받지 못합니다. 이는 마음을 비추시는 성령은 경건하지 않은 자를 멀리하시며, 거룩한 사람들의 마음속에 들어가서 그들을 하나님의 벗이 되게 하고 예언자가 되게 하기 때문입니다(지혜서 7:27). 여호와를 경외함이 지혜의 근본입니다(시 111:10). 그러므로 불경건은 어리석음과 맹목의 근원입니다.

(2) 따라서 사도 바울이 디도서 1장 16절에서 말했듯이 참 기독교적 지식, 그리스도에 대한 이해, 그리고 순수한 가르침은 말에만 있는 것이 아니라 행위와 거룩한 삶에 있습니다. 이 말씀에서 말보다 불신앙의 삶으로 그리스도와 그의 말씀을 더 크게 부인한다고 말합니다(딤후 3:5). 행위로 증명되지 않는 그리스도에 대한 참지식은 어떤 것입니까? 마음으로 그리스도의 사랑을 맛보거나 발견하지 못한 사람은 그리스도를 제대로 알 수 없습니다. 어떻게 필요할 때만 고백합니까? 그리스도의 가르침을 인정하고 삶에서 인정하지 않는 사람은 반쪽 그리스도를 고백하는 사람이며, 그리스도의 가르침을 설교하면서 삶으로 전하지 않는 사람은 반쪽 그리스도를 설교하는 사람입니다. 그리스도의 가르침에 관해서 많은 글을 쓰고 논쟁하지만, 삶에는 관심을 두지 않습니다. 교리에 관한 논증서가 우리에게 도움이 될 수 있겠지만, 참 회개와 그리스도인의 삶에는 그리 도움이 되지 못합니다. 삶이 없는 가르침이 무슨 소용이 있습니까? 그것은 열매

없는 나무입니다. 삶에서 그리스도를 따르지 않는 사람은 그의 가르침을 따르지 않습니다. 이는 그리스도의 가르침의 핵심은 "청결한 마음과 선한 양심과 거짓이 없는 믿음에서 나오는 사랑"(딤전 1:5)이기 때문입니다. 결과적으로 많은 사람은 선하게 보이려고 논란이 많은 부분에 대한 많은 토론과 논쟁에 대해 배우지만 마음에는 교만, 질투, 탐심이 가득 차 있습니다. 이보다 더 위험한 독충은 없습니다. 사도 바울이 믿음과 사랑을 하나로 묶은 것은(딤후 1:13) 가르침과 삶이 일치해야 함을 나타내기 위해서였습니다.

(3) 우리는 자신의 능력과 경건을 통해서 복을 받는다고 말하지 않습니다. 우리는 하나님의 능력을 통하여 복을 받습니다(벧전 1:5). 불경건한 삶은 성령과 그의 모든 은사—믿음, 지식, 지혜, 이해—를 대적합니다. 거룩한 삶이 없이 어떻게 순수한 교리의 진리를 지킬 수 있습니까? 그리스도를 따르지 않는 불경건한 사람은 참빛의 비추임을 받을 수 없습니다. 반면에 빛 가운데 행하는 사람, 삶에서 그리스도를 따르는 사람은 모든 오류로부터 보호해주는 참 빛이신 그리스도의 비추임을 받습니다(요 1:9). 거룩하고 영적인 사람 타울러는 "만일 사람이 자신을 하나님께 드리고 자신의 의지와 육체를 부인한다면, 하나님이 그의 마음속에서 참 안식을 누리시고 모든 악한 정욕과 의지와 행위로부터 자유롭게 하시기 때문에 성령이 그를 비추고 바르게 가르치기 시작한다"라고 말했습니다.

(4) 주님이 "나는 길이요 생명이라"(요 14:6)라고 말씀하신 데는 이유가 있습니다. 주님은 먼저 자신이 "길"이라고 말씀하셨는데, 이는 우리에게 길을 가리켜 주셨기 때문입니다. 그 길을 어떻게 보여 주셨습니까? 주님

의 거룩한 가르침을 통해서, 그리고 죄 없는 삶을 통해서 보여 주셨습니다. 주님의 삶은 참 회개와 회심인데, 그것은 기독교의 모든 것이 들어 있는 진리와 생명으로 우리를 인도해주며, 그 안에 모든 성경과 계명이 포함되어 있습니다. 우리는 이 생명책, 즉 그리스도 안에서 평생 참 회개, 살아 역사하는 믿음, 사랑, 소망, 온유, 인내, 겸손, 기도, 하나님을 경외함 등을 배워야 합니다.

이것이 진리와 생명으로 인도하는 바른 길이신 그리스도이십니다. 그리스도는 찾는 이가 적은 협착한 길이요 좁은문이며(마 7:14), 그리스도인에게 필요한 모든 것이 들어 있는 생명책이지만 공부하는 사람이 적습니다. 따라서 우리가 거룩하게 되기 위해 다른 책이 필요하지 않습니다. 성경은 많은 책을 포함하지 않는데, 이는 기독교 신앙은 많은 책에 있는 것이 아니라 주 그리스도를 따르는 데 있다는 것을 알게 하려는 것입니다. 솔로몬은 "많은 책들을 짓는 것은 끝이 없고 많이 공부하는 것은 몸을 피곤하게 하느니라 일의 결국을 다 들었으니 하나님을 경외하고 그의 명령들을 지킬지어다 이것이 모든 사람의 본분이니라"(전 12:12-13)라고 말합니다.

(5) 사람들이 잠자는 동안 원수가 와서 곡식 가운에 가라지를 덧뿌리고 갔다는 것은 무엇을 의미합니까?(마 13:25). 그들이 죄를 회개하지 않고 죄 가운데서 편안히 잠들어 있고 이 세상 사랑에 취해 있고 영원한 것보다 현세의 것에 더 관심을 기울였으므로 원수가 사방에 거짓 교리의 씨를 뿌렸다는 의미입니다. 원수는 교만의 땅에 분파와 불화와 혼란의 씨를 뿌렸습니다. 교만 때문에 천사와 인간이 참빛을 잃었습니다. 교만은 모든 죄의 근원입니다. 만일 사탄과 아담이 그리스도의 겸손을 가졌더라면, 이 세상

에 속임이 들어오지 못했을 것입니다. 그러므로 사도 바울은 "잠자는 자여 깨어서 죽은 자들 가운데서 일어나라 그리스도께서 너에게 비추이시리라"(엡 5:14)라고 말했습니다. 이렇게 말한 것은 사람이 죄의 잠, 즉 회개하지 않음과 신분의 안전, 불경건을 포기하지 않으면 빛이 비칠 수 없음을 지적하기 위해서였습니다(행 2:7; 요 14:17). 이 세상이야말로 순전히 불경건한 삶이 아닙니까?

(6) 주님이 "이러므로 그들의 열매로 그들을 알리라"(마 7:20)고 하신 말씀은 무슨 뜻입니까? 그것은 "주여, 주여"라고 소리친 것이 아니라 삶의 열매로 참 그리스도인과 거짓 그리스도인을 구분한다는 것입니다. 거짓 그리스도인들은 양가죽을 쓰듯이 참 교리로 가장하지만, 그들의 마음은 참한 기독교인이 아닙니다. 악한 생활을 하는 사람이 내세우는 교리는 거짓되고 악하다고 판단해야 합니다. 재세례파와 가톨릭교회는 우리의 교리를 이렇게 판단하는데, 이것은 잘못된 것입니다. 왜냐하면, 경건하지 못하게 살면서 실천하는 교리는 거짓 교리라는 원칙이 우리에게 적용될 수 없기 때문입니다. 만일 그렇다면 당시에는 악한 사람들이 많았으므로, 그리스도와 사도들도 거짓을 가르치신 것이 됩니다. 그러므로 악한 생활은 교리를 시험하는 기준이 아니라 그 사람이 거짓 교인인지 참 교인인지, 바른 믿음에서 벗어난 생활을 하고 가르치는지, 믿음을 거슬러 행하는지를 시험하는 기준입니다. 주님은 이것을 부정하십니다. 거짓 기독교인, 불에 던져져야 할 악하고 열매 맺지 못하는 나무가이 있습니다(마 7:19).

(7) 끝으로 우리가 새로운 피조물이 되고, 새롭게 탄생하고, 하나님과

연합하며; 그리스도가 우리 안에 거하고 살고 행하시고; 하나님의 나라가 우리 안에 세워지며, 성령이 우리 마음을 비추고 깨끗하는(엡 4:23) 통로, 사랑으로 역사하는 참믿음이 있습니다. 이에 관한 많은 성경 구절이 많습니다: "주와 합하는 자는 한 영이니라"(고전 6:17). 그리스도와 "한 영"이라는 것은 그리스도와 같은 마음과 뜻과 생각을 갖는다는 의미입니다. 이것은 우리 내면에 있는 그리스도의 새롭고 거룩하고 고귀한 삶입니다. "누구든지 그리스도 안에 있으면 새로운 피조물이라"(고후 5:7). "그리스도 안에 있다"는 무엇을 의미합니까? 그것은 그리스도를 믿을 뿐만 아니라 그 안에서 사는 것을 의미합니다. "내가 네게 장가 들어 영원히 살되 공의와 정의와 은총과 긍휼히 여김으로 네게 장가 들며"(호 2:19). 이것은 우리가 영적으로 완전히 그리스도와 연합할 것이며, 믿음이 있는 곳에 그리스도가 계시다는 의미입니다. 그리스도가 계신 곳에 거룩한 삶이 있고, 그리스도의 삶이 있는 곳에 그리스도의 사랑이 있으며, 그리스도의 사랑이 있는 곳에 하나님이 계십니다. 이는 하나님은 사랑이시기 때문입니다. 그곳에 성령도 계십니다. 머리와 지체들이 함께 있어야 하듯이, 그리고 열매와 모든 활동이 그 근원에서 흘러나오듯이, 모든 필요한 것이 하나로 모여 뭉쳐져야 합니다.

그리스도인의 믿음과 생활의 관계와 연합이 베드로후서 1장 5~9절에 묘사되어 있습니다: "그러므로 너희가 더욱 힘써 너희 믿음에 덕을, 덕에 지식을, 지식에 절제를, 절제에 인내를, 인내에 경건을, 경건에 형제 우애를, 형제 우애에 사랑을 더하라 이런 것이 너희에게 있어 흡족한즉 너희로 우리 주 예수 그리스도를 알기에 게으르지 않고 열매 없는 자가 되지 않게 하려니와 이런 것이 없는 자는 맹인이라 멀리 보지 못하고 그의 옛 죄가 깨끗하게 된 것을 잊었느니라." 베드로는 다음과 같이 분명히 말합니다: 그러한 연합과 믿음을 갖지 않은 사람은 그리스도를 알지 못하며, 믿음을 잃고 어둠 속에 다닙니다. 그것이 전인을 새롭게 하고 그리스도 안에서 살게 하며 그리스도가 그의 내면에 살고 머물며, 그가 그리스도 안에 살게 해주는 참믿음입니다.

40

그리스도인의 생활 규칙

"망령되고 허탄한 신화를 버리고 경건에 이르도록 네 자신을 연단하라 육체의 연단은 약간의 유익이 있으나 경건은 범사에 유익하니 금생과 내생에 약속이 있느니라"(딤전 4:7-8).

이 구절은 그리스도인이 모든 덕을 실천하면서 가장 선하고 경건하게 생활하는 방법에 대해 묘사하고 가르쳐줍니다. 사도 바울은 두 가지 중요한 동기를 제시합니다. 첫째, 그것은 범사에 유익합니다. 만일 우리가 행하는 모든 일과 행위가 경건하다면, 그것이 모든 것을 선하고 순결하게 하며, 모든 것을 축복합니다. 둘째, 욥과 다니엘의 경우에서 본 것처럼 이 세상에서 상을 받습니다. 우리는 내세에서 끊임없이 열매를 거둘 것입니다(갈 6:9).

1. 하나님의 말씀에 명하신 대로, 그리고 우리가 원하는 만큼 완전한 삶을 살 수 없어도, 그러한 삶을 원해야 합니다. 이러한 거룩한 갈망이 진정으로 하나님을 기쁘시게 하며, 하나님은 그것을 인정하십니다. 왜냐하면

하나님은 행위를 보지 않고 마음을 보시기 때문입니다. 우리는 항상 육체를 죽이고, 그것이 다스리지 못하게 해야 합니다.

2. 우리가 생각하거나 행하는 모든 일에서 마음의 정결을 지켜야 합니다. 그리고 그것이 교만한 생각과 말과 행위로, 그리고 분노 및 그와 비슷한 육적이고 악한 행위로 더럽혀지지 않게 해야 합니다. 왜냐하면, 이런 것들을 통해서 마음이 사탄에게 열리고 하나님께 닫힐 것이기 때문입니다.

3. 영혼이 영혼의 자유를 유지하여, 현세의 재물에 대한 무절제한 욕망으로 말미암아 영혼이 세상 것에 사로잡히고 노예가 되지 않도록 노력하십시오. 이는 영혼이 온 세상보다 귀하기 때문입니다. 어떻게 영혼을 팔아서 본질에서 천하고 무가치하고 허무한 것에 복종하게 하며, 마음이 무가치한 것에 매달리는 것을 허락하겠습니까?

4. 이 세상의 슬픔을 피하십시오. 이는 그것이 탐심과 시기, 식탐에서 나오는 슬픔, 불신앙과 조급함에서 나오는 것으로서 죽음을 가져오기 때문입니다. 죄에 대한 지식, 그리고 지옥의 영원한 고통에 대한 깊은 생각에서 나오는 거룩한 슬픔은 우리를 거룩하게 하며 후회할 것이 없으며 하나님 안에서 기쁨과 평화가 나오는(고후 2:10) 회개를 가져옵니다. 현세의 것 때문에 슬퍼하지 말고, 자신의 죄 때문에 슬퍼해야 합니다.

5. 기꺼이 십자가를 질 수 없다면, 최소한 인내하며 겸손하게 십자가를 지며, 하나님의 거룩한 섭리와 뜻이 항상 위로가 되게 하십시오. 하나님의 뜻은 항상 선하시며, 매사에 우리에게 가장 선하고 복된 것을 추구하십니다. 하나님이 우리가 영적으로 슬프거나 행복하기를, 부유하거나 가난하기를, 비천하거나 존귀하기를, 존경받거나 멸시받기를 원하신다면, 그것이 우리의 유익을 위한 것이며, 하나님의 기쁨이라는 것을 아십시오. 하나님의 기쁨이 우리의 기쁨이 되어야 합니다. 하나님이 원하시는 대로 우리를 다루신다는 것, 그럼으로써 우리의 복을 구하신다는 것이 우리의 위로가 되어야 합니다(집회서 39:21; 시 145:17). 항상 악을 지향하는 우리 인간의 뜻을 온전히 이루는 것보다 항상 선으로 인도하시는 하나님이 우리 안에서 일하시고 그 뜻을 완전히 이루시도록 허락하는 것이 좋습니다.

6. 만일 하나님이 하늘의 위로와 기쁨을 주시면, 겸손히 감사하면서 받으십시오. 만일 하나님이 위로를 거두어 가신다면, 이것이 육을 죽이는 것이며, 영의 기쁨보다 더 좋은 것임을 아십시오. 기쁨과 행복보다 고난과 고통이 악한 사람을 더 건강하게 합니다. 많은 사람이 지나치게 큰 영적 기쁨 때문에 영적 교만에 이릅니다. 하나님은 하늘의 위로와 빛이 가득한 길을 통해 영생으로 인도해야 할 사람이 누구인지, 그리고 흉하고 슬프고 거친 돌밭길로 인도해야 할 사람이 누구인지 아십니다. 우리의 뜻에 따라(전 7:4) 행하는 것보다 하나님의 지혜가 우리를 위해 정하신 방식으로 영생에 이르는 것이 훨씬 좋습니다.

7. 만일 묵상과 기도와 감사처럼 크고 많은 제물을 하나님께 드릴 수 없다면, 우리가 가지고 있는 것과 할 수 있는 것을 드리면서, 그것과 함께 하나님을 기쁘시게 할 수 있는 선한 의지와 거룩한 갈망과 소망을 드리십시오. 이러한 거룩한 갈망을 품는 것과 그러한 갈망을 갖고자 하는 것은 결코 작은 제물이 아니며, 하나님을 기쁘시게 합니다. 우리의 묵상, 거룩한 갈망, 기도, 감사 등은 하나님 앞에서 우리가 바라는 것만큼 큰 제물입니다. 하나님은 우리 안에서 역사하는 하나님의 은혜보다 더 큰 것을 요구하지 않으시며, 우리는 하나님이 은혜로 주신 것보다 더 많은 것을 드릴 수 없습니다. 우리의 완전함이 그리스도 안에 있으므로, 우리의 제물이 그분의 온전하신 제물이 되게 해달라고 기도하십시오. 다음과 같이 기도하십시오: "사랑하는 하나님 아버지, 당신의 사랑하는 아들 안에서 나의 묵상과 믿음과 기도와 감사를 받으시며, 그것을 그대로 보지 마시고 그리스도 안에서 보십시오. 그리하면 그것이 온전한 행위로서 하나님께 기쁨이 될 것입니다. 나의 주 예수님은 나에게 부족한 것을 완전하게 해주실 것입니다."

비록 약하고 어둡고 부족해도 우리의 묵상과 기도와 감사는 하나님께 상달될 것입니다. 그것은 그리스도의 공로로 말미암아 위대한 빛이요 영광이며 온전함입니다. 그것은 불쌍한 아이가 벌거벗어 더러운 것이 드러나는 것처럼 보기 흉합니다. 그러나 그 아이를 깨끗이 씻기고 옷을 입히면 보기 좋을 것입니다. 우리의 옛 행위는 본질에서 아무것도 아닙니다. 그러나 그리스도의 온전함을 입으면 우리의 모든 행위가 하나님을 기쁘시게 합니다. 금쟁반에 담긴 사과는 더 귀하게 보입니다. 사과는 대단한 것이 아니지만 금쟁반에 담으면 더 탐스러워 보이는 것처럼, 우리의 기도와 묵상과 감사도 그리스도 안에서 그렇게 됩니다(엡 1:6).

8. 우리는 자신의 죄와 악으로 인해 애통해야 하지만 낙심해서는 안 됩니다. 비록 죄가 크고 많아도 풍성한 은혜와 자비가 하나님께 있음을 아십시오(시 130:7). 우리의 죄가 크다면, 그리스도의 공로는 더 크다는 것을 기억하십시오(시 51:2). 우리가 자신의 죄를 한탄한다면, 하나님도 벌하심을 후회하실 것입니다(겔 18:23; 33:11). 뉘우침 뒤에 죄 사함이 옵니다. 죄인이 애통하는 만큼 자주 이 일이 일어납니다. 마태복음 8장 2~3절에서 나병 환자가 "주여 원하시면 저를 깨끗하게 하실 수 있나이다"라고 말하는 순간 주님은 "내가 원하노니 깨끗함을 받으라"고 말씀하셨습니다. 하나님도 우리를 내적으로 깨끗하게 하시며 "작은 자야 안심하라 네 죄 사함을 받았느니라"(마 9:2)고 말씀하십니다. 이것이 내적 정화와 죄사함의 이미지요 거울입니다. 인간을 향한 하나님의 자비는 우리가 죄를 더 짓게 하는 것이 아니라 하나님을 더욱 사랑하게 해야 합니다(시 103:1).

9. 외적 모욕과 배척과 상처를 받을 때 화를 내거나 복수하려 하지 않는데 그치지 않고, 그것이 하나님께서 우리 안에 숨어 있는 것, 즉 우리 안에 교만과 분노가 있는지 온유와 겸손이 있는지 드러내기 위해 우리의 마음을 시험하시는 것으로 생각해야 합니다. 모욕과 고난을 당할 때 내면에 숨어있는 것이 행동으로 나타납니다.
내면에 온유와 겸손이 있으면, 그것으로 모욕을 정복할 수 있습니다:

(1) 시므이의 공격을 받은 다윗이 말한 것처럼, 우리는 그것을 전능자의 징계로 여길 것입니다(삼하 16:10). (2) 우리가 받는 치욕은 그리스도가 받으신 치욕의 일부요 그리스도의 자체들이 받아야 하는 치욕의 일부입니다. 히브리서 기자는 "우리도 그의 치욕을 짊어지고 영문 밖으로 그에게 나아가자"라고 말합니다(히 13:13). 그리스도는 얼마나 온유하신 마음으로 치욕을 겪으셨는지 생각해 보십시오. 그리스도께서 인내하셨으므로 우리도 온유한 마음으로 치욕을 감당해야 합니다. "내가 저런 나쁜 사람에게 이런 치욕을 당해야 하는가?"라고 말하지 마십시오. 우리도 그리스도처럼 온유하게 인내하는 마음으로 치욕을 겪어야 합니다. (3) 하나님은 선하시고 신실하시므로, 부당하게 피해를 볼 때 더 많은 영광과 은혜를 주실 것입니다. 시므이가 저주했을 때 다윗은 그것을 하나님께서 다시 자기를 세우시리라는 확실한 징조로 받았고, "혹시 여호와께서 나의 원통함을 감찰하시리니 오늘 그 저주 때문에 여호와께서 선으로 내게 갚아 주시리라"(삼하 16:12)고 말했습니다. 그러므로 사람들이 우리를 비난할 때 그것에 관심을 두지 말고 기뻐해야 합니다. 베드로는 "그리스도의 이름으로 치욕을 당하면 복 있는 자로다 영광의 영 곧 하나님의 영이 너희 위에 계심이라"라고 말했습니다(벧전 4:14).

10. 원수와 가해자를 선행과 선으로 정복하고 용서하는 법을 배워야 합니다. 앙갚음과 분노와 반격으로써 원수를 이길 수 없습니다. 왜냐하면, 승리는 악덕에 있는 것이 아니라 덕에 있기 때문입니다(*in virtus est victoria, non in vitio*). 분노와 앙갚음과 반격은 죄요 악이므로 그것들로는 원수를 정

복할 수 없으며 선으로만 정복할 수 있습니다. 마귀가 또 다른 마귀를 쫓아낼 수 없으며, 악덕이 다른 악덕을 몰아낼 수 없으며, 복수심으로 적대감을 가진 자를 정복할 수 없으며 오히려 더 악하게 만들 뿐입니다. 악독한 사람은 저주로 가득 차 있으므로, 부드럽게 대하여 치료해야 합니다. 주 하나님이 우리를 다스리시기 위해 어떻게 하셨는지 보십시오. 그분은 우리의 악을 선으로, 분노를 사랑으로 정복하셨습니다. 그의 선하심이 우리를 회개로 이끌었습니다. 이 길이 사도 바울이 로마서 12장 21절에 묘사한 길입니다. 이것이 승리입니다.

11. 당신이 갖지 못한 은사를 받은 사람을 시기하거나 못마땅해하지 말고, 그 일로 기뻐하며 하나님께 감사하십시오. 택함을 받은 자들과 신실한 자들은 한 몸이며, 한 지체의 은사와 장식은 몸 전체와 그 영광을 위한 것입니다. 반면에 고통받는 사람을 보면 그것을 자신의 고통으로 여겨 슬퍼해야 합니다. 이는 그것은 모든 육체가 겪어야 하는 인간 공통의 슬픔이기 때문입니다. 자비와 긍휼이 없는 자는 그리스도 몸의 지체가 아닙니다. 그리스도는 우리의 고통을 자기의 것으로 여기셨고, 그래서 우리를 고통에서 대속하셨습니다. 사도 바울은 "너희가 짐을 서로 지라 그리하여 그리스도의 법을 성취하라"(갈 6:2)고 말했습니다.

12. 이웃을 사랑하는 것과 미워하는 것을 구분해야 합니다. 인간의 내면에 있는 죄와 악을 마귀의 역사로 여겨 미워해야 하지만 사람을 미워해서는 안 되며, 그의 내면에 그러한 악이 있으므로 그를 긍휼히 여기며, 주

예수 그리스도가 자기에게 악을 행한 자들을 위해 십자가 위에서 기도하신 것처럼(눅 23:34) 우리도 그들을 위해 하나님께 기도해야 합니다. 그리고 이웃을 미워하는 사람은 하나님을 기쁘시게 할 수 없다는 것을 알아야 합니다. 하나님의 기쁨은 모든 사람을 돕는 것입니다(딤전 2:3). 만일 당신이 사람이 망하기를 바란다면, 그것은 하나님을 거스르며 하나님의 기쁨을 방해하는 행위입니다. 그러므로 사람이 망하기를 바라면서 하나님을 기쁘시게 할 수 없습니다. 주님은 이 세상에 생명을 죽이려고 오신 것이 아니라 구원하러 오셨습니다(눅 19:10).

13. 우리는 모든 사람이 죄인이며 잘못으로 가득 찼음을 알고 있으므로, 자신을 가장 연약하며 잘못한 것이 가장 많고 가장 큰 죄인으로 여겨야 합니다. (1) 모든 사람이 구분이 없이 똑같이 하나님 아래에서 저주 아래 놓여 있습니다. 모든 사람이 죄를 범하였습니다. 그래서 사람은 하나님의 영광에 못 미치는 처지에 놓여 있습니다(롬 3:23). (2) 이웃이 당신보다 더 크고 무서운 죄인이라 해도, 그것 때문에 당신이 하나님 앞에 더 선하다고 생각해서는 안 됩니다. "그런즉 선 줄로 생각하는 자는 넘어질까 조심하라"(고전 10:12). 당신이 모든 사람 앞에서 자신을 낮추고 겸손하면 하나님이 은혜로 당신을 세우실 것입니다. (3) 당신은 가장 큰 죄인이므로 하나님의 은혜와 자비가 필요합니다. 그리고 겸손이 많은 곳에 은혜도 많습니다. 그러므로 사도 바울은 자신을 가장 큰 죄인이요 죄인의 괴수로 여겼습니다(딤전 1:15-16; 고후 12:9).

14. 참 조명(비추임)에는 세상의 치욕이 동반됩니다. 이 세상의 자식들은 현세의 명예, 무상한 부, 세상의 영광(그들이 최고의 보물로 여기는 것)을 세상의 유업으로 삼지만, 하나님의 자녀들은 이 땅에서의 가난, 치욕, 핍박, 피해, 고난, 죽음, 순교, 고통 안에 보물을 소유합니다. 모세처럼 그들은 그리스도를 위해 받는 모욕을 애굽의 보화보다 더 값지게 여깁니다(히 11:26). 이것이 참 조명입니다.

15. 하늘에 기록된(눅 10:20) 그리스도인의 참 이름은 우리가 그리스도 안에 심어지고 생명책이신 그리스도 안에 우리의 이름이 기록되게 해주는 통로가 되는바 믿음으로 예수 그리스도를 아는 참지식입니다. 여기에서 마지막 날에 하나님께서 칭찬하실 생명의 덕들이 솟아 나옵니다(마 25:34). 그날에 하늘에 쌓아둔 모든 보물이 드러날 것이며(딤전 6:19), 하나님 안에서 행한 모든 행위가 빛으로 나타날 것입니다(요 3:21). 그러한 덕으로 인해 영광을 받지 않는 성도가 없을 것이며, 그러한 덕은 영원히 기억될 것입니다(시 112:6). 그것은 생명책에 기록된 이름, 곧 믿음, 사랑, 자비, 인내 등입니다. 실천된 이러한 덕은 참 성도와 하늘에 있는 영원한 이름을 나타냅니다.

41

제1권의 요약

"우리가 다 수건을 벗은 얼굴로 거울을 보는 것 같이 주의 영광을 보매 그와 같은 형상으로 변화하여 영광에서 영광에 이르니 곧 주의 영으로 말미암음이니라"(고후 3:18).

그리스도, 그의 위격, 사역, 축복, 하늘나라의 영원한 선 등에 대한 참 지식 안에 영생이 있습니다(요 17:3). 이것은 어린아이가 날마다 몸이 자라 성장하듯이, 또는 잘 닦은 거울이나 놋쇠처럼 더 밝고 분명해지는 새로운 빛으로서 성령에 의해 우리 마음에 점화됩니다. 믿음으로 말미암아 그리스도의 의를 받은 사람은 회심하여 새로 태어납니다. 그때 하나님의 형상이 날마다 새로워질 것입니다. 그러나 그는 아직 온전한 사람이 아니며(엡 4:13), 성령의 훈련을 받아 날마다 예수 그리스도를 닮아가야 하는 어린아이입니다.

이 세상에서 그리스도인의 삶은 신실한 사람 안에 하나님의 형상을 기르는 것입니다. 이로써 그는 끊임없이 새 생명 안에서 살며, 옛 생명은 날마다 소멸하고 죽습니다(롬 6:4). 이것은 이생에서 시작되어야 하지만 내세에 완성될 것입니다. 최후 심판날이나 죽기 전에 시작하지 않으면, 그것이 영원토록 그의 안에 세워질 수 없습니다. 결론적으로, 하나님의 형상과 사탄의 형상이 무엇인가에 대해 반복해서 말하고자 합니다. 왜냐하면, 이 두 형상 중에 참 기독교가 있기 때문입니다. 또 성경에 있는 원죄, 자유 의지, 회개, 믿음, 칭의, 기도, 거듭남, 성화, 새 생명, 순종 등에 관한 많은 항목에 관해 분명하게 말하고자 합니다. 이들에 관해 다음의 내용에 관심을 기울려 보십시오.

인간의 영혼은 불멸하며 하나님에게서 영광스러운 능력, 즉 이해, 의지, 기억, 활동과 갈망의 능력을 받았습니다. 이 영혼은 하나님을 의존했으며, 그 안에 하나님의 형상을 가지고 있습니다. 그래서 사람의 영혼 속에서 하나님과 그의 영원하고 불변하시는 뜻과 우리 주 예수 그리스도와 성령을 거울로 보듯이 보고 알 수 있습니다. 이것이 바울이 새로워진 하나님의 형상 안에서 주님의 영광이 빛난다고 말하면서 언급한 것입니다(고후 3:18).

하나님의 본질과 존재가 선하고 거룩하므로, 태초에 본래의 영혼의 본질과 존재도 선하고 거룩했습니다. 하나님에게 악이 없듯이 인간 영혼에도 악이 없었습니다. 유일한 선이신 하나님이 선하신 것같이, 영혼 안에 있는 모든 것이 선했습니다(신 32:4; 시 92:15). 하나님이 합리적이시고 지혜로우신 것처럼, 사람의 영혼도 하나님을 아는 지식과 영적 하늘의 영원한 지혜가 가득하여 합리적이며 지혜로웠습니다. 하나님의 지혜는 양과 수와 무게에 의해 모든 것을 배열하셨고(지혜서 11:21), 모든 피조물 안에 있는 천상의 세력과 땅의 세력을 아셨으며, 이 빛이 인간의 마음 안에서도 빛났습니다.

인간 영혼의 이해가 거룩했듯이 인간의 의지도 거룩했고, 모든 일에서 인간의 의지는 하나님의 뜻을 닮았습니다. 인간의 영혼은 하나님처럼 의롭고 선하고 자비롭고 오래 참으며 인내하고 온유하고 참되고 순결했습니다(출 34:6; 시 103:8; 욜 2:13; 욘 4:2). 인간의 의지가 하나님의 의지를 닮았으므로 인간의 모든 감정, 갈망, 정욕, 마음의 움직임도 거룩했으며, 신령하고 영원한 마음과 움직임을 완벽하게 닮았습니다. 하나님이 사랑이신 것처럼, 인간의 감정과 움직임도 순수한 사랑이었습니다. 성부 하나님과 성자와 성령이 말할 수 없는 영원한 사랑으로 연합하여 일치를 이룬 것같이(요 10:30; 17:11), 인간의 영혼의 모든 감정과 움직임과 갈망도 영혼 전체와 그 능력에서 타오르는 순수하고 완전하며 깨끗한 사랑으로 점화되었습니다(신 6:5; 고전 13:4). 그러므로 인간은 하나님과 그의 영광을 자기보다 더 사랑했습니다.

하나님의 형상은 영혼 안에서 빛났습니다. 몸도 살아있는 육체의 능력을 지닌 영혼의 형상이었고, 무절제한 움직임과 정욕이 없이 거룩하고 순수하며 아름답고 사랑스럽고 영광스럽고 항상 건강하고 활력이 가득하고, 내적 능력과 외적 능력과 생각과 더불어 불멸하며, 슬픔과 고통과 고난과 피곤함과 질병과 늙음과 죽음이 없었습니다. 한마디로 인간의 영혼과 몸은 완전했습니다. 인간은 의롭고 거룩했고 하나님을 흡족하게 하였습니다. 사도 바울이 데살로니가전서 5장 23절에서 "너희의 온 영과 혼과 몸이 우리 주 예수 그리스도께서 강림하실 때에 흠 없게 보전되기를 원하노라"고 말한 것처럼, 사람이 하나님의 형상이라면 몸도 거룩하고 하나님을 닮아야 합니다. 몸과 혼이 합하여 사람을 이루기 때문입니다. 인간은 모든 일을 영적인 동시에 육체적으로 행하며, 거룩하고 의로운 영혼이 몸을 통하여 몸 안에서 일하려면 영혼을 대적하지 않는 거룩한 도구가 필요로 합니다. 영혼이 하나님의 순수한 사랑으로 불붙듯이, 육체의 생명과 능력도 이웃과 하나님을 향한 사랑으로 불타야 합니다. 영혼의 모든 능력이 자비로우면 육체의 모든 능력이 자비로워집니다. 영혼이 경건하고 깨끗하면, 내적 능력과 외적 능력과 생각을 포함하여 온몸이 완전한 깨끗함과 순결함으로 정화됩니다. 그리하여 몸은 동역하는 거룩한 도구로서 영혼의 모든 덕을 닮습니다. 따라서 죄가 없었던 첫 사람은 마음과 혼과 힘을 다해서 하나님을 사랑하고 이웃을 제 몸처럼 사랑할 수 있었습니다(신 6:5; 마 22:37). 만일 하나님이 마음에 명령하신다면, 그것은 몸과 혼과 그의 모든 능력에 명하시는 것입니다. 성경에서 "마음"이라는 단어는 영혼의 모든 능력, 즉 이해와 뜻과 감정과 욕망을 의미한다는 것을 알아야 합니다. 그러므로 하나님께서 영혼에 명하실 때 존재, 생명, 능력을 지닌 전인에게 명령하십니다. 이것들이 하나님을 닮아야 하고, 그리스도 안에서 새로워져야 합니다. 따라서 우리는 새로운 영적 생명과 영 안에서 행해야 합니다(갈 5:16; 엡 4:23).

인간이 완전한 거룩함과 의와 사랑을 소유했던 것처럼, 그 영혼 안에 하나님의 완전한 기쁨과 생명의 능력이 있었습니다. 하나님의 거룩함이 있는 곳에 하나님의 기쁨이 있습니다. 이 둘은 영원히 함께 있으며, 이것들이 하나님의 형상입니다. 우리가 이생에서 하나님의 완전한 의와 거룩함을 소유하지 못한다면, 완전한 기쁨도 소유하지 못합니다. 이러한 영적 기쁨이 이 땅에서 시작되며 그것을 묵상하고 실천했던 사람들에 의해 하나님 나라에서 발견되게 하려면 이 땅에서 그리스도의 의가 신실한 자들 가운데서 시작되어야 합니다. 각 사람 안에 있는 하나님의 영적 기쁨은 그 안에 있는 하나님의 사랑만큼 클 것입니다(빌 4:4; 시 63:11; 시 84:2-3). 사랑은 마지막 날에 온전해질 것이므로, 기쁨도 온전해질 것입니다. 그리스도의 사랑이 없는 곳에는 기쁨도 없고 생명도 없으며, 마귀와 회개하지 않은 완악한 자들이 영원히 거할 죽음만 있습니다. 아버지는 자녀를 사랑하는 데서 기쁨을 찾습니다. 신랑은 신부를 사랑하는 데서 기쁨을 찾습니다(사 62:5). 그렇다면, 입맞춤으로, 즉 가장 사랑스럽게 입 맞추시는(아 1:1) 그리스도 안에서 우리를 지으시고, 우리에게 오시고 우리와 함께 거하시는 성령의 사랑 안에서, 사랑을 통하여 창조주가 경험하는 사랑은 말할 수 없이 클 것입니다. 하나님을 닮아야 하는 하나님의 형상을 이해할 때 인간이 모든 일에서 하나님과 같고 하나님처럼 거룩하다고 생각해서는 안 됩니다. 왜냐하면, 하나님은 성품과 존재와 덕에 있어서 측량할 수 없고 상상할 수 없이 무한하시기 때문입니다. 그러므로 인간은 하나님의 형상을 담고 다닐 수밖에 없습니다.

하나님의 형상에 관한 이 논의는 분명하고 확실하고 참됩니다. 하나님은 인간을 깨끗하고 맑은 거울로 지으셨으므로, 만일 인간이 하나님을 알려 한다면 자신의 내면을 들여다보고 그 안에서 거울로 보듯이 하나님을 볼 수 있었습니다. 그는 자신의 마음에서 하나님의 형상을 발견할 수 있었습니다.

하나님의 형상은 인간의 생명이요 복이었습니다. 그러나 사탄이 그를 시기했고, 가장 큰 속임수를 도입했고, 서둘러 불순종과 하나님께 대한 증오를 통하여 인간 안에 있는 하나님의 형상을 파괴하려 했습니다. 마귀가 오늘날만큼 마귀가 서두른 적이 없었습니다. 인류는 영원히 주님에게 있어야 하지만 최고선을 사탄에게 넘겨주었습니다. 사탄은 속임수를 사용하여 서둘러 인간을 속이고 하나님에게서 떼어놓음으로써 자신이 타락하고 자신을 속이는 것 외에 얻을 수 없었습니다. 그는 낙원에서 가장 아름답고 사랑스러운 동물을 통하여 가장 친근하고 좋은 방법으로 최초의 어머니에게 그러한 욕망을 심어놓았습니다. 인간에게 있어서 그가 하나님처럼 된다는 것보다 더 좋고 귀하고 지혜로운 유혹이 어디에 있겠습니까? 이러한 제안으로 말미암아 인간 안에 있던 하나님의 형상이 파괴되었고, 하나님이 되려는 소원으로 표현되는 사탄의 형상이 그에게 새겨졌습니다.

이러한 욕망과 큰 교만이 사람에게 새겨졌을 때, 그는 타락했고 아울러 불순종과 선악과에 관한 하나님의 법을 따르기를 거절하게 되었습니다. 그리하여 하나님의 형상이 없어졌고, 성령이 인간을 외면했으며, 사탄의 형상이 새겨졌습니다. 이로써 인간은 사탄의 소유가 되었고, 사탄에게 순종하게 되었으며, 사탄이 인간의 주인이 되어 마치 노한 거인이 어린아이를 덮치듯이 우리의 영혼을 덮쳤으며, 그의 이해를 어둡게 하고 소경이 되게 하였으며, 가장 큰 불순종에 의해 그 의지를 하나님에게서 돌아서게 했으며, 마음의 모든 능력으로 하나님께 대적하게 하였으며, 가장 큰 악을 주입했습니다. 한 마디로 인간의 내면에서 하나님의 형상 전체가 죽었고, 사탄이 악한 활동으로 씨를 뿌린 사탄의 형상이 심겼으며, 따라서 인간은 죄와 하나님께 대한 증오를 지닌 사탄의 형상을 따라 사탄의 자식으로 태어났습니다. 그래서 전에는 하나님의 형상과 영생과 복이 있었지만, 이제 그 형상을 빼앗기고, 영원한 죽음, 영원한 저주가 있게 되었으므로 (엡 2:1; 골 2:13), 인간은 영원히 죽게 되었습니다.

고민하는 심령들은 일반적인 죄의 능력을 넘어서서 가련한 영혼을 대적하는 마귀의 독재와 격노와 진노를 경험할 때, 그리고 영적으로 큰 시험을 당할 때 이 죽음을 가장 잘 이해합니다. 만일 이러한 고난 중에서 성령이 잠잠하시고 그들을 위로하시지 않고 생명의 위로로 생기를 불어 넣어 주시지 않는다면, 사탄이 다가와서 그들을 죽이고 지옥의 공포로 영혼을 위협할 것입니다. 그렇게 되면 몸 전체가 고난을 받고 마음이 창백해지리라고 시편 6편과 38편에서 지적합니다. 그렇게 되면 그에게는 모든 하나님의 말씀이 죽은 것이 되고, 그는 말씀 안에서 생명을 찾지 못하며, 묵상이나 영적 생명을 경험하지 못하게 됩니다. 이것이 참 영적인 죽음입니다. 따라서 인간의 거룩함, 의로움, 가치, 힘, 능력, 명예, 존경, 예술, 지혜 등이 오물 속에 있게 되어 하나님의 은혜만이 그를 도울 수 있습니다.

이제 본래의 하나님의 의를 상실한 것인 원죄와 마귀가 인간 안에 심어 놓은 본래의 불의가 가장 가증한 것임을 알아야 합니다. 마귀 때문에 죄인이 하나님에게서 쫓겨나 저주를 받아 영원한 죽음을 맞게 됩니다. 그가 그리스도로 말미암아 믿음으로 죄 사함을 받지 않는 한 영원히 그 안에 머물러야 합니다. 이것의 이해를 돕기 위해서 우리의 몸과 혼을 사로잡는 이 가증한 것에 대해 살펴보겠습니다. 각 사람이 자신의 슬픔과 불행을 제대로 이해하는 법을 배우고, 거울로 자기 모습을 보듯이 자기 안에 있는 원죄를 깨닫고 그것 때문에 날마다 슬퍼하며 우는 법을 배우기 위해서 기도하고 권면하십시오.

기독교 신앙은 원죄와의 영적 싸움이며, 성령과 참 회개를 통하여 원죄를 제거하려는 것입니다. 우리가 원죄를 없애는 만큼 날마다 하나님의 형상으로 새로워질 것입니다. 성령으로 말미암아 날마다 내면에서 원죄를 죽이지 않는 사람은 세상에서 외적으로 아무리 거룩한 것처럼 보여도 위선자들입니다. 자기 자신에 대하여 죽지 않고 성령을 통하여 하나님의 형상을 따라 새로워지지 않은 것은 정숙하지 못한 것입니다.

이를 통하여 새로운 탄생과 새롭게 됨이 얼마나 필요한지를 알게 됩니다. 하나님의 법에 따라 사탄의 형상을 고찰해보면 이것을 더 잘 이해할 수 있을 것입니다. 첫째, 마귀는 하나님을 사랑하지 않고 마음으로부터 하나님의 원수입니다. 그는 영혼에 독을 주입하고 하나님에 대한 증오심을 쏟아부어 하나님을 사랑하거나 공경하거나 의지하거나 신뢰하지 않으며, 그의 원수가 되어 그를 피하게 했습니다. 마귀는 하나님 없이 눈먼 자로 살며 하나님의 뜻을 염두에 두지 않으므로, 인간의 영혼을 눈멀게 하여 하나님 없이 살며 하나님의 뜻을 생각하지 못하게 했습니다. 이러한 인간의 마음의 어둠은 빛과 하나님의 형상을 무섭게 붕괴하고 와해하는 죄이며, 인간은 "하나님이 없다"(시 14:1)라고 말합니다. 인류는 이처럼 눈이 멀었기 때문에 하나님 앞에서 가증한 것이 되었습니다.

그러나 본성의 빛의 작은 불티가 인간의 이해(오성) 안에 남아 있었습니다. 만일 인간이 이 본성의 빛 때문에 하나님이 계시다(롬 1:20)는 결론에 이른다면, 또한 이방 철학자들처럼 하나님이 의로우신 분임을 알게 됩니다. 그러나 인간의 내면에 있는 하나님과 그의 의를 위한 영적 생명은 완전히 죽었습니다. 하나님의 법과 창조 때부터 모든 사람의 마음에 있는 양심은 각 사람에게 옳은 것을 말해 줍니다. 깨끗하지 못한 사람은 이따금 "하나님이 존재하고, 하나님은 깨끗하시므로 당신도 깨끗해야 한다. 왜냐하면, 깨끗하지 못한 것은 하나님 앞에 가증스러운 것이기 때문이다"라고 생각합니다. 그러나 선하며 작은 불꽃인 이 생각도 반쯤은 어두워졌고, 작은 불티처럼 꺼졌습니다. 악한 욕망과 육체의 끓어오르는 마음이 모든 것을 지배합니다. 하나님을 모독하는 자와 살인자도 때때로 인간의 죽음을 원하지 않으시는 참 하나님이 존재한다고 생각하지만, 이 불꽃이 오래 지속하지 못하며, 악한 분노와 복수심에 정복되므로, 육적인 사람 안에서는 사랑과 진리 안에 있는 영적 생명이 완전히 죽어 소멸합니다.

이방인 중에 지혜로운 사람들은 본성의 빛으로 말미암아 선한 결론에 도달했습니다. 그들은 인류를 다스리는 하나님이 있다고 믿었지만, 그들의 책이 증언하는 바와 같이 마음의 눈이 멀었기 때문에 하나님의 섭리를 의심하였습니다. 이러한 원래의 맹목과 유전된 어둠에서 모든 인간의 마음에 불신과 의심이 생겨났으며, 이로 인해 그들은 하나님 앞에 가증한 자가 되었습니다. 그들은 하나님을 신뢰하거나 믿음으로 살지 않습니다. 본성적인 사람은 이 영적 생명과 그 역사에 대해 전혀 알지 못합니다. 그는 하나님께 부탁하지 않으며, 자기 자신과 자기의 지혜, 능력, 힘 등을 의지하는데, 그것이 가장 맹목입니다.

이러한 맹목에서 하나님을 멸시하는 것과 안전감이 생겨납니다. 마귀는 하나님 앞에 자신을 낮추지 않고 교만했습니다. 마귀가 영혼에 하나님을 배척함과 자신감과 교만이라는 독을 주입했으므로 영혼은 하나님 앞에서 자신을 낮추지 않고 교만하고 내적인 모든 일에서 하나님을 염두에 두지 않고 자기의 뜻대로 행합니다. 마귀는 자기의 지혜와 힘에 몰두하며 제멋대로 행한 것같이, 인간의 영혼을 병들게 해서 그 영혼을 자신의 지혜와 힘에 몰두하고 제멋대로 행하게 했습니다. 마귀가 자기의 영광을 추구했듯이, 인간도 자기의 영광을 추구하고 하나님의 영광에 관해서 묻지 않습니다. 마귀가 하나님께 격노한 것처럼 영혼도 조급하게 하나님께 격렬히 화를 냈습니다. 마귀가 하나님의 이름을 저주하고 창조주께 감사하지 않고 무자비하고 격분하고 복수하는 자가 된 것처럼, 인간의 영혼도 같은 독에 감염되었습니다. 마귀가 인간을 다스리고 자기를 높이기를 원하여 인간의 영혼을 타락시켰으므로, 교만한 자는 마음으로 이웃을 어리석은 자, 가치 없어 버림받은 자, 가장 큰 죄로 더럽혀진 자로 여기며, 그를 자기의 발등상으로 삼으려 합니다. 마귀는 살인자이므로 영혼을 살인자로 만들었습니다. 이 시점에서 거듭 말하고 싶은 것은 하나님은 언제나 외부의 지체가 아닌 영혼을 부르시며 영혼에 말씀하신다는 것입니다. 마음, 즉 영혼이 살인자요 거짓말쟁이이지 손과 입은 살인자가 아닙니다. 하나님께서 "환난 날에 나를 부르라"(시 50:15)고 말씀하신 것은 입에 하신 말씀이 아니라 영혼에 하신 말씀입니다. 이것을 모르는 사람은 성경에 어리석은 자라고 기록된 자이며, 원죄, 회개, 거듭남 등에 대해 알지 못합니다.

 우리는 날마다 이 악하고 두려운 교만과 미음과 이웃에 대한 시기심을 보는데, 그것은 이웃에게 자신을 주기보다는 차라리 죽기를 원합니다. 우리는 악하고 분노하는 영혼의 유익에 따라 때로는 이웃이 함께 있기를, 때로는 함께 있지 않기를 바랍니다. 마귀는 인간의 영혼에 혐오스러운 질투를 흩뿌렸습니다. 인간은 분노, 화, 미움, 시기, 증오로 인해 사탄의 형상이 되었습니다. 마귀는 인간의 영혼 안에 자신의 모습을 그리고 자신의 형상을 새겼습니다.

하나님은 자신의 형상에 따라 자녀를 양육하기 위해서 인간의 내면에 깨끗하고 정결한 부부 사랑을 심으셨습니다. 하나님의 형상을 유지하는 것, 그리고 하나님께 영광이요 인간에게 영원한 복이 되도록 인류를 증가시키는 일이 가장 거룩한 기쁨이요 사랑입니다. 만일 사람이 순전하게 수천 명의 자손을 양육했고, 하나님의 형상과 그 영광을 유지할 수 있었다면, 매우 거룩하고 고귀한 기쁨과 즐거움이 있었을 것입니다. 왜냐하면, 모든 것이 하나님을 향한 사랑에서, 하나님의 형상인 인류를 위해서 나왔을 것이기 때문입니다. 하나님은 거룩하고 깊은 기쁨과 즐거움 안에서 인간을 창조하셨고, 자기의 형상인 사람 안에서 기쁨과 즐거움을 누리셨습니다. 마찬가지로, 인간을 거룩한 기쁨 속에서 자식을 양육하고 하나님의 형상인 그 안에서 기쁨과 행복을 누렸어야 합니다. 사탄이 어떻게 이 깨끗하고 정결한 부부 사랑의 불길을 그의 불결함으로 더럽혔는지 설명하는 데는 긴 설교가 필요 없습니다. 인간은 맹목과 열정 속에서 자녀를 이성이 없는 짐승처럼 양육했습니다. 더러운 영이 거룩한 결혼을 무절제라는 악덕으로 쓸모없이 만들었습니다.

사탄은 불의한 도둑이요 강도입니다. 따라서 그는 인간의 영혼 속에 자신의 도둑질하는 성품을 심어놓았습니다. 마귀는 중상하는 자요 궤변가요 신성모독자요 하나님과 인간을 대적하는 자입니다. 그는 우리의 첫 조상을 속일 때처럼 하나님과 사람의 말과 행위를 왜곡합니다. 그리하여 그는 인간의 마음에 유독하고 뒤틀리고 거짓말하는 행위를 심었고, 악한 성품, 즉 거짓말과 신성모독과 중상모략(요 8:44)을 계속하게 했습니다. 시편 5장 10절과 로마서 3장 13절, 야고보서 3장 5~6절이 지적하는 대로 이러한 독은 말할 수 없이 많은 방식으로 사람의 마음에 뿌리를 내리고 있습니다. 거짓말과 거짓말하는 혀의 악하고 독한 특성은 영혼 안에 있는 악하고 잔인한 독이라고 이해해야 합니다. 하나님은 율법에서 혀, 입, 손과 발에 대해서만 불평하시는 것이 아니라 전인, 그의 마음과 영혼, 모든 악의 근원에 대해 불평하시는데, 이것에 관해서 그의 마지막 두 계명에 충분히 묘사되어 있습니다(출 20:16-17). 그것을 알아야 합니다.

이것은 마귀가 인간의 영혼 속에 하나님의 형상 대신에 심은 사탄의 형상입니다. 그리하여 악한 생활 방식이 인간의 가장 큰 기쁨과 즐거움이 되며, 죄를 범하고 하나님을 모독하고 이웃을 업신여기게 되었습니다. 선한 그리스도인이 되기를 원하는 많은 사람들도 종종 이웃에게 독을 뿜을 기회를 찾습니다. 그럴 때면 그들은 "이제야 만족스럽다. 나는 오랫동안 그 일이 그에게 일어나기를 바라고 있었다. 이제 내 마음에서 큰 연자맷돌이 떨어져 나가 새로 태어난 것 같다"라고 말합니다. 불쌍한 자여! 그러한 비방자와 마귀를 당신 안에 태어나게 한 자가 누구인지 알지 못합니까? 당신이 누구의 형상을 지니고 있는지 보지 못합니까? 우리의 매일의 경험이 분명히 나타내듯이 마귀의 모든 성품과 마귀의 씨와 뿌리, 즉 교만, 탐욕, 음란 등이 우리의 영혼을 내리누르고 있습니다.

불쌍한 자여! 사탄의 형상, 즉 원죄를 보십시오. 당신의 영혼에 어떻게 마귀의 형상과 성품이 심어졌으며, 매우 가증한 방법으로 완전히 황폐했는지, 어떻게 아무도 사람의 마음의 깊이를 알 수 없을 만큼 악해졌는지 알아야 합니다. 당신은 자신의 마음에 얼마나 큰 가증함이 있는가에 대해 충분하게 말할 수도 없고 생각할 수도 없습니다. 하루에 일천 번이나 이천 번 당신에게 다음과 같이 말할 수 있기를 바랍니다. 이것은 지극히 크고 깊고 악해서 천사나 사람이나 어떤 피조물도 인간의 본성에서 이 죄를 뽑아내고 몰아내고 잘라버릴 수 없습니다. 사람의 모든 능력을 동원해도 불가능합니다. 완전히 타락해서 영적으로 죽은 능력으로 자신을 어떻게 할 수 있겠습니까? 죄와 죽음을 정복하시고, 인간의 본성을 변화시키며 새롭게 하고 깨끗하게 할 수 있는 전능자가 오셔서 죄를 뽑지 않는 한 인간은 영원히 타락한 상태에 머물 수밖에 없습니다. 따라서 칭의는 사람의 일이 아니라는 것을 알 수 있으며, 거듭남이 필요하다는 것을 알 수 있습니다. 왜냐하면, 영혼은 내적으로 자신의 약함과 유전된 악한 성품, 그리고 하나님의 모든 계명, 특히 처음 네 계명을 거스르는 죄를 지으며 살 수밖에 없기 때문입니다. 이것은 하나님에 대한 증오입니다. 이해와 의지가 이것에 사로잡히고 완전히 죽을 것이며, 본성적으로 하나님을 두려워하거나 사랑하거나 의지하거나 영광과 찬송을 드릴 수 없으며, 하나님을 향할 수도 없을 것입니다. 나머지 여섯 계명에 관해서는 영혼 안에 아직 자유의지의 작은 불티가 남아 있지만, 그것은 이 계명들에 관한 외적 행위에만 관여합니다. 그것은 매우 약하고 무력하며, 자기의 방법으로 욕망과 악한 정욕을 절제하고 다스리지만, 고결한 이방인들의 경우처럼 외적 행위가 완전해질 수 없습니다. 마음을 변화시켜 하나님께로 향하고 악한 정욕을 정화하는 것은 불가능합니다. 그렇게 하려면 하나님의 능력이 필요합니다. 내면의 독한 뿌리는 여전히 남아 있습니다. 이는 마치 사람이 불을 끄고 다시 불길이 살아나지 않기를 바라는 것과 같습니다. 그러나 불은 점화되지 않았지만, 내적으로 영원히 남아서 항상 깜박입니다.

이 자유의지가 본성적인 외적 생활과 존재 안에 존재하지 않으면, 사람들은 함께 살 수 없을 것입니다. 그러므로 주 하나님은 사탄이 인간의 영혼 속에 있는 본성적인 능력과 가능성을 파괴하는 것을 허락하지 않으셨습니다. 그래서 본성의 법, 즉 부부의 사랑과 부모와 자식 간의 사랑이 남아 있습니다. 그렇지 않았으면 인류는 존재할 수 없을 것입니다. 외적으로 악한 본성에 따른 욕구와 정욕을 완전히 이루려는 사람은 인간 공동체를 파괴하고 자기 몸을 세상의 칼에 맡길 것입니다. 결과적으로 하나님은 본성적인 사랑의 불꽃이 남아 있게 하셨는데, 이는 하나님의 완전한 사랑이 매우 선하고 아름다운 하나님의 형상이라는 것, 그리고 우리가 매우 선한 것을 잃었다는 것을 우리가 알고 느끼게 하기 위해서입니다. 그러나 거룩함과 하나님의 나라 등을 다루는 영적 문제에서 "육에 속한 사람은 하나님의 성령의 일을 받지 아니하나니 이는 그것들이 그에게는 어리석게 보임이요, 또 그는 그것들을 알 수도 없나니"(고전 2:14)라는 사도 바울의 말은 진리입니다. 즉 그는 영적 빛의 작은 불꽃을 소유하고 있지 못하며, 인간이 창조된 목적인 완전하고 영적이며 신령한 생활에 대해 철저히 무지한 자입니다. 그가 창조된 목적은 그가 하나님 현존의 빛과 깊은 사랑 안에서 영혼의 눈으로 볼 수 있고, 영원히 하나님과 함께 하나님 앞에서 행하고, 하나님의 다스림을 허락하게 하는 데 있습니다.

본성적인 사람은 하나님 나라에 있는 영적 빛의 지극히 적은 불꽃조차 소유하지 못합니다. 하나님이 조명해주시지 않으면, 인간은 본래 이러한 맹목(무지) 안에 머물러야 합니다. 이것이 하나님의 나라에 관한 일에 대해 참되고 영적인 본래의 맹목입니다. 게다가 종종 사람의 악이 우세하여 외적 생활에 속한 정직한 행위와 덕의 작은 빛마저 꺼버리고 어둡게 함으로써 발생하는 본성적인 맹목도 있습니다. 그리하면 영혼 전체가 눈이 멀어 어두워집니다. 만일 그리스도께서 밝혀 주지 않으셨다면 영원히 그렇게 남아 있었을 것입니다.

그리스도께서 자기의 영을 통해 우리를 새로 낳으시고 새로운 피조물로 만드시고 하나님의 형상으로 새롭게 하지 않으셨다면, 우리가 어떻게 되었겠습니까? 이 모든 일은 이 세상에서 아주 약하게 시작되었습니다. 성령의 새로운 피조물인 우리 자신을 살펴보십시오. 우리 안에 있는 하나님의 형상은 얼마나 약하고 작습니까? 우리의 겸손은 얼마나 보잘것없습니까? 반면에 불신과 교만과 조급함은 얼마나 큽니까? 우리의 기도는 얼마나 약하고 냉랭합니까? 이웃 사랑은 얼마나 약합니까? 우리 마음속에 있는 순수한 영적 순결의 빛은 얼마나 보잘것없으며, 육적인 음란의 불꽃은 얼마나 큽니까? 우리의 자기애, 자기 이익, 자기 명예, 악한 욕구 등을 향한 열정은 얼마나 강합니까? 하나님의 영으로 옛 아담, 우리 안에 있는 사탄의 형상과 끊임없이 싸워야 합니다. 기도하고 눈물 흘리고 슬퍼하며 구하고 두드리십시오. 그리하면 날마다 우리 안에서 하나님의 형상을 새롭게 하고 사탄의 형상을 없앨 성령을 주실 것입니다.

그렇게 함으로써 우리 자신이 아닌 하나님의 은혜를 의지하는 법을 배울 것이며, 하나님의 은혜가 우리 안에서 모든 일을 하셔야 한다는 것을 배울 것입니다. 믿음을 통해 배울 것이며, 그리스도에게서 무지를 대적하는 거룩한 지식과 이해, 모든 죄를 대적하는 그리스도의 의, 우리의 더러움을 치유하는 그리스도의 치유 등을 구하고 기도하여 받을 것입니다. 그리스도 안에서 죽음과 지옥과 마귀를 대적하는 그리스도의 구속과 능력과 승리와 힘, 마귀와 죄의 왕국을 대적하고 우리의 모든 죄를 사하심, 우리의 영적·육체적인 슬픔과 비참함을 대적하는 영원한 복과 함께 영생을 발견할 것입니다.

42

제1권의 결론

"누가 너를 남달리 구별하였느냐 네게 있는 것 중에 받지 아니한 것이 무엇이냐 네가 받았은즉 어찌하여 받지 아니한 것 같이 자랑하느냐"(고전 4:7).

제1권을 마무리하면서 확실하고 필수적인 몇 가지를 상기해야 합니다.

1. 제1권에서 회개와 그 열매에 관해 광범위하게 묘사했는데, 거기에는 여러 가지 이유가 있습니다. 제1권의 대부분은 회개의 열매, 즉 그리스도 안에서 새로워짐, 날마다 육을 죽이고 십자가에 못 박음, 자기 부인, 세상 거부, 사랑의 실천 등에 관해 묘사합니다. 이것들은 다양한 방법으로 분명하게 묘사되었습니다. 첫째, 회개는 참 기독교 신앙, 거룩한 삶과 행함의 시작이요 기초, 참 믿음으로 말미암는 축복의 출발점입니다. 먼저 원죄, 가증하고 두렵고 치명적인 독과 악 및 그 열매를 제대로 완전히 알지 못하면 우리 마음에 지속적인 참된 위로가 뿌리내리지 못합니다(인간은 그것에 대해 슬퍼하여 불평할 수 없습니다). 먼저 이러한 기초가 놓이지 않고, 우리가 자신의 슬픔과 불행을 제대로 알지 못하며 원죄가 얼마

나 가증한 것인지 알지 못한다면, 위로에 관한 모든 책이 무익합니다. 항상 자신의 죄와 거짓된 성품과 악을 인정하기 전에 위로받기를 원하는 것이 이기적이고 가식적인 본성의 특성입니다.

우리의 연약한 본성이 행하는 것은 뒤틀린 성품과 생활방식이며, 성경에 완전히 어긋나는 것입니다. 건강한 자에게는 의사가 필요 없지만, 병자에게는 의사가 필요합니다(마 9:12). 병든 것을 인정하지 않으면 참 의사이신 그리스도와 그의 약과 위로가 소용이 없습니다. 왜냐하면, 진정한 기독교인의 생활은 끊임없이 육을 죽이는 것이기 때문입니다. 오직 그들만이 그리스도께 속한 자들로서 그리스도는 반드시 그들에게 위로를 주실 것입니다. 성령을 통하여, 그리고 깊은 복음 묵상을 통해 얻은 자신의 연약함에 대한 지식은 위로를 가져오며, 우리를 그리스도에게 인도합니다. 우리는 이 세상의 부당한 재판관과 파괴자를 의지하려 하지 말며, 그들이 자신의 슬픔과 불행을 알지 못하며 아담과 그리스도를 이해하지 못하고 우리 안에서 아담이 죽고 그리스도가 살아야 한다는 것을 알지 못하는 무지한 사람들임을 알아야 합니다. 이것을 깨닫지 못하는 사람은 어둠과 무지 안에 머물며, 참 회개와 믿음과 중생이 무엇인지를 알지 못할 것입니다. 이 안에 기독교의 모든 것이 있습니다.

2. 하나님이 은혜를 통하여 우리 안에 영적 은사, 즉 새로운 덕과 지식으로 역사하기 시작할 때 영적 교만에 빠지지 않도록 주의해야 합니다. (1) 이것들을 우리 자신과 자신의 재능으로 된 것으로 여기지 말고 하나님의 은혜로 여겨야 합니다. (2) 우리 안에서 시작된 이러한 덕들은 우리

자신의 의로 생각할 것이 아니라 하나님 의의 일부로 생각해야 합니다. (3) 이것들을 자기의 명예와 유익을 위해 사용하지 말며, 겸손하게 하나님을 경외하면서 우리 자신이 아닌 하나님께 영광을 돌려야 하며, 마음으로 "이제 나는 강력한 믿음이 있으며, 지식을 비롯하여 그와 비슷한 것들을 많이 가지고 있다"라고 생각하지 말아야 합니다. 이것은 좋은 곡식 가운데 뿌려진 마귀의 씨이므로 경계해야 합니다. (4) 모든 은사는 우리의 것이 아니라 하나님의 것이며, 하나님의 비추심이 없이는 우리는 썩어 냄새나는 한 줌의 흙에 불과합니다. 하나님께서 우리 안에 은사를 담지 않으시면 우리는 빈 그릇에 불과합니다. 상자 안에 있는 보물은 상자의 것이 아니라 그 안에 보물을 넣어 둔 사람의 것입니다. 마찬가지로 은사는 우리의 것이 아니며, 우리는 단지 그것을 담을 빈 그릇입니다. 좋은 물건을 담고 있다고 해서 흉한 그릇이 교만해서야 되겠습니까? (5) 주님은 언제든 자기의 소유물을 작은 상자에서 꺼내 다른 상자에 넣어 두실 수 있습니다. 하나님은 언제든지 우리에게서 은사를 다시 가져가실 수 있습니다. 그러므로 교만하지 말고 두려워하십시오(롬 11:20). (6) 우리는 주님께 그러한 은사에 대한 계산서를 제시해야 합니다. (7) 훌륭한 은사를 가지고 있어도 그것을 영원히 소유할 것으로 생각하지 마십시오. 그것은 시작에 불과하며 앞으로 훨씬 더 많은 것이 필요할 것입니다. (8) 기도하지 않으면 완전하고 좋은 은사가 임하지 않는다는 것을 알아야 합니다(약 1:17). 지금 우리가 가지고 있는 것은 그림자일 뿐이며, 열매 맺지 못하는 씨로서 무르익기 전에 사라질 것입니다. 이것은 나의 기도서 『낙원 동산』(The Garden of Paradise)에서 볼 수 있습니다. 그러한 신령한 은사를 위해서 하나님께 기도해야 하며, 기도 없이는 이러한 것이 우리 마음에 임할 수 없습니다. 이것을 맛보려면 제2권의 기도에 관한 글을 읽어보십시오.

기도할 때 두 가지에 주목해야 합니다. 첫째, 우리 안에서 사탄의 형상, 즉 불신, 교만, 탐욕, 쾌락, 분노 등이 근절되기를 바라야 합니다. 둘째, 하나님의 형상, 즉 믿음, 사랑, 소망, 겸손, 인내, 하나님을 경외함 등이 우리 안에서 자라기를 바라야 합니다. 주님이 가르치신 거룩한 기도에 주목하십시오. 이 기도는 우리를 위한 기도입니다. 하나님의 이름만 거룩히 여김을 받으시려면, 우리의 이름과 교만이 중단되어야 합니다. 우리 안에 하나님의 나라가 임하려면 사탄의 나라가 파괴되어야 합니다. 하나님의 뜻이 이루어지려면 우리의 뜻이 아무것도 아닌 것이 되어야 합니다. "주기도문"의 순서대로 하늘의 영원한 것과 은사를 구하고 기도하는 유익한 기도서들은 모두 두 부분으로 이루어집니다. 그것들은 하나님께서 가르쳐 주신 대로 주님의 기도 안에 모두 포함되어 있습니다. "주기도문"에는 일시적으로나 영원히 우리에게 필요한 영과 육의 모든 보물이 포함되어 있습니다. 그러므로 우리 주 하나님 아버지는 사랑하는 아들이 우리에게 구하라고 명하신 모든 것을 기꺼이 주실 것입니다.

제2권

그리스도인의 삶에 관하여

서론

　사랑하는 그리스도인이여, 자연 세계에서 하나의 사물의 마지막이 또 다른 것의 시작이듯이, 그리스도인의 생활에서도 마찬가지입니다. 새로운 영적 사람이 일어나려면 육에 속한 옛사람이 죽어야 합니다. 제1권에서 지적한 대로 육에 속한 삶은 그리스도의 거룩한 삶에 완전히 반대되므로, 우리가 그리스도의 영적 삶을 시작하거나 그리스도를 따르려면 육적인 생활을 부인해야 합니다. 예를 들면 겸손해지려면 먼저 교만하지 않아야 합니다. 그러므로 그리스도인의 영적 삶은 회개로 시작되어야 합니다. 제1권의 순서와 결론에 나타난 바와 같이, 이것이 제1권을 쓴 이유였습니다.

　제2권의 여러 장에서 회개의 교리를 다루므로, 제2권의 순서를 간단히 언급하겠습니다. 제1권에서는 원죄의 치명적이고 두려운 독에 대한 지식을 다루었으나 충분히 설명하지 못했으므로, 제2권은 우리의 영원한 샘이신 예수 그리스도에 대해 먼저 언급하려 합니다. 우리는 그분 안에서 믿음으로 말미암아 그리스도 안에서 원죄의 독 및 거기서 비롯된 슬픔과 비참함으로부터의 구원과 도움을 발견할 수 있습니다. 제2권 1-3장에서 이

문제를 다룹니다. 그러나 은혜의 샘이신 그리스도에게서 선을 가져오게 하는 믿음이 살아 있는 열매를 맺어야 하므로, 제4~6장에서 이것을 다룹니다. 의와 영의 열매가 우리 안에서 자라려면 육의 열매가 죽어야 합니다. 이것이 그리스도인이 날마다 실천해야 하는 참되고 적극적이고 의로운 회개입니다. 이것으로 육을 죽여야 하며, 성령께서 우리 안에서 다스리셔야 합니다. 결과적으로 육과 영의 구별, 그리고 매일의 회개의 특징에 관한 논의가 필요합니다. 이것들을 그다음 네 장에서(7~10장) 다루었습니다. 날마다 회개하고 옛사람을 죽임으로써 새 사람이 일어나야 하므로(참 기독교인의 삶은 끊임없이 육체를 십자가에 못 박는 것이므로), 우리 주 그리스도가 그의 본을 통해 우리에게 보여 주신 것보다 더 좋은 삶은 없습니다. 그리스도의 삶이 우리의 거울이 되어야 합니다. 그러므로 우리는 그분의 가난, 수치, 모욕, 슬픔, 환란, 고난, 그리고 죽음과 함께 시작해야 합니다. 그분의 거룩한 삶은 우리의 육체를 십자가에 못 박는 것입니다. 여기에 기도와 사랑과 겸손이 속합니다. 이것들이 11~15장에서 다루어집니다.

 이러한 주 예수 그리스도의 겸손을 하늘로 올라가는 사다리 삼아 사랑하는 아버지 하나님의 마음으로 올라가 그의 사랑 안에서 안식해야 합니다. 우리는 그리스도의 인성에서 시작하여 그의 신성에 올라가야 합니다. 그리스도 안에서 우리는 하늘에 계신 사랑하는 아버지의 마음을 보며, 지고하시며 영원하시고 본질적이며 무한한 선이요 측량할 수 없는 능력이요 불가해한 자비요 헤아릴 수 없는 지혜요 가장 정결한 거룩함이요 어찌할 수 없는 무한한 의요 가장 은혜로운 사랑스러움이요 가장 친절한 복이신 하나님을 관상합니다. 이것들이 관상생활의 주요 측면입니다. 이것들은 그다음 여덟 장(26~33장)에서 다루어집니다. 이러한 관상은 기도 없이 일어날 수 없으므로 그다음 열 장에서 기도와 하나님께 대한 아름다운 찬양을 다루었습니다(34~42장). 마지막으로 그러한 경건은 예수 그리스도께서 경험하셨던 핍박에 이르게 하므로, 그다음 열다섯 장(44~58)에서는 환란을 당할 때의 인내, 주요한 영적 시험 및 그것들을 극복하는 방법을 다루었습니다. 우리가 그리스도의 참 제자가 되어 그의 거룩한 삶을 부끄러워하지 않고, 어디든지 하나님의 어린 양을 따라감으로써 주님이 생명수로 우리를 인도하여 우리의 눈에서 눈물을 씻어 주실 수 있도록 하나님께서 우리를 도와주시기를 기원합니다. 아멘.

제1장. 우리는 중병에 걸렸으므로, 거룩한 집중 치료가 필요합니다. 이것은 우리의 힘으로 얻을 수 없고, 그리스도의 크신 자비가 우리를 치료해야 합니다. 그분은 언제든지 우리가 사용할 수 있도록 자신을 온전히 우리에게 주셨습니다. 그분은 모든 것 위에 뛰어나신 가장 큰 선물이십니다.

제2장. 그리스도인은 그리스도의 공로 안에서 위로를 발견할 수 있습니다. 이러한 공로를 증언해주는 것은 다음과 같습니다: 하나님의 일반적인 약속, 하나님의 맹세, 다시는 우리의 죄를 기억하지 않겠다는 하나님의 약속, 그리스도의 희생, 하나님의 맹세의 반복, 신실한 자들과 맺으시고 세례를 통해 다짐하신 영원한 은혜의 언약, 그 언약의 성취인 그리스도의 죽으심, 모든 인간을 향한 하나님의 일반적인 부르심, 성령의 내적 증언, 하나님이 용납하신 회개한 죄인의 예, 우리의 죄를 위해 그리스도가 치르신 대가, 영원하고 무한한 대속, 그리스도의 완전하고 효과적인 순종, 우리의 모든 원수에 대한 그리스도의 승리, 그리스도의 대제사장직.

제3장. 우리의 의(義)의 기초는 그리스도 안에 있는 하나님의 자비입니다. 사람이 안으로부터 의롭다 함을 받고, 우리 마음이 그리스도를 향하며 그리스도의 의가 믿음으로 말미암아 우리의 것이 되게 하기 위해서 은혜로만 받는 것입니다. 왜냐하면 믿음은 피조물의 일이 아니라 하나님의 사역이기 때문입니다. 그러므로 우리의 의는 영원한 근거를 지닙니다. 그것은 피조물에 기초를 두지 않으며, 하나님의 진리 위에 세워졌습니다.

그러므로 그리스도만이 영광을 받으시며, 최고의 위로와 영광과 지혜와 승리이십니다.

제4장. 그리스도인은 믿음으로 의롭다 함을 받을 뿐만 아니라 성화됩니다. 비록 미약하지만, 성령의 열매가 그 안에서 발견되어야 합니다. 십계명을 따라 자신을 시험해 보고, 자신의 마음에 따라 자신의 행위를 판단하십시오. 그리스도는 용서하라고 가르치셨습니다. 왜냐하면, 우리의 인생은 죽음으로 향하는 길이기 때문입니다. 하나님의 심판은 두려울 것입니다. 용서하지 않는 사람은 저주를 받을 것입니다. 그러므로 마음에 따라 자신의 신앙을 판단하십시오. 그것은 단순히 외적인 외모가 아닌 내적인 것입니다.

제5장. 인간은 참 회개와 거룩한 생활을 통해 참 지혜를 얻습니다. 시편에서 다윗은 지혜를 얻는 두 가지 방법을 제시했습니다. 하나는 끊임없는 기도이며, 또 하나는 환란과 시련 속에서도 하나님의 말씀을 실천하려는 끊임없는 갈망입니다. 참 기독교인은 하나님의 말씀을 듣고 알 뿐만 아니라 실천하는 사람입니다. 이것은 성경 여러 곳에 기록되어 있습니다. 인간은 끔찍하게 타락했으므로 새로운 피조물이 되어야 합니다. 그러므로 우리는 끊임없이 기도하며, 내적 교사이신 그리스도의 음성을 듣기 위해 늘 깨어 있어야 합니다.

제6장. 인간의 온전함과 거룩함은 그리스도 안에서 하나님과 연합함에

있습니다. 이것은 영원합니다. 이것은 믿음으로 말미암아 은혜로 되는 것인데, 이 일에 있어서 사람이 할 수 있는 일이 없으며, 오직 자기를 하나님께 맡기고 자기의 뜻을 부인해야 합니다. 자기 본위와 자기애가 인간의 가장 큰 타락입니다. 그러므로 그리스도께서 우리를 변화시켜 주셔야 합니다. 우리 스스로는 아무것도 할 수 없으며, 우리 내면에서 그리스도의 은혜와 능력이 선하게 역사해야 합니다.

제7장. 그리스도인 안에서 대적하는 두 사람, 즉 아담과 그리스도가 있습니다. 아담은 죽고 그리스도가 살아야 합니다. 그러기 위해서는 아담이 정복당하도록 깨어 기도하며 싸워야 합니다. 아담이 우리 안에 살아있으면, 우리는 하나님의 자녀가 아니라 마귀의 자녀입니다. 이것은 우리가 본래 아담 안에서 악하지만, 그리스도 안에서 선하다는 것을 가르칩니다. 그리스도는 영적 교만의 치료 약이십니다.

제8장. 하나님은 다양한 방법으로 회심을 설명하셨습니다. 그중에 잃어버린 양의 비유와 탕자의 비유가 있습니다. 이 비유들은 회심하지 않은 죄인의 마음, 회개한 죄인의 인내하는 마음, 아버지 하나님의 자비로운 마음을 묘사합니다. 우리를 회개하게 하는 일곱 가지가 있습니다: 하나님의 자비, 그리스도의 따뜻하심, 일시적인 벌에 대한 경고, 일시적인 죽음, 최후 심판, 지옥에서의 영원한 고통, 영생의 기쁨.

제9장. 하나님은 단호한 경고와 은혜로운 약속을 통하여 여러 가지 방

법으로 우리를 회개하도록 부르십니다. 회심한 마음은 하나님을 향해야 합니다. 말씀과 성례가 우리를 부르고 마음을 하나님에게로 끌어갑니다. 우리는 은혜와 성령을 대적하지 말고, 치유되어 잃어버린 양처럼 바른길로 돌아와야 합니다. 우리는 끊임없이 한탄하며 우리를 바른길로 인도하는 이 은혜를 그리워해야 합니다. 우리는 자신을 살펴야 하며, 순결해야 하며, 내면이 변화되어야 합니다. 우리는 금식함으로써 하나님께 돌아와야 하며, 겸손한 마음으로 하나님께 벌하지 않기를 요청해야 합니다. 하나님은 이러한 사람들을 돌보십니다. 우리는 성실해야 하고, 내면에 위선이 없어야 합니다. 은혜를 받으려면 깊이 뉘우쳐야 합니다. 하나님은 은혜로우시며, 자비로우시고, 오래 참으시며, 선하심이 충만하시며 우리가 죄를 뉘우치는 순간 하나님은 우리를 벌하지 않으실 것입니다. 그렇기 때문에 우리는 회개해야 합니다.

제10장. 회개하는 마음은 자신이 하나님의 모든 선하심을 누릴 자격이 없다고 믿습니다. 회개하는 사람은 자기를 부인하고, 미워하고, 자기 십자가를 지고, 그리스도를 따라야 합니다. 이러한 까닭에 구약성경에서 회개하는 사람은 베옷을 입고 티끌 가운데 앉았습니다. 회개하는 겸손한 자의 예는 므비보셋(삼하 9:12)입니다. 그 밖의 예로 탕자, 가나안 여인 등이 있습니다. 회개하는 마음의 가장 큰 고통은 자신이 하나님께 죄를 범했다는 것입니다. 감사하지 못했다는 생각은 큰 두려움을 가져옵니다. 회개하는 마음은 자신의 능력을 신뢰하지 않고 그림자로 여깁니다. 이것이 매일의 영적 죽음입니다. 회개하는 마음은 영원히 하나님과 연합할 것입니다.

제11장. 그리스도 안에 있는 사람은 새로운 피조물입니다. "그리스도인"이라는 이름은 가장 고귀한 이름이지만, 세상에서는 가장 비천한 이름입니다. 그리스도는 매우 비천하셨지만 모든 것 위에 높이 들리셨습니다.

제12장. 그리스도는 유일한 길입니다. 우리는 믿음과 사랑과 소망을 통하여 그리스도 안에 머뭅니다. 다른 모든 덕은 그리스도를 본받는 것에 근거를 둔 이 세 가지 덕과 연결되어 있습니다. 그것들을 통해서 빛 중의 빛이 우리 안에 빛납니다. 그것들은 주님의 열매입니다.

제13장. 그리스도는 그의 공로와 본보기에 따라서 생명책이십니다. 주님의 일생은 끊임없는 투쟁이었습니다. 주님은 매우 가난하셨고, 많은 멸시와 고난을 당하셨습니다. 주님의 거룩한 가난은 그의 슬픔의 삶을 나타내는 첫째 양상인데, 그것은 세 단계로 나타났습니다. 주님은 현세의 물질과 관련하여 가난하셨고, 친구가 없었으며, 자신의 신적 능력과 영광을 포기하셨으며, 우리의 유익을 위해 자신을 모든 피조물에 내어주셨습니다. 주님은 자신을 낮추셨고, 신적 지혜와 영광과 거룩하심을 포기하셨습니다. 한 마디로 주님은 세상의 모든 것을 포기하셨습니다. 우리가 그처럼 고난을 받지 않는 것이 얼마나 어리석은 일입니까? 우리는 얼마나 그리스도의 길에서 멀리 떠나있습니까?

제14장. 그리스도의 고난의 두 번째 양상은 그가 멸시받으신 방식에 있습니다. 이 점에서 그리스도는 우리의 선물이요 본이 되십니다. 그러므로

세상을 사랑하는 사람은 그리스도를 소유하지 못합니다.

제15장. 그리스도는 자신이 멸시받는 방식 때문에 슬퍼하셨습니다. 시편 109편 22절에서 그분은 마음의 큰 두려움, 육체의 연약함, 배척받은 것 등 때문에 슬퍼하셨습니다. 세상의 배척을 받을 때 다음과 같은 위로를 기억해야 합니다; 우리는 하나님의 형상을 지니고 있고, 이를 통해 겸손을 배우며, 성도들 중 하나이며, 하늘에서 칭찬받을 것이며, 영원한 수치와 형벌을 받지 않을 것이며, 은혜 안에서 하나님과 함께 있으며, 하나님이 우리를 시험하기 위해 환란을 허락하셨고, 환란을 복으로 바꾸어 감사하게 하실 것이며, 가난한 자의 오른편에 서신다는 것 등입니다.

제16장. 그리스도가 당하신 고난 안에 있는 영광은 아버지 하나님의 것이었습니다. 만일 우리가 죄 없이 핍박을 받는다면, 하늘에서 가장 큰 영광을 얻습니다. 그러므로 본이 되시는 그리스도를 따릅시다. 주님의 영광은 하나님이 그의 아버지이시고, 그가 하나님의 독생자라는 것, 그리고 주님이 감사하지 않는 사람에게 선을 행하셨고, 우리를 향한 사랑 때문에 죽으셨으며, 하나님의 오른편에서 영광을 받으셨으며, 교회의 머리가 되시며, 하나님이 온 세상에 그의 이름을 나타내셨다는 것 등입니다. 주님을 찬양하는 사람은 하나님을 찬양합니다.

제17장. 그리스도께서 많은 비방을 받으셨으므로, 그리스도인도 그것으로부터 안전할 수 없습니다. 사람들이 우리를 비방할 때 우리는 그리스도

와 성도들을 본받아 하나님의 말씀에서 위로받아야 합니다. 이들에게서 인내와 온유를 배워야 하며, 우리를 대적해서 거짓말하는 자들을 위해 기도해야 합니다. 우리는 거룩한 말씀의 시원한 샘물을 마시고 활력을 얻어야 합니다. 비방은 지독한 폭풍 같지만 곧 사라집니다. 하나님은 여러 가지 이유에서 거짓말을 허락하시지만, 그것의 독으로 약을 만드십니다. 하나님은 인간의 마음은 하나님의 수중에 있습니다. 악한 말을 하는 사람은 지옥에 떨어집니다. 시편에 비방하는 자들을 대적하는 많은 위로의 말이 있습니다.

제18장. 그리스도의 고난의 셋째 양상은 이루 말할 수 없는 슬픔과 고통입니다. 죄는 말로 표현할 수 없이 악한 것이므로, 주님이 이러한 일을 당하신 이유는 다음과 같습니다: 주님이 모든 인간의 죄 때문에 고난을 받으셨기 때문입니다; 아버지 하나님을 온전하게 사랑했기 때문입니다; 인류를 사랑하셨기 때문입니다; 하나님께 버림받았기 때문입니다; 참 하나님이셨기 때문입니다; 그리고 죄 없고 거룩하고 연약한 몸을 가졌기 때문입니다. 그리스도는 그러한 고난을 받으셨으므로, 우리도 그를 사랑하는 마음에서 기꺼이 고난받아야 합니다.

제19장. 십자가에 달리신 그리스도는 내적·외적으로 기록된 생명책이십니다. 그분은 우리 죄의 심각함, 하나님의 의, 성부의 크신 사랑과 자비, 우리를 거룩하게 하려는 하나님의 은혜로우신 뜻, 하나님의 지고한 지혜, 하나님의 큰 온유와 인내, 깊은 겸손, 구속의 많은 영광스러운 열매

등을 가리키십니다. 그러므로 십자가에 달리신 그리스도는 믿음과 생명의 책이십니다.

제20장. 기도하지 않으면 하나님과 그리스도를 알 수 없습니다. 기도에는 세 단계가 있습니다. 말로 하는 구송기도, 내면의 기도, 그리고 초자연적 기도입니다. 우리는 기도함으로써 하나님을 바로 알고 맛보는 법을 배웁니다. 이 일은 종종 영혼이 그것을 얻으려 하는 순간에 발생합니다. 우리는 구송기도에서 내면의 기도에 이르고, 내면의 기도를 통해서 초자연적 기도에 이릅니다. 우리는 기도함으로써 하나님께 다가갑니다. 우리는 반쪽 마음으로 기도하지 말고, 그리스도를 본받아 전심으로 기도해야 합니다. 기도에 반드시 결과가 있음을 의심해서는 안 됩니다. 기도하신 예수님을 본받고, 인내하며 계속 기도하는 법을 배우십시오. 그리하면 주님처럼 기도의 응답을 받을 것입니다. 특히 그리스도의 고난과 죽음을 묵상하십시오. 이러한 묵상을 통해 기도가 깨어나고 강해질 것입니다. 시련을 당할 때 더 단호하게 기도하고 겸손해야 합니다. 왜냐하면, 영적으로 비천하고 가난한 사람의 기도는 굳건한 믿음을 가진 사람의 기도만큼 하나님을 기쁘시게 하기 때문입니다.

제21장. 그리스도의 일생은 겸손이었습니다. 그리스도는 말씀과 행동으로 겸손을 가르치셨습니다. 특히 발을 씻기심으로써 겸손을 가르치셨습니다. 겸손은 자신의 무가치함과 하나님의 위대하심을 인정하는 것입니다. 겸손한 사람은 바르게 기도하고, 하나님이 사랑하시는 것을 사랑합

니다. 이러한 사랑은 이웃을 향하며, 다른 사람을 판단하지 않고 자신만을 판단합니다. 겸손은 하나님을 아는 지식과 소망을 강화합니다. 겸손한 사람은 다정하고 사랑스러우며 그리스도를 사랑합니다. 그것은 내적 평안을 조성하고 침묵하게 합니다. 간단히 말해서 겸손은 천상의 보화가 가득한 작은 방입니다. 묵상기도와 십자가에 달리신 그리스도를 관상함으로써 이것을 얻을 수 있습니다.

제22장. 하나님을 기쁘시게 하는 행위는 겸손한 믿음에서 나와야 합니다. 겸손한 믿음을 받은 사람은 우상숭배에서 보호받습니다. 이 사실을 모르는 사람이 많지만, 우상숭배는 내적이며 영적이므로 마귀가 그들의 심령을 다스립니다. 마음이 하나님이 아닌 것에 집착하고 의지하는 것이 우상숭배입니다. 사람의 마음이 우상을 만듭니다. 그래서 마귀를 이 세상의 신이라고 부릅니다. 참 겸손으로 살아 있는 우상에게서 자신을 보호하십시오. 모든 영광을 하나님께 돌리십시오.

제23장. 사람은 허무한 존재입니다. 사람은 그림자요 꿈과 같은 존재입니다. 이 사실을 잊는 사람은 하나님을 떠나 허무한 자신에 잠길 것입니다. 이러한 교만이 가장 큰 죄요 가장 큰 형벌입니다. 이러한 교만 때문에 사탄이 타락했습니다. 사탄은 하나님이 되기를 원했습니다. 마귀와 더불어 피조물 가운데서 위로와 도움을 구하는 것은 가장 어리석은 일입니다.

제24장. 가장 큰 덕은 사랑입니다. 그러나 사람들은 사랑에 대해 쉽게

실수를 범합니다. 특히 하나님 사랑과 이웃 사랑에서 실수합니다. 현세의 것 때문에 하나님을 사랑하는 사람은 하나님보다 자기 자신을 더 사랑합니다. 이는 그가 자신을 위해서 하나님 및 거룩한 것을 사랑하기 때문입니다. 이러한 불순한 사랑은 불순한 열매를 맺습니다. 어떤 이들은 벌을 받지 않기 위해서 하나님을 사랑하는데, 이것은 연약한 사랑입니다. 어떤 이들은 지혜를 얻기 위해 하나님을 사랑합니다. 어떤 이들은 덕망이 있다는 평을 들으려고 덕을 사랑합니다. 이것은 참사랑이 아닙니다. 또 무절제한 이웃사랑이 있습니다. 우리의 사랑은 성령의 지배를 받아야 하며, 그리스도의 본을 따라야 합니다. 이러한 순수한 사랑에는 큰 어려움이 없습니다. 비록 약하지만, 그것은 사랑하는 분의 덕을 따르는 것입니다. 본질적인 사랑이신 하나님이 항상 선을 행하시는 것같이, 이 사랑은 억지로 하지 않고 기쁨으로 사람 안에서 선을 행합니다. 하나님을 사랑하는 사람은 기도함으로써 하나님에게서 모든 것을 받습니다. 그리스도의 사랑에서 찾을 수 있는 네 가지 특성에 따라 자신의 사랑을 시험해 보십시오. 사랑 안에서 인간의 뜻을 버려야 하며, 증오심을 제거해야 하며, 그리스도가 섬기신 것처럼 섬겨야 하며, 그가 죄 없으신 분이라는 것을 제외하고 모든 일에서 그분을 닮아야 합니다. 사랑이 없으면 기도할 수 없습니다.

제25장. 참사랑의 표식은 우리 안에 있습니다: 세속적 사랑을 피하는 것; 이 세상의 배척을 인내하고 받아들이는 것; 순교와 고통을 기꺼이 인내하는 것; 체념; 이 세상의 보화보다 그리스도의 십자가를 소중히 여김; 예수님, 그의 성육신, 그의 거룩한 가르침, 그의 삶과 죽음의 신비, 부활

과 승천 등을 끊임없이 묵상함. 이 모든 신비를 날마다 깊이 탐구해야 합니다.

제26장. 하나님의 사랑을 나타내는 것이 다섯 가지입니다: (1) 그리스도의 성육신; (2) 그리스도의 고난과 죽음; (3) 시험당할 때 우리 안에 함께 계셔서 위로하시는 하나님의 내주하심; (4) 아름다운 것이나 추한 것 등 모든 피조물을 비추시는 하나님의 사랑; (5) 그의 사랑의 본질로부터 우리가 아는 하나님의 사랑. 세상의 사랑은 속임수입니다.

제27장. 십자가에 달리신 그리스도 안에서 가장 순수하고 완전한 사랑을 봅니다. 이것을 맛본 사람은 다른 것을 바라지 않습니다. 믿는 영혼은 그리스도를 사랑하기 때문입니다. 우리는 모든 일을 이러한 그리스도 사랑 안에서 행해야 합니다. 하나님은 이 지고한 선을 예비하시고 기꺼이 우리에게 주십니다. 이러한 사랑의 맛이 온 세상보다 더 큰 기쁨을 줍니다. 이 사랑이 떠나면 온 세상을 잃어버린 것보다 더 큰 괴로움을 느낍니다. 이 사랑이 없으면 신실한 사람의 삶이 비통해집니다.

제28장. 영과 진리 안에서 완전한 선이신 하나님을 맛보고 알아야 합니다. 이 일은 인간의 영혼 안에서 일어납니다. 타락한 인간은 먼저 하나님께 돌아와 믿음으로 주님께 매달려야 합니다. 그러면 마음 안에서 내적으로 하나님의 은혜로우심을 맛볼 것입니다. 이러한 일이 있는 후 그는 세상을 거부하고 모든 것 위에 계시는 하나님, 즉 불완전한 것들 위에 계시

는 완전하신 분을 사랑하게 됩니다. 따라서 하나님에 대한 사랑의 지식이 이 세상의 사랑을 죽입니다.

제29장. 하나님은 타락한 인간을 돌아오게 하려고 최선을 다하십니다. 어리석은 사람은 이것을 이해하지 못합니다. 우리는 하나님의 물질적이며 영적인 선하심을 관상해야 합니다. 물질적인 선이란 천사들의 보호, 우주, 공기, 물고기와 짐승, 하나님의 경기장인 지구 전체입니다. 또한 삼위일체의 영적인 복을 관상해야 합니다. 하나님께서 우리에게 보내시는 사자들에게서 이것들을 발견해야 합니다. 이것들이 당신이 사랑하도록 불을 붙이고 있지 않습니까? 우리는 하나님의 사랑을 피할 수 없습니다. 그러므로 그 사랑에 자신을 완전히 맡기십시오. 마음에 불이 붙을 때까지 마음을 다해 그 사랑에 매달리십시오.

제30장. 사랑하는 영혼은 하나님이 지고의 아름다움이심을 압니다. 그것을 관상하는 사람은 피조물의 아름다움을 알게 됩니다. 우리는 그리스도 안에서 하나님의 아름다우심에 참여합니다. 하나님의 아름다움은 그의 창조 안에서 빛납니다. 그리스도께서 택함을 받은 자들과 함께 영광중에 다시 나타나실 때 그리스도 안에 있는 아름다움이 얼마나 환하게 우리를 비추겠습니까?

제31장. 하나님은 우리의 선행을 그분에게 돌리게 하려고 우리에게 능력을 주십니다. 그러므로 우리는 자신이 행하는 모든 것을 온 세상을 다

스리시는 하나님의 능력에 기인하는 것으로 여겨야 합니다. 하나님은 만유 위에, 만유 안에 계시며, 만물이 그의 안에 있습니다. 이 사실을 깊이 생각해보면 우리가 무(無)라는 것을 알게 되고 하나님을 경외하게 됩니다. 이렇게 크신 능력의 하나님이 겸손하게 자신을 그리스도 안에서 낮추셨습니다.

제32장. 영혼은 하나님이 매우 거룩한 의라는 것을 압니다. 죄는 하나님의 의를 제거하고, 피조물을 자극하여 분노하게 합니다. 그 결과는 저주와 영원한 불행입니다. 하나님의 심판도 하나님의 의를 증언합니다. 피조물은 이 심판을 피할 수 없습니다.

제33장. 하나님이 헤아릴 수 없는 지혜로 모든 것을 정돈하고 다스리십니다. 하나님은 우리가 태어나기 전에 우리의 이름을 부르셨습니다. 하나님은 빛과 어둠을 창조하셨습니다. 하나님은 지혜로 모든 것을 정리하셨습니다. 하나님은 모든 것을 보고 들으십니다. 우리를 위해 모든 것을 지으셨으므로, 우리가 감사하지 않음은 하나님을 괴롭게 합니다. 피조물의 능력은 하나님의 선하신 손안에 있으며, 하나님의 지혜는 우리의 고난을 예견합니다. 비록 상황이 어리석은 것처럼 보여도 하나님의 지혜를 찬양해야 합니다. 그것은 인간을 구원하시고 새롭게 하시는 일에서 밝게 빛납니다. 그리스도는 눈먼 우리를 보게 하시고, 우리의 비틀린 의지를 치유하시며, 우리 안에 새 마음과 생각을 지으시고, 우리 안에서 잃어버렸던 하나님의 형상을 하나님의 본질적인 형상으로 새롭게 하십니다.

제34장. 기도에 관한 12가지 지침

1. 타락 이전 인간에게는 필요한 것이 없었지만, 타락한 후에는 모든 것이 필요했습니다. 이러한 까닭에 그리스도는 우리에게 거룩하게 되는 길을 보여주기 위해서 인간이 되셨습니다. 그리스도로 말미암아 우리는 하나님의 자녀가 되며, 그리스도 안에서 끊임없이 기도하며 구하면 잃어버렸던 모든 것을 찾을 것입니다.

2. 기도하지 않는 사람은 하나님의 계명에 복종하지 않습니다. 그는 하나님의 귀한 약속을 거부하며, 믿음이 약해지고 잃게 됩니다. 그는 그리스도를 강탈하며, 뻔뻔스럽게 살고, 자신을 마귀와 악한 사람들의 세력 아래 두고, 살아서나 죽어서나 가장 불행한 사람이 됩니다.

3. 참되게 기도하는 사람은 하나님과 그의 계명을 공경하며, 하나님의 말씀을 귀중하게 여깁니다. 그는 나무처럼 날마다 믿음 안에서 자라며, 성령의 처소가 되며, 죄와 싸우며, 마귀와 악한 사람과 모든 시련에 대항하며, 성령 안에서 기뻐합니다.

4. 생명과 죽음이 아담 앞에 놓였듯이 우리 앞에 놓여 있습니다. 두 개의 길이 있는데, 하나는 세상의 길이요 나머지 하나는 하나님의 길입니다. 이 두 길에서 사람은 반드시 고난을 받습니다. 기도하고 애쓰는 사람은 승리하고 안식을 얻습니다. 기도하지 않고 애쓰지 않는 사람은 많은 고통을 당하고 저주를 받습니다. 전자가 후자보다 낫습니다.

5. 내적 기도를 일깨우려면 하나님이 언제나 현명하시다는 것, 우리의 기도를 들어주시기로 약속하셨다는 것, 모든 사람을 사랑하신다는 것, 자신의 경건으로 기도하는 것은 자신의 무가치함 때문에 기도하지 않는 것과 마찬가지로 큰 죄라는 것, 하나님은 언제 어디서나 우리의 기도를 들어주신다는 것, 기도하지 않으면 아무것도 이룰 수 없다는 것 등을 명심해야 합니다. 이러한 사실이 우리를 자극하여 기도하게 하며; 하나님이 우리 자신을 위해서 기도하라고 명하신다는 것, 지식을 가지고 우리에게 오신다는 것, 기도가 우리를 일깨워준다는 것, 하나님은 우리가 받으려는 것보다 더 많이 주신다는 것, 인간은 측량할 수 없이 악하지만 하나님은 측량할 수 없이 선하시다는 것, 불행의 원인은 우리 자신에게 있다는 것, 사람은 언제든지 기도할 수 있다는 것, 기도하지 않는 사람은 스스로 많은 고통을 초래한다는 것, 끊임없이 기도하는 사람은 자조(自助)한다 것 등을 가르쳐 주십니다. 이것을 믿고 실천해야 합니다.

6. 하나님은 모든 것을 예견하셨습니다.

7. 하나님은 우리의 기도를 들으시고, 잠잠히 있는 영혼을 하나님의 거룩한 은혜에 참여하는 자가 되게 하겠다고 약속하셨습니다.

8. 하나님은 모든 사람의 기도를 들으려 하십니다.

9. 자기의 의를 의지해서 기도하지 말며, 자기의 죄 때문에 기도를 멈추

지 말아야 합니다.

10. 하나님의 나라는 어떤 장소에 있는 것이 아니므로, 우리는 어디서나 하나님을 의지할 수 있습니다.

11. 믿는 자는 거룩하며, 그가 기도할 때마다 하나님이 들으십니다.

12. 하나님은 우리가 기도하기 전에 모든 것을 아신다는 것, 매일 기도해야 한다는 것, 하나님은 우리가 가져야 할 것보다 더 많이 주려 하신다는 것, 하나님이 아니라 우리가 깨어나야 한다는 것, 하나님은 무한히 선하시다는 것, 우리의 불행의 원인이 하나님에게 있는 것이 아니라 우리 자신에게 있다는 것, 언제 어디서나 하나님께 기도해야 한다는 것 등을 알아야 합니다.

제35장. 그리스도인은 성령에 의해 성화되며 성령의 거처요 전이므로, 기도는 그리스도인의 특징입니다. 성령은 통회하는 마음을 위로하시는 분이요 교사이십니다. 이런 까닭에 고난이 유익합니다. 이는 고난 당하는 영혼이 가난하며 비참하며, 고통을 통하여 성령이 기도할 수 있기 때문입니다.

제36장. 기도의 기초는 그리스도 안에 있는 하나님의 은혜입니다. 이 은혜가 우리를 살게 합니다. 기도하지 않으면 우리의 직업에 위로가 없고

은혜가 없고 축복이 없습니다. 기도는 우리를 하나님에게 멀리 있는 핍박자에서 보호해줍니다. 기도는 우리를 거룩하게 하며, 하나님의 사랑으로 불을 붙이고, 죄와 불행으로부터 보호합니다. 기도의 두 번째 기초는 하나님의 은혜로운 현존입니다. 이것이 우리를 자극하여 언제 어디서나 하나님께 기도하게 합니다. 기도의 세 번째 기초는 하나님의 진리입니다. 하나님은 모세와 다윗의 기도를 들어주셨습니다. 하나님은 고난받은 모든 사람을 치료하겠다고 약속하셨습니다. 기도의 네 번째 기초는 하나님의 영원한 말씀입니다. 믿음과 기도는 지옥의 문이 정복할 수 없는 영원한 기초를 소유한다는 것을 알면 큰 위로가 될 것입니다. 기도의 능력과 열매는 헤아릴 수 없이 많습니다.

제37장. 하나님의 신실하심과 선하심은 고난 중에 우리의 위로입니다. 하나님은 본질적인 생명이시며, 모든 생존하는 것의 생명이십니다. 인간의 생명은 다른 피조물의 생명보다 고귀합니다; 천사의 생명이 더 고귀하며, 그리스도의 생명이 가장 고귀합니다. 하나님의 선하심은 자연의 책에서 빛나는 것처럼 모든 피조물에서 빛납니다. 그러나 하나님의 은혜는 성경에 계시되어 있습니다. 이는 하나님이 얼마나 선하시고 은혜로우신지를 우리가 알며, 그것을 통하여 하나님을 믿고 사랑하며, 하나님께 간구하도록 하기 위함입니다. 그리스도 안에서 하나님의 선하심과 은혜로우심이 우리에게 주어졌습니다. 그것이 우리의 믿음과 기도를 깨웁니다. 하나님이 우리의 기도를 확실히 들어주신다는 주된 이유는 다음과 같습니다: 우리에게 모든 것, 심지어 자신까지 주기로 준비하신 하나님의 지고

한 선하심과 은혜로우심, 하나님의 진리와 귀한 약속, 하나님의 자비하신 마음, 세상에서와 하늘에서 이루어지는 그리스도의 중보, 우리 안에 있는 성령의 증언, 믿음을 통하여 그리스도 안에서 하나님의 임재하심, 기도 중에 행하시는 성령의 역사, 사람은 잊지만 하나님은 잊지 않으신다는 사실 등입니다. 이에 반해서 "나는 가끔 기도했지만, 하나님은 듣지 않으셨다"라고 말할 수 있을 것입니다. 하나님은 항상 기도를 들으십니다. 기도는 우리의 뜻대로 응답되는 것이 아니라 우리의 필요에 따라 응답됩니다; 물질적인 방법으로 응답되는 것이 아니라 영적으로 응답됩니다. 그러므로 하나님의 은혜를 받아들이십시오. 현세에서 응답되지 않으면 내생에서 응답될 것입니다.

제38장. 하나님의 말씀은 우리의 연약한 기도를 위한 일곱 가지 도움을 말합니다: 유일한 중보자이신 예수 그리스도, 성령 하나님, 하나님의 약속, 하나님께서 응답하신 성도들의 예, 하나님의 은혜로우심과 온유하심, 하나님의 자비, 하나님께서 우리와 맺으신 은혜의 언약.

제39장. 믿는 자의 영혼은 하나님께 기도할 때 위로를 받습니다. 그가 하나님을 부르면, 하나님이 응답하십니다. 이것이 성경에 기록되어 있는 신실한 영혼과 하나님과의 대화입니다.

제40장. 믿음의 내적 대화 중에 하나님의 선하심이 우리에게 임합니다.

제41장. 하나님의 말씀은 믿음과 생명과 고난의 법입니다. 고난받을 때 기도하고 찬양해야 합니다. 왜냐하면, 하나님을 찬양하는 것이 큰 능력과 도움이 되기 때문입니다. 여기에는 다음과 같은 일곱 가지 이유가 있습니다: 모든 피조물의 존재 목적으로서의 하나님 찬양, 기도의 능력, 구약성경의 예, 신약성경의 예, 성도들을 성령으로 충만하게 한 하나님 찬양, 시편, 특별한 경우에 특별한 곳에서 사용되어야 할 찬양. 그러므로 그리스도인은 날마다 하나님을 찬양해야 합니다.

제42장. 그리스도인은 영 안에서 고요한 마음으로 항상 하나님을 찬양할 수 있어야 합니다. 하나님을 찬양하도록 우리를 일깨워주는 것들은 다음과 같습니다: 하나님의 계명, 우리의 유익, 하나님의 은혜로우심과 사랑과 선, 우리를 구속하시는 어머니와 아버지이신 하나님, 성도들의 모범, 피조물의 모범, 찬양을 초월하시는 하나님의 위대하심.

제43장. 하나님을 찬양하는 것이 인간의 영광입니다. 왜냐하면, 우리는 찬양함으로써 기쁨으로 하나님 앞에 나아갈 수 있으며, 찬양함으로써 천사처럼 되며, 찬양함으로써 하나님의 도구가 되며, 찬양이 가장 큰 기쁨이며, 그의 내면에서 하나님의 지식이 자라며, 찬양함으로써 모든 원수와 싸워 이길 수 있기 때문입니다.

제44장. 그리스도인을 인내하게 하는 주요 원인은 다음과 같습니다: 하나님의 은혜로우신 뜻, 세상의 종말, 다가올 거룩함에 대한 소망, 그리스도의 재림, 하나님의 영원한 진리와 약속, 하늘에 있는 영원한 위로, 성도

들의 본, 그리스도의 고난, 십자가에 못 박히신 분이 치르신 영광스러운 대가, 하나님의 깊은 자비. 이 모든 것은 히브리서에 기록되어 있습니다.

제45장. 다음과 같은 위로가 우리의 고통을 덜어줄 것입니다: 고통은 하나님에게서 오는 것입니다; 그것은 분노의 표식이 아니라 사랑의 표식입니다; 고통은 우리가 받아야 할 영원한 고통을 현세에서 가리키는 작은 표식입니다; 그리스도는 많은 고난을 당하셨습니다; 그리스도는 우리가 고난받을 것이라고 말씀하셨습니다; 성도들은 고난 당했습니다; 고난받을 때 하나님이 우리와 함께하십니다.

제46장. 다음은 우리가 인내하는 데 도움이 될 것입니다: 고통 중에 하나님이 우리에게 오십니다; 우리는 훨씬 더 큰 벌을 받아야 합니다; 하나님은 우리를 학대하시지 않습니다; 하나님은 우리에게 인내하십니다; 그리스도와 모든 성도들은 인내했습니다; 하나님은 우리에게 선하심을 약속하십니다; 진리 안에서 약속을 주셨습니다; 고난은 하나님께 영광이 되며 우리를 돕습니다; 그리스도는 고통을 성화의 요소로 삼으셨습니다; 고난에는 영원한 영광이 따릅니다.

제47장. 고난받을 때 인내하는 것과 관련하여 성경 말씀과 고난을 받았던 성도들의 예에 주목해야 합니다.

제48장. 하나님의 위로는 인간의 비참함보다 큽니다. 이것은 다음과 같

은 일곱 가지 방식으로 분명하게 나타납니다: 하나님은 자비하신 아버지입니다; 하나님은 위로의 하나님이십니다; 바울과 성도들이 본보기입니다; 하나님의 말씀과 약속들은 큰 위로입니다; 믿는 자의 고난은 그리스도의 고난입니다; 위로의 기초는 그리스도입니다; 그리스도의 영광은 모든 신자의 위로입니다. 이 위로를 받으려면 참 회개와 죄에 대한 지식, 그리스도만 의지하는 믿음, 하나님과의 대화인 기도, 하나님께 대한 거룩한 찬양, 관상, 하나님의 말씀 등이 필요합니다.

제49장. 사랑과 신실함이 없는 곳에 타락과 죽음이 따라옵니다. 고통받는 경건한 사람은 믿음과 소망으로 하나님의 능력과 자비를 바라보면서 인내합니다. 그는 하나님이 기도를 들으신다는 것, 미움을 받는 사람을 위로하신다는 것, 어둠 속에서 은혜의 빛을 비추신다는 것, 악인의 고난은 하나님의 진노라는 것, 결국 의와 진리가 밝혀진다는 것, 그리고 하나님을 조롱하는 사람들이 수치를 당할 것 등을 압니다.

제50장. 소망은 끝까지 견디고 인내하는 믿음입니다. 하나님은 그것의 기초요 안식이십니다. 현세의 무상한 것을 의지하는 사람은 항상 두려움 안에 있습니다. 소망은 시험에 의해 검증되며, 하나님은 시련으로 거짓 소망을 파괴하십니다. 소망도 믿음과 사랑처럼 하나님만 의지합니다. 시간과 영원을 묵상하는 것이 소망을 일깨웁니다. 소망 중에 사는 영혼은 하나님이 가장 사랑하시는 자녀입니다. 그는 하나님 한 분만을 의지하는 것을 배웁니다.

제51장. 믿음이 약한 자들에게는 다음과 같은 것들이 유익합니다: 믿음은 하나님의 역사이다; 우리의 믿음은 불완전하지만, 우리를 위한 그리스도의 사랑은 완전하다; 하나님은 약한 믿음을 은혜롭게 바라보신다; 하나님은 믿음이 약한 자에게 많은 관심을 두신다; 간절히 믿기를 원하는 사람은 믿는다; 우리는 갈망을 잃지 않을 것이다; 강한 믿음으로 교만해지는 것보다 약한 믿음이 낫다; 작은 믿음도 그리스도와 그의 선하심을 얻는다; 항상 믿음이 강할 수는 없다; 약한 믿음에 대해 염려하는 것이 참믿음이다; 우리가 그리스도를 깊이 생각할 때 그리스도가 우리 안에, 우리와 함께하신다; 대제사장이신 그리스도가 우리를 위해 기도하신다; 하나님의 자비는 형언할 수 없이 크다; 하나님이 일을 시작하시고 끝내 이루신다; 하나님은 믿음을 강하게 하는 많은 방편을 주셨다; 우리의 믿음은 하나님의 영원한 택하심에 기초를 둔다.

제52장. 영적 시련을 당할 때 그것이 하나님에 의해 주어졌다는 것, 우리의 머리이신 그리스도도 시련을 당하셨다는 것, 많은 성도들이 시련을 겪었다는 것, 시련을 당할 때 참지 못하는 것을 나쁘게 여기지 않는다는 것 등을 생각해야 합니다. 시련은 우리를 영적 교만으로부터 보호해주며, 인내와 소망을 배우게 합니다. 하나님이 시련을 거두어가실 때까지 슬픔을 견디십시오. 세상과 마귀의 판단에 귀 기울이지 말고 하나님의 말씀을 들으십시오. 하나님이 성도들을 어떻게 도우셨는지 생각하십시오. 우리가 그리스도와 함께 고난을 받으면, 그리스도의 영광을 함께 나눌 것입니다.

제53장. 시험을 당할 때 그 시련이 하나님에게서 왔다는 것, 마귀는 우리를 다스릴 능력이 없다는 것, 그리고 시련이 우리를 멸망으로 인도하는 것이 아니라 거룩함으로 인도한다는 것을 기억해야 합니다. 이러한 시련은 우리가 죄의 힘을 깨닫고, 그리스도의 구속을 귀하게 여기며, 그리스도를 닮으며, 거룩한 말씀의 위로를 맛보아 알고, 믿음과 인내의 실천을 배우며, 더 큰 위로를 받으며, 하늘에서 더 큰 기쁨을 준다는 것 등을 배우는 데 도움이 됩니다. 시험이 하나님의 뜻이라는 사실에 만족하십시오. 시험은 우리의 영과 몸을 성자와 같이 만드시는 하나님의 은혜의 표식입니다. 영혼의 큰 싸움에 반드시 승리가 따를 것입니다. 하나님은 우리가 자기의 뜻과는 달리 겪는 악을 우리의 탓으로 여기지 않습니다. 하나님은 시험을 당하는 영혼을 홀로 버려두지 않습니다. 큰 시련은 하나님의 특별한 은혜이며, 그것을 겪는 사람은 영적 순교자입니다. 그러므로 인내하십시오. 어둠 속에 빛이 비칠 것입니다.

제54장. 사탄은 모든 사람을 시험할 것입니다. 사탄은 각 사람에게 악한 생각을 가져오지만, 우리는 그리스도의 고난과 마귀의 계략, 시험을 당하는 자를 위한 그리스도의 중보, 그리스도의 은혜로우신 임재와 내주하심, 우리의 믿음이 끊어지지 않으리라는 확신, 마귀를 이기신 그리스도의 승리가 우리의 승리라는 것, 고통당한 성도들의 예, 그리스도의 본 등을 기억해야 합니다.

제55장. 하나님의 도우심이 사라지는 것같이 보일 때 하나님이 우리에

게서 멀리 계시지 않다는 것을 기억해야 합니다. 그러므로 믿음을 가지고 인내하십시오, 하나님은 우리의 상황을 미리 보셨고, 우리를 구속해 주실 것입니다.

제56장. 고난 당할 때, 그리스도께서 육신의 고통을 어떻게 견디셔야 했는지 생각하십시오, 우리는 주님을 따라야 합니다. 영원한 생명의 영광과 잠깐의 고통을 생각하십시오, 택함을 받은 자들은 하나님의 어린양과 함께 영광을 누릴 것입니다. 계속 싸우면 면류관을 얻을 것입니다.

제57장. 현세의 죽음에 대해서 그리스도가 죽음을 이기기 위해 죽으셨다는 것, 우리를 다시 살게 하려고 부활하셨다는 것, 하나님은 참되시다는 것, 그리스도가 전능하고 영화로우시다는 것, 하나님이 의로우시다는 것, 죽었다가 살아난 사람들의 예가 있다는 것 등을 생각해야 합니다. 그리스도께서 우리의 몸값을 치르셨습니다. 자연 안에 부활에 관한 훌륭한 예가 있습니다. 특히 죽어야만 많은 열매를 맺는 밀알의 예가 있습니다. 영생은 현세의 무상한 실존과 반대입니다. 우리가 죽음을 두려워할 때 기도가 도움이 됩니다. 우리의 몸은 영화롭게 될 것입니다. 천사들이 우리에게 나타날 것입니다. 택함을 받은 자에게 영원한 영광이 있을 것입니다. 이 세상의 헛된 것에 관심을 두지 말아야 합니다. 현세는 죄가 가득한 고통의 삶입니다. 죽음은 모든 인간에게 임합니다. 죽음은 우리에게 큰 승리와 평화를 가져다줍니다. 육신의 눈으로 하나님을 볼 수 없으며, 그래서 우리는 죽어야 합니다.

제58장. 점성술의 오용은 거부되어야 하지만, 천체들은 우리의 삶에 영향력을 미칩니다. 하나님은 자연을 통해 역사하시며, 그리스도는 하늘의 징조에 관해 말씀하셨습니다. 때로는 큰 별이 큰 변화를 가져옵니다. 질병은 대부분 별을 통해서 옵니다. 온 하늘이 사람 안에 있으므로, 천체가 사람에게 역사하는 것을 거부하는 것은 어리석은 일일 것입니다. 그런데도 별의 작용은 믿음과 기도의 영향 아래 있습니다.

결론. 제2권의 목적은 오로지 순수한 교리와 거룩한 생활을 불러일으키려는 데 있습니다.

제3권

양심에 관하여

서문

인간의 자연적인 삶에 유년기와 장년기와 노년기라는 단계가 있듯이, 그리스도인의 영성생활에도 단계가 있습니다. 첫째 단계는 회개입니다. 인간은 회개함으로써 날마다 더 선해집니다. 그다음에 중간 단계로서 신적인 것들에 대한 관상을 통하여, 기도를 통하여, 그리고 고난을 통하여 더 많은 조명을 받는 단계가 따릅니다. 이 단계에서 하나님의 은사가 증가합니다. 마지막으로 온전함에 이르는 단계입니다. 이 단계는 사랑을 통한 완전한 연합인데, 사도 바울은 우리가 온전한 사람을 이루어 그리스도의 장성한 분량이 충만한 데까지 이른다고 말합니다(엡 4:13).

나는 이 세 권의 책에서 가능한 한 이 순서를 다루었습니다. 완전하게 기록할 수는 없으며 다른 것이 요구되지만, 기독교 신앙 전체에 대해 필요한 만큼 기록했다고 생각합니다. 기도서가 추가되어야 합니다. 어떻게 성경과 그리스도와 인간과 자연이 일치하며, 어떻게 하나님이신 영원한 생명의 근원에서 모든 것이 흘러나와 하나님께로 인도하는지를 볼 수 있는 제4권을 첨부하기를 원했습니다.

제3권을 잘 이해하려면 이 책이 어떻게 내면에서 하나님의 나라를 구하고 찾을 것인지 지적하려는 의도로 기록했음을 알아야 합니다(눅 17:21). 그렇게 하려면 마음과 혼을 다해 자신을 하나님께 온전히 드려야 하며, 이성뿐만 아니라 우리의 뜻과 가장 깊은 사랑을 드려야 합니다. 많은 사람은 독서와 토론을 통해서 그리스도를 이해하는 것으로 충분하다고 믿습니다. 이것은 일반적인 신학 연구이며, 단지 이론과 지식에 불과합니다. 그들은 영혼의 또 다른 주요 능력인 의지와 깊은 사랑이 믿음에 속한다고 생각하지 않습니다. 온전한 영혼을 하나님과 그리스도께 드리려면 의지와 사랑을 드려야 합니다.

그리스도를 아는 데 작용하는 이해력과 그리스도를 사랑하는 데 작용하는 의지 사이에 큰 차이가 있습니다. 우리는 이해할 수 있는 만큼 그리스도를 이해합니다. 그러나 있는 그대로의 그리스도를 사랑합니다. 그리스도를 사랑하지 않고 지식으로 아는 것은 소용이 없습니다. 그리스도에 대해서 많이 말하고 토론할 수 있는 것보다 그를 사랑하는 것이 수천 배 낫습니다(엡 3:19). 그러므로 의지를 가지고 기꺼이 그리스도를 사랑하려면 이해력으로 그리스도를 찾아야 합니다. 그리스도에 대한 참 지식에서 그리스도를 향한 사랑이 나옵니다. 만일 우리가 그렇게 하지 않으면, 그분을 찾는 것이 수치가 될 것입니다. 왜냐하면, 마태복음 7장 21절에서 주님이 "나더러 주여 주여 하는 자마다 다 천국에 들어갈 것이 아니요"라고 말씀하셨기 때문입니다.

따라서 지혜와 이해력을 얻는 두 가지 길이 있습니다. 하나는 독서와 토론을 통해 얻는 것입니다. 이 방법을 취하는 사람을 학자(*doctos*), 박식한 사람이라고 부릅니다. 나머지 하나는 기도와 사랑을 통한 길이며, 이 길을 취하는 사람을 성도(sanctos)라고 부릅니다. 이 두 길에는 큰 차이가 있습니다. 학자는 학식은 많지만 사랑이 없으므로 교만이 가득합니다. 성도는 낮고 겸손합니다. 첫 번째 길에서 내적 보화를 발견할 수 없지만, 두 번째 길을 취하면 그것을 자신 안에서 찾게 될 것입니다. 제3권에서는 두 번째 길을 다룹니다.

우리의 최상의 귀한 보물인 하나님의 나라가 외적인 것이 아니라 우리가 항상 가지고 다닐 수 있으며 세상과 마귀에게는 감추어진 것, 세상이나 마귀가 빼앗을 수 없는 내면적인 것이라는 사실이 얼마나 영광스럽고 귀하며 사랑스러운가요! 이를 위해서는 언어에 대한 지식이나 학문이나 많은 책이 필요 없으며, 오직 하나님께 바친 마음이 필요합니다.

그러므로 내면에 감추어진 영원한 하늘의 선과 부를 의지해야 합니다. 내면에 모든 것 및 모든 선한 것이 가득한 하나님의 나라를 소유한 사람이 외면적으로 이 세상에서 무엇을 구할 수 있겠습니까? 우리의 마음과 영혼 안에 성령의 학교가 있고, 삼위일체의 사역 장소가 있고, 하나님의 성전이 있으며(고전 6:19), 영과 진리 안에서 기도할 집이 있습니다(요 4:24). 하나님은 보편적 현존으로 만물 안에 계시고, 그 안에 갇히지 않으시며, 상상할 수 없는 방법으로 하늘과 땅을 채우시지만, 또한 특별하고 특징적인 방식으로 자신의 거처인바 비추임을 받은 인간의 영혼 안에 계십니다(사 66:1, 2). 그곳에서 하나님의 형상과 모양 안에서 하나님 자신에 속한 일을 행하십니다. 그 마음 안에서 하나님은 끊임없이 우리의 탄식에 응답하십니다. 내면에 하나님이 거하실 처소를 소유한 사람을 하나님이 어떻게 부인하겠습니까? 하나님 자신이 움직이시고 감당하시는 관심사를 어떻게 부인하실 수 있겠습니까? 하나님에게는 찾는 자에게 자신을 주시는 것보다 더 사랑스럽고 즐거운 일이 없습니다.

이러한 일이 일어나려면 영혼이 고상하고 잠잠하며 평화로워야 합니다. 영혼이 세상을 버린다면 고요하고 평화로워질 것입니다. 이방인들도 "우리 영혼이 잠잠하고 평화로우면 지혜롭고 총명할 것이다"라고 진술하였습니다.

키프리안(Cyprian)은 이에 관해서 다음과 같이 말했습니다: "인간이 계속되는 이 세상의 폭풍에서 구원받고, 눈과 마음을 세상에서 하나님께로 향하며, 정신으로 하나님 가까이 가고, 인간에게 귀하고 소중하다고 생각했던 것이 모두 마음과 생각 속에 숨겨져 있다는 것을 이해하는 것이 영원한 안식과 평안입니다. 더 나아가서 인간은 이 땅에서 아무것도 바라거나 원하지 말아야 합니다. 이는 그의 마음이 땅보다 높고 크기 때문입니다. 이 세상의 구속과 제한에서 놓임을 받는 것은 매우 위대한 하늘의 보물입니다! 인간이 높은 지위에 있는 사람의 도움을 구하려고 애쓰지 않고 하나님의 은혜로운 선물을 소유하는 것은 얼마나 좋은 일입니까! 태양이 스스로 빛나고, 낮은 스스로 빛을 발하고, 샘물이 저절로 솟아나며, 비가 저절로 내려 땅을 적시는 것처럼, 세상을 버리고 하나님께로 들어 올린 영혼 안에 성령이 저절로 흘러들어옵니다."

위의 글에는 큰 지혜가 담겨있으며, 제3권의 내용이 요약되어 있습니다. 종종 우리의 영혼 안에 숨겨진 보물이 순간적으로 나타나는데, 이 순간이 하늘과 땅과 피조물의 사랑스러움보다 더 좋습니다. 성 베르나르는 다음과 같이 말했습니다: "자신의 내면을 향하고 하나님의 얼굴을 찾으며 내면에서 하나님의 임재를 맛보는 법을 제대로 배워 이 거룩한 수행의 달콤함을 알고 발견한 영혼은 세상과 육의 쾌락 및 그 불쾌함과 무거움에 돌아가거나 충족되지 않은 갈망과 감각의 불안함으로 돌아가기보다 지옥에서 얼마 동안 고통당하는 것이 덜 고통스럽다고 여길 것입니다."

이러한 영혼이 하나님을 의지할 때 내면에서 지고의 선을 발견하며, 하나님을 잃을 때 최악의 고통을 발견할 것입니다. 영혼이 세상에 대해 죽으면, 생명의 근원이신 하나님 안에 삽니다. 영혼이 세상 안에 거할수록 하나님에 대해 더 죽습니다. 세상에 대해 죽은 영혼은 하나님 안에서 바르게 행하며, 하나님의 만족과 기쁨이 되고, 아가서에 기록된바 그리스도의 포도밭에 있는 잘 익어 단 포도가 됩니다. 세상을 추구하는 마음은 익지 않은 쓴 포도입니다. 세상에 대해 죽은 영혼의 표식은 다음과 같습니다: 모든 일에서 자기의 뜻을 하나님의 뜻에 향하게 합니다; 자기애를 버립니다; 육체의 욕망을 죽입니다; 세상의 쾌락에서 도망칩니다; 자신을 사람들 중에 가장 작은 자로 여깁니다; 이웃에게 명령하거나 쉽게 판단하지 않습니다; 하나님께서 심판하시고 벌하시도록 합니다; 칭찬을 받고 싶어도 자신을 높이지 않습니다; 비방을 받을 때 괴로워하지 않습니다; 모든 일에 참으며 아무도 원망하지 않습니다. 이처럼 자기의 뜻을 희생한 예를 다윗 왕에게서 찾아볼 수 있습니다(삼하 23:15-17). 다윗은 베들레헴 성문 곁 우물물을 마시고 싶었습니다. 세 용사가 불레셋 진을 뚫고 들어가 베들레헴 성문 곁에 있는 우물에서 물을 길어다 바쳤지만, 다윗은 그 물을 마시지 않고 여호와께 부어드렸습니다. 세 용사가 목숨을 걸어야 했기 때문에 자기의 뜻을 포기한 것입니다.

여기에 그리스도의 삶의 진정한 온전함이 있습니다. 온전함이란 어떤 사람이 생각하는 바와 같이 높고 크며 영적인 하늘의 기쁨과 묵상이 아니라, 자기의 뜻과 사랑과 명예를 부인하는 것이요, 자신이 무라는 것을 아는 지식이요, 하나님의 뜻을 끊임없이 완수하는 것이요, 이웃을 향한 뜨거운 사랑이요, 진심 어린 동정심입니다. 한 마디로 이생의 약함 속에서 가능한 한도까지 하나님만 바라고 찾으며 생각하는 사랑입니다. 육과 육적인 애정을 정복하는 것 안에 참 그리스도인의 덕, 진정한 자유와 평화가 있습니다. 제3권에서 이것에 관해서 더 읽고 실천하면 이것에 대해 더 많은 것을 알게 될 것입니다. 성령의 은혜가 우리를 인도해 주시기를 바랍니다. 이것이 우리 안에서 모든 것을 시작하고 지속하며 온전하게 함으로써 하나님께 영광과 존귀와 찬양을 드립니다. 아멘.

제1장. 성 삼위일체는 신자의 마음 안에 사십니다. 마음의 내적 안식이 없이는 이 보물을 알 수 없고 추구할 수 없습니다. 중세시대의 신비가 요한 타울러가 특별히 이에 관해서 다루었습니다. 제3권에서 그의 글을 참조했습니다.

제2장. 이러한 내적 보물에 이르는 길은 참 믿음인데, 여기에서 사랑과 모든 덕이 솟아납니다. 우리는 믿음을 통하여 내면에 들어가며, 하나님이 일하시는 마음 안에서 안식을 누립니다. 하나님은 세상 사랑이 없는 마음에 천상의 선한 것을 채우십니다.

제3장. 그리스도, 거룩한 하나님의 나라, 그리고 거룩함이 믿음 안에 있습니다. 믿음은 영적 자유와 평화와 안식을 주며; 그리스도와 연합하며; 영원한 거룩함을 확신하게 해주며; 영적 원수를 정복하고; 영적 제사장 직분으로 영원한 영적 영광을 주며; 전인을 새롭게 하고; 각 사람을 이웃의 종이 되게 하며; 고난을 덜 힘들게 합니다.

제4장. 우리는 능동적인 방법과 수동적인 방법으로 하나님을 추구할 수 있으며, 영혼은 하나님과 연합될 때 가장 아름답습니다.

제5장. 믿음 다음으로 하나님과 교제하는 좋은 길은 참 겸손입니다.

제6장. 하나님은 종종 영혼의 근저 안에 순간적으로 자신을 계시하십니다. 성도들은 영생의 맛으로 이 계시를 경험합니다. 그리스도는 영혼의

근저에서 사랑을 품고 즐거움과 기쁨을 기다리십니다.

제7장. 영혼의 가치는 하나님의 거처라는 데 있습니다.

제8장. 하나님은 그의 말씀과 행위를 통하여, 부분적으로는 고난과 싸움을 통하여, 부분적으로 우리 마음에 그의 사랑의 불을 붙이심으로써 우리를 평화와 인내로 부르십니다.

제9장. 참믿음은 마음에서 세상과 피조물에 대한 사랑, 무절제한 애정을 제거합니다; 그것은 올바른 사랑을 가져오며, 우리를 큰 기쁨과 평안을 주는 인내로 인도합니다.

제10장. 영적 빛, 은혜의 빛이 비치려면 본성의 빛이 사라져야 합니다. 하나님은 말씀을 통하여 영혼의 근저 안에 이 영적인 불을 붙이십니다. 이 빛에서 영적 능력과 진리에 대한 지식이 나옵니다. 경건하지 않은 자들은 고요한 마음의 안식이 부족하므로 이 빛이 빛날 수 없습니다.

제11장. 가장 아름다운 빛이신 하나님은 영혼을 비추어 세상을 부인하게 하십니다. 이 내면의 빛은 그리스도인의 덕, 특히 인내와 온유와 겸손을 낳게 하려고 우리의 내면을 비춥니다.

제12장. 하나님은 제정신이 아닌 영혼을 불러들여 자신과 연합하게 하려 하십니다. 그러므로 그리스도인은 하루에 한 번은 마음을 살펴보아야

합니다.

제13장. 하나님의 사랑이 들어오려면 세상 사랑이 떠나야 합니다.

제14장. 그리스도인의 영혼은 큰 고난을 더 큰 인내로 맞을 준비를 해야 하며, 무슨 일이 있어서 하나님의 사랑 안에 머물러야 합니다.

제15장. 아버지의 말씀이신 그리스도는 종종 우리 마음에서 내적으로 음성을 들려주십니다. 이 일은 겸손하게 그리스도와 함께 걸으며 인내하며 고난을 받아들이는 자에게 일어납니다. 하나님은 겸손한 자에게 그리스도의 신비를 보여주십니다. 겸손은 하나님이 일하시는 곳입니다.

제16장. 자신의 행동 때문에 성령을 소유하지 못한 영혼은 거룩하지 못합니다. 하나님은 마음에서 피조물을 비운 사람에게 성령을 주십니다. 하나님의 영이 우리 안에서 일하려면, 세상을 피하고 고통을 견뎌야 합니다.

제17장. 성령의 내주하심의 표식은 죄에 대한 내면의 형벌, 내적 두려움과 거룩한 근심, 자의 공로를 부인함, 하나님으로부터 칭의, 이웃 사랑 등입니다.

제18장. 그리스도인은 세상의 기쁨을 피해야 하며, 끊임없이 하나님과

교제해야 합니다. 고난과 시련으로 세상 사랑을 죽여야 합니다.

제19장. 성령은 모든 것을 능가하는 어린아이 같은 내적 마음의 기도를 하게 하십니다. "주기도문"은 우리가 무엇을 위해 기도해야 하는지를 가르쳐 줍니다.

제20장. 단단히 버텨야 하는 것은 겸손의 기초 위에 세워져야 합니다. 겸손하려면 다음과 같은 여섯 가지가 필요합니다: 우리의 무가치함과 비참함, 마귀를 이기는 겸손, 하나님을 갈망하게 하는 겸손, 죄로 인한 슬픔, 고난을 사랑함, 참 평안 등입니다.

제21장. 우리가 가장 기뻐하며 바라야 할 것은 하나님의 선물이 아니라 하나님 자신입니다. 우리의 본성은 이것을 비틀었습니다. 그러므로 자기 부인이 필요합니다.

제22장. 하나님의 은혜 없이 하나님을 기쁘시게 하는 일을 할 수 없습니다. 그러므로 우리는 자기의 행위에서 의를 구하지 말고 그리스도와 하나님의 은혜 안에서 찾아야 합니다. 하나님이 은사를 주실 때 교만하지 마십시오. 하나님은 겸손한 자에게 은혜를 주십니다. 우리의 행위가 유익한 것이 되기 위해서 다음 네 가지를 기억해야 합니다: 이웃을 섬기고, 경험이 없이 아무것도 주지 말고, 무슨 일이든지 사람들에게 보이려고 하지 말고, 매사에 하나님을 목표로 삼으십시오.

제23장. 하나님의 참 제자는 자기의 십자가를 져야 합니다. 그리스도의 다섯 개의 상처가 이것을 가르쳐 줍니다. 그러므로 우리는 그리스도와 함께 모든 일을 감당해야 합니다.

제4권

자연에 관하여

서문

위대한 모세는 하나님에 대해 증언하는 강력한 증인이 둘이라고 말합니다. 첫째 증인은 큰 세계이고, 둘째 증인은 작은 세계, 즉 인간입니다. 성경 여러 곳에 이 두 세계, 즉 큰 세계와 인간의 마음에서 취한 여러 가지 훌륭한 예가 있습니다. 만물을 지으시고 유지하시는 분이 이 두 세계 안에 계시되며, 우리 마음에서 그의 형상을 볼 수 있습니다.

제4권에서는 이러한 예들, 즉 큰 세계와 작은 세계를 소개한 후에 어떻게 피조물이 우리를 그리스도인의 지식과 그리스도에게 인도해주는 하나님의 사자요 안내자의 손이 되는지 설명하겠습니다.

이 책이 진정한 기독교에 속한다는 것을 증명할 필요가 없습니다. 그러나 만일 증명을 원한다면, 골로새서 1장 16~17절, 요한복음 서론, 신구약 성경의 많은 부분, 다윗의 시편 19편, 104편, 139편을 보십시오, 그리고 피조물의 두려움에 관해 로마서 8장 22절, 죽은 자의 부활에 관한 고린도전서 15장 42~52절을 보십시오. 그리하면 이 책이 진정한 기독교에 속한다고 여기지 않는 사람들이 나에게 좀 더 친절하고 호의적으로 될 것입니다. 또한, 우리의 대속자이신 예수 그리스도를 더 높이 평가할 것입니다. 주님은 종종 비유를 사용하여 자연 세계라는 위대한 책에 수록된 것을 설명하시면서 자녀들에게 참 기독교 신앙과 하나님의 나라를 보여주셨습니다. 그들은 하나님의 은혜의 증거와 표적이 되도록 정해졌고 위대한 자연세계라는 위대한 책에서 취해져 성화된 성례전을 높이 평가할 것입니다. 따라서 그들은 암브로스(Arnbrose), 바질(Basil), 테오도렛(Theodoret)등 창조의 엿새에 대해서 많은 책을 쓴 교부들에게 답을 줄 수 있을 것입니다.

반대 의견을 가진 분에게 이 짧은 글이 충분한 답변이 되었을 것입니다. 한 마디 더 추가하자면, 참 기독교인은 만물 안에서 예수 그리스도로 말미암아 하나님이 찬양받도록 하기 위해서 하나님을 알고 공경하고 찬양하는 데 피조물을 사용해야 합니다.

피조물은 우리를 하나님께로 인도해야 합니다. 하나님은 다정한 말로 자식을 불러 친숙하게 하는 자애로운 아버지처럼 행하십니다. 만일 아이가 즉시 오지 않으면, 사과나 배를 주거나, 이스라엘이 아들 요셉에게 한 것처럼 채색옷을 지어 줍니다(창 37:3). 이는 아이가 사과나 채색옷을 사랑하거나 선물에 현혹되어 선물에 매달리게 하려는 것이 아니라 선물을 주신 아버지를 사랑하게 하기 위함입니다. 하늘에 계신 사랑하는 우리 아버지도 이런 식으로 우리를 다루십니다. 선지자와 사도들을 통하여 은혜롭고 친밀한 말씀으로 우리를 부르실 뿐만 아니라, 많은 선한 선물과 하늘로부터 결실기를 주시고, 음식과 기쁨으로 마음에 만족하게 하십니다(행 14:17). 이것들은 하나님의 손이요 사자로서, 우리를 하나님에게로, 그리고 그의 사랑과 형상에게로 인도하여 피조물과 선물 안에서 그것을 주신 분을 받아들일 수 있게 하기 위한 것입니다.

불쌍한 사람이여, 당신이 얼마나 악하게 행동하는지 보십시오. 당신은 선물, 금과 은, 집과 땅, 세상의 영광과 기쁨에 매달리는데, 하나님 보시기에 그것은 자식을 이끌기 위해서 아버지가 사용하는 사과나 배처럼 무가치한 것들입니다. 당신은 그것을 왕국처럼 여깁니다. 이 때문에 하나님은 인간이 세상에 태어날 때 매우 궁핍하고, 목마르고, 비참하게 피조된 벌거벗고 허무한 존재가 되게 하셨습니다. 이는 하나님이 무한한 복과 은사와 은혜로서 인간을 하나님께로 이끌며, 인간이 만물 안에서 하나님의 사랑을 맛보며, 무상한 피조물 안에서 영원한 하나님을 발견하며, 인간이 영원하고 불멸하시는 하나님이 무상한 피조물보다 더 많은 기쁨과 위로와 능력과 살아가는 데 필요한 것을 공급하시는 분이라는 것을 알게 하기 위한 것입니다.

그러나 하나님의 가장 위대한 사자요 특사이시고, 우리를 하나님께로 인도하는 가장 큰 선물이며 하나님의 가장 강한 손은 하나님의 아들 예수 그리스도이십니다. 그분은 모든 피조물에 손을 펴시는 분이요, 그분 안에 만물이 모든 충만함이 있습니다. 만물이 그로 말미암아 지은 바 되었고 (요 1:3), 만물이 그 안에 존재합니다(골 1:17). 그분은 만물을 붙드십니다(히 1:3).

그러므로 이 책 제1부에서는 우리가 깨달아 알고 하나님께 영광과 찬송을 돌리기 위해 창조의 엿새에 대해 일반적으로 묘사하려 합니다. 제2부에서는 인간에 대해 다루겠습니다. 섣불리 판단하지 않으려면 제2권 마지막에 있는 결론부터 읽으십시오, 나의 책은 교회를 상징하는 책들과 아우

그스부르크 신앙고백(Augsburg Confession)에 따라 이해하시기 바랍니다.

제1부

창조의 엿새에 관하여

제1장. 첫째 날의 일: 빛의 창조

빛, 특히 태양은 하나님과 그리스도의 상징입니다. 그것은 하나님의 본질, 가장 아름다운 빛, 영원한 빛의 광선인 하나님의 지혜, 하나님의 따뜻한 사랑, 그리스도이신 영원한 내적 영적 빛을 상징합니다. 빛은 기쁨을 주며, 죄 안에 잠자는 자를 깨우며, 우리를 바른 길로 인도하며, 생명의 능력을 주며, 진리를 보고 어둠을 몰아내게 합니다. 해는 달보다 더 많은 빛을 발하고, 그리스도는 이성보다 더 밝은 빛을 발하십니다. 해는 하늘을 장식하고, 그리스도는 교회를 장식하십니다. 빛은 장소를 머물기에 즐거운 곳으로 만들고, 그리스도는 천상의 예루살렘을 거하기에 즐거운 장소로 만드십니다. 빛은 모든 것을 드러냅니다. 영원한 빛 앞에 숨겨지는 것이 없습니다. 빛이 자신을 만물에 주며, 하나님은 자신을 사람들과 나누십니다. 태양 빛은 부활의 상징입니다. 우리는 그리스도의 부활에 참여합니다.

제2장. 둘째 날의 일: 하늘의 창조

하늘은 하나님의 상징입니다. 그것은 측량할 수 없는 하나님의 능력과 지혜처럼 깨끗하고 높고 넓습니다. 원형의 하늘은 하나님의 영원성을 상징합니다. 표현할 수 없는 원형은 끊임없는 하나님의 현존을 묘사합니다. 하늘의 항구성은 하나님의 진리와 그의 말씀을 상징합니다. 눈에 보이는 하늘은 복 있는 자들의 감추어진 천국을 가리킵니다. 우리의 마음과 영혼은 하나님의 천국이 되어야 합니다. 마지막으로 그것은 우리를 하나님이 창조하실 새 하늘로 인도합니다.

제3장. 셋째 날의 일: 물과 땅을 나누심

하나님은 큰 세계의 중앙에 땅을 두셨습니다. 땅이 물 위에 있는지, 물이 땅 위에 있는지에 대해 학자들 사이에 많은 논란이 있습니다. 베드로후서 3장 5절에는 땅이 물에서 나왔다고 기록되어 있습니다. 이 땅과 물의 큰 뭉치는 공허한 데 있었고 공기가 그 위에 운행했습니다. 그 요소들이 서로 엉켜 있었으며, 하나의 요소가 나머지 요소를 떠날 수 없었습니다. 물 안에 있는 땅의 단단함은 하나님의 능력과 지혜를 상징합니다. 내적으로 땅은 고귀하고 살아 있는 요소로서 그 안에 많은 씨를 품고 있습니다. 이 씨들이 풀과 약초와 초목으로 자라납니다. 이것들은 하나님의 지혜와 선하심을 상징합니다. 땅은 인간과 짐승에게 음식을 제공합니다. 빵은 몸을 위한 평범한 음식입니다. 작은 씨앗 안에 완전한 나무가 감추어져 있습니다. 산에는 광물과 금속이 있습니다. 산들은 하나님의 특별한 명령으로 조성되었습니다. 산은 하나님의 산, 즉 하나님의 보호와 교회를 상기시킵니다. 땅에는 물을 내는 많은 샘이 있습니다. 그것은 은혜의 샘이신 그리스도를 상기시킵니다. 새벽은 그리스도의 탄생과 우리의 중생을 나나내는 상징입니다. 이슬은 평화를 상징하며, 땅이 열매를 맺게 해줍니다. 하나님의 말씀에서 온갖 열매가 나옵니다. 땅의 풀은 하나님의 예지, 인간의 허무함, 우리에게 주시는 하나님의 위로 등을 상기시킵니다. 우리가 먹는 떡은 하나님의 부성적 마음, 하나님의 기적적인 예지와 능력, 하나님의 위대한 지혜, 생명의 떡이신 그리스도와 같이 우리 마음에 주는 힘을 생각하도록 가르칩니다. 하나님은 슬픈 자에게 기쁨을 주고, 병자에게 건강을 주고, 늙은이에게 새 생명을 주기 위해 포도주를 만드셨습니다. 기름과 향유는 성령을 상징합니다. 하나님이 심으신 수액이 풍성한 나무는 하나님의 사랑과 그리스도를 상징합니다. 하나님이 지으신 산에 사는 새와 짐승은 하나님의 선하심과 능력과 지혜를 알려줍니다.

제4장. 넷째 날의 일: 해와 달과 별을 지으심

하늘에 있는 별을 보려면 눈을 들어 올려다봐야 합니다. 그때 별들의 위대함, 그리고 하나님의 자비의 상징인 하늘의 높음과 위대함을 생각하게 됩니다. 둘째, 별들은 분명하고 불변하는 패턴이 있습니다. 그것들은 거룩한 천사들과 하나님의 축복을 관상하게 합니다. 셋째, 별들은 활동적이며, 시인과 예술가와 수사학자 및 온갖 종류의 자연의 지혜에 영향을 줍니다. 성령의 초자연적인 빛을 통하여 주는 은사가 자연의 하늘이 주는 것보다 훨씬 더 우수합니다. 이러한 은사가 사도들과 선지자들에게 주어졌습니다. 하늘의 질서, 황도(黃道)의 십이궁(十二宮), 하늘의 움직임 등은 다가올 하나님의 심판을 나타내는 자연적 상징입니다. 별은 구름, 눈, 추위, 서리, 얼음, 우박 등의 자연 현상을 초래합니다. 해와 달의 움직임은 우리에게 하나님의 축복을 알려줍니다. 그것들을 통해서 하나님의 진리와 능력과 지혜를 볼 수 있습니다. 어둠은 하나님 진노와 마지막 날의 상징입니다. 해와 달과 별은 하나님의 선하심을 상기시키며, 우리를 하나님의 사랑으로 이끌어갑니다. 그러므로 우리는 의의 아들이신 그리스도를 기억해야 합니다.

제5장. 다섯째 날의 일: 바다와 물의 창조, 그리고 그 결실에 관하여

바다에서 많은 것, 특히 광물과 금속이 나옵니다. 밀물과 썰물은 하나님의 능력을 생각하게 합니다. 바다의 파도는 삶의 어려움을 상기시킵니다. 인생의 바다는 죄로 깊습니다. 그러나 하나님의 은혜와 그리스도의 공로는 그보다 더 깊고 끝이 없습니다. 하나님은 즉시 파도를 잠잠하게 하십니다.

제6장. 여섯째 날의 일: 짐승과 사람을 창조하심에 관하여

우리는 짐승의 특성을 통해서 하나님의 능력과 지혜를 알게 됩니다. 하나님은 짐승을 돌보시고 먹이십니다. 그런 하나님이 사람을 잊으시겠습니까? 하나님의 숨과 능력은 모든 피조물의 생명입니다. 하나님의 섭리는 지혜와 지식이며, 만물을 돌보십니다. 그는 만물을 자애롭게 보살피시고 돌보시며 다스리십니다. 사람은 하나님이 지으신 것 중에서 가장 아름답고 영광스러운 피조물입니다. 특히 인간의 영혼은 아름다웠습니다.

제2부

특히 인간에 관하여

제1장. 하나님은 모든 존재와 생명의 근원이십니다. 우리는 만물의 창조로부터 하나님이 내적 지혜와 이해이심을 배우고 압니다. 하나님은 영원 전부터 모든 것을 알고 계셨습니다.

제2장. 하나님은 지고의 선, 모든 피조물의 가장 완전한 선이십니다. 그러므로 하나님을 완전히 의지하십시오. 그러면 항상 부유하고 평화롭고 거룩할 것입니다.

제3장. 모든 피조물은 인간을 섬깁니다. 인간은 가장 고귀한 피조물이며, 힘을 다해 하나님을 섬겨야 합니다. 모든 피조물이 인간을 위해 일하는 것처럼, 인간은 하나님 안에서 모든 일을 해야 합니다.

제4장. 예술가가 자기 작품을 사랑하듯이, 하나님은 자신이 지으신 우주 만물을 사랑하십니다. 그 모양이 흡사할수록 기쁨이 큽니다. 그러므로 하나님은 자기의 형상대로 사람을 창조하셨습니다. 이는 인간이 하나님

안에서 크게 즐거워하며, 하나님께 매달리고 그와 교제를 갖게 하시려고, 하나님이 자신의 모든 선한 것을 사람과 나눌 수 있게 하시려고, 그리고 인간이 하나님을 향한 사랑 안에서 선한 것들을 받을 수 있게 하시기 위해서였습니다.

제5장. 하나님은 자신의 사랑을 통하여, 그리고 그리스도 안에서 완전하게 자신을 우리에게 완전히 주십니다. 이 사랑에서 영생과 그리스도의 성육신과 고난과 죽으심이 나왔습니다.

제6장. 인간은 하나님에게서 모든 것을 받았으므로, 하나님 아래 있습니다. 하나님은 만물이 사람을 섬기도록 정하셨습니다. 사람은 이 모든 것으로 말미암아 감사해야 합니다.

제7장. 세상은 사람의 육신에 필요한 것을 공급할 뿐만 아니라 영적 진리를 가르치기 위한 목적으로 창조되었습니다.

제8장. 사람은 창조의 선함을 이해하고 그를 위해 만들어진 모든 피조물의 가치를 이해하고 하나님께 감사해야 합니다.

제9장. 피조물은 우리 안에 불멸하는 것이 있는데, 그것이 영혼임을 가르칩니다. 그러나 영혼만이 불멸의 하나님과 교제할 수 있으므로, 인간은 하나님 앞에서 세상의 모든 것보다 자기의 영혼을 책임져야 합니다.

제10장. 사람에게 세 가지 능력이 있습니다. 가장 낮은 것은 몸을 키우는 능력입니다. 둘째는 첫째보다 고귀한 감각적인 능력입니다. 마지막으로 가장 높고 고귀한 능력은 완전한 영적 능력인 기억과 이해와 의지입니다.

제11장. 사람은 하나님에게서 받은 두 가지 선물에 감사해야 합니다. 그것은 보이는 세상과 보이시 않는 하나님 사랑입니다. 사랑은 으뜸이요 가장 큰 선물이며, 모든 선물의 근본입니다. 그러므로 사람은 다른 은사보다 더 이 은사에 감사해야 합니다.

제12장. 사람은 사랑을 통하여 책임을 완수할 수 있습니다. 하나님은 최고의 방법으로 사람을 사랑하셨습니다. 하나님은 인간의 사랑을 무시하지 않습니다. 이 장에서는 타락한 인간이 충분히 사랑할 수 있다는 것을 말하는 것이 아니라 얼마나 많이 사랑해야 하는가를 말하고 있습니다.

제13장. 하나님은 징계를 통해서도 사랑을 나타내십니다.

제14장. 하나님은 가능한 한 최고의 방법으로 인간을 사랑하셨습니다. 그러므로 인간은 하나님께 끊임없이 온전한 사랑을 드려야 합니다.

제15장. 하나님의 사랑이 우리를 이끌어 하나님을 사랑하게 하며, 피조물은 우리에게 모든 능력을 동원하여 자발적으로 열심히 가식 없이 하나

님을 사랑하라고 권합니다. 이것이 인간이 하나님께 드릴 수 있는 가장 훌륭한 예배입니다.

제16장. 피조물은 사랑의 열매를 완전하게 하나님께 드리는 방법, 그리고 소유욕이나 가식이 없이 단순하게 드리는 방법을 가르쳐줍니다.

제17장. 자연은 하나님이 최고의 선이시며 우리가 모든 것을 하나님에게 받았기 때문에 하나님을 사랑해야 함을 가르칩니다. 누구도 하나님 사랑하는 것을 면제받지 못합니다. 사람은 자기의 능력으로 하나님을 사랑할 수 없지만, 자연은 우리가 그를 사랑해야 할 책임이 있음을 가르칩니다.

제18장. 인간이 하나님께 행하여야 할 모든 의무는 자신에게 유익한 것입니다.

제19장. 두 종류의 섬김이 있습니다. 그것은 피조물의 사람 섬김과 사람의 하나님 섬김입니다.

제20장. 사람이 생명을 유지하기 위해 많은 것이 필요하므로, 하나님이 그를 보존해 주셔야 합니다.

제21장. 피조물은 사람을 섬겨야 하고, 사람은 하나님을 섬겨야 합니

다. 이 두 가지 섬김은 모두 사람에게 유익하며, 경건에 이르는 데 도움이 됩니다.

제22장. 인간의 첫사랑은 오로지 하나님께 드려져야 합니다. 그 후에 하나님이 가장 사랑하시는 것, 즉 하나님의 형상을 지닌 이웃을 사랑해야 합니다.

제23장. 피조물의 질서는 태초에 하나님의 형상으로 지음을 받은 사람이 피조물 중 마지막이라는 것을 지적합니다.

제24장. 인간은 하나님의 형상으로 지음을 받았으며, 따라서 서로 사랑해야 합니다. 이웃 안에는 두 개의 사랑의 줄이 있습니다. 첫째 줄은 우리를 하나님께 묶고, 둘째 줄은 사람들에게 묶습니다.

제25장. 모든 피조물이 모든 사람을 차별 없이 섬깁니다. 모든 사람이 하나님의 형상으로 지음 받았으므로, 사람들을 차별하지 말아야 합니다. 두 종류의 형제애가 있습니다. 하나는 일반적인 형제애이며, 또 하나는 예수 그리스도 안에서의 형제애입니다.

제26장. 사랑으로 하나님께 연합된 사람은 이웃과 연합됩니다. 이 연합은 위대한 선이요, 사람이 정복할 수 없는 힘입니다.

제27장. 사랑보다 더 참된 것이 없습니다. 사랑은 우리의 온전한 선입니다. 만일 우리가 어떤 사람에게 사랑을 준다면, 우리 자신을 전적으로 그에게 준 것입니다. 만일 우리가 악한 것을 향한다면, 자신을 잃을 것입니다.

제28장. 우리는 사랑을 통하여 사랑하는 자에게 자신을 주고, 자연스럽게 사랑하는 자가 됩니다. 상대적으로 더 저급한 것이 더 좋은 것으로 변합니다. 그러므로 우리는 가장 고귀하고 존귀하신 하나님께 사랑을 드려야 합니다

제29장. 우리는 자연의 것을 사랑하지 말고 오로지 하나님만 사랑해야 합니다. 이는 자연의 것은 우리만큼 고귀하지 않으며 우리가 준 사랑에 보답할 수 없기 때문입니다. 만일 우리가 그러한 것을 사랑한다면, 우리의 사랑이 부패할 것입니다.

제30장. 지고하고 으뜸이 되는 사랑은 우리 주 하나님의 사랑이라고 본성과 이성이 가르칩니다. 만일 내가 첫사랑을 나에게로 돌린다면, 하나님께 이중으로 잘못하는 것입니다.

제31장. 자기를 사랑하는 사람은 자신을 하나님으로 만들고 하나님의 원수가 됩니다. 여기에서 자기 본위, 자기존중, 그리고 하나님께 대한 가

장 가증한 도둑질인 자기찬양이 생겨납니다.

제32장. 하나님 사랑이 우리 안에 있는 모든 선의 근원입니다. 자기애는 모든 악의 뿌리이며, 죄와 고통과 불안과 슬픔을 가져옵니다. 이것은 사람을 교만하고 약하고 가련하고 혐오스럽게 합니다.

제33장. 하나님 사랑에서 선에 대한 지식이 생겨나며, 자기애는 사람 안에 악한 지식을 낳습니다. 자기애는 교만과 오만과 모든 악덕을 낳습니다.

제34장. 하나님의 사랑은 사람들 간에 일치를 이룹니다. 자기애는 분열을 낳습니다.

제35장. 양심은 우리가 하나님께 진 빚을 가르쳐줍니다. 사랑받고자 한다면 먼저 하나님을 사랑해야 합니다.

제36장. 슬픔은 자기애에서 생겨나고, 참 기쁨은 하나님 사랑에서 나옵니다. 현세에서는 하나님 사랑이 불완전하지만, 하늘에서는 완전해질 것입니다. 하나님의 은혜를 통해서 그 보물을 받을 수 있으며, 그것을 얻기 위해 외적인 것이 필요하지 않습니다. 믿는 사람은 각기 하나님의 사랑과 기쁨을 소유할 수 있습니다.

제37장. 자기애는 거짓 기쁨을 초래하는데, 그것은 결국 슬픔으로 변합니다. 이는 자기애는 모든 악의 뿌리이기 때문입니다. 자기애는 항상 하나님과 거룩한 즐거움에서 빗나갑니다.

제38장. 자기애에서 마음의 슬픔, 영원한 증오, 자기 경멸 등이 생겨납니다.

제39장. 우리는 창조주요 보호자이신 하나님을 찬양해야 합니다. 인간은 이성을 가지도록 창조되었습니다. 인간은 믿음과 사랑으로, 경외하고 순종하며 하나님을 사랑해야 합니다. 하나님을 사랑하는 것보다 더 좋은 것은 없고, 하나님을 찬양하지 않는 것보다 더 나쁜 것이 없습니다.

제40장. 자기를 존중하는 사람은 하나님의 하나님 되심을 도둑질합니다. 그는 하나님 자리에 자신을 앉힙니다. 이렇게 행함으로써 다른 사람의 마음에서 하나님을 쫓아내고, 그들에게 칭찬받으려 합니다. 그러므로 그리스도의 사랑이 영원히 당신 안에 거하게 하려면 회개하고 믿음으로 자기 존중을 몰아내십시오.

결론. 이 책에 기록된 것이 그리스도인 믿음의 토대가 되어야 합니다. 제4권의 제2부는 성경과 자연 안에서 우리에게 교훈된 것입니다. 이것은 우리가 하나님께 갚아야 할 것이 무엇인가를 말해줍니다.

제5권

참 믿음과 거룩한 삶에 관하여

제1부

참 믿음과 거룩한 삶에 관하여

제1장. 기독교의 가르침을 사람 안에 심고 거룩한 삶으로 나아가게 하는 것은 어려운 일입니다. 마귀는 세 유형의 사람 안에서 이 일을 방해합니다. 첫째, 자신이 완전하여 죄를 짓지 않는다고 믿는 사람들입니다. 우리는 그리스도 안에서 완전하지만, 우리의 삶이 날마다 새로워져야 합니다. 둘째, 경건해질 필요가 없다고 말하는 사람들입니다. 이들은 그리스도의 공로를 이해하지 못한 사람들입니다. 셋째, 명백한 죄인들입니다. 이들은 경건에 관한 가르침을 멸시합니다.

제2장. 거듭남으로 말미암아 우리 안에 하나님의 형상이 새로워집니다. 새로운 피조물은 자원하여 기뻐하며 하나님을 섬깁니다.

제3장. 새 사람의 활동은 하나님을 아는 지식에 뿌리를 둡니다.

제4장. 하나님의 말씀은 진리의 말씀, 생명의 씨, 하나님의 지혜, 생명과 능력, 보호와 번영, 하나님과 연합하게 하는 근원, 우리 영혼의 빛, 영

적 인도자입니다.

제5장. 그리스도는 우리가 어려움에 부닥쳤을 때나 길을 잃었을 때에 도와주시며, 하나님의 은혜와 약속과 능력을 갈망하는 우리 영혼을 양육하십니다.

제6장. 믿음은 그리스도의 선물이요 성령의 열매요 하나님의 선물입니다.

제7장. 믿는 자에게 최고의 위로는 죄 사함입니다. 그것은 참회개와 죄 고백, 그리고 쉬지 않고 드리는 기도를 통하여 얻게 됩니다. 그것은 오직 그리스도 안에서 그의 약속을 믿는 믿음 안에서 가능합니다.

제8장. 칭의는 오로지 그리스도를 믿는 믿음을 통해서 주어집니다.

제9장. 그리스도 안에서 의롭다함을 받은 사람은 경건하게 살기 시작합니다. 그는 그리스도 안에서 새로운 피조물이 되어, 성령의 열매를 맺고, 하나님의 법에 순종하고, 그리스도의 힘 안에서 살고, 선과 악을 구분하고, 하나님의 선물을 찬양하며, 환란 중에 견딥니다.

제10장. 기도에 관하여
1. 기도는 하나님과 대화이며, 내면적이고 영적이고 신령한 삶의 한 부

분이며, 신실한 그리스도인 마음의 특성과 표식이며. 은혜와 기도의 영인 (슥 12:1) 성령의 지속적인 활동이며, 거룩한 치유 사역입니다. 본성적 생명이 몸을 움직이듯이, 성령은 기도, 눈물, 거룩한 묵상, 인간의 비참함에 대한 진심 어린 슬픔, 죄나 죄에 대한 벌을 거두어 달라는 간구, 모든 사람과 권세 있는 자를 위한 중보기도, 지식과 이해, 위로, 환란에서 건지심, 보호, 믿음의 강화, 인내 등을 위한 성령의 기도를 통해서 움직입니다. 또 하나님의 선하심을 구하는 기도와 감사를 통해서 움직이는데. 이것에 의해 하나님을 찬양하고 공경하고 영광을 돌리게 합니다. 골방에서나 마음 안이나 어디에서든지 무슨 일을 하면서든지 기도할 수 있으며, 회중 가운데서 공개적으로 하나님의 거룩한 이름을 기리고 주신 복에 감사하고 믿음으로 고백하면서 기도할 수 있습니다.

2. 기도는 마음 깊은 곳에서 영과 진리로 해야 하며, 하나님 앞에서 가식 없이, 회중 가운데서 공적으로 찬양하고 감사해야 하는 경우를 제외하고는 사람 앞에서 하지 말아야 합니다.

3. 기도는 진정으로 신실한 그리스도인을 나타내는 표시이며, 성령에 대한 능력 있는 산 증언입니다.

[기도는 귀중한 일이요 하나님께만 바쳐야 하는 최고의 공경입니다. 하나님을 향한 사랑 안에서 하나님의 뜻에 전적으로 맡기면서 하나님의 도우심을 분명히 기대하면서 믿음으로 기도해야 합니다. 기도는 우리

를 튼튼하게 하고 하나님과 연합하게 하며 천사들의 공동체로 데려갑니다.]

10. 우리의 혈과 육이 연약하므로 다음과 같은 세 가지가 강력하게 우리의 기도를 도와줍니다: (1) 우리의 중보자요 영원한 대제사장이신 분의 기도(히 5:7); (2) 우리의 연약함을 도우시며 말할 수 없는 탄식으로 우리를 위하여 간구하시는 성령(롬 8:26); (3) 그리스도의 모든 지체를 위해 기도하는 거룩한 그리스도인의 교회(엡 6:18).

11. 사탄은 여러 가지 방식과 많은 수단으로 우리의 묵상을 방해하고 생각을 혼란하게 하고 우리의 기도가 응답되지 않을 것이라고 유혹하고, 우리의 무가치함과 지속적으로 범하는 죄와 많은 잘못을 상기시킴으로써 기도를 방해합니다. 우리는 마귀를 대적하는 방법을 배워야 합니다: (1) "환란 날에 나를 부르라"(시 50:15)고 하신 하나님의 명령; (2) "나를 부르기 전에 응답하리라"(사 65:24; 시 145:18; 34:8)고 하신 하나님의 약속; (3) 중보자요 대제사장이신 예수 그리스도; (4) 은혜와 보좌(롬 3:25); (5) 하나님은 회개하는 불쌍한 죄인의 기도를 저버리지 않음을 아는 지식(시 102:18-20; 시 66:20); (6) "쉬지 말고 기도하라"(눅 18:1; 마 7:7)는 하나님의 명령; (7) 하나님께서 우리를 영적 제사장으로 삼으셨다는 사실(계 1:6) 등으로 사탄을 대적해야 합니다.

제11장. 그리스도인의 삶에 많은 시련이 있습니다. 위로를 받기 위해서 그리스도인의 삶이 사탄을 멸망시킬 참 예배라는 것, 그것은 그리스도의 고귀한 삶이며 우리 안에 있는 십자가에 대한 두려움이라는 것, 하나님의 자녀와 마귀의 자녀 사이에는 구분이 있다는 것, 육체를 따라 사는 자들은 하나님의 나라에 속하지 않는다는 것, 그리스도인의 삶은 좁은 길이며, 그리스도와 성도들이 이 길을 걸었다는 것 등을 아는 것이 위로가 됩니다.

제2부

머리이신 예수 그리스도와
신자의 신비한 연합에 관하여

제1장. 하나님과 인간의 연합의 첫째 기초는 인간의 창조와 대속이다.

자연과 각각의 피조물은 영원하시고 참되시며 전능하신 하나님께만 영광과 찬양을 드리도록 창조되었습니다. 그러므로 피조물은 창조주의 영광과 선하심을 인정하고 찬양해야 합니다. 이는 최고의 예술가요 기술자이신 창조주께서 모든 것을 완전하고 선하고 영화롭고 아름답게 지으시고, 그것들의 선함과 아름다움과 참됨을 보시고 기뻐하셨기 때문입니다.

하나님이 지으신 것 중에 보이지 않는 창조주 하나님의 형상을 가시적으로 닮은 것이 없었습니다. 그래서 하나님은 삼위일체의 특별하고 놀랍고 기적적인 결정에 따라 자기의 형상에 따라 인간을 창조하셨습니다. 즉 인간 안에 자신의 선과 거룩함과 의의 형상을 지으셨습니다. 하나님은 자신의 모든 작품의 완벽한 결론으로 인간을 지으셨습니다. 그래서 모든 창조물의 완벽하게 축약된 존재로서 인간에게 창조의 가치와 선과 아름다움과 탁월함이 모여 있습니다. 하나님이 창조주로서 기쁨과 즐거움을 누릴 수 있는 자신의 형상으로 인간을 창조하시지 않았겠습니까? 사람 안에 있는 이 하나님의 형상은 의와 거룩함의 모양으로 가장 긴밀하고 견고하게 하나님과 인간을 연합하여 하나로 묶습니다. 그러므로 주님은 그의 보좌와 거처를 사람 안에 두셨으며, 인자들을 기뻐한다고 하셨습니다(잠 8:31).

그러나 인간이 타락한 후 이 연합이 깨지고 와해됨으로써 영원히 자비로우신 하늘에 계신 아버지 하나님은 생명을 주는 말씀을 통하여, 약속을 믿는 믿음을 통하여, 독생자의 성육신을 통하여, 인간의 중생과 거룩한 성례의 신비를 통하여 인간과 언약을 새롭게 세우심으로써 다시 연합하기를 원하셨습니다. 하나님은 이러한 방편으로 사람과 다시 연합하시고, 우리를 성령의 거처와 보좌로 삼으셨으며, 그의 은혜로운 거하심과 내주하심으로 다시 사람을 거룩하게 하셨습니다. 오, 대주재이신 하나님의 말할 수 없는 은혜와 선하심이여! 오, 인류를 구원하기 위한 하나님의 영원히 찬양을 받으실 신비한 결단이여!

유일하게 능력 있고 크고 지고하신 분, 유일하게 지혜롭고 영원하신 하나님이 자기의 형상대로 지으신 사람, 다시 지고한 선과 복을 누리게 된 사람, 거듭나서 영원한 영광을 누리게 된 사람, 영원한 지혜를 맛보게 된 사람 안에 거처를 마련하고 임재하십니다. 하나님은 사람이 하나님 안에서 안식하기를 원하십니다.

왜 하나님은 사람을 창조하신 후에 안식하셨습니까(창 2:2)? 사람이 하나님의 안식처가 되어야 하기 때문입니다. 그러므로 하나님은 사람을 창조의 마지막에 마지막 피조물로 만드셨는데, 이는 하나님께서 사람 안에 안식하기를 원하셨기 때문입니다. 영원하시며 지극히 거룩하신 하나님은 이러한 내주하심에 관해 말씀하셨습니다: "지극히 존귀하며 영원히 거하시며 거룩하다 이름하는 이가 이처럼 말씀하시되 내가 높고 거룩한 곳에 있으며 또한 통회하고 마음이 겸손한 자와 함께 있나니 이는 겸손한 자의 영을 소생시키며 통회하는 자의 마음을 소생시키려 함이라"(사 57:15). 여기에서 우리의 지극히 은혜로우신 내주자(內住者)께서 그의 높으심과 위엄과 영광과 거룩하심을 사람의 허무함과 연합하십니다. 하나님은 겸손하고 통회하는 영을 거처로 삼으셨습니다.

다른 곳에서는 하나님이 그룹(Cherubim) 위에 좌정하신다고 기록되었지만(시 80:2), 사도 바울은 사람에 관해서 "우리는 살아 계신 하나님의 성전이라"라고 말했습니다(고후 6:16). 그는 이러한 내적 연합의 의미를 알고 있었기에 "주와 합하는 자는 한 영이니라"(고전 6:17)라고 말했습니다. 무엇이 하나님과 한 영이 되는 것보다 더 영화롭고 거룩합니까? 무엇이 하나님 안에 거하는 것보다 더 복됩니까?

복음서 기자 요한은 "너희가 아들과 아버지 안에 거하리라"라고 말합니다(요일 2:24). 우리를 거룩하게 하시는 분은 자기의 영광이신 아버지께 받은 연합에 대해 "내게 주신 영광을 내가 그들에게 주었사오니 이는 우리가 하나가 된 것 같이 그들도 하나가 되게 하려 함이니이다"라고 말씀하셨습니다(요 17:22). 이와 관련하여 그는 자신을 포도나무로, 우리를 그 나무의 포도로 비유하셨습니다(요 15:2). 우리는 그분에게서 생명을 주는 수액과 능력을 마시고 행동합니다. 사도 바울이 갈라디아서 2장 20절과 고린도후서 13장 5절에서 증언하는 대로 그리스도 안에 살지 않으면 우리 자신을 통하여서나 자신에 의해서 바르고 진실하게 살 수 없습니다.

로마제국의 군주와 영주들에게는 제국의 칼과 홀을 지니는 것이 큰 영광과 명예였습니다. 그렇다면, 그리스도인이 하나님과 그리스도를 소유하고 있는 자이며, 그래서 이 세상의 주관자이신 하나님, 곧 삼위일체 하나님과 하나가 된다는 것은 얼마나 더 큰 영광이고 명예이겠습니까? 요한은 "너희 안에 계신 이가 세상에 있는 이보다 크심이라"라고 말합니다(요일 4:4).

제2장. 하나님과 인간의 연합은 인간 안에 있는 하나님의 형상을 통하여 증명된다.

인간 안에 있는 하나님의 형상이란 보이지 않는 하나님의 모양이 선하심, 의로우심, 거룩하심, 불멸하심, 지혜, 자비, 능력, 힘, 믿음 등을 닮은 것으로서 공표되고 빛난다는 점에서 하나님과의 일치입니다. 이러한 특성들은 하나님 안에 본질적으로 무한히 함께 있으므로 하나님은 살아 있는 형상과 모습으로 사람 안에 나타나기를 원하십니다. 닮음은 사랑을 낳지만, 사랑은 서로 끌어당기며 연합을 이룹니다. 하나님은 오직 자기의 형상과 모양에 견고하고 좋은 사랑으로 자신을 묶고 연합하십니다. 하나님은 자기의 형상이 아닌 곳에 거하지 않습니다. 하나님은 자기의 형상과 모양대로 지으신 사람과 사랑으로 연합하십니다. 아버지 하나님이 영원하고 하나님의 본체의 형상이신 독생자 예수 안에 계십니다. 여기에 성부와 그의 형상의 본질적인 연합이 분명하게 나타납니다. 이 연합의 닮음과 같이, 무한히 선하신 하나님은 은혜로 내주하심으로써 피조된 인간과 연합하기를 원하셨습니다. 이러한 이유로 하나님은 신적 지혜의 빛과 광선이 인간 안에서 빛나게 하시려고 인간 이성 안에 하나님에 대한 참되고 완전한 지식의 빛을 비추셨습니다. 사랑이신 하나님은 인간의 사랑을 통하여 강하게 역사하시기 위해 가장 순수한 애정과 가장 완전한 사랑을 사람 안에 심으셨습니다. 또 인간을 통하여 의(義)와 거룩함과 진리를 실천하기 위해 인간의 의지 안에 의와 거룩함과 진리를 심으셨습니다.

그러나 하나님이 자기의 형상과 모양으로 인간과 연합하시지 않으면, 즉 하나님이 인간과 연합하시고 내면에 거하시지 않으면, 이 일이 결코 일어날 수 없습니다. 그러므로 성 삼위께서 "우리의 형상대로 사람을 만들자"(창 1:26)라고 결정하시고 말씀하신 것은 선하고 사랑스럽고 영광스러운 일입니다! 이 말씀은 마치 "우리의 거룩한 빛과 지혜, 사랑과 선함, 의와 거룩, 진리와 불멸성, 힘과 영광 등의 살아 있는 거울이 될 사람을 만들자. 그래서 우리의 살아 있는 형상인 사람 안에서 우리가 보이고 빛나게 하자"라고 하신 말과 같습니다.

인간 안에 있는 하나님의 형상이란 형언할 수 없는 하나님의 선하심의 분명하고 새롭고 밝은 광선입니다. 이 선하심의 근원과 본질은 하나님 안에 있습니다. 한편 인간 안에 있는 그것은 아름답고 거룩한 장식이요 귀중한 은혜이며, 거기서 위대한 하나님의 선과 영광이 빛을 발합니다. 하나님의 아들의 본체의 형상을 영광의 빛이라 부릅니다(히 1:3). 성부 하나님의 본체의 형상 안에서 독생자의 영광과 같은 영광이 빛난다는 뜻입니다. 그렇다면 사람 안에 있는 하나님의 형상을 신적인 선의 밝고 새로운 빛이라고 말하지 못할 이유가 어디 있습니까?

오! 인간의 지성이 이해할 수 없는 형언할 수 없는 하나님의 사랑과 온유함이여! 택함을 받은 자는 하나님처럼 될 것이며 그를 참모습을 그대로 볼 것입니다(요일 3:2). 마침내 하나님과의 완전한 연합이 이루어질 것입니다. 하나님을 닮음이 완전해질 것입니다. 우리가 이 땅에서 사는 동안 우리 안에서 하나님의 형상이 완전하게 빛날수록 하나님과의 연합이 더 크게 이루어질 것입니다. 그러므로 완전한 형상과 모양에 의해서 완전한 연합이 이루어질 것입니다. 즉 우리가 그의 참모습을 그대로 볼 것입니다.

따라서 사람의 온전함과 충만한 기쁨은 하나님과의 연합에 있습니다. 하나님과의 연합이 가장 큰 복입니다. 하나님을 부인하고 떠나는 것은 가장 거룩하지 못함이며 가장 큰 불행입니다.

제3장. 하나님의 말씀으로 하나님과 인간의 연합이 이루어진다.

첫째 계명은 하나님의 계시된 말씀이 하나님과 인간을 연합하는 줄이라고 증언합니다. 이 계명은 낙원에서 인간에게 주어졌는데, 주님은 그 계명을 통해 인간을 자신과 단단히 묶으셨습니다. 그러나 불순종으로 말미암아 곧 가장 거룩한 연합이 와해되고 분리되었고, 하나님의 형상이 상실되었습니다. 이보다 더 두렵고 가증스럽고 혼란한 것은 없을 것입니다.

인간은 하나님의 형상을 잃을 때 자신을 잃었고, 빛에서 어둠으로, 진리에서 거짓으로, 의에서 불의로, 거룩함에서 온갖 종류의 수치와 죄로, 영광스럽고 아름다운 치장에서 혐오스럽고 흉한 벌거벗음으로, 자유에서 고된 종살이와 마귀의 세력 아래로, 생명에서 죽음으로, 천국에서 지옥으로, 낙원에서 영원한 고통으로, 건강에서 질병으로, 부유함에서 가장 비참한 가난으로, 복된 안식에서 고된 노동으로, 가장 달콤한 기쁨과 즐거움에서 온갖 종류의 슬픔과 고통과 번민으로 떨어졌습니다.

설상가상으로 타락으로 말미암아 하나님으로부터의 분리, 하나님의 얼굴로부터의 도피, 심한 공포와 수치, 인간의 이성과 오성 안의 짙은 어둠, 인간의 의지가 하나님에게서 돌아섬, 마음의 완악함, 하나님에 대한 증오 등이 시작되었습니다. 그래서 선지자는 "오직 너희 죄악이 너희와 너희 하나님 사이를 내었고 너희 죄가 그 얼굴을 가리워서 너희를 듣지 않으시게 함이니"(사 59:2)라고 말했습니다.

만일 말씀이 오셔서 이 연합을 복구하고 재건하시지 않았다면, 하나님으로부터의 분리는 영원히 계속되었을 것입니다. 하나님은 말씀을 통하여 하나님에게서 도망하려는 사람을 부르시고 어둠에서 빛으로, 거짓에서 진실로, 죽음에서 생명으로, 의심에서 은혜로 부르셨습니다. 인간은 자신의 벌거벗음을 알아차리고 부끄러워하였습니다. 하나님은 그가 율법을 어겼음을 지적하셨습니다. 그리고 뱀을 저주하셨지만, 인간를 다시 은혜 안에 두시고 그의 원수를 갚아 줄 중보자를 약속하셨으며, 이 중보자를 뱀의 머리를 상하게 할 여자의 후손이라고 칭하셨습니다(창 3:15).

은혜로우신 아버지 하나님은 그의 말씀에 순종하지 않은 사람을 다시 일으키시고 그를 하나님 자신과 연합하게 하셨습니다. 이처럼 태초부터 거룩하게 하는 말씀의 주입은 인간을 하나님과 연합하고 묶는 것이었습니다. 따라서 죄로 인해 하나님에게서 분리되었던 영혼과 정신은 다시 하나님과 연합되었고, 지극히 높으신 분께서 사람 안에 보좌와 처소를 다시 짓고 세우셨습니다. 하나님의 말씀은 하나님께서 타고 운행하시는 마차입니다(겔 1:15; 슥 6:1).

하나님의 입에서 말씀이 나와 성령과 연합합니다(사 59:12). 그러므로 사람이 말씀을 무시하고 버린다면, 하나님도 그 사람을 무시하고 떠나가십니다(삼상 15:23). 말씀을 주신 이가 "네가 나의 말을 버렸으므로 나도 너를 버리리라"라고 말씀하십니다. 주 하나님은 자신을 말씀과 결합하여 "너희가 애굽에서 나올 때에 내가 너희와 언약한 말과 나의 영이 계속하여 너희 가운데 머물러 있나니 너희는 두려워하지 말지어다"라고 말씀하셨습니다(학 2:5). 이것은 말씀을 통한 하나님과의 연합을 분명하게 지적합니다. 출애굽기 20장 24절에 "내가 내 이름을 기념하게 하는 모든 곳에서 네게 임하여 복을 주리라"고 말씀하신 것처럼 하나님을 향하는 기억, 영광, 하나님께 봉사 등이 하나님을 우리와 연합하게 만듭니다. 말씀과 성례 안에서 하나님의 이름이 제대로 기억되므로, 하나님은 말씀과 성례를 통해 우리와 연합하실 것입니다. 우리 주님은 아름다운 말이심을 확인하십니다: "사람이 나를 사랑하면 내 말을 지키리니 내 아버지께서 그를 사랑하실 것이요 우리가 그에게 가서 거처를 그와 함께하리라"(요 14:23).

그것은 우리의 눈을 밝게 하는 말씀(시 19:8; 118:27), 구원의 말씀(행 13:26; 시 27:1), 생명을 주는 말씀(요 10:9; 요 14:6), 썩지 않을 씨앗(벧전 1:23), 하나님의 능력(롬 1:16)이라고 불립니다. 하나님은 우리 안에서 역사하는 능력입니다. 하나님의 임재와 활동과 연합은 우리에게 새 생명을 주고 거듭나게 합니다. 이 일은 말씀을 통하여 일어나므로, 하나님이 말씀 안에 말씀과 함께 계셔야 합니다.

이에 더해서 사람과 하나님을 연합하여 하나가 되게 하는 하나님의 은혜로운 약속이 있습니다. "두려워하지 말라 내가 너와 함께 함이라 놀라지 말라 나는 네 하나님이 됨이라 내가 너를 굳세게 하리라 참으로 너를 도와주리라 참으로 나의 의로운 오른손으로 너를 붙들리라"(사 41:10); "네가 물 가운데로 지날 때에 내가 너와 함께 할 것이라"(사 43:2). 하나님은 이러한 위로의 약속과 함께 우리 마음에 거하십니다. 그뿐 아니라 하나님과 인간의 연합의 견고한 유대가 되는 하나님의 맹세가 있습니다. 이에 관하여는 이사야 45장 23~25절, 54장 9절과 17절을 참고하십시오.

이 말씀과 예언을 통하여 하나님의 말씀의 계시가 선지자들과 사도들에게 임했습니다(벧전 1:10-11; 행 2:4; 9:14). 그러므로 그것은 하나님의 말씀, 또는 하나님에게서 나온 음성이라고 불립니다. 왜냐하면, 하나님의 영이 선지자들의 입을 통해 말씀하셨고, 성령의 감동하심을 받은 사람들이 하나님께 받아 말했기 때문입니다(벧후 1:21). 이 일은 하나님과 인간의 특별한 연합이 없으면 일어날 수 없었을 것입니다. 이 연합은 선지자와 사도들이 하나님의 말씀을 알리기 위해 성령으로 충만했다고 기록된 말씀을 통해 분명하게 증명됩니다(눅 1:70). 더욱이 괴롭고 뉘우치는 심령을 일으키고 살리는 참 위로 안에 하나님의 도우심과 임재가 있습니다. 이사야가 이사야 57장 15절에서 이것을 증언하며, 다윗 왕은 자신이 하나님을 소유하지 못한다면 어떤 위로에도 만족할 수 없다고 말했습니다(시 73:25). 하나님을 경외하는 영혼은 하나님 외에는 어떤 좋은 것에도 만족하지 못합니다(시 34:8).

제4장. 하나님 아들의 성육신이 하나님과 인간의 연합의 주된 기초요 증명이다.

하나님의 아들은 성육신 이전에도 종종 인간의 형태로 선조들에게 나타나셔서 그들의 믿음을 강하게 하셨고, 장래의 성육신에 대한 희망을 견고하게 해 주셨습니다(창 18:10이하). 신성과 인성의 연합은 하나님과 인간의 연합의 확실하고 틀림없는 표식이요 표시입니다. 사랑스러운 위로의 이름 "임마누엘"(사 7:14)도 이것을 증언합니다. 그것은 단순히 "함께 계시다"라는 의미는 아닙니다(요 18:26; 요 15:4-5). 그리스도는 그 지체들 안에 계시고(엡 3:7), 바울이 로마서 8장 10절에서 말한 것처럼 그들을 살게 하시고, 그들 안에 영적 생명을 창조하십니다. 그런 까닭에 사도 바울은 예수 그리스도가 우리 안에 있는지 시험하고 확증하라고 명령했습니다(고후 13:5). 그는 우리 안에 그리스도가 내주하시는 것을 골로새서 1장 27절에서 말한 장차 올 영광의 분명한 증거로 여겼습니다.

우리 주님의 거룩한 몸은 신성의 모든 충만한 것이 육체로 거하는 가장 거룩한 성전이요 처소가 됩니다(골 2:9). 사도 바울이 에베소서 2장 22절에 지적하고 주님이 요한복음 14장 20절에서 알려주신 것처럼, 하나님은 신실한 자들의 심령을 거룩한 처소로 삼으십니다. 모든 것 위에 뛰어난 복을 받은 신실한 공동체의 가치는 참으로 놀랍습니다.

제5장. 성령의 내주에 관하여

가장 높고 영원하신 하나님과 인간의 관계와 공동체와 연합이 형성되었다는 것이 얼마나 크고 위대한 일인가에 대해서는 세 가지 주요한 은혜의 역사로 분명히 증언됩니다. 첫째는 하나님의 형상대로 인간을 창조하신 것(창 1:26), 둘째는 하나님의 아들이 육신을 입고 사람이 되신 것, 셋째는 성령을 보내신 것입니다. 이러한 위대한 역사를 통해서 주 하나님은 사람을 만드시고 구속하시고 거룩하게 하신 목적, 즉 인간이 유일하고 최고의 복인 하나님과의 교제를 누리도록 하셨음을 분명하게 계시하셨습니다.

그러므로 "말씀이 육신이 되어 우리 가운데 거하셨습니다"(요 1:14). 그리고 하나님과의 사람의 연합과 교제를 확립하기 위해 성령이 하늘로부터 보내심을 받았습니다.

1. 우리가 이 세상의 영에서 벗어나고 놓임 받으려면 하나님의 영이 필요합니다. 최고의 선을 사랑하기 위해서는 지혜의 영(사 11:2)이 필요합니다. 우리의 소명의 책임을 지혜롭게 완수하기 위해서 이해의 영이 필요합니다. 또 인내하며 십자가를 지려면 권고의 영, 세상과 마귀를 정복하기 위해서는 힘과 능력의 영, 악과 죄를 피하기 위해서는 이해의 영, 하나님을 기쁘게 하기 위해서는 어린아이같이 두려워하는 영이 필요합니다. 우리에게 필요한 것을 위해 하나님을 부르고, 행하신 모든 일 안에서 그의 은혜와 선하심을 찬양하기 위해서는 기도와 은혜의 영이 필요합니다(슥 12:10).

2. 사도 바울이 로마서 8장 16절과 에베소서 2장 13절에서 말한 대로 우리는 그리스도 안에서 하나님의 자녀로 택함을 받았습니다. 그러므로 사랑하는 아버지 하나님은 이 큰 은혜, 즉 성자 하나님의 영이기도 한 이 은혜를 강화하여 우리가 하나님에게서 난 참 자녀로서 신성에 참여하는 자가 되게 하시며, "그의 성령을 우리에게 주시므로 우리가 그 안에 거하고

그가 우리 안에 거하시는 줄을 아느니라"(요일 4:13)라는 말씀처럼 하나님 안에 거하게 하려 하십니다. 참된 육신의 아들은 부모의 피와 육뿐만 아니라 생활방식과 정신도 소유합니다. 마찬가지로 하나님에게서 난 자들은 하나님의 영을 가져야 하며, 갈라디아서 4장 6절에 말한 대로 그들 안에 경건한 것을 지녀야 합니다.

3. 하나님은 독생자 때문에 우리를 그의 자녀로 세우시고, 우리를 그의 상속자요 예수 그리스도의 공동 상속자로 세우셨습니다. 그러므로 하나님은 장차 임할 유업의 보증이 되는 영을 우리에게 주셨으며, 그 성령으로 우리를 그의 영광의 생명을 위해 인치셨습니다(엡 1:13).

4. 우리가 받았으나 여전히 숨겨져 있는 왕의 가치와 영광의 증거로서 그의 영으로 우리를 깨끗하게 하셨습니다(시 45:8). 하나님은 지혜, 교리, 영원한 구원에 대한 지식으로 우리를 이끄셨듯이, 우리의 영을 깨끗하게 해주셨습니다.

5. 우리는 세상과 마귀의 어리석음과 격노에 대비하여 즐거움의 기름으로 정결하게 되었습니다. 우리가 고통을 당하지 않게 하려고 하늘 아버지는 성령을 통하여 우리의 마음속에 하나님의 사랑을 부어 주셨습니다(롬 5:5).

6. 우리가 종종 육체의 부정함 때문에 더러워지기 때문에, 하나님은 우

리에게 성결의 영을 주셨습니다. 이는 바울이 고린도전서 6장 11절과 로마서 8장 9절에서 말한 대로 우리가 끊임없이 자라고 깨끗해지게 하려 하심입니다.

7. 마지막으로, 우리는 죽음에 대적하여 생명을 주는 영을 소유해야 하므로, 바울이 고린도전서 6장 19절과 로마서 8장 11절에서 기록한 대로 아버지 하나님은 우리의 몸을 성령의 전과 처소로 거룩하게 하셨습니다

제6장. 죄를 뉘우치고 슬퍼하는 회개와 회심 및 믿음이 하나님과 사람의 연합을 이룬다.

"너는 가서 북을 향하여 이 말을 선포하여 이르라 여호와께서 이르시되 배역한 이스라엘아 돌아오라 나의 노한 얼굴을 너희에게로 향하지 아니하리라 나는 긍휼이 있는 자라"(렘 3:12; 3:1). 하늘에 계신 우리 아버지 하나님은 이 은혜와 사랑의 말씀으로 인간이 돌아와 하나님과 연합할 것을 약속하시며, 이 약속을 이루실 것입니다. 간음은 결혼 관계를 깨뜨리고, 한 몸이 되어야 할 두 사람을 갈라놓습니다(마 19:5-6). 죄와 악행은 하나님과 인간의 영적 이혼을 초래합니다. 그러나 치유의 회개는 영적 재결합과 연합을 가져옵니다. 그러므로 우리에게 영원히 노하기를 원하지 않으시는 자비하신 아버지 하나님은 다음과 같이 말씀하십니다: 나는 네 사람이니 나에게 돌아오라; 나는 너에게 충실할 것이다; 너는 많은 창녀들과 시간을 보냈지만, 다시 돌아왔다.

회심의 시작은 후회할 것이 없는 구원에 이르게 하는 근심을 주는 경건

한 슬픔입니다(고후 7:10). 하나님이 이러한 치유의 슬픔을 시작하시는 분이요 원인이십니다. 이사야 선지자가 이사야 40장 7절에서 이것을 말했습니다. 하나님의 영을 통해 일깨운 이 슬픔을 통하여 치유하는 회심의 시작과 하나님께로 돌아감이 이루어지며, 믿음을 통하여 연합이 완전해지고 목적이 이루어집니다.

아버지에게 돌아온 탕자를 생각해 봅시다(눅 15:20 이하). 마음에서 우러난 포옹과 입맞춤과 아름다운 새 옷은 무엇을 의미합니까? 반지와 새 신은 뜨거운 자비, 잃어버린 재산과 선물을 다시 주는 것, 그리고 귀중한 연합을 상징하지 않습니까?

주님의 발을 눈물로 적신 죄 많은 여인의 뜨거운 눈물, 그리고 그녀가 어떻게 주님께 기름을 붓고 그의 발에 입을 맞췄는지 보십시오(눅 7:38). 주 예수께 대한 이러한 행위가 하나님과의 연합을 견고하게 하고 하나로 묶는 단순한 하나님의 내주하심과 결속이 아니겠습니까?

주님은 우리 영혼의 유일한 안식이요 활력이십니다. 그러므로 주님은 은혜로이 초대받은 자들을 부르십니다(마 11:28). 이는 그가 외적으로 사랑의 기쁨과 은혜로움으로 무엇인가를 씻고 활력을 주기 위한 것이 아니라, 내적으로 그들을 위로하고 은혜와 은총으로 그들의 마음속에 자신의 현존을 부어주시기 위한 것입니다. 더욱이 주님은 낮고 겸손한 마음에 거하기를 원하십니다. 주님은 회개하는 자를 받으실 뿐만 아니라 그들의 마음에 기름을 부으시고 거룩하게 하셔서 주님의 성전과 거처로 삼으십니다.

믿음은 하나님의 자비와 은혜로우심 안에서 견고하고 튼튼하게 유지됩니다. 믿음은 이것들 안에 안식하며, 그리스도의 공로의 능력을 신뢰하면서 친절하게 하늘 아버지 앞에서 행하며, 가장 사랑스럽게 그리스도를 붙들고 굳게 매달리며 그리스도와 연합할 때까지 놓지 않습니다. 그것은 하나님 안에서 위로를 받으며 평화를 누립니다. 믿음의 가장 귀한 특징은 모든 피조물을 제쳐놓고 하나님에게만 굳게 매달리고 떨어지지 않는다는 것, 하나님의 은혜만 풍부하게 누린다는 것, 쉬지 않고 주 하나님만 찾는다는 것, 그리고 신실한 영혼에는 하나님만이 기쁨의 충족이요 최고의 선이라는 것입니다. 지금까지 언급한 연합이 없이는 이러한 일이 어떻게 발생하는지 증명할 수 없습니다. 이는 믿음이 구원의 샘, 우리를 성화하시는 분으로부터 영혼의 유일하게 참된 능력들, 즉 구원과 의와 성결 등을 만들어냄으로써 영혼은 그리스도 안에 있고 그리스도에게 속한 모든 것을 소유하기 때문입니다. 게다가 혈루증으로 앓는 여인이 주님의 옷자락을 만진 이야기에서 지적하듯이(눅 8:43; 마 9:20) 믿음은 육신의 건강도 가져옵니다. 그 여인은 믿음으로 말미암아 건강하고 새로워지는 능력을 받았습니다.

이를 통하여 우리 주님이 "딸아 네 믿음이 너를 구원하였으니 평안히 가라"고 말씀하신 것처럼 믿음의 능력이 자석보다 강하다는 것을 이해해야 합니다. 사랑스럽고 향기로운 꽃은 은밀히 향기를 발산합니다. 많은 사람이 똑같은 냄새를 맡아도, 꽃향기에 매료된 사람은 꽃에서 멀어지거나 떨어지지 않을 것입니다. 낙원의 꽃인 주 그리스도도 마찬가지입니다. 주님은 풍부하고 압도적인 생명의 향기를 발하시는데, 그 믿음의 향기에 의해 모든 신실한 사람들이 그에게 이끌려갑니다. 향기가 그에게서 나가지만 그가 잃는 것은 아무것도 없습니다. 하나의 등불은 많은 다른 불을 점화해도 그대로 빛납니다. 이처럼 등불이신 주 그리스도로부터 조명받고 점화된 믿음의 빛은 언제나 완전하고 꺼지지 않는 영원한 빛으로 남습니다.

제7장. 그리스도와 영혼의 연합은 영적 결혼을 통하여 이루어진다.

거룩한 영혼은 신랑이 오면 즐거워하며, 가까이에서 간절하게 신랑을 바라봅니다. 신랑은 즐겁고 생동력 있고 거룩하게 도착하여 어둠과 밤을 몰아내며, 신랑으로 인하여 마음이 즐거워하며, 묵상의 물결이 마음에 흘러들어오며, 혼이 사랑으로 녹고, 영이 기뻐하고, 정감과 갈망이 뜨거워지고, 사랑의 불이 점화되고, 정신이 즐거워하고, 입으로 찬양과 영광을 드리고, 사람이 서원하며, 신랑으로 인하여 영혼의 모든 기능이 즐거워합니다. 그는 사랑하는 자를 찾았고 사랑하는 자가 자기를 신부로 택했으므로 기뻐합니다. 참으로 큰 사랑이요 뜨거운 갈망입니다. 참으로 사랑스러운 대화이며 순결한 입맞춤입니다. 만일 성령이 임하신다면, 만일 위로하시는 분이 영혼을 덮으시면, 만일 지존자가 영혼을 비추신다면, 만일 아버지의 말씀이 계시다면, 지혜가 기뻐하여 그것을 말하고 사랑하며 받아들일 것입니다.

동시에 영혼은 하나님의 전, 지혜의 자리, 순결의 처소, 언약의 수취인, 거룩한 성막, 신랑의 신방, 영적 하늘, 복 받은 땅, 신비의 집, 사랑스러운 신부, 아름다운 동산, 신혼의 방, 모든 천사들의 주와 영광의 왕이 찾아가는 곳인 덕의 아름다운 꽃이 가득하여 향기가 진동하는 낙원이 됩니다. 그리하여 신랑이 사랑 때문에 병이 난 사랑스러운 신부와 결혼하고, 거룩한 갈망의 꽃으로 그녀를 장식하고 덕의 열매로 치장하며 사랑하는 신부가 치장하는 것을 도와줍니다. 그녀는 쓰고 있는 정결한 양심의 면류관, 입고 있는 흰 눈 같은 순결의 옷, 치장하고 있는 귀하고 값진 선행의 진주가 빛을 발하기 때문에 무서운 재판관 앞에 선 것처럼 두려워할 필요가 없습니다. 그녀의 유일한 소원은 바라고 바라던 신랑이신 주님을 보고 묵상하는 것입니다(복 있는 사람들; 하늘에 있는 기쁨의 영들, 하늘의 천사들도 이 갈망을 최고의 영광으로 생각합니다).

신랑과 순결한 관계를 소유한 영혼이 누리는 기쁨이 얼마나 크고 마음이 어떤 느낌인지. 내면이 얼마나 뜨거운지, 사랑 때문에 얼마나 기뻐하고 즐거워 소리치는지, 얼마나 사랑스럽고 마음에서 우러난 말과 대화가 나오기 시작하는지 피조물은 상상할 수 없습니다. 경험한 자만 이것을 알 수 있습니다. 우리는 이것을 느끼고 경험할 수 있지만 표현할 수 없습니다. 왜냐하면, 이것은 인간이 마음의 고요와 신비 안에 즐겨 거하시는 신랑의 흠을 잡지 않으려면 말하지 말아야 하는 영적 신비요 신적인 것이기 때문입니다.

특히 신랑은 크고 많은 은혜, 날마다 은사가 성장하고 발달하는 것, 양심의 평화, 이해의 빛, 영적인 큰 기쁨, 순수한 기도, 의로워진 정신과 마음, 지속되는 믿음, 긍휼의 능력, 견고한 소망, 뜨거운 사랑, 신적 단맛, 배우려는 욕망, 덕을 향한 갈망 등을 영광으로 소유하는 낮고 겸손한 마음에 거하는 것을 가장 크게 기뻐합니다. 이것이 겸손한 자의 가장 큰 보물, 도둑이 빼앗아가거나 훔쳐 갈 수 없는 것입니다. 이것이 그의 귀하고 값진 보석, 끊임없는 부, 최고의 영예, 으뜸가는 영광, 은밀한 즐거움, 신랑의 선물, 최고의 장식, 교만한 사람과 부정하고 게으른 사람이 들어갈 수 없는 신랑의 영적 포도주 창고입니다. 이 영적 문을 통하여 신랑이 신부에게 와서 함께 지내면서 가르치고 교훈합니다. 이것은 육적인 형태를 통하지 않고 믿음의 빛을 통해서, 이해의 빛을 통해서, 묵상의 맛을 통해서, 큰 기쁨의 외침을 통해서, 사랑의 도약을 통해서, 평안의 입맞춤을 통해서, 신실함의 포옹을 통해서 이루어집니다. 동시에 신랑이 계시기 때문에 적이 가까이 오지 못합니다. 많은 천사가 영혼을 둘러싸고 지키기 때문에 낯선 사람이 들어오지 못합니다.

그때 겸손한 영혼은 하나님의 성전, 지혜의 자리, 말씀의 보좌, 위로자의 집, 신랑의 방, 언약의 수취인, 은혜의 황금 보좌, 거룩한 성막, 거룩한 평화의 장소, 즐거움의 낙원, 닫힌 동산, 봉한 샘, 지상의 낙원, 하늘의 처소가 됩니다. 하늘에 있는 영들은 하나님께서 인간에게 주신 이 큰 가치에 놀랍니다. 또 신부를 위로하기 위해 신성의 빛을 버리고 영원한 영광을 포기하고, 전능한 왕이나 모든 것을 지배하는 주나 산 자와 죽은 자들의 심판자가 아니라 약한 자 중에 약한 자, 낮은 자 중에 낮은 자, 모든 모욕을 견디시는 겸손한 자, 가난한 신부와 함께 가난한 자로서 자신을 낮추어 깨지기 쉬운 그릇 안에 거하려 하는 신랑의 사랑에 놀라움을 금하지 못합니다. 거룩한 천사들은 서로에게 이렇게 말합니다: "하나님과 인간, 창조주와 창조물, 주인과 종, 낮과 밤, 지혜와 무지, 말씀과 영혼 사이에는 얼마나 큰 차이가 있습니까?"

이 영적 결혼은 인간의 이해와 의지와 결혼생활을 훨씬 초월합니다. 왜냐하면, 이것은 하늘의 선물이요, 구속자의 은혜의 행위요, 신랑의 겸손한 뜻이요, 사랑을 미리 맛봄이고; 또한 마음이 겸손한 사람, 진정으로 자신을 아는 사람, 자신을 아무것도 아닌 것으로 여기는 사람, 자신을 열매 맺지 못하는 나무요 연약하고 불쌍한 종이요 쓸모없는 그릇이요 냄새나는 오물로 여기는 사람들에게 주시는 사랑의 특권이기 때문입니다. 만일 우리 주님이 기꺼이 겸손하게 유익하게 임하신 이 영혼이 겸손의 덕으로 치장하지 않고, 순결의 빛으로 옷 입지 않고, 거룩한 갈망의 불로 타오르지 않고, 지속적인 기도의 조명을 받지 않고, 깨끗한 마음을 보존하기 위해서 이 모든 것을 얻으려고 끊임없이 노력하지 않는다면, 하나님의 아들과의 영적이고 신비한 결혼을 누릴 자격이 없을 것입니다.

그러나 영혼은 신랑과 약혼했습니다. 영혼은 신랑이 하는 말을 듣습니다. "나의 사랑하는 자가 내게 말하여 이르기를 나의 사랑, 내 어여쁜 자야 일어나서 함께 가자"(아 2:10). 이러한 사랑의 대화에 병이 난 영혼은 "나의 사랑하는 자는 내 품 가운데 몰약 향 주머니요"(아 1:13)라고 말합니다. 신랑은 신부의 말에 주목하고서 그녀의 사랑을 더욱 자극하면서 "내 신부야 네 입술에서는 꿀 방울이 떨어지고"(아 4:11)라고 말합니다. 사랑이 가득한 신부는 "내 사랑하는 자는 희고도 붉어 많은 사람 가운데에 뛰어나구나"라고 응답합니다(아 5:10).

사랑의 입맞춤이 오고 가는 거룩한 포옹 속에서 사람의 귀로 들을 수 없고, 교만한 눈으로 볼 수 없으며, 육신의 것을 생각하는 사람의 마음으로 알 수 없는 기쁨의 대화가 이루어집니다. 겸손한 사람들에게 속한 유일한 즐거움만 있습니다. 그것은 감추어진 만나이며, 벌집 속의 꿀이며, 젖에 섞은 포도주입니다. 만일 이것을 맛본다면, 마음은 이 세상 삶의 수고와 피곤이 가벼워질 만큼 기운을 회복하고 즐거워할 것입니다. 만일 영혼이 영적 음식으로 활력을 얻지 못하고, 젖을 먹지 못하고, 신랑의 방문을 받아 힘을 얻지 못하고, 대화를 통해 배우지 못하며, 사랑의 줄로 매이지 못한다면, 영혼은 쉽게 기분이 상하고 모욕을 당할 것입니다. 왜냐하면, 이를 통하여 이해에 이르고, 택함을 받은 자들 안에 감추어져 있으며 겸손한 사람들 및 깨끗한 마음으로 하나님을 사랑하는 사람들에게 약속된 주님의 달콤함을 맛보기 때문입니다.

이것이 영생을 미리 맛보는 것으로서 최고의 선, 영원한 기쁨과 말할 수 없는 즐거움, 완전한 만족과 요동함이 없는 평안, 참 자유, 확실한 기쁨, 끊임없는 원기 회복, 확실하고 지속적이고 영원하기 때문에 불행이 방해할 수 없고 원수가 빼앗을 수 없고 시간이 빼앗을 수 없는 적극적인 기쁨과 끝없는 찬양입니다. 주님의 사랑스러움을 함께하는 자가 된 사람에게는 고통당할 것을 두려워하거나 의심하거나 더 바랄 것이 없습니다. 그는 항상 자신이 알고 사랑하고 존경하는 분과 함께 있습니다. 그의 지식은 영생이며, 그의 입맞춤은 지고의 거룩함이며, 그의 사랑은 최고의 영광이며, 그의 찬양은 말할 수 없는 기쁨이며, 그의 임재는 모든 선을 확실하게 소유하는 것입니다.

여기에 이르는 사람은 시들지 않는 푸른 초장에 들어갑니다. 그는 끝이 없는 즐거움; 썩지 않을 지혜의 보물; 무엇으로도 어둡게 할 수 없는 진리의 빛; 끊임없이 하나님을 찬양하는 살아있는 자들의 땅, 영원한 성자의 빛으로 밝게 빛나는 예루살렘, 많은 천사들로 둘러싸여 있고 성도들의 찬양이 메아리치는 시온 산에 이릅니다. 이 모든 것들이 동시에 분명한 소리로 한 노래를 한 마음으로 부르며, 하나님께 대한 뜨거운 갈망으로 "구원과 영광과 능력이 우리 하나님께 있도다"라고 찬양할 것입니다(계 19:1).

각 사람은 면류관을 벗어서 보좌 앞에 놓습니다(계 4:10). 그들이 창조주께 드리는 영광과 경의와 예물은 겸손에 기초한 완전한 사랑과 놀라움과 최고의 선을 누리기를 열망하는 간절함과 뜨거움이 가득할 것입니다. 그들은 마셔도 목이 마르고, 먹어도 여전히 배고프며, 모든 것이 충만하지만 더 채워지기를 바랄 것입니다. 왜냐하면, 그들은 생명의 샘, 하늘의 달콤한 음료, 거룩하게 하는 관상의 빛, 시편 36장 9-10절에 지적한 대로 형언할 수 없는 빛 안에서 즐거움에 따라 지혜롭게 절제하며 사는 영원한 기쁨의 충만함에 취했기 때문입니다. 무(無)로 채워지지 않고, 맛보는 사람을 하나님께로 끌어 올려 하나님과 연합하여 하나가 되게 하는 거룩한 취함이여! 하나님과 함께 있어 하늘과 생명으로 택함을 받은 모든 자가 쉬지 않고 마셔 거룩하고 완전한 만족에 이르는 생명의 샘이여!

시편 42장 2절에서 "내 영혼이 하나님 곧 살아 계시는 하나님을 갈망하나니 내가 어느 때에 나아가서 하나님의 얼굴을 뵈올까"라고 말한 다윗에게는 이 샘을 향한 뜨거운 갈망이 있었습니다. 이 하나님의 얼굴을 찬양하고 사랑하며 갈망해야 합니다. 그 안에 모든 것을 포용하고 끝이 없는 넓음이 있고, 모든 것을 보는 지혜가 있으며, 모든 잘못을 덮을 수 있는 높음이 있습니다. 이 샘을 아는 사람은 말할 수 없는 기쁨을 소유합니다.

제8장. 주고받는 사랑을 통하여 하나님과 인간의 연합이 이루어진다.

"하나님은 사랑이시라 사랑 안에 거하는 자는 하나님 안에 거하고 하나님도 그의 안에 거하시느니라"(요일 4:16). 하나님은 사랑 때문에 사랑이 하나님과 우리의 영원한 연합의 줄이 되게 하시려고 사람이 되셨습니다. 경건한 마음으로 사랑과 기쁨의 맛을 나누는 거룩한 연합, 거룩한 교제여! 사랑의 주 예수여, 당신 사랑의 불타는 화살로 우리의 심장을 꿰뚫어 주십시오! 우리의 마음과 영혼의 닫힌 방에 들어오셔서 주님의 빛을 비추어 주십시오. 그리하여 주님 안에 우리가 거할 처소, 우리의 평화, 우리의 기쁨, 우리의 모든 것, 우리의 희망, 우리의 사랑, 우리의 환희, 우리의 생명, 우리의 원기 회복, 우리의 빛, 우리의 안식, 우리의 신뢰, 우리의 모든 물질을 갖게 해 주십시오.

무엇이 주님의 사랑보다 더 달콤합니까? 무엇이 주님의 선하심보다 더 온전하게 합니까? 주님의 기억보다 더 사랑스러운 것이 무엇입니까? 영원한 사랑이여! 당신 없이는 더 좋은 것을 구할 수 없고, 더 값진 것을 발견할 수 없으며, 더 단단하게 묶을 수 없고, 더 열정적으로 잡을 수 없으며, 더 사랑스러운 것을 소유할 수 없습니다. 주님을 사랑하는 자는 이것을 압니다. 주님의 사랑은 불멸의 근원이며, 지혜의 샘이며, 즐거움의 시내이고, 믿음의 생명이고, 선의 깊음이며, 기쁨의 낙원이며, 이 순례의 세상에서 방황하는 자의 위로이며, 거룩한 자의 대속이며, 사랑의 음식, 덕의 뿌리, 행위의 저울이며, 애쓰는 자들의 힘이고, 연합의 매는 줄이며, 우리의 모든 거룩함의 지속적인 근거와 기초입니다. "누구든지 목마르거든 내게로 와서 마시라"(요 7:37; 4:14). 피곤하고 지친 사람이 당신께 나아가 당신의 사랑으로 힘을 얻을 것입니다. 주님! 당신의 충만한 데서 우리는 모든 것을 받았습니다(요 1:16).

제9장. 교회와 그 머리이신 예수 그리스도는 영적인 몸과 그의 은사를 통하여 연합한다.

"몸은 하나인데 많은 지체가 있고 몸의 지체가 많으나 한 몸임과 같이 그리스도도 그러하니라"(고전 12:12). 가장 높고 유일한 머리이신 그리스도는 자신의 영적 몸의 지체들을 은혜의 많은 선물과 영으로 장식하십니다. 그는 많은 선물을 주시면서 그들의 내면에서 영만이 작용한다는 것을 가르치십니다. 주 그리스도는 몸의 지체들 안에 살아 역사하시면서 각각의 지체가 그의 충만함을 받을 수 있게 하십니다(요 1:6).

그러므로 각 사람이 사랑의 줄을 통하여 그리스도 안에서 새로워지고 변화되고 닮게 하려고 각 사람 안에서 자신이 옷을 입고 변화되기를 원하십니다. 머리의 통증이 지체에 미치듯이, 지체들의 덕은 머리에 기인합니다. 따라서 덕을 존중하는 사람은 머리를 존중하고, 지체들 가운데서 고난받는 사람은 머리로부터 위로를 받습니다. 각 지체가 모욕당할 때 머리의 모욕을 생각하고 머리의 고통과 비교한다면, 그 고통이 감소하고 쓴 것이 달게 될 것입니다. 죄 없으신 머리께서 모든 사람을 위해서 십자가의 고난을 받으셨습니다. 따라서 우리가 죄 없이 고난받는 것은 우리가 그리스도의 지체임을 증명하는 것입니다. 우리가 그리스도를 닮게 하시려고 그리스도께서 자신을 우리처럼 만드셨습니다.

우리는 그리스도의 몸의 지체요, 그리스도는 몸의 생명이십니다. 우리가 없이도 몸은 건강하고 활력이 넘치지만, 머리가 없으면 몸이 살 수 없습니다. 왜냐하면, 몸은 머리의 영으로 살고 말씀을 통하여 생명을 소유하기 때문입니다. 머리가 온몸을 살게 하며, 모든 지체를 살립니다. 지체들은 몸에서 나오지만, 몸은 머리 때문에 존중되고 모든 지체와 생명, 영, 은혜의 은사 등을 공유합니다. 이는 몸이 머리의 온전한 충만을 누리게 하려 함입니다. 이처럼 우리의 머리는 교회의 모든 지체를 불러 모아 영의 능력을 공유합니다. 바울이 고린도후서 13장 3절과 로마서 15장 18절에서 지적한 것처럼, 그는 사람의 목소리로 하는 설교로 교회를 모으고, 그의 안에서 말씀하시는 주 그리스도의 음성을 듣게 하려 하십니다. 설교가 능력 있는 것이 되게 하려고 주 그리스도는 내적으로 말씀하시고 마음을 가르치십니다. 그리고 설교자의 설교가 이해가 되도록 듣는 자의 마음에 내적으로 말씀하십니다. 그는 듣는 자들의 마음을 여시고, 설교자의 입에서 나오는 말을 능력 있게 하십니다. 하나님께서는 선지자를 통하여 "네 입을 크게 열라 내가 채우리라"고 말씀하십니다(시 81:10).

그가 지혜의 영의 지도와 안내 없이 가르치고 전할 수 있음을 누가 믿으려 하겠습니까? 사람 안에 있는 지혜의 영은 사람을 통하여 신비를 말씀하십니다. 그러므로 내가 바울의 말을 듣는 것은 바울 때문이 아닙니다. 나는 그가 바울이기 때문에 바울을 믿는 것이 아닙니다. 내가 누군가의 말을 듣는 것은 그 사람 때문이 아니라 주 그리스도 때문입니다. 나는 바울을 통하여 주님이 하시는 말씀을 듣습니다. 그러므로 주님은 "너희 말을 듣는 자는 곧 내 말을 듣는 것이요 너희를 저버리는 자는 곧 나를 저버리는 것이요 나를 저버리는 자는 나 보내신 이를 저버리는 것이라"고 말씀하셨습니다(눅 10:16).

몸이 머리와 연합한 것은 머리의 보배로 몸이 부유하기 위한 것만 아니라, 고통을 함께 나누게 하기 위해서이기도 합니다. 연합의 참된 특징은 머리가 영광을 받으면 다른 지체들도 영광을 받고, 몸이 겪는 고난을 머리도 겪는 데 있습니다. 이에 관해 머리이신 주님은 "내가 주릴 때에 너희가 먹을 것을 주었고 목마를 때에 마시게 하였고 나그네 되었을 때에 영접하였고…지극히 작은 자 하나에게 한 것이 곧 내게 한 것이니라"고 말씀하셨습니다(마 25:35-40).

측량할 수 없는 선하심이여! 끊을 수 없는 사랑의 연합이여! 하늘의 창조주요 천사들의 왕이요 대천사들의 주요 성도들의 찬양이요 만물의 창조주요 복 받은 자들의 기쁨이 되시는 분이 굶주린 사람처럼 배부르실 것이며, 목마른 자처럼 마시고, 나그네처럼 영접을 받으며, 헐벗은 자처럼 옷을 받고, 병든 자처럼 방문을 받고, 옥에 갇힌 자처럼 위로를 받으시며, 죽은 자처럼 매장될 것입니다. 이 모든 것은 머리이신 그리스도와 신실한 지체들의 연합과 선과 은혜로움에 대한 경건한 증언입니다.

제10장. 하나님과 인간의 연합은 지고선에 대한 갈망과 하늘의 삶에 대한 갈망을 통해서 이루어진다.

태양 빛이 다른 천체들의 빛보다 밝은 것처럼, 신적 감미로운 맛은 피조물의 사랑스러움보다 더 달콤합니다. 사람의 마음을 기쁘게 하는 피조물이 아무리 아름답고 사랑스러워도 마음을 만족하게 하지 못합니다. 마음은 세상과 많은 재물을 사랑하지만, 그것에 만족하지 못합니다. 세상에 속한 것을 지향하는 사람은 그것을 보면 볼수록 더 많이 보려 합니다. 하나님이 아닌 다른 것을 사랑하는 사람은 거기서 완전한 안식을 누릴 수 없습니다. 인간의 정감과 욕망은 본성적으로 가장 좋은 것에 이를 때까지 점점 더 좋은 것을 찾습니다.

많은 사람이 노력하고 수고하면서 부와 명예와 쾌락을 추구하지만, 충분히 가졌다고 생각하고 만족하는 사람이 없습니다. 사람이 이 세상에 있는 모든 것에 대한 지식을 얻고 이생의 즐거움을 누려도 여전히 마음에 만족하지 못하고 무엇인가를 필요로 한다는 것을 발견할 것이며, 사랑스러운 즐거움과 예술과 지식에 넘쳐흐르는 유일한 지고의 선이 없음을 느낄 것입니다. 피조물을 사랑하는 사람에게 피조물이 일시적이고 순간적인 쾌락을 줄 수 있지만, 무엇도 그 욕망을 충족시키지 못합니다. 그릇은 그 안에 담긴 것 외에 다른 액체를 쏟아낼 수 없고, 많은 도움이 필요한 피조물이 자기를 사랑하는 사람에게 주는 것은 그를 만족하게 하거나 채워줄 수 없습니다. 눈은 보는 것에 만족할 수 없고, 귀는 듣는 것에 만족할 수 없으며, 사람의 마음은 갖고자 하는 지식의 욕망과 감정으로 만족할 수 없습니다. 마음은 기쁨으로 안식할 수 있는 곳을 구합니다. 마음이 하나님을 발견하면, 영은 하나님으로 만족하기 때문에 즐거워할 것입니다(시 73:25; 요 17:3). 이 지식 안에 영혼의 참 안식과 마음의 만족과 영생이 있습니다.

이에 관한 아름다운 말씀이 있습니다: "진실로 생명의 원천이 주께 있사오니 주의 빛 안에서 우리가 빛을 보리이다"(시 36:9); "나는 의로운 중에 주의 얼굴을 뵈오리니 깰 때에 주의 형상으로 만족하리이다"(시 17:15). 그러므로 당신은 내가 바라고 원하는 모든 것의 목적이십니다. 당신은 나의 만족, 나의 기업, 나의 기쁨, 나의 대속, 나의 빛, 나의 평화이십니다. 당신은 꺼지지 않는 빛, 영원한 말씀, 아버지의 지혜, 천사들의 장식, 빛나는 거울, 형언할 수 없는 빛, 영혼의 신랑, 이 땅과 하늘에서 우리를 만족하게 해줄 영생의 샘이십니다. 우리는 천국에서 생명의 충만, 빛의 만족, 합일, 안식, 평화, 불멸, 찬양과 영원한 면류관을 받을 것이므로 만족할 것입니다. 당신은 세상에서 그리스도의 군사들에게 힘을 주시고, 짐진 자들을 도와주시고, 고통받는 자에게 평안을, 소외된 자에게 희망을, 넘어진 자에게 조언을, 불쌍한 자에게 위로를, 겸손한 자에게 은혜를, 의심하는 자에게 믿음을, 설교자에게 말씀을, 용사에게 힘을, 연합하여 함께 사는 신실한 자들에게 신뢰를, 가르치는 자에게 지혜를, 목마른 자에게 생수를, 그리고 주린 자에게 영원한 단맛을 나누어 주십니다.

이처럼 확실한 방법으로 당신은 믿는 자들의 마음에 들어가셔서 은혜로운 사랑으로 자신을 계시하십니다. 만일 당신이 사람들에게 당신을 나누시지 않고, 사람이 당신의 현존과 연합하지 않는다면, 이 일이 일어날 수 없습니다. 당신은 즐거운 임재를 통하여 어둠을 몰아내고, 밤과 악한 영들을 공중으로 몰아내십니다. 그때 마음이 완전히 부드러워지고, 정신이 사랑에 녹고, 기쁨의 눈물이 흐르고, 영이 기뻐하며, 갈망이 타오르고, 혼이 기뻐 뛰며, 모든 능력이 당신 안에서 즐거워합니다. 그때 하나님은 우리에게 활력을 불어넣으시고, 지혜로 채우시며, 빛으로 밝히시고, 사랑의 불을 붙이시고, 묵상으로 먹이시고, 소망 안에서 기쁨을 주시고, 믿음으로 강건하게 하시고, 덕으로 옷 입히시며, 겸손으로 세워주실 것입니다. 우리는 하나님이 언제나 함께 걸으시고 곁에 계시며 말씀하시고 보호하시고 가르치시고 사랑하시고, 순결한 사랑으로 안아주시는 것을 느끼고 발견할 것입니다. 우리는 "사람이 거처할 땅에서 즐거워하며 인자들을 기뻐하였느니라"(잠 8:21)고 하신 말씀이 진실임을 경험할 것입니다.

제11장. 세례는 하나님과의 연합의 확인이다.

1. 거룩한 세례를 받을 때 영적 약속과 서약을 합니다. 결혼을 통해 둘이 한 몸이 되는 것처럼, 세례를 통해서 그리스도와 교회가 하나가 됩니다. 이것은 바울이 에베소서 5장 32절에서 말하는 큰 비밀입니다.

2. 우리는 세례를 받음으로써 나뭇가지처럼 그리스도에게 접붙여집니다. 가지는 나무에 붙어서 하나가 되고 나무와 함께 자랍니다. 이는 나무가 접붙여진 가지를 살리고, 양분을 공급하여 자라서 꽃이 피고 열매를 맺게 하기 때문입니다. 마찬가지로 주 그리스도는 생명을 주는 영으로 지체들을 보존하시고, 살게 하시며, 튼튼하게 하여 꽃이 피고 열매를 맺게 하십니다(요 15:4).

사도 바울은 고린도전서 12장 13절에서 그리스도의 교회나 공동체가 세례로 이루어진 한 몸이라고 증언합니다(고전 12:27). 그런 까닭에 주님은 그리스도인의 교회와 한 몸이 되고자 하는 사람들은 세례를 받아야 한다고 명하셨습니다(마 3:13). 그리스도의 지체가 되려는 사람은 새사람이 됨으로써 하나가 되어야 합니다.

3. 그러므로 세례는 교회의 지체들이 거룩하고 썩지 않을 하나의 회중이 될 수 있도록 점과 흠을 제거해주는 말씀 안에서 물로 정화하는 중생의 씻음입니다(엡 4:25; 딛 3:5). 이것이 하나님 앞에 정결하고 거룩하고, 순

수하고 거룩하고, 한 점의 티도 없이 그리스도의 피와 성령으로 깨끗하게 정화되는 중생이요 새로운 피조물입니다. 그리스도의 피로 씻음이 완전하기 때문에, 신랑은 "내 사랑아 너는 어여쁘고 어여쁘다 네 눈이 비둘기 같구나"(아 1:15)라고 말합니다. 그러므로 신랑은 영혼을 취하여 결혼하고, 남편이 아내와 결합하듯이 많은 견고한 줄로 자신을 영혼에 묶습니다. 신랑이신 그리스도와 신부의 약혼은 어느 약속보다도 더 확고합니다. 주님은 영혼을 사랑하셔서 그 영혼을 위해 죽기까지 희생하셨습니다. 그러므로 이 약혼과 약속과 결합은 아버지의 이름으로 하나님의 아들에 대한 믿음과 성령의 진리와 능력 안에서 이루어집니다(벧전 3:21; 호 2:19).

4. 세례는 그리스도로 옷 입고(갈 3:27), 주 그리스도의 의와 순종과 거룩함으로 장식하고 꾸미는 것을 의미합니다. 에스겔 16장 10절, 시편 45편 14절, 이사야 61장 10절, 그리고 아가서 전체가 이에 관하여 다룹니다.

남편이 아내에게 애착하듯이, 주 그리스도도 자신의 교회에 강력하게 애착하시고 절대 떠나지 않으시며, 깊이 사랑하셔서 무릎에 앉히고 떡을 먹이고 잔을 마시게 하십니다. 오, 말할 수 없는 세례의 열매여! 형언할 수 없는 고귀하고 영광스러운 결혼이여!

5. 세례는 성부와 성자와 성령의 이름으로 세례를 받고, 하나님의 자녀와 후사로 세움을 받고, 찬양받으실 삼위 하나님의 처소로 준비하여 거룩하게 장식하고 꾸미는 것입니다. 이것이 거룩한 세례의 주권과 찬사와 가치와 찬양과 영광입니다.

제12장. 주님의 만찬에서 영적 성찬을 먹는 것이 신자들과 그리스도의 연합을 강화한다.

우리의 위대한 구주이시며 거룩하게 하는 분이신 주 그리스도는 신실한 자들과의 이 놀라운 연합을 견고하게 하려고 성찬을 제정하셨습니다. 이는 그것이 믿는 자와의 연합의 성례와 증언이 되게 하기 위해서입니다. 요한복음 17장 22절에서 주님은 성찬을 제정하시기 전에 하늘에 계신 아버지 앞에 이 연합을 위해 간절히 기도하셨으며 이것에 대한 마지막 소원을 표현하셨습니다. 그리고 "내 살을 먹고 내 피를 마시는 자는 내 안에 거하고 나도 그의 안에 거하나니"(요 6:56)라고 말씀하시면서 이것을 설명하셨습니다.

마지막으로 주님은 돌아가실 때 그의 살과 피로 이것을 세우고 확인하려 하셨습니다(마 26:25). 주님이 죽으심으로써 우리에게 몸을 주시고 우리를 위해 흘리신 피를 주신 것은 우리를 그리스도와 한 몸이 되게 하시려는 것이 아니겠습니까? 우리는 믿음과 영을 통하여 주 그리스도와 영적인 한 몸이 되었습니다. 우리 주님은 최종적인 뜻에 따라 이 연합의 매는 줄, 즉 그의 몸과 피와 사랑에서 나오는 믿음과 영의 기도로 우리와 그리스도를 하나로 묶는 구속을 위한 대속과 속죄를 기꺼이 우리에게 주셨습니다. 주 그리스도, 하나님 아들의 영은 이 영적인 줄로 우리를 머리 및 다른 지체들과 연합하십니다.

성찬 안에서 우리의 것이 되는바 십자가의 제단에 드려진 주 그리스도의 몸과 우리의 죄 사함을 위해 쏟은 그의 피는 그리스도와의 참 연합에 대한 영광스럽고 능력 있는 증언이요, 이를 분명하게 하는 확증입니다. 그러므로 주 그리스도는 그의 몸의 모든 지체가 성례에 참여하는 자기 되며, 그의 영으로 말미암아 그와 연합한 사람들이 그의 몸과 피를 먹고 마심으로써 그와 결합하게 하시려고 그의 몸과 피를 먹고 마시라는 명령을 세우셨습니다.

사도 바울이 고린도전서 10장 16절에서 그리스도의 몸과 피에 참여한다고 말한 것은 머리이신 그리스도와 연합하는 것을 의미합니다. 이에서 세워진 공동체는 단순한 빵과 포도주의 공동체가 아니라 떡과 포도주를 방편으로 하여 초래되고 완전해지는 그리스도의 몸과 피의 공동체입니다. 그리스도의 몸과 피로 말미암아 십자가에서 죄를 위한 제물이 완성되었습니다. 이것이 우리의 죄를 깨끗이 씻었고 우리는 하나님 앞에 의롭다 여김을 받게 되었습니다. 우리의 대제사장은 떡과 포도주를 통하여 이것을 성별하시고 신령한 음식과 음료가 되도록 거룩하게 하셔서 그가 하늘에 계신 아버지께 구속을 위해 제물로 드린 것들이 우리가 새로워지고 그리스도와 교제하는 데 적용되게 하시고, 그의 피와 살이 우리를 구속하는 참 음식과 음료가 되게 하십니다.

인류의 원수 사탄은 이방인들 가운데 끔찍한 제물을 놓고 마귀에게 드린 제물을 먹게 하였으며, 사도 바울이 고린도전서 10장 20절에서 지적한 대로 그것을 먹음으로써 마귀와 교제하고 마귀와 한 몸이 되게 하였습니다. 이것은 가증스럽고 무서운 행위이므로 주 그리스도의 지체들은 이 악한 관습을 경계했고, 그에 대적하기 위하여 우리가 그리스도와 한 몸임을 증언했습니다. 그러므로 우리는 성찬에 참여하여 떡과 포도주를 먹고 마심으로써 그리스도께서 우리를 위해 주신 참 몸을 먹고 우리를 위해 흘리신 피를 마십니다. 우리는 동시에 주님의 식탁과 마귀의 식탁에 참여하지 못합니다(고전 10:21).

주 그리스도는 마지막 만찬을 제정하시면서 이 연합과 그 효과를 생각하셨습니다. 그리스도 안에서의 연합이 믿음을 통해 일어나지 않는다면, 왜 주님이 요한복음 6장 56절에서 "내 살을 먹고 내 피를 마시는 자는 내 안에 거하고 나도 그의 안에 거하나니"라고 말씀하셨습니까? 이 말씀에서 지혜와 진리의 기초가 분명히 드러납니다. 주님은 왜 "나를 믿는 자는 내 안에 거하나니"라고 말씀하지 않으셨습니까? 이는 우리가 그 문제를 더 진지하게 바라보고 그것의 위대함과 말의 무게를 소중히 여기게 하기 위함이었습니다.

주님은 우리가 생명을 주는 살을 먹음으로써 주님과 연합하기를 원하셨습니다. 만일 이 연합이 믿음을 통하여 영적인 방법으로 발생한다면, 그것은 우리의 구주요 거룩하게 하시는 분이신 주님이 후일 최후 만찬에서 제정하신 성찬 예식을 가리키신다는 것을 증언하시는 것입니다. 주님은 자신은 참 음료이며, 자기에게 오는 자는 절대 주리지 않을 것이라고 말씀하셨습니다(요 6:35). 또 주님이 주는 떡은 주님이 주기로 약속했던바 세상의 생명을 위해 주는 자신의 살이며, 주님의 피가 참 음료라고 말씀하셨습니다. 주님은 그 직후에 제정될 마지막 만찬을 염두에 두셨던 듯합니다. 그러므로 주님은 영적이고 성례전적인 음식을 먹는 것, 장차 제정될 마지막 만찬에서 주님의 살과 피를 먹는 것에 관하여 제대로 말씀하셨습니다. 이렇게 말하는 것은 주님이 요한복음 6장에서 말씀하신바 영적으로 먹고 마심에 관해 우리의 교사들이 의미한 것을 거부하려는 것이 아니라, 주님이 하신 말씀의 중요성은 최후의 만찬을 염두에 두고 계셨음에 있음을 강조하려는 것입니다. 세상의 빛으로 오신 주님은 전인에 관여하십니다. 그렇다면 믿는 자의 몸이 그리스도의 몸과 피의 교제에 참여할 수 없다고 어찌 말할 수 있겠습니까? 사도 바울은 에베소서 5장 30절에서 우리는 그의 살과 **뼈**로 이루어진 몸의 지체라고 말하며, 고린도전서 6장 19절에서는 믿는 자들의 몸은 성령이 거하시는 성전이며, 흠 없이 성별되어야 하며 주님 앞에 거룩하게 유지되어야 한다고 말합니다.

그러므로 이후로는 머리이신 그리스도와 연합한 자는 즐거움과 마음 깊은 사랑으로 주님의 식탁에 나올 것이며, 마음에서 우러나오는 기쁨으로 이 연합을 지속하며, 공개적으로 이를 인정하고 강화해야 합니다. 그리스도께 이방인이요 마귀의 지체인 자들은 주 그리스도를 미워하여 저주하고 욕합니다. 그들은 주님의 몸과 귀한 피에 대하여 죄를 범하는 자이므로 주님의 형벌과 복수를 기다려야 합니다.

제13장. 사람은 하나님을 부르고 기도하고 찬양함으로써 하나님과 하나가 되고 성령이 충만하게 된다.

묵상하며 간절히 기도하는 사람은 하나님의 위엄에 의지하고 호소합니다. 그는 묵상을 통하여 그 위엄을 사랑하며, 사랑의 능력을 통하여 그것에 연합되고 묶입니다. 그는 이러한 뜨거운 사랑으로 자신을 초월하여 사랑하는 대상에 이끌려가므로 자신을 초월하는 삶을 살게 됩니다. 동시에 그는 큰 영적 즐거움과 아름다움이 충만해지므로 그의 영혼은 자신에게서 나와 살아계신 하나님에게 들어가기를 원하게 됩니다. 묵상하는 사람은 끊임없이 하나님 앞에 나아가고, 방해받지 않고 그의 거룩하심 안에 들어가며, 기쁨으로 하나님과 동행하는 하나님의 친구입니다. 요한복음 10장 9절에서 주님은 다음과 같이 위로의 말씀을 하십니다: "내가 문이니 누구든지 나로 말미암아 들어가면 구원을 받고 또는 들어가며 나오며 꼴을 얻으리라." "들어가며 나온다"는 것은 특별하고 위대한 교제를 의미합니다. "볼지어다 내가 문 밖에 서서 두드리노니 누구든지 내 음성을 듣고 문을 열면 내가 그에게로 들어가 그와 더불어 먹고 그는 나와 더불어 먹으리라"(계 3:20). 인간이 하나님과 이러한 우정의 관계에 있으므로, 친구에게 하듯이 자주 하나님께 자신을 드리려고 애씁니다. 참으로 사랑스러운 하나님의 선하심과 우정입니다!

사무엘상 3장 10절을 보면, 하나님은 밤중에 사무엘의 이름을 세 번 부르셨고, 사무엘은 "말씀하소서 주여, 주의 종이 듣겠나이다"라고 대답했습니다. 호세아 2장 14절에서 하나님은 "그러므로 보라 내가 그를 타일러 거친 들로 데리고 가서 말로 위로하고"라고 말씀하셨습니다. 어거스틴은 "하나님을 부르는 것은 하나님을 마음에 모시는 것과 같다"라고 말했습니다(『고백록』 1.1.1). 여호와께서 아브라함에게 오셨을 때, 아브라함은 "나는 티끌이나 재와 같사오나 감히 주께 아뢰나이다"(창 18:27)라고 말했습니다. 그러나 하나님은 아브라함이 기도 중에 자신을 낮추는 겸손한 모습을 보시고 그에게 더 가까이 가셔서 친근하게 이야기를 나누셨습니다. 주의 말씀을 두려워하고 곤고하고 상한 심령을 주님은 돌아보십니다.

영존하시는 하나님의 이러한 말씀은 하나님을 두려워하는 사람, 기도를 통한 하나님과의 교제와 우정에 전력을 기울이는 그리스도인에게 즉시 기쁨을 줄 것입니다. 기도는 우리를 하나님과 연결하고, 마음에 기쁨과 평화를 가져오며, 거룩한 천사들의 합창대로 인도합니다. 하나님과의 대화를 닮지 않은 인간의 말이나 대화나 우정을 무가치한 것으로 여겨야 합니다.

하나님 아버지는 사랑스럽고 친밀하게 사도들과 선지자들과 동행하시고 그들의 입을 통하여 말씀하셨습니다. "여호와의 영이 나를 통하여 말씀하심이여 그의 말씀이 내 혀에 있도다"(삼하 23:2)라고 말한 사람은 매우 귀중한 사람이었습니다. 여호와로부터 "그와는 내가 대면하여 명백히 말하고 은밀한 말로 하지 아니하며"(민 12:8)라는 말씀을 들은 사람은 매우 큰 영광을 지닌 사람이었습니다. 다윗은 "지존자여 십현금과 비파와 수금으로 여호와께 감사하며 주의 이름을 찬양하고 아침마다 주의 인자하심을 알리며 밤마다 주의 성실하심을 베풂이 좋으니이다"(시 92:1)라고 말했습니다. 묵상하는 영혼은 그것이 형언할 수 없이 귀한 것임을 느낍니다. 하늘 아버지는 진주와 황금보다도 더 고귀하고 값진 선물을 주시므로, 기도는 하나님 앞에 귀한 것입니다. 하나님은 천사같은 삶을 주시며, 마음에 영원한 성결의 맛을 부어 주시며, 영생의 교제를 위해 준비하게 하십니다.

제14장. 인간의 최고의 복과 목적은 하나님과의 연합이다.

다윗의 말처럼 하나님을 두려워하는 영혼은 하나님을 소유해야 만족합니다(시 17:15; 73:25). 우리가 현세에서 이 복된 삶이 미미하게라도 시작되는 것을 경험한다면, 우리가 지고선과 연합하는 것이 그것을 보여주는 표식입니다. 영적 기쁨과 신적인 달콤한 맛이 그것을 증언해주는데, 시편과 선지서 전체에서 이것에 대해 논합니다.

하나님께 몰두하여 묵상하는 마음은 하나님 외에 다른 것을 맛보지 않습니다. 그에게는 하나님 외에 다른 것들은 모두 맛이 없고 쓰고 죽은 것입니다. 따라서, 거룩한 영혼은 그리스도 외에 다른 곳에서 발견할 수 없는 것, 푸른 초장으로 흘러 들어가는 영생의 샘을 사모합니다. 이것은 하나님이 만유 안에 계시며(고전 15:28), 우리의 거처, 음식, 만족, 의복, 사랑, 기쁨, 안식, 지혜, 찬양, 그리고 생명이 되실 영생의 시작입니다. 그때 이제까지 숨겨져 있던 하나님 자녀의 영광이 드러날 것입니다. 요한일서 3장 2절의 말씀처럼 우리는 하나님의 참모습 그대로 볼 것입니다. 누가 무한하고 전체적인 하나님의 본질적 선이나 존재에 대해 말하겠습니까? 하나님을 보는 것은 하나님을 누리는 것이며, 하나님의 참 모습 그대로 본다는 것은 완전한 충만함에 참예하고, 측량할 수 없고 끝이 없는 하나님의 선으로 채워진다는 의미입니다. 우리는 주 그리스도 안에서 이 충만을 알고 끌어안고 맛봅니다. 우리는 모든 성도와 천사들과 함께 그리스도의 영광과 성령의 기쁨으로 충만하여 영원히 그것을 찬양할 것입니다.

그러므로 마음이 하나님의 거처가 되도록 준비하십시오. 현세에서 하나님과 연합하십시오(시 132:4-5). 영혼이 몸을 떠나기 전에 현세에서 참 회심을 통하여 하나님과 연합하는 자는 영원한 세상에서 영원히 하나님과 연합할 것입니다. 이는 하나님이 택하신 자들과 성도 안에 거하시고, 영원한 복과 보이지 않는 빛과 영광으로 우리를 충만하게 하시기로 작정하셨기 때문입니다. 한 마디로, 하나님과 연합한 영혼은 몸을 떠나도 영원히 하나님과 연합할 것입니다.

제15장. 인간의 가장 큰 고통은 하나님과 영원히 분리되는 것이다.

교만과 탐욕과 이 세상의 쾌락에 몰두하고 이 세상의 악덕에 취한 사람은 회심한 사람이 아닙니다. 그들은 하나님을 외면하고 성령을 거부할 뿐만 아니라 마귀와 연합합니다. 마귀에게 매달리는 사람은 마귀에게 피할 뿐만 아니라 영원히 마귀와 연합합니다. 이는 그들의 영혼이 하나님, 즉 참빛과 안식과 기쁨을 외면하기 때문입니다.

하나님을 떠나서는 빛이 없으므로, 저주받은 영혼은 빛을 원하지만 혐오스러운 영원한 어둠에 머물 것입니다. 그들은 안식을 바라지만, 하나님을 떠나서는 영혼의 안식이 없고 두려움과 공포만 있을 것입니다. 그들은 즐거움을 원하지만, 하나님을 떠나서는 영원한 슬픔이 있을 뿐입니다. 그들은 음료를 원하지만, 하나님이 아닌 곳에는 음료가 없으며 두려움과 슬픔이 있을 것입니다. 그들은 위로를 구하지만, 하나님을 떠나서는 위로가 없으며 계속되는 고생과 고통과 지옥에서 끊임없이 이를 가는 일만 있을 뿐입니다. 마귀는 경건하지 않은 자 안에서 살며, 그들을 악한 것, 고난, 악덕, 어리석음, 두려움, 공포, 악령, 독사의 이빨, 고통, 어둠, 수치, 영원한 의심 등으로 채울 것입니다. 그러므로 마귀와 더불어 부정한 영혼이 몸을 떠나면 영원히 마귀와 연합할 것입니다. 마귀는 저주받은 모든 자 안에 거할 것입니다.

영혼은 현세에서 회개와 회심을 통하여 마귀로부터 구속함을 받아야 합니다. 왜냐하면, 죽은 뒤에는 마귀를 떠나 구속함을 받을 수 없기 때문입니다. 한 마디로, 마귀와 연합한 상태로 몸을 떠나는 영혼은 영원히 마귀와 함께 있을 것입니다. 그러나 만일 영혼이 마귀와 세상 때문에 눈멀지 않고 의지가 왜곡되지 않고 기억이 마귀와 세상으로 얼룩지지 않았다면, 주 하나님이 그 영혼에 알맞은 거처를 예비하실 것입니다.

제6권

참 경건을 사랑하는 모든 자에게

[1620년 6월 10일, 그다니스크(Danzig) 시의 시장과 공회원들에게 바친 글]

서문

『진정한 기독교』 제1~4권에서 그리스도인의 삶에 대해 묘사하고, 어떻게 그것이 안에서부터 자라고 마음에서 흘러나와야 하는가에 대해 기록했습니다. 이것을 오해한 사람들은 이것이 칭의가 행위에 기초한다는 가르침이라고 지적했는데, 그것은 사실이 아닙니다. 그런 까닭에 교리와 위로에 관한 책인 제5권을 저술했습니다. 또 나의 입장을 분명히 밝히기 위해 제6권을 저술했습니다.

제1부: 이 책 1~3권의 각 장에 대한 간단한 변론
제2부: 그리스도인의 삶을 논하는 요한 아른트의 9개의 서신
제3부: 『독일 신학』에 관한 두 개의 소론(小論)

첫째 소론

기독교 신앙의 교리는 토론보다는 실천을 해야로 합니다. 자칭 그리스도인이라 주장하는 많은 사람들이 교만함 때문에 혹은 지위를 얻기 위해 책을 저술하고 책과 사상의 장점 등을 논합니다. 『독일신학』(Theologia Deutsch)은 그런 책이 아닙니다. 『독일신학』에 관한 간략한 논의를 둘째 소론에 상술합니다.

내가 이 책과 다른 책을 출판하는 의도는 유익을 얻거나 명성을 얻으려는 것이 아니며, 불필요한 책으로 이 세상의 요구를 충족시키려는 것도 아닙니다. 나의 의도는 사람들을 유일한 생명책이신 우리 주 예수그리스도께 인도하며, 주님이 마태복음 11장 29절에 "내게 배우라", 마태복음 16장 24절에 "누구든지 나를 따라오려거든 자기를 부인하고 자기 십자가를 지고 나를 따를 것이니라"고 말씀하신 대로 참되고 그리스도인의 삶과 경건을 가르치려는 것입니다.

자기를 부인하고 주님을 따르지 않는 사람은 그리스도의 제자나 사랑하는 자나 참 기독교인이 될 수 없습니다. 이 장에서는 참 기독교인은 어떤 사람이며 어떻게 행해야 하는지에 대해 완전히 영적으로 분명히 가르칩니다. 이를 잘못 해석하거나 나의 권고를 거부하지 않으면, 그리스도와 참 경건을 사랑하는 자가 될 것입니다.

제6권에서 많은 논쟁이나 쓸데없는 주장, 가식, 거친 표현을 발견하기보다 순수하고 깨끗한 사랑, 최고의 영원한 선을 향한 갈망, 세상을 부인하고 거부함, 자신의 의지를 드림, 육체를 죽이고 십자가에 못 박음, 겸손, 온유, 인내, 고난, 애통, 핍박 중에 그리스도를 닮음에 관한 것들을 발견합니다. 한 마디로, 자신과 세상에 대해 죽으면, 그리스도가 우리 안에 거하실 것입니다.

기독교 교리에 관하여 많은 책이 저술되었고, 많은 논란과 논쟁이 있지만, 그리스도인의 삶에 관하여는 그리 관심을 두고 있지 않습니다. 이러한 논쟁이 남용되고 오용된 경우가 아니면 나는 공격하지 않습니다. 다른 곳에서 나는 논쟁적이고 적대적이며 쓸데없는 신학적 논쟁에 대해 저술했고, 참 기독교 신앙에 기여하지 못하는 무익하고 불필요한 책과 논쟁을 반대하는 글을 저술했습니다. 거룩한 선지자들과 사도들은 항상 교리와 삶을 함께 다루었으며, 언제나 이 둘을 함께 옹호했었습니다. 교리와 삶이란 무엇입니까? 열매 없는 나무, 물 없는 샘, 비 없는 구름이 무슨 소용이 있습니까? 참 회개란 아담과 같은 생활의 변화, 세상으로부터 하나님을 향한 회심이 아닙니까? 참 회개와 믿음은 세상에 대하여 죽고 그리스도 안에서 사는 것입니다.

하나님께서 아직 회개하지 않았으며 자기 확신이 존재하고 주도하는 여러 곳에 말씀이 존속하는 것을 허락하신 것은 인내와 오래 참으심 때문입니다. 그러나 비록 우리의 귀를 막기 위해 충분한 논쟁과 변론의 책을 펴낸다 해도, 만일 우리가 의롭게 회개하지 않으면 하나님은 우리에게서 말씀과 순수한 교리를 거두어 가실 것입니다. 많은 사람이 그리스도에 대해 많은 논쟁할 수 있으면 그리스도를 진정으로 아는 것으로 생각하지만, 만일 그가 그리스도 안에 살지 않는다면, 그는 잘못 생각하는 것입니다. 마음에 그리스도의 겸손과 인내와 온유함이 없고 그것을 실천하지 않는 사람은 그리스도를 알지 못하며, 그리스도를 바르게 소유하지 못하고, 바로 맛보지 못합니다. 그리스도의 교리를 전하지만 그분의 고귀한 삶을 따르지 않는 사람은 그리스도의 반쪽만 전파하는 자입니다.

그러므로 사도 바울은 디모데후서 1장 13절에서 그리스도의 가르침과 그의 생활을 함께 모아 "너는 그리스도 예수 안에 있는 믿음과 사랑으로써 내게 들은 바 바른말을 본받아 지키라"고 말하며, 베드로는 베드로후서 1장 5~8절에서 "그러므로 너희가 더욱 힘써 너희 믿음에 덕을, 덕에 지식을, 지식에 절제를, 절제에 인내를, 인내에 경건을, 경건에 형제 우애를, 형제 우애에 사랑을 더하라 이런 것이 너희에게 있어 흡족한즉 너희로 우리 주 예수 그리스도를 알기에 게으르지 않고 열매 없는 자가 되지 않게 하려니와"라고 같은 것을 증언합니다. 여기에서 사도들이 가르치는 것은 예수 그리스도를 아는 지식은 지식과 이론에 있는 것이 아니라 실천, 즉 그리스도가 우리 안에 거하시고 우리가 그 안에 거하는 데 있다는 것입니다.

살아 역사하는 믿음으로 그리스도의 거룩한 삶을 본받는 데 그리스도에 대한 살아 역사하는 참지식이 있습니다. 그리스도는 아버지의 영원한 생명이시며, 하나님은 사랑이십니다. 마음으로 이 사랑을 맛보지 못한 사람이 어떻게 하나님과 그리스도를 바로 알 수 있겠습니까?

이 책에서 그리스도의 고귀한 삶과 살아 역사하는 믿음을 어떻게 자기의 것으로 취할 것인가, 즉 어떻게 믿음으로 말미암아 그리스도가 우리 안에 거하시며 모든 일을 행하시게 할 것인가를 다룹니다. 자주 이 글을 통독하고 삶에서 끊임없이 이것을 실천한다면, 마치 꽃이 열매로 변하듯이 이것이 바르고 참되며 살아 있는 기독교 신앙이라는 것, 그리고 그리스도의 거룩한 삶보다 더 고귀하고 위대한 삶이 없다는 것을 고백할 것입니다. 또 사도 바울이 고린도후서 5장 17절에서 "그런즉 누구든지 그리스도 안에 있으면 새로운 피조물이라"고 말한 것처럼, 그리스도인은 새로운 피조물이 되어야 하며, 그렇지 않으면 그리스도께 속하지 않았음을 고백할 것입니다.

이렇게 그리스도 안에서 새로워지는 것, 이 영적이고 경건한 하늘의 진리 안에 모든 것이 놓여 있습니다. 이것이 신학과 기독교 신앙의 목적입니다. 이것이 하나님과의 연합(고전 6:15), 하늘의 신랑이신 예수 그리스도와의 결혼(호 2:19), 살아 있는 믿음, 새 생명, 우리 안에 그리스도의 거하심, 우리 안에 있는 그리스도의 고귀한 삶, 우리 안에 있는 성령의 열매, 우리 안에 있는 하나님 나라의 조명과 치유입니다. 이것은 모두 하나입니다. 이는 참믿음이 있는 곳에 그리스도가 의, 거룩, 공로, 은혜, 죄 사함, 하나님의 양자됨, 영생에의 기업, 즉 그리스도 안에서 믿음으로 말미암는 새로운 탄생 등과 함께 계시기 때문입니다.

그리스도와 믿음이 서로 연합하면 그리스도가 믿음을 통하여 우리의 것이 됩니다. 믿음을 통하여 그리스도가 사시는 곳에 거룩한 생활이 나타나는데, 그것이 우리 안에 계시는 그리스도의 고귀한 삶입니다. 그리스도의 삶이 있는 곳에 순수한 사랑이 있고, 사랑이 있는 곳에 성령이 있으며, 성령이 있는 곳에 하나님의 나라가 있습니다. 사람이 하나를 소유하면 모든 것을 소유하지만, 하나를 갖지 못하면 아무것도 갖지 못합니다. 그리스도에게서 거룩하고 고귀한 새 삶을 얻지 못한 사람은 그리스도, 믿음, 거듭남 등으로부터 아무것도 얻지 못합니다. 그러나 만일 그리스도께서 우리 안에서 살고 일하고 거하신다면, 우리가 선을 행하는 것이 아니라 우리 안에 거하시는 분이 행하시는 것입니다. 하나님의 능력이 우리 안에서 이 일을 행하시므로, 이 일을 우리의 것으로 돌리지 못합니다.

『독일 신학』의 저자의 목적과 목표는 사람이 행하는 모든 선한 것을 자신에게 돌리지 않고 하나님께 돌리게 하려는데 있습니다. 또한, 선행을 통하여 그 무엇도 얻으려 해서는 안 됩니다. 왜냐하면, 그것은 우리의 것이 아니며, 모든 선한 것의 근원이신 하나님의 것이기 때문입니다. 즉 하나님에게 우리에게 오는 것이지, 우리에게서 하나님에게 가는 것이 아니며, 하나님이 우리에게 빚진 자가 아닙니다.

첫째, 이 책에서 참 회개와 회심, 그리스도의 거룩한 삶을 본받음, 참 경건, 이 세상을 버림 등이 없이 참 조명과 그리스도에 대한 살아 있는 지식을 얻을 수 없다는 것을 볼 수 있어야 합니다. 그 이유는 다음과 같습니다.

1. 빛이 어떻게 어둠과 사귈 수 있습니까(고후 6:14)? 회개하지 않음이 어둠이며, 따라서 그리스도를 아는 참지식의 빛은 어둠과 사귀지 않습니다. 회개하지 않고 어둠 속에 있는 사람은 영원한 진리의 영과 빛의 비추임을 받을 수 없습니다.

2. 주님은 요한복음 12장 35절에서 "빛이 있을 동안에 다녀 어둠에 붙

잡히지 않게 하라"고 말씀하시고, 요한복음 8장 12절에서 "나는 세상의 빛이니 나를 따르는 자는 어둠에 다니지 아니하고 생명의 빛을 얻으리라"고 말씀하십니다. "따른다"는 것은 그리스도의 삶에 비추어 이해되어야 하며, 그리스도를 따르는 자들이 가지고 있는 생명의 빛은 하나님에 대한 참지식의 빛입니다. 이로 보건대 삶에서 그리스도를 따르지 않는 사람은 영원한 진리의 빛과 영으로 비추임을 받을 수 없습니다.

3. 지혜서 7장 27절에서 하나님의 지혜는 성령이 방탕한 자를 물리치시며 "거룩한 사람들의 마음속에 들어가서 그들을 하느님의 벗이 되게 하고 예언자가 되게 한다"라고 말합니다. 우리를 진리로 인도하는 유일한 하늘의 의사, 우리의 어둠을 밝혀주는 유일한 빛이신 성령은 경건하지 않은 자들을 물리치십니다. 그렇다면, 어떻게 해야 비추임을 받을 수 있습니까? 주님은 뉘우치지 않기 때문에 성령을 받을 수 없다고 말씀하십니다. 그러므로 예레미야 2장 13절에서 하나님은 "그들이 생수의 근원 되는 나를 버린 것과 스스로 웅덩이를 판 것인데 그것은 그 물을 가두지 못할 터진 웅덩이들이니라"고 한탄하십니다.

4. 사도 바울은 "잠자는 자여 깨어서 죽은 자들 가운데서 일어나라 그리스도께서 너에게 비추이시리라"고 말합니다(엡 5:14). 그러므로 이 세상에서 죄의 잠, 육신의 정욕, 안목의 정욕, 이생의 자랑 등에서 깨어나지 않은 사람은 그리스도의 조명을 받을 수 없습니다.

5. 사도행전 2장 38절에서 베드로는 "너희가 회개하여 각각 예수 그리스도의 이름으로 세례를 받고 죄 사함을 받으라"고 말합니다. 그러므로 회개 없이는 마음을 비추어 주시는 하나님의 성령을 받을 수 없습니다.

6. 모든 사도와 선지자지들은 위로부터 오는 성령과 빛의 조명을 받기 위해서 세상을 거부하고 자신을 부인하며 가진 것을 모두 포기해야 했습니다.

7. 클레르보의 베르나르는 "은혜의 강은 우리 위로 흐르는 것이 아니라 아래로 흐른다"라고 말했습니다. 그리스도의 겸손한 삶을 따르지 않고 루시퍼의 길을 따르는 사람에게 어찌 하나님을 아는 지식과 빛의 은혜가 임합니까?

한 마디로 살아 있는 믿음을 통한 그리스도와의 연합, 옛사람을 죽임으로써 그리스도 안에서 새로워지는 것이 이 책의 목표요 목적입니다. 사람이 자기에 대해 죽는 만큼 그리스도가 그 안에 사시고, 자기의 악한 본성을 포기하는 만큼 은혜가 임하며, 육체를 죽이는 만큼 내면에 영이 살며, 내면에서 어둠의 일이 소멸하는 만큼 빛을 받고, 겉사람이 제거되고 죽는 만큼 속사람이 새로워지며, 자기애와 육적인 삶이 죽는 만큼, 다시 말해서 자기애와 자기존중, 분노, 탐욕, 쾌락 등이 죽는 만큼 그 안에 그리스도께서 사시며, 세상에서 떠나는 만큼 육신의 정욕과 안목의 정욕과 이생의 자랑 같은 것에서 떠나는 만큼 하나님과 그리스도와 성령이 내면에 들어와 그를 소유하십니다. 반면에 내면에서 본성과 육과 어둠과 세상이 지배할수록 은혜, 영, 빛, 하나님, 그리스도가 내면에 계시지 않으므로, 각 사람은 자기를 시험해 봐야 합니다. 따라서 참 회개 없이는 빛을 받을 수 없습니다.

거룩한 삶으로 인도해주는 이 오래 된 짧은 책은 마치 감옥에 갇힌 요셉처럼 먼지 속에 감추어져 있었습니다. 과거에는 고루하고 냉랭한 오늘날보다 더 그리스도를 갈망하는 사람들이 많았고, 조명을 받은 사람들 가운데 깨끗한 마음과 사랑으로 단순하게 그리스도의 거룩한 사람을 실천하는 사람들이 있었습니다. 요셉은 꿈 때문에 감옥에서 풀려났습니다. 이처럼 하나님의 은혜로 말미암아 이 책이 발견되어 세상에 드러나 사랑을 받았습니다. 요셉이 감옥에서 풀려났을 때 노예의 옷을 걸치고 있었던 것처럼, 『독일 신학』도 독일 농부의 거친 겉옷을 걸치고 있습니다. 이 책은 거친 표현에도 불구하고 높은 수준의 영적이며 사랑스러운 것들, 즉 그리스도의 삶을 취하는 것, 삶에서 그리스도의 가르침을 실천하는 것, 어떻게 그리스도가 우리 안에 살고 아담이 죽어야 하는가를 가르칩니다. 요즘 세상은 듣기 좋고 달콤한 말을 좋아하고, 하나님의 영과 거룩한 삶보다는 말의 수식을 더 좋아하므로, 나는 그 책의 표현을 약간 가볍고 쉽게 바꾸어서 영적으로 더 밝히 이해할 수 있게 했습니다.

이 요셉은 보디발의 아내, 즉 이 세상을 따라가라고 가르치지 않고 이 세상을 버리고 지고의 선을 추구하라고 가르칩니다. 그들의 기독교에서 많은 사람이 그리스도보다 현세의 무상한 것들을 추구하고, 하나님의 나라보다 육신의 정욕과 안목의 정욕과 이생의 자랑을 더 사랑합니다. 이들은 요셉의 겉옷을 붙잡았던 보디발의 아내와 간음합니다. 그러나 요셉은 겉옷을 버리고 도망쳤습니다. 이처럼 요즘의 교만하고 정욕적이고 육욕적인 세상과 모든 직급의 사람들은 하늘의 요셉, 즉 그리스도가 세상의 방법으로 세상과 간음하기를 바랍니다. 황금과 세상을 추구하는 배(belly)의 교만한 종들은 그리스도를 붙잡기를 바라면서 "여기에 그리스도가 계시므로, 나도 그리스도인이다"라고 말합니다. 그렇지 않습니다. 신령한 요셉은 그의 겉옷, 즉 외적인 문체, 모양, 이름, 호칭 등을 버립니다. 그들이 마음으로 회개하고 그리스도의 겸손한 삶을 취하여 그 안에 살지 않으면, 그는 그들을 떠나시며 그들에게 잡히지 않으십니다.

만일 『독일 신학』 제1권이 이해하기 힘들고 어렵다고 생각된다면, 제2권이 좀더 쉽고 분명하게 설명해 줄 것입니다. 또 나의 책 『진정한 기독교』와 『낙원동산』(Paradise Garden)에서도 그것에 관해 유익하고 좋은 설명을 발견할 수 있을 것입니다. 지금으로서는 이외에 달리 말할 수 없으말이며, 나중에 더 많은 것을 이야기할 수 있을 것입니다. 사랑으로 이 책을 받으시며, 나를 위해 하나님께 기도해 주십시오.